Klaus Gietinger
Blaue Jungs mit roten Fahnen

W0086659

UNRAST

*Klaus Gietinger* ist gelernter Soziologe und drehte seit den 1980er Jahren zahlreiche Fernsehfilme, Serien und Tatorte. Auch mehrere Kinofilme sind darunter, der bekannteste – »Daheim sterben die Leut« (zusammen mit Leo Hiemer) – war ein Kassenmagnet und wurde für den Deutschen Filmpreis nominiert. Gietinger inszenierte auch Dutzende Folgen der Kinderserie »Löwenzahn«. Sein Dokumentarfilm über den Tod von Benno Ohnesorg (zusammen mit Margot Overath und Uwe Soukup) wurde 2018 für den Grimme-Preis nominiert.

*Gietinger* schrieb zwei Romane und über ein Dutzend erfolgreiche historische Sachbücher, darunter der Bestseller »Eine Leiche im Landwehrkanal – Die Ermordung Rosa Luxemburgs«.

Klaus Gietinger

# Blaue Jungs mit roten Fahnen

Die Volksmarinedivision 1918/19

UNRAST

Bibliografische Information der Deutschen Bibliothek
Die Deutsche Bibliothek verzeichnet diese Publikation in der Deutschen
Nationalbibliografie; detaillierte bibliografische Daten sind im Internet über
http://dnb.ddb.de abrufbar.

Klaus Gietinger: Blaue Jungs mit roten Fahnen
1. Auflage, März 2019
ISBN 978-3-89771-263-8

© UNRAST-Verlag, Münster
www.unrast-verlag.de – kontakt@unrast-verlag.de
Mitglied in der assoziation Linker Verlage (aLiVe)

Umschlag: Jürgen Frohnmaier, Berlin
Satz: UNRAST Verlag, Münster
Druck: Multiprint, Kostinbrod

# Inhalt

## Anhang

»Der *äußere* Angriff auf die Masse kann diese nur stärken.
Der Angriff *von innen* dagegen ist wirklich gefährlich. Die Masse
hat den Feind vor den Mauern, und sie hat den Feind im Keller.«

*Elias Canetti*

»Warum sind wir betrogen?«

*Frage eines Matrosen an Friedrich
Ebert am 23. Dezember 1918*

# Vorwort

»Die Kameraden der Marine sind die ersten Träger und Stützen der Revolution gewesen. Ihre Anwesenheit in Berlin ist deshalb unbedingt erforderlich.« Mit diesen Sätzen leitet Heinrich Dorrenbach, einer der Kommandanten der vom Volksmarinerat Groß-Berlin aufgestellten Volksmarinedivision (VMD), die Forderungen von 17 Berliner Regimentern an den in der Hauptstadt tagenden Reichsrätekongress ein.

Man schreibt den 17. Dezember 1918, draußen ist längst Dunkel über die Stadt gefallen. Doch die Matrosen und Soldaten, die hier stehen, wollen vermeiden, dass das Dunkel auf die erst sieben Wochen alte Revolution fällt. Sie haben sich teils ihre Gesichter schwarz angemalt und halten Schilder hoch. Was sie fordern, ist eine der revolutionärsten Forderungen dieser Revolution überhaupt: Die Zerschlagung des preußisch-deutschen Militarismus, den Aufbau einer von Grund auf demokratischen Armee. Wären diese Forderungen umgesetzt worden, der 17. Dezember wäre ein Datum für einen Nationalfeiertag. Deutschland hätte aufgehört, ein imperialistischer Staat zu sein, und die Republik, die hier im Entstehen war, hätte bestimmt nicht die Weimarer genannt werden müssen und sie wäre auch nicht zugrunde gegangen. Warum? Das erzählt dieses Buch.

Der Satz von Dorrenbach ist aber auch als Definition der Volksmarinedivision und ihrer Geschichte zu verstehen. Er ist eine Vorgabe, diese Geschichte von Anfang an zu erzählen. Von den Matrosen auf den Schlachtschiffen, ihren Aufstandsversuchen in der Hölle, vom Weltkrieg, von der Revolte, der Reise, Reise, Reise nach Berlin, von einer Wehr für und durch das Volk, vom Schutz der Revolution, ihrer Regierung, von Missbrauch, Doppelagenten, Verführern, Spitzeln, Verrätern, Überläufern, von Spaltern, von Einheitsaposteln, von Konflikten und schließlich von der Konterrevolution, vom Feind im eigenen Land und im eignen Keller. Illusionen des Spartakusbundes, der Revolutionären Obleute, wie die der Basis von USPD und SPD und nicht zuletzt der Matrosen, spielen dabei eine große Rolle.

Eine Geschichte ohne Happy End, aber doch nicht ohne Hoffnung.

Im Gedächtnis der meisten Menschen heute völlig vergessen, spinnt sich, wenn überhaupt von dieser Truppe die Rede ist, ein negativer Mythos um sie. Sie war das Hassobjekt des preußisch-imperialistischen Militärs und Vorbild für die Marine eines Staates, der den Begriff Demokratie im Namen hatte, und dessen Armee sonst damit nicht viel anfangen konnte. Und in der BRD stand die Truppe für Rebellion, Hochverrat, Meuterei und ganz ähnlich wie im Osten für eine Demokratie, die gar nicht machbar sei, weil nicht vermittelt, sondern direkt. Dabei hatten die Bürger bereits 1848 genau solche Truppen gefordert. Die Volksmarinedivision schien diese Verheißungen von 1848 zu erfüllen und für 1918 noch mehr zu versprechen: ein Militär, das alles will, nur keinen Krieg.

Im Westen Deutschlands ist nie ein Buch über die Matrosen in Berlin geschrieben worden. In der DDR zwei, 1957 *Die Volksmarinedivision* von Kurt Wrobel und 1988 von Robert Rosentreter unter dem Titel *Blaujacken im Novembersturm*. Also vor gut 60 und gut 30 Jahren. Beide Bücher sind bestens recherchiert und hilfreich, zieht man ideologische Einschränkungen ab.

Wrobels Buch gar muss einen für die Bundeswehr gefährlichen Inhalt gehabt haben, denn als ich es vor 30 Jahren in Frankfurt per Fernleihe endlich in der Hand hatte, stammte es aus einer Bundeswehrbücherei und trug einen roten Aufkleber, der warnend verkündete: Achtung! Kommunistenbuch!

Im Westen taucht die Volksmarinedivision nur am Rande der Geschichtsschreibung auf. Sebastian Haffner sah sie positiv, jüngst erst versuchte Joachim Käppner sie zu rehabilitieren, was aber teils vorherrscht ist mangelhafte Recherche, wie bei Heinrich August Winkler, der sich aus wenig verlässlicher Sekundärliteratur bediente oder Verleumdung, wie erst kürzlich in einem in der FAZ erschienenen Artikel von Martin Eich.

Es wird daher Zeit, 100 Jahre nach der Auflösung dieser Truppe, die Ursachen ihres Entstehens, ihren Lauf, ihr Aufblühen, ihre Taten, ihre Spaltung und ihren Untergang auf Basis aller zugänglichen Quellen und nicht aufgrund von Gerüchten und Abgeschriebenem zu erzählen. Dabei muss alles benutzt werden, was als Quelle gilt: Dokumente, Dokumentationen, Tagebücher, Notizen und Erinnerungen. Und letztere sind je später sie gemacht wurden, umso kritischer zu betrachten. Originaldokumente gibt es einige. Wrobel und Rosentreter haben sie (nicht alle) benutzt, sie sind inzwischen meist online im Bundesarchiv zugänglich. In den letzten Jahren wurden zusätzliche Quellen einer größeren Öffentlichkeit erschlossen: Die Protokolle des Vollzugsrates sind in drei Bänden gesammelt, neu aufgelegt ist inzwischen auch das Protokoll des Rätekongresses, sowie Richard Müllers dreiteiliges Standardwerk *Geschichte der Deutschen Revolution* in einem Band. Sehr wichtig erscheinen das Protokoll und die Berichte des Untersuchungsausschusses der preußischen Landesversammlung zu den Januarunruhen 1919, welche der Autor vor Monaten noch mühsam und unter hohem Aufwand kopieren und durcharbeiten musste. Es liegt jetzt als Faksimile vor, verdienstvoll von Jörg

Schütrumpf ausgegraben und versehen mit einem äußerst nützlichen Register. Auch wenn dieser Untersuchungsausschuss einseitig und parteiisch war, so leugnete er den versuchten Putsch der OHL am 10. Dezember 1918 und schob der Vollversammlung der Arbeiter- und Soldatenräte im März 1919 (bestehend aus SPD, USPD und KPD) falsch unter, sie wolle mit ihrem Generalstreikbeschluss »die Beseitigung der Regierung, die Aufhebung der Nationalversammlung« und die »Diktatur des Proletariats«, sind die Zeugenaussagen Gold wert. Viele Historiker haben das bislang schwer zugängliche Protokoll zitiert, aber meist nie ganz bzw. kaum gelesen. Und auch in neusten Büchern hochbezahlter Professoren taucht es erst gar nicht auf. Dabei ist es eine Basisquelle.

Nachlässe (auch der beteiligten Militärs), Tagebücher, Prozessberichte, Stenogramme, Divisionstagebücher und Zeitungsberichte, der *Vorwärts*, die *Freiheit* und *Vossische Zeitung* komplett, von Nov. 1918 – April 1919, wurden zudem herangezogen.

Und bei aller Quellenkritik: Die Erinnerungen von Veteranen der Novemberrevolution, meist zum 50. Jahrestag der Novemberrevolution notiert, teils editiert und glättend redigiert, im Original vollständig von mir durchgesehen, geben wertvolle Hinweise. Auch die Reihe »Gewehre in Arbeiterhand« konnte, bei aller nötigen kritischen Betrachtung, helfen. Es ist grundsätzlich falsch, historische Werke, weil sie aus der DDR stammen, zu verdammen. Ideologie spielt auch in BRD-Büchern eine große Rolle. Je nach Jahrzehnt war sie unterschiedlich, momentan scheinen Historiker einesteils die Novemberrevolution neu zu entdecken, andernteils sich im Rollback und einem einfachen Schema zu befinden: Ebert gut, USPD weniger gut, das Militär gar nicht so schlimm und Luxemburg und Liebknecht schlecht. Doch es gibt auch junge Historiker, die sich davon nicht blenden lassen.

Bei der Quellensuche geholfen haben mir folgende Damen und Herren in folgenden Archiven:

Frau Ullrich, im Bundesarchiv und im SAPMO im Bundesarchiv in Berlin, Frau Jenny Krüger im Bundesarchiv Militärarchiv in Freiburg, Frau Ute Strauß, Frau Susanne Knoblich und Herr Martin Luchterhandt im Landesarchiv in Berlin, Frau Judith Bolsinger im Hauptstaatsarchiv Stuttgart, Herr Martin Kröger im Politischen Archiv des Auswärtigen Amtes in Berlin, Frau Brigitte Hadyk im Museum Treptow-Köpenick, Herr Friedhelm Gleiß im Stadtarchiv Cuxhaven. Folgenden Damen und Herren bin ich für Tipps und Hilfe dankbar: Oberstleutnant a. D. Ernst-Heinrich Schmidt, Roland Geiger, Christoph Regulski, Klaus Kuhl, Dietmar Lange, Ottokar Luban, Jörn Schütrumpf, Ralf Hoffrogge, Axel Weipert, Hans-Geerd Wendt und nicht zuletzt den Nachfahren zweier Mitglieder der VMD: Henne Broßat, sowie Boris und Gerd Bonczyk. Außerdem danke ich Uwe Sonnenberg und Bernd Hüttner von der Rosa Luxemburg-Stiftung, Ursula Schmitz und Jörn Essig-Gutschmidt vom Unrast Verlag, sowie dem Grafiker Jürgen Frohnmaier.

## Des Kaisers liebstes Kind

»Es war in Kiel an einem frostigen Dezembermorgen 1912«, so beginnt Hans Beckers' Buch *Wie ich zum Tod verurteilt wurde*[1], das von den Nazis verbrannt und verboten wurde und das Ernst Toller die Blaupause lieferte für sein Stück *Feuer aus den Kesseln* (1928). An diesem Dezembermorgen, »man hatte uns wie Bleisoldaten zurechtgerückt«, erschien der oberste Befehlshaber der Flotte, Seine Majestät Kaiser Wilhelm II. »Sein königliches Auge ging forschend von einem zum anderen. Mir schien, als wenn er mich besonders scharf betrachtete.« Denn Beckers war Sozialist, Anhänger der SPD, Mitglied der Arbeiterjugend, las die linke *Rheinische Zeitung* und glaubte, der Potentat würde seine Gesinnung riechen. »Erst die Sozialisten abschießen, köpfen und unschädlich machen – wenn nötig per Blutbad – und dann Krieg nach außen«[2], hatte der feinsinnige Herrscher 1905 in seiner Silvesterbotschaft verkündet und im selben Monat, als Beckers die Hände an der Hosennaht frierend als »Grünzeug«, als blauer Rekrut im wahrsten Sinne des Wortes vor Seiner Majestät stand, hatte dieser erbost einen »Kriegsrat« einberufen. Wütend gemacht hatte ihn eine Mitteilung des britischen Lordkanzlers Richard Buron Haldanes, an den deutschen Botschafter in London, Karl Max Fürst von Lichnowsky, England werde eine (erneute) Niederwerfung Frankreichs (wie 1870/71) durch Deutschland nicht dulden.[3] Eine solche Niederwerfung war mittels des sogenannten Schlieffen-Plans längst von den deutschen Militärs ins Auge gefasst worden. Der Schlieffen-Plan sah vor, zuerst Frankreich anzugreifen und selbstverständlich rasch zu besiegen und dann Russland im Osten zu überrennen. Ausschlaggebend war der Glaube,

*Des Kaisers Flotte*

Russlands Armee könne aufgrund der schlechten Eisenbahnstrecken nicht so schnell mobilisiert werden. Wilhelm wollte nun wissen ob die deutsche Militärmaschinerie bereit sei für den Krieg gegen Russland und Frankreich, von dem alle wussten, dass er sich zum Weltkrieg weiten konnte. Dann nämlich, wenn England eingriff. In diesem Kriegsrat, dem alle hohen Militärs aber nicht der als zu wenig forsch eingeschätzte Reichskanzler Theobald von Bethmann Hollweg (Kanzler von 1909 – 1917) beigewohnt hatten, sah Generaloberst Helmuth von Moltke, Chef des großen Generalstabes das Heer bereit und gab sein berühmtes »je eher, desto besser«[4] zum Besten. Doch Admiral Alfred von Tirpitz warnte, dass – um gegen England Krieg führen zu können – die Flotte noch nicht soweit sei und man noch eineinhalb Jahre warten müsse, bis der Nord-Ostseekanal für die großen Dreadnoughts (die Superschlachtschiffe über 18.000 Tonnen) der deutschen Flotte ausgebaut sei und Helgoland als U-Boot-Stützpunkt dienen könne. Eineinhalb Jahre später, das wäre der August 1914 gewesen – und der wurde es auch – begann der Erste Weltkrieg mit dem Überfall der deutschen Armeen auf Belgien, Luxemburg und Frankreich. Und England erklärte daraufhin Deutschland den Krieg.

Aber warum waren die deutschen Kampfschiffe an jenem klirrenden Wintermorgen 1912 noch nicht bereit? Nun, des Kaisers liebstes Kind war seine Flotte über die er tatsächlich allein und letztlich das Kommando hatte und wie ein kleines Kind hatte der streng erzogene sprunghafte und mit einem verkrüppelten linken Ärmchen belastete Kaiser Schiffe gezeichnet, entworfen, bewaffnet und in Auftrag gegeben. Die Flotte war sein Spielzeug[5] und sein Mittel zur Weltherrschaft. Doch leider wurde die Welt schon von anderen Staaten beherrscht, ganz vorne mit dabei Großbritannien, das die größte Flotte der Welt besaß und damit die Meere befuhr und kontrollierte.

Während England darauf achtete, sein schon früh erobertes Empire zusammenhalten (und mit den aufstrebenden Mächten USA und Japan Vereinbarungen schloss), gleichzeitig aber seit Jahrhunderten eine Balance-of-Power-Politik betrieb, die ganz einfach so aussah, dass sich Großbritannien immer mit der zweitstärksten Macht auf dem Kontinent zu verbünden hatte. Und während sich Frankreich vor allem in Afrika bediente (sich jedoch die letzten Jahre vor dem Krieg mit der 1871 erfolgten deutschen Annexion Elsass-Lothringens abgefunden hatte[6]), während Russland in Ostasien sich auszubreiten versuchte, nach Westen aber vor allem auf die Kontrolle der Meerengen (Dardanellen und Bosporus) schielte[7], wollte sich Deutschland territorial nach allen Seiten ausbreiten und zwar kontinental und überseeisch.

Denn das Deutsche Reich war zu spät und zu kurz gekommen und Wilhelm II. auch. Da gab es etwas nachzuholen und nicht nur vom Kaiser. Sein Kanzler Bernhard von Bülow (Kanzler von 1900 – 1909) hatte kurz vor Beginn des 20. Jahrhunderts (da war er noch Außenstaatssekretär) schon mal das Handtuch auf den »Platz an der Sonne«[8] gelegt. Und wollte man den konkurrierenden imperialistischen Mächten ihre Tücher wegnehmen, brauchte man eine Super-Flotte.

Zusammen mit Admiral von Tirpitz, dem mächtigen Staatssekretär im Reichsmarineamt, betrieb von Bülow daher ab 1897 eine Flottenrüstungspolitik, die England auf seinem ureigensten Gebiet, dem Wasser, durch den Bau von Schlachtschiffen und Überschlachtschiffen (Dreadnoughts) den Schneid und die Weltherrschaft abkaufen sollte. Eine solche Flottenpolitik (auch die nicht gerade kleinen Flotten Frankreichs und Russlands wurden anvisiert) – die selbstredend den Segen des Marineverrückten Wilhelm II. hatte – zielte nicht auf den »Erwerb« von Kolonien durch Kreuzergeschwader mit weltweiten Stützpunkten, was man mit den anderen Mächten noch hätte aushandeln können, sondern auf die Brechung der englischen Weltherrschaft vor deren eigener Haustür, in der Nordsee. Hier sollte England nicht nur Paroli geboten, sondern u. U. sogar geschlagen werden.[9] Dies bedeutete eine direkte Konfrontation mit England. Allerdings eilte England – wie der Igel dem Hasen – den deutschen Schiffsbauern um zahlreiche Dreadnougths, die auch noch schneller und feuerstärker waren, voraus. Der Tirpitz-Plan war schon 1911 gescheitert.

Gleichzeitig erwies sich Wilhelm II. als ein ständig schwankendes Rohr, das parallel unfassbar schmeichelnd gemeinte Sirenen- und dann wieder beleidigende Töne aussandte. Er wusste nicht, wen er zuerst mit seinen Weltmachtfantasien beglücken sollte. England oder Russland.

In einem *Daily-Telegraph*-Interview (abgedruckt im Oktober 1908), gab er sich als besonderer Englandfreund. Die deutsche Schlachtflotte sei gar nicht gegen England gerichtet, sondern gegen die »Gelbe Gefahr« (Japan). Im Übrigen habe damals im Burenkrieg (1899-1902) ein von ihm ausgearbeiteter Schlachtplan England zum Sieg verholfen. Darüber hinaus habe er ein ihm gegen England angebotenes Kontinentalbündnis mit Frankreich und Russland empört zurückgewiesen. Die Engländer seien »verdreht wie Märzhasen«, wenn sie in ihm nicht einen loyalen Freund sähen. Als das Interview in Deutschland bekannt wurde, hatte er plötzlich als vermeintlicher Englandfreund die Herrschenden im Reich sowie das »Volk« gegen sich und das hätte ihm fast den Thron gekostet.

Doch in einem zweiten Interview (entstanden ebenfalls 1908) mit dem amerikanischen Journalisten William Bayard Hale von der *New York Times* beschimpfte er die englischen Staatsmänner mehrfach als Idioten und bezeichnete den Krieg Deutschlands gegen England als unausweichlich. Großbritannien betrachte Deutschland als seinen Feind und orientiere sich strategisch auf einen Angriff auf Deutschland, weil Berlin die stärkste Macht auf dem Kontinent repräsentiere. Es sei schon immer Englands Methode gewesen, die stärkste Macht auf dem Kontinent anzugreifen. Wilhelm II. lieferte hier eine grandiose Verdrehung der englischen Balance-of-Power-Politik. Hale berichtete an seine Zeitung: »Er überschüttete die Engländer zwei Stunden lang mit einem ununterbrochenen Schwall von Beleidigungen.«[10]

Wilhelm II. weiter: Außerdem werde er England Ägypten wegnehmen (und der Türkei das Heilige Land). Er zeigte sich überzeugt, das Britische Empire sei in Auflösung begriffen und im bevorstehenden Weltkrieg (sic !), der ein Kampf der weißen Rasse gegen die gelbe sei, werde das Deutsche Reich Schulter an Schulter mit den Vereinigten Staaten und China, gegen Frankreich, Russland und England kämpfen. Womit er Chinesen in Weiße und Franzosen und Engländer in Gelbe umfärbte.[11] Die Rasse der Amerikaner und der Deutschen sei gleich, ihnen gehöre als »Anglo-Teutonen«[12], die aus dem Norden Europas stammten, die Zukunft. Eine ähnlich krude Rassentheorie gab Adolf Hitler 16 Jahre später in *Mein Kampf* zum Besten.[13]

Als Hale mit dem Interview-Text in die USA zurückkehrte, löste er dort Entsetzen aus. Einstimmig entschied die Redaktion der *New York Times*, nichts davon zu veröffentlichen. Auch Präsident Theodor Roosevelt bekam davon Wind und schrieb: »Die Veröffentlichung des Interviews würde wirklich den Weltfrieden gefährden.«[14]

Roosevelt, der bislang die Ängste der Engländer vor dem Deutschen Reich als »ein bisschen lächerlich« empfunden hatte, änderte nun seine Meinung und sah in Wilhelm II. das, was er war: einer, »der aus einem Impuls heraus den Weltfrieden gefährden könnte.«[15]

Alle wichtigen Politiker Englands, Frankreichs, ja Japans verschafften sich den Text und verhinderten eine Veröffentlichung. Der englische König Edward VII., Wilhelms Onkel, hielt das Interview erst für eine Fälschung. Obwohl die Öffentlichkeit nichts von den Hasstiraden des Kaisers erfuhr, bewirkte es einen Sinneswandel in der englischen Politik: Auch Winston Churchill, damals Lord der Admiralität, sowie die Mehrheit im Kabinett vollzogen eine Wendung zugunsten Frankreichs.[16] Die englische Regierung tendierte immer mehr dazu, im Fall eines deutsch-französischen Konflikts, Frankreich beizustehen.[17]

Doch der Kaiser, sein Kanzler und sein Admiral waren nicht allein mit ihrer Flottenpolitik. Selbst liberale Geister wie Max Weber forderten schon 1895 eine deutsche »Weltmachtpolitik«.[18]

Ideen und Absichten dazu hatten zahlreiche einflussreiche Männer, Vereine und Kapitalisten auch schon lange vor der Reichsgründung 1871, ja noch vor der gescheiterten bürgerlichen Revolution von 1848. So vertrat (nur zum Beispiel[19]) der Eisenbahnpionier Friedrich List[20] schon 1841 eine Doppelstrategie: Einerseits Kolonien, andererseits die Beherrschung Zentraleuropas durch Deutschland. List schlug dazu – wie gesagt, es waren noch 30 Jahre bis zur Reichsgründung – vor, sich Holland und Belgien einzuverleiben, eine gemeinsame Flotte zu bilden und damit auch deren Kolonien zu »germanisieren«. Darüber hinaus wollte er Englands Vormachtstellung zur See zu kippen und Asien »in Zucht und Pflege nehmen«.[21]

Einer der Höhepunkte alldeutscher Agitation war das 1912, (in dem Jahr in dem Beckers frierend vor dem Kaiser stand) unter dem Pseudonym Daniel Frymann erschienene Buch *Wenn ich der Kaiser wäre* aus der Feder des Vorsitzenden des Alldeutschen Verbandes Heinrich Claß. Es propagierte in aggressivster Weise den Griff nach der Weltmacht mittels Krieg und flankierenden Sondergesetzen gegen Sozialdemokraten und Juden. Seine Methodik: Erst stellte er die Probleme dar, die eine kontinentale Expansion in Europa nach allen Seiten plus ethnische Säuberungen mit sich brachte, genauso wie die Expansion in Afrika und Übersee, was eine gewaltige Flotte und ein noch gewaltigeres Heer gleichzeitig bedingte, um dann trotz aller Schwierigkeiten alles zu fordern. Selbst Alt-Kanzler von Bülow war klar, dass dies den Weltkrieg bedeutete.

Claß verlangte dann logischerweise während des Ersten Weltkriegs umfangreiche Annexionen in Ost und West[22]. Er gründete 1917 gemeinsam mit Tirpitz und Wolfgang Kapp, einem Aufsichtsratsmitglied der Deutschen Bank, mit der Deutschen Vaterlandspartei die erste faschistoide Massenpartei, der 1919 mit dem Deutschvölkischen Schutz- und Trutzbund eine völkische Massenorganisation folgte. Claß war nicht nur einer der ideologischen Vorbereiter des deutschen Faschismus, sondern unterstützte kurz nach dem Ersten Weltkrieg rechte Putsche, darunter den nach seinem Parteigenossen benannten Kapp-Putsch 1920 und den Hitler-Ludendorff-Putsch 1923.

Zurück ins Jahr 1912. Der 1897 auf 20 Jahre angelegte Tirpitz-Plan musste unterstützt und gefeiert werden. Und das wurde er längst. Dazu war in der Öffentlichkeit kräftig die Trommel gerührt worden. Flottenvereine mit Massenzulauf schossen aus dem Boden, die Bürger, die Kleinbürger, die Handwerker, die Intellektuellen und alles, was Weltmachtsfantasie hegte, war eingespannt worden. Man sammelte millionenfach Beträge ein, Vorstände standen vor, Versammlungen wurden abgehalten, Reden geschwungen, Fahnen geschwenkt und Aufmärsche zelebriert, Musik mit Schellenbaum, Becken, Trompeten und großer Trommel vorgetragen, Zigarettenbildchen mit Schlachtschiffen gesammelt und Jungs in Matrosenanzüge gesteckt (so man das Geld dafür und nicht dem Flottenverein geopfert hatte).

Wolfram Wette stellt fest, dass keine Massenorganisation in Deutschland, nicht einmal die SPD, so viele Anhänger hatten wie die Wehr- und Flottenvereine. »Eine Haltung mit eindeutig aggressiven Zügen.«[23] Man entwickelte paramilitärische Aktivitäten. Während an der Spitze Militärs den Präventivkrieg forderten und Politiker mit dem Gedanken daran spielten, gebärdeten sich die bürgerlichen und kleinbürgerlichen Massen immer chauvinistischer.

Wettes Fazit lautet, dass der Sozialmilitarismus »im damaligen Deutschland tiefer verankert war, als in jedem anderen europäischen Land.«[24]

Doch die deutschen Kapitalisten und Junker waren sich auch 1912 nicht ganz einig, auf welchem Weg man am ehesten zur Weltherrschaft gelange. Über ein wirtschaftlich und vor allem militärisch beherrschtes Mitteleuropa, also einer Art früher Vasallen-EU im Dienste des Deutschen Reiches, oder über eine gigantische Flotte. Der Kaiser wollte beides, aber lieber die Flotte. Das war teuer, ja nicht zu finanzieren und überlastete nicht nur den Haushalt, sondern belastete auch die Beziehungen zu allen anderen Mächten, insbesondere England, das seinerseits Deutschland immer um zahlreichere, schnellere und besser bewaffnete Dreadnoughts voraus war.

Das Verhalten Seiner Majestät und die Weltpolitik des Deutschen Reiches isolierten es letztlich. Keiner wollte mehr mit ihm paktieren wie noch zu Bismarcks Zeiten. Eine Auskreisung, die die Herrschenden in Deutschland als Einkreisung empfanden und nicht nur die. Das Volk der Biedermeier und Brandstifter sah sich bedroht. Auch Teile der Arbeiterschaft und auch Matrosen, etwa wie der Matrose Richard Stumpf, ein aus Nürnberg stammender Zinngießer, von dem noch zu reden sein wird, empfanden das so und selbst Beckers sprach vom Abenteurertum, vom Sinn nach gewonnenen Schlachten. Doch die Realität sah anders aus.

Und nachdem der Kaiser dem »Grünzeug« Beckers im Dezember 1912 scharf ins Auge geblickt hatte, hielt er eine Rede »Mein Heer, meine Flotte, ich verlange! Ich fordere!« Und schon sollte Beckers die Eidesformel sprechen. Der Offizier rief: »>Auch wer nicht nachspricht, ist vereidigt, denn die Anwesenheit im Raum ist bindend.‹ Ein heiliger Schauer durchrann unsere Glieder.«[25]

Seit ihrer Gründung forderte die SPD gleichzeitig die Volkswehr und das Milizsystem, also eine Demokratisierung des Militärwesens und damit – so hoffte man – die Verhinderung imperialistischer Kriege. Ihre Politik entsprach somit der vom preußisch-deutschen Militarismus verhassten levée en masse, ja verkörperte geradezu den Volkskrieg, die Revolution. Preußischer Militarismus und Sozialdemokratie schienen so unüberwindliche Gegensätze. Von Parteitag zu Parteitag wurde die Formel von der Volkswehr als Gegensatz zum stehenden Heer zwar mitgeschleppt, aber nie wirklich mit Inhalt gefüllt. Keiner wusste so genau, was gemeint war, und es war fraglich, wie eine solche Milizarmee in der Realität aussehen sollte.

Rosa Luxemburg sah nur zwei Bedingungen. Die Milizionäre haben ihre Waffen zuhause im Schrank – so wie die Schweizer Soldaten – und über Krieg und Frieden entscheidet das Parlament.[26] Überhaupt war unklar, welche Unterschiede im Vergleich zur allgemeinen Wehrpflicht es geben sollte und wie man Kadavergehorsam und imperialistische Kriegsgefahr wirklich beseitigen konnte.

Von Anfang an war die Miliz-Forderung jedoch nicht pazifistisch und schloss – obwohl der Proletarier laut Bebel kein Vaterland hatte – Verteidigungskriege nicht aus.

## Die SPD und der Krieg

Rosa Luxemburg war eine entschiedene Verfechterin des Massenstreiks zur Durchsetzung politischer Forderungen und auch als Strategie gegen den Krieg. Selbst Bebel hatte noch im Dezember 1905, nach der ersten Marokkokrise und unter dem Eindruck der Russischen Revolution, im Reichstag in etwas nebulösen Worten mit Revolution und Generalstreik im Kriegsfall gedroht. Doch schnell ruderte er zurück. Hatte man auf dem Jenaer Parteitag der SPD 1905 dem Massenstreik – allerdings nur als Abwehrmaßnahme gegen eine Abschaffung des allgemeinen Wahlrechts – zugestimmt, war die Parteileitung in einer Geheimvereinbarung mit der Gewerkschaftsführung davon wieder abgerückt. Und ein fauler Kompromiss von 1906 bedeutete den endgültigen Abschied der Parteileitung vom Massenstreik als politisches Kampfmittel.[27] Rosa Luxemburg gelang es zwar 1907 (unterstützt von Julius

Martow und Wladimir I. Lenin, die damals trotz der Spaltung der russischen Sozialdemokratie in Menschewiki und Bolschewiki noch zusammenarbeiteten) einen Resolutionsentwurf durchzubringen, der die Tür zum Massenstreik bei Kriegsgefahr offen ließ.[28] Doch der Parteivorstand hatte diese Tür längst insgeheim (in Übereinstimmung mit der rechten Gewerkschaftsführung) zugeschlagen.

Auch im Reichstag drehte sich der sozialdemokratische Wind:
Zwar wurden immer noch die Militärvorlagen im Parlament abgelehnt, aber man wollte nicht länger vaterlandsloser Geselle sein.

Bebel, wie die meisten Sozialdemokraten vom Schreckgespenst des russischen Zarismus getrieben, hatte 1904 den berühmten Ausspruch getan: »Wenn der Krieg ein Angriffskrieg [Russlands] werden sollte, ein Krieg, in dem es sich dann um die Existenz Deutschlands handelte, dann – ich gebe ihnen mein Wort – sind wir bis zum letzten Mann und selbst die Ältesten unter uns bereit, die Flinte auf die Schulter zu nehmen und unseren deutschen Boden zu verteidigen.« [29]

Damit war das Tor zur Unterstützung des deutschen Militarismus aufgemacht.

Es sollte allerdings einem vergönnt sein, das Vaterland des Militarismus mit dem Vaterland des angeblich vaterlandslosen Arbeiters zu verbinden: Gustav Noske. 1907 hielt er seine Jungfernrede im Reichstag: »Wir sind selbstverständlich der Meinung, dass es unsere verdammte Pflicht und Schuldigkeit ist, dafür zu sorgen, dass das deutsche Volk nicht etwa von irgendeinem anderen Volk an die Wand gedrückt wird. (Sehr richtig! bei den Sozialdemokraten.) Wenn ein solcher Versuch gemacht werden sollte, dann würden wir uns selbstverständlich mit ebenso großer Entschiedenheit wehren, wie das nur irgendeiner der Herren auf der rechten Seite des Hauses tun kann.« [30]

Der Beifall auch der Bürgerlichen und der Rechten war ihm sicher. Vergessen das Erfurter Programm und seine Erklärung des Krieges als dem Kapitalismus immanent. Das »deutsche Volk«, nicht der Proletarier, der kein Vaterland hat, war plötzlich wichtiger und musste verteidigt werden, auch wenn das Kaiserreich angeblich nicht die Nation der Arbeiter und der SPD war.

Und schon war zur Vaterlandsverteidigung der Burgfrieden dazugekommen, die Sozialdemokratie und mit ihr weite Teile des Proletariats hatten sich in den Mythos Volk verflüchtigt und dieser Mythos durfte nicht an die Wand gedrückt werden. Deswegen unterstützten Noske und viele andere, dann auch mit Beginn des Ersten Weltkriegs ohne Umschweife den imperialistischen Krieg, zum Beispiel, indem er ideologisch half, Belgien an die Wand zu drücken.

Und die *Lustigen Blätter* dichteten bereits1907:
»Aber dennoch, Mut! nur Mut!
Laßts euch nicht verdrießen
Denn wir wissen absolut:
Noske der wird schießen!«[31]

Gleichzeitig wurde hier schon 1907 das Bündnis mit der Reaktion, den »Herren auf der rechten Seite«, angekündigt, wie es ja dann während des Krieges und erneut bei Beginn der Novemberrevolution geschlossen wurde. Dass aber mit dem Begriff Verteidigung alles erlaubt war, insbesondere der imperialistische Angriffskrieg, hatte Rosa Luxemburg richtig gesehen. Nicht umsonst bezeichnete Noskes Genosse Ebert die Rede später als »Programmrede der deutschen Sozialdemokratie für den Weltkrieg.«[32]

Liebknecht plädierte dahingegen dafür, die Jugend antimilitaristisch zu agitieren: »Wer die Jugend hat, hat die Armee«[33], wovor sich aber die SPD fürchtete.

Und Rosa Luxemburg verdeutlichte, dass die »famose Unterscheidung zwischen Verteidigungskriegen und Angriffskriegen« nichts bringe und ad acta gelegt werden sollte.[34] Sie setzte gegen die Argumentation Noskes, die dem Nationalismus und Militarismus vollständig auf den Leim ging, ja die Sozialdemokratie zu ihrem Bestandteil machte, den Internationalismus.

Nur so, mit einer sich immer mehr steigernden Massenaktion, die »in eine entscheidende revolutionäre Massenaktion« münden sollte, sei der Krieg in imperialistischen Zeiten zu verhindern.[35] Doch Luxemburgs Stimme verhallte erneut.

Und so verkündete Gustav Bauer im November 1913, was wirklich das Herz eines führenden sozialdemokratischen Gewerkschaftsführers bewegte: »Die Kriegsfrage ist kein prinzipielles, sondern ein taktisches Problem. Es gilt für das Proletariat der einzelnen Länder abzuwägen, ob der Krieg Vorteile bringen könne oder nicht und danach ist ihr Verhalten einzurichten.«

Es war hier keine Rede mehr vom Verteidigungskrieg, sondern es gab nur noch zwei Formen von Kriegen: Nützliche und unnütze.

Der Gewerkschaftsführer – er wusste, dass Spitzel im Publikum saßen – kündigte hier der Reichsleitung an, dass man sich auf ihn und andere führende Sozialdemokraten würde zukünftig verlassen können.

Die Forderung des Erfurter Programms, mittels Sozialismus Kriege zu verhindern, wurde also von diesen Männern ebenso aufgegeben wie der Versuch, mit einer Volkswehr die Armee zu demokratisieren, ja zu revolutionieren.[36]

Die SPD war endgültig bei den herrschenden Militärs, beim preußischen Militarismus und schließlich beim Imperialismus angekommen. Die »schiefe Ebene«, die Rosa Luxemburg entdeckt hatte, eine Bahn »auf der es keinen Halt mehr gibt«[37], war für die SPD längst zur Talfahrt ins Massengrab geworden. Man brauchte nur noch die Mehrheit und auch das ließ sich inszenieren.

Mit dem Tod Bebels wenige Wochen vor Bauers Rede und der Übernahme der Macht in der Partei durch den neuen Parteivorsitzenden Friedrich Ebert – der erst als Mann des Ausgleichs wie sein Vorgänger erschien, aber in Wirklichkeit sich längst positioniert hatte –, war der rechte Flügel um Philipp Scheidemann, Eduard David, Carl Legien, Wolfgang Heine, Carl Severing, Gustav Bauer und nicht zu vergessen Gustav Noske in der Überzahl. Denn Haase, der zweite Vorsitzende, war schwach. So schob man die Volkswehr auf die lange Bank. Nationale Töne, die Liebe zum Preußentum, zum Vaterland und immer größere Aggressionen gegen »ostjüdische Marxisten«[38] in der SPD mehrten sich dagegen.

Die größte sozialistische Partei der Erde entwickelte sich in Richtung Kriegsduldung, ja Beteiligung. Und als im Juli 1914 Tausende Arbeiterinnen und Arbeiter auf die Straße gingen um gegen den drohenden Krieg zu demonstrieren, ließen sich die leitenden Sozialdemokraten nur allzu gern vom Reichskanzler Bethmann Hollweg Angst machen. Angst vor dem russischen Bären. Und schon hatte sie der Kanzler am Nasenring: Keine Demonstrationen mehr und schon gar keine Streiks. Ein Angebot der französischen Gewerkschaften zu gemeinsamen Aktionen wurde abgelehnt. Die Arbeitermassen auf den Straßen resignierten und in den Versammlungen fanden sie keinen Rat. Karl Baier, Matrose seit 1910, später einer der maßgeblichen Revolutionäre und maßgeblich am Aufbau der Volksmarinedivision (VMD) beteiligt, sprach beispielsweise Ende Juli 1914, 21-jährig erstmalig auf einer Parteiversammlung gegen den Krieg. Er forderte den Generalstreik und »wurde am Weiterreden gehindert und beinahe aus dem Raum verwiesen.«[39] Kurz danach, noch vor der Kriegserklärung, hatte er schon seinen Gestellungsbefehl.

Und die Fraktion der SPD stimmte – für die Öffentlichkeit völlig unerwartet – den Kriegskrediten im Reichstag zu. Das Vaterland musste gegen die russische Dampfwalze, so glaubten sie, verteidigt werden. Nur warum dazu das neutrale Belgien und dann Frankreich überfallen wurden, schien sie nicht stutzig zu machen.

## Die Situation der arbeitenden Klassen im Ersten Weltkrieg

Der gigantische wirtschaftliche Aufschwung, den das Deutsche Reich Anfang der 1890er Jahre erlebte, führte nicht nur zum Weltmachtstreben der Herrschenden, sondern verursachte auch extreme soziale Verwerfungen und verhalf so der SPD zum rasanten Aufstieg.

Es bildeten sich drei große industrielle Zentren heraus: Das Ruhrgebiet mit Kohle und Stahl, das mitteldeutsche Dreieck zwischen Halle, Leuna und Merseburg mit den Grundstoffindustrien, insbesondere der chemischen Industrie, und Berlin mit den Bereichen Metall, Elektro und Maschinenbau.[40] Weitere Kohle- und Stahlzentren waren Oberschlesien, Ostpreußen und das Saarland. Aber auch in den Küstenstädten den teils noch agrarisch geprägten Regionen Württembergs, Badens und Bayerns entstanden Großindustrien. Dies alles ging einher mit Konzentration, Kartellbildungen und dem Niedergang zahlreicher Handwerksbetriebe, aber auch Teilen der Textilindustrie.

Burgfrieden und Weltkrieg verschärften die Klassengegensätze. »Kriegssozialismus«, Zwangswirtschaft, Arbeitshetze, Kriegsdienst der Männer, Massentot an allen Fronten, Misswirtschaft im Konsumbereich, Blockade der Alliierten, Hunger und Entbehrungen aller Art. »Millionen Männer wurden in Uniformen, Jugendliche und Frauen in die Betriebe gezwungen. Während gleichzeitig die Mangelwirtschaft zu Schwarzhandel, Spekulation, gigantischen Gewinnen der Kapitalisten und einem Leben in Saus und Braus für die Begüterten führten, blieben für die arbeitenden Massen vor allem Ausbeutung, Hunger, Kälte und Not.«[41]

Die Gewinne des Großkapitals stiegen um bis zu 200 Prozent. Der tägliche Durchschnittskalorienverbrauch der Deutschen hingegen sank zwangsweise von 4.000 Kalorien vor 1914 auf knapp über 2.000 Kalorien 1918. Zum Überleben notwendig sind in der Regel mindesten 3.000 Kalorien.[42] Die Versorgung mit Grundnahrungsmitteln war ungenügend. Fleisch oft nur für Wohlhabende zu horrenden Schwarzmarktpreisen zu haben.

Hunderttausende starben auch an der »Heimatfront«, Millionen erkrankten, magerten ab. Die Spanische Grippe grassierte und forderte Hunderttausende Opfer. Gesteigerte Arbeitsintensität und verlängerte Arbeitszeiten durch die militärisch-tayloristisch organisierte Kriegsproduktion führten zu physischen Erschöpfungen hauptsächlich in der Massenproduktion.[43] »Vorbei ist der Rausch. Vorbei der patriotische Lärm in den Straßen.«[44] Dem waren die Arbeiter mehrheitlich sowieso nicht gefolgt.

Doch jetzt verloren auch die Angestellten und Beamten und es zerrann ihnen ihr bescheidenes Vermögen zwischen den Händen. Kriegsanleihen wurden wertlos, die Inflation fraß die stagnierenden Löhne und Gehälter. Der Fahrstuhl für die Mittelklasse führte nur noch abwärts.

Die Arbeiterklasse insgesamt war in ihrer physischen Existenz bedroht. .

Die Lebensmittelversorgung vermittelte den unteren- und mittleren Klassen am direktesten die Spaltung. Sie war der Nährboden für erste »Krawalle« und »Unruhen«.[45] Sozusagen in Stahl gegossen, war diese soziale Spaltung in der Marine.


## Des Kaisers Vieh

Auf den Schiffen seiner Majestät des Kaisers herrschte zur gleichen Zeit ein gnadenloses autoritär-absolutistisches Regime. Die »Elite des Kaisers«, die Marineoffiziere, meist aus dem Bürgertum stammend, das sich in der Regel

*Die Admiralität, Bildmitte Admiral Reinhard Scheer*

am Dünkel und der Macht des Adels orientierte, statt sich zu emanzipieren, diese Seeoffiziere sahen sich als künftigen Ritterorden des Reiches.[46] Juden waren hier ausgeschlossen[47] und natürlich auch Sozialdemokraten. Und die Matrosen, die waren ihnen wie Leibeigene, mit denen man umspringen konnte, wie man wollte. Dazwischen standen die Ingenieuroffiziere und dann die Deckoffiziere eine Art höherer Unteroffiziersgesellschaft[48], die aber wie die Ingenieuroffiziere nicht mit den Seeoffizieren am Tisch sitzen durfte und ständig versuchte, ihren Status zu verbessern.

Gnadenloser Drill und schlechtes Essen waren die Speise der Matrosen und Langeweile ihr Schicksal. Denn während des Weltkrieges riegelte die englische Flotte zwischen Scapa Flow im Nordwesten und Norwegen im Nordosten und selbstverständlich im Kanal zwischen England und Frankreich die Nordsee ab, Deutschland war blockiert. Nichts ging auf diesem wichtigsten aller Wege raus oder rein. 20% der deutschen Lebensmittel blieben jetzt draußen. Die Versorgung brach fast zusammen und die deutsche Flotte, des Kaisers liebstes Kind, schlief die längste Zeit untätig im Hafen, man wagte nicht, sie gegen die stärkere englische Flotte ausfahren zu lassen. Langeweile, Drill[49] und schlechtes Essen, entwickelten eine gefährliche Dreieinigkeit und große Widerborstigkeit bei denen da unten gegen die da oben, die zwar auch Steckrüben in der Offiziers-Messe zu sich nahmen, aber in Butter geschmelzt plus Gemüse und Fleisch, mit Champagner im Abgang[50].

Willy Trauselt, Matrose und Backschafter (Essensverteiler) später in der VMD, erinnerte sich, dass ab 1916 das Essen immer schlechter wurde. Es gab »4-5 mal Dörrgemüse für die Mannschaftsküche, während die Offiziere in Saus und Braus lebten.«[51]

Der Matrose Richard Stumpf beklagte schon im Juni 1915 die »Kluft zwischen Messe [Offizierskasino] und Back [Matrosenkantine]«[52]. Und zwei Monate später, wünschte sich der dem katholischen Zentrum Nahestehende schon das Schiff auf dem er diente, die Helgoland, möge »auf eine Mine laufen und das ganze Offiz[iers] Wohndeck in Fetzen reißen.«[53] Der Matrose Pistor hatte zur Jahreswende 1916/17 ein riesiges Transparent gebastelt und darauf geschrieben: »Man sieht in uns nur den Pöbel. Kein Lernen, kein Fortschritt, kein Denken darf sein, nur Gewalt, Drill und Zwang.« Und auf die Offiziere gemünzt, sah er Patriotismus nur noch bei denen, die wohlgepflegt seien, »mit riesiger Heuer, mit Eiern, Kuchen und vollen Schüsseln.«[54] Für diese Meinungsäußerung erhielt er zwei Jahre und einen Monat Gefängnis.

Mehr als im Heer kamen hier die Klassengegensätze zum Tragen, für die modernen hochkomplexen Schiffe wurden Facharbeiter gebraucht und

»qualifizierte Handwerker der Metallbranche«[55], die einen solchen Apparat auch bedienen konnten. Die feinen Pseudo-Ritter (teils 18/19-jährige Leutnants[56]) an der Spitze jedoch hatten, wie ihr Kaiser, alldeutsche Weltmachtsfantasien[57] und glaubten, sie könnten führen wie im Absolutismus, ja Feudalismus. »Die tüchtigsten Vorgesetzten waren strohdumme Kerle«, schreibt das spätere Volksmarinedivisionsmitglied Ernst Broßat.[58] Die Matrosen wa-

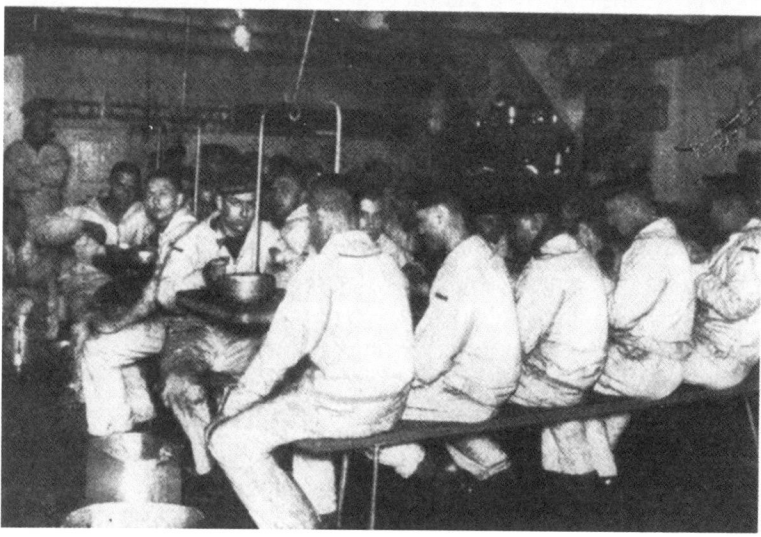

*Oben und unten*

ren für sie Dreck und Vieh, die die Klappe zu halten und keine Rechte hatten, die man knechten konnte, wie man wollte.[59] »Zuerst vom Feuer der Jugend erfasst, wurde ich sehr bald in den ersten Ausbildungswochen nüchtern.«[60] Die Spannungen verstärkten sich von Jahr zu Jahr. Drill, Beschimpfungen und Arrest wechselten sich ab mit großer Langeweile, härtester Arbeit und sinnlosen Ritualen.

*Drill an Bord*

Broßat: »Ich bin lange im Ausland herumgefahren, habe dort Land und Leute studiert, Lebensbedingungen und gesellschaftliches Nebeneinander beobachtet, und wenn auch dort Vieles im Argen liegt, so gibt es doch kein Land, in dem die Menschen so borniert sind, wie in Deutschland und wo der Kastendünkel solche Orgien feiert.«[61] Beckers sah sein Schiff als »schwimmendes Zuchthaus«[62]. Schon im Frühjahr 1916 kam es zu ersten Protesten. Exerzieren bis zum Abwinken, Urlaubsverbot, Leibesvisitationen und Arrest waren die Folge. 1916 gab es die einzige wirkliche Seeschlacht am Skagerrak[63], die die Matrosen fast herbeigesehnt hatten, denn endlich konnten sie zeigen, was sie draufhatten, konnten ihre Abenteuerlust befriedigen, wurden besser

*Heizer auf der* Prinz Luitpold, *links stehend, Albin Köbis*

behandelt und weniger beschimpft. Richard Stumpf, der konservative Matrose und Freund des unbeschränkten U-Boot-Krieges, begrüßte die Schlacht euphorisch (»Endlich, Endlich«[64]), der Matrose Richard Linke eher nüchtern (»Gerieten wir zum ersten Male mit dem Engländer zusammen«[65]), Hans Beckers erwähnte nur ihr Ergebnis: Heimaturlaub, aber vor Gericht schilderte er – bewusst übertrieben – seine heldenhafte Beteiligung.[66] Was ihm den Kopf rettete. Nun, die Seeschlacht löschte dagegen so manches Leben aus. 100 deutsche Kriegsschiffe mit 45.000 Mann Besatzung, trafen am 31. Mai 1916 auf 156 englische Schiffe der Grand Fleet, mit 60.000 Mann. Die Engländer beklagten 6.094 Tote und verloren 14 Schiffe, die deutschen 2.551 Seeleute und 11 Schiffe.[67] Aber was war das schon im »Vergleich«, auf den Schlachtfeldern starben täglich im Schnitt 6.000 Menschen.

In ganz Deutschland läuteten am 2. Juni 1916 die Glocken. Die deutsche Admiralität feierte die Seeschlacht als Sieg, doch viele Schiffe seiner Majestät waren nachhaltig geschädigt.[68] Daher war auch künftig nicht dran zu denken, die weiterhin übermächtige englische Flotte zu schlagen. Und wieder wurde der Ton rau, die Langeweile kam zurück und der Drill, die Strafen und das Essen blieb wie es war, nein, es wurde noch schlechter. Im Winter 1916/17 verhungerten Hunderttausende Zivilisten in Deutschland, gab es hauptsächlich Rüben, die Kulis – eine Selbstbezeichnung der Matrosen – bekamen auch nichts anderes und nur eines vermehrte sich auf dem Teller: die Würmer. Aber die Offiziere aßen immer noch sehr gut und ließen die Korken knallen.[69]


## Rebellion?

An Land, beispielsweise in Kiel, gab es schon am 15. Juni 1916, nach einer Demonstration der Arbeiter der Germaniawerft, die ersten Hungerrevolten. »Einzelne Gruppen, besonders Halbwüchsige und Frauen, begingen jedoch Gewalttaten, drangen in die Brotkartenausgabestelle des Rathauses ein, stahlen dort Brotkarten, plünderten einige Bäckerläden und einen Brotwagen.«[70]

Karl Artelt, Metallarbeiter in der Germaniawerft, der gut zwei Jahre später eine wichtige Rolle in Kiel spielen sollte, hatte sich an diesem Juni-Streik beteiligt. Im März 1917 gehörte er der Streikleitung an. Sein Ausspruch: »Es wäre am besten, den Krieg durch den Generalstreik zu beenden«, brachte ihm sieben Monate Festungshaft ein, danach Frontdienst in einem Strafbataillon in Flandern. Und wegen einer Beschwerde im Februar 1918 musste

*Karl Artelt*

er sechs Wochen in die Irrenanstalt von Brügge. Danach kam er, nachdem ihn mehrere Militärstellen als Matrosenaufhetzer abgelehnt hatten, als Pumpenspezialist in die Torpedowerkstatt in die Wik (Kiel). Dort baute er das 1917 zerschlagene Netzwerk der Matrosen wieder auf. Ein anderer wichtiger Kieler war Lothar Popp, der nach 20 Monaten Kriegsdienst als untauglich entlassen wurde und sich als dienstverpflichteter Schlosser der Germaniawerft am Streik im Frühjahr 1917 beteiligt hatte. Er gründete im März 1917 einen »Sozialdemokratischen Ortsverein (alte Richtung)« der sich dann der USPD anschloss. Im Januar hatte er im Zuge des Januarstreiks zu den Hauptrednern einer Kundgebung gehört.[71]

Und die Beschwerden der Matrosen nahmen zu, trotz drakonischer Strafen. Die Blaujacken steckten die Köpfe zusammen und zwei von ihnen besuchten im Urlaub das Büro der Berliner USPD. Das Büro der einzigen Partei, die gegen den Krieg war und deren Mitglieder erst in der SPD gewesen waren, aber dann, weil sie einer nach dem anderen (zuerst Karl Liebknecht) gegen die Kriegskredite gestimmt hatten, erst aus der Fraktion und dann aus der Partei geflogen waren. Die USPD war eine eben erst gegründete Partei, doch ihre Zeitung, die *Leipziger Volkszeitung*, wurde auf den Schiffen gern gelesen, mehr jedenfalls als der *Vorwärts*, die Zeitung der SPD, die die Kriegspolitik der Regierung mehr oder weniger unterstützte. Beide Zeitungen waren bis zum Sommer 1917 erlaubt, dann wurden beide verboten. Der *Vorwärts* aber durfte bald wieder gelesen werden.[72] Der Streit von SPD und USPD, die Spaltung der Arbeiterbewegung aufgrund des Krieges, war den Matrosen vorderhand nicht bewusst, sie wollten sich bei beiden Parteien beschweren, doch die USPD schien dann doch die erfolgversprechendere Adresse. So ging Max Reichpietsch, der sich schon 1912 (im Gegensatz zu Beckers) freiwillig gemeldet hatte, im Juni 1917 zu Wilhelm Dittmann ins

USPD-Büro am Schiffbauerdamm. (Der Matrose Sachse besuchte ihn später auch noch während seines Urlaubes.) Dittmann wollte Reichpietsch erst abweisen, denn er sei nicht für das Militär zuständig. Da aber der Zuständige (Ewald Vogtherr) gerade im Urlaub war, hörte Dittmann ihn doch an und warnte schließlich die Matrosen, sie sollten sich zu nichts hinreißen lassen.

Luise Zietz, damals noch ohne Wahlrecht und bessere Sekretärin, später eine der ersten weiblichen Abgeordneten in der Nationalversammlung, hörte ihm auch zu und stellte fest, die Matrosen seien schon weiter als ihre Partei, die USPD. Reichpietsch kam nochmals während seines Urlaubs, diesmal in den Reichstag, wurde wieder schnell abgefertigt und nahm Aufnahmeanträge in die USPD mit. Sie sollten sich bei der Kieler USPD melden, müssten keine Beiträge bezahlen und könnten erstmal die Mitgliedschaft ruhen lassen. Reichpietsch traf wohl auch Hugo Haase, der ihn ebenfalls warnte[73] und ihm auch nicht weiterhalf. Das wars; Reichpeitsch nahm noch ein paar Prospekte mit und ging. Doch er wollte die Reserviertheit der USPD nicht wahrhaben, sondern er sah in Dittmann und Zietz Unterstützer für künftige Vorhaben. Er glaubte sogar, sie würden einen Militärstreik unterstützen und geriet darüber mit dem Vertreter der USPD in Kiel, Wilhelm Sens, in Streit.[74]

An Bord lasen sie plötzlich von Menage-, also Essens-Kommissionen, die die Regierung, speziell der Staatssekretär (Marineminister) Eduard von Capelle angeregt und die die Matrosen gewählt hätten. Doch nichts dergleichen gab es. Stattdessen »prüfte« nun ein Offizier das Essen bevor es ausgegeben wurde. Er hielt einen Teller vor sich, der mit Butter und Fleisch aufgehübscht war, stellte sich vor die Matrosen und lobte das, was er kostete und was die Kulis nie zum Kosten bekommen würden.[75] Es kam zu ersten Widerborstigkeiten, Trossen wurden heimlich durchgeschnitten, Geschützverschlüsse herausgedreht, abgenommen und an einer Schnur ins Wasser gelassen. Oben steckte ein Zettel drin auf dem stand: »Wir können's auch noch weiter fieren [absenken].«[76] Der erste Offizier hielt eine Rede und verlangte, dass der böse Mann, der das gemacht habe, sich melde. Doch es folgte nur Hohngelächter.

Und auf dem Linienschiff Thüringen sei, so berichtete ein Zentrumsabgeordneter aufgrund von Meldungen seiner Partei nahestehenden Matrosen, »Wasser aus einer Schlauchleitung auf die in der Messe sitzenden Offiziere gegossen worden, ohne dass es gelungen wäre, den Täter zu ermitteln.«[77]

Schließlich wurden die Menage-Kommissionen durchgesetzt. Zwar besserte sich das Essen dadurch nicht, doch wurden diese Kommissionen jetzt dazu genutzt, um über die Lage zu sprechen und sich in irgendeiner Weise zu wehren. Die Menage-Kommissionen entwickelten sich zu einer Vorstufe der

*Max Reichpietsch und Albin Köbis*

Soldatenräte.[78] Natürlich gab es auch Spitzel unter ihnen, im Blaujackenjargon: »Kammersänger«[79]. Und nicht nur das. Regelrechte Agents Provokateurs heizten außer den Kesseln noch die Stimmung an: Dittmann brachte Belege, dass ein Matrose namens Adams[80], sich als Vertrauensmann wählen ließ und sich im Auftrag eines Oberleutnants Engel und eines Kriegsgerichtsrates Dr. Loesch für Gewaltmaßnamen einsetzte.[81] Die Matrosen hingegen waren bis hin zu Hans Beckers, Albin Köbis und Max Reichpietsch für passiven Widerstand und gegen Gewaltmaßnamen.[82]

Ein »Lockspitzel«, Borkowsky mit Namen, trieb es so bunt, dass selbst der besonders scharfe Kriegsgerichtsrat Dr. Dobring während der späteren Prozesse auf ihn verzichten musste[83] und Borkowsky in einem Urteil offen als nicht verwertbarer »Agent Provocateur«[84] bezeichnet wurde. Dittmann nannte noch weiter einen Oberheizer Reuter, den Obermatrosen Au, den Matrosen Groth, den Obermatrosen Bommer, den Funker Pretsch und den Oberheizer Zapp, als aktive »Lockspitzel«[85]. Es darf, wie immer bei solchen Provokateuren nicht vergessen werden, sie sind nur Anheizer oder Durchlauferhitzer, die Bewegung entsteht aus der Situation selbst, dann wenn sie unerträglich wird. Doch die Spitzel dienen dazu, hart gegenschlagen zu können. Natürlich gab es auch viele ängstliche auch konservative, ja national gesinnte Matrosen, aber das Essen war für sie alle gleich zum Kotzen. Köbis und Beckers beides Heizer, waren am radikalsten und sie wurden jetzt politisch, sie wollten das Ende des Krieges. Es gab auch schweigende Sympathisanten, wie der spätere stellvertretende Kommandant der Volksmarinedivision Robert Grundke, der 1917, 24-jährig, als Deckmatrose auf der *Posen,* über die »Widersetzlichkeiten« Bescheid gewusst haben will.[86]

Anfang Juli 1917 trafen sich Köbis, Reichpietsch, Sachse, Beckers und Fischer in einem kleinen Lokal und gründeten den Soldatenbund.

Beckers und die anderen Matrosen vom Schlachtschiff *Prinzregent Luitpold* hofften, durch einen Hungerstreik[87] eine einheitliche Verpflegung durchsetzen zu können. Beckers verlas ein Manifest in dem passiver Widerstand gefordert wurde. Und zwar parteiunabhängig.

Reichpietsch widersprach, setzte seine Hoffnung auf die USPD. Beckers wollte sich von der nicht bremsen lassen, Köbis auch nicht. Außerdem würde die Korrespondenz mit der USPD wegfallen, was gefahrloser sei. Doch Reichpietsch setzte sich durch. Gemeinsam war jedoch den führenden Matrosen, dass sie Frieden wollten. Beckers: »In unserer Hand lag es, dem Völkermorden Einhalt zu gebieten.«[88] Das glaubten sie jedenfalls.

Doch trotz aller Proteste besserte sich die Lage nicht. Beim Kohlefassen, das sonst immer als Wettbewerb zwischen den Besatzungen der Schiffe ausgetragen wurde, ging plötzlich alles ganz langsam vonstatten. Am 21. Juli 1917 rückten dann 240 Matrosen der *Pillau* kurzzeitig aus und gingen von Bord, weil man ihnen den Urlaub verweigert hatte.[89]

Der Kommandant war klug genug, dies nur mit drei Stunden Strafarbeit zu ahnden. Beckers: »Das wirkte begünstigend auf uns.«[90]

Im Restaurant Tivoli gab es vier Tage später eine stürmische Versammlung. Matrosen verschiedener Schiffe debattierten. »Es lag scheinbar was in der Luft, man wollte unseren Gehorsam erzwingen.«[91]

Ein paar Tage später sprach der Redakteur Alfred Herre (USPD) von der *Leipziger Volkszeitung* vor 150 Matrosen. Man hatte ihn als Torpedo-Heizer[92] eingezogen und Herre nutzte dies zur Agitation. Er berichtete von der im August stattfindenden Friedenskonferenz in Stockholm. Die Matrosen hofften sehr, dass diese Konferenz Ergebnisse bringen würde. Die von Matthias Erzberger (Zentrum) angeregte Friedensresolution des (allerdings wenig mächtigen) Reichstages (getragen von SPD, Zentrum und der Fortschrittspartei) war am 19. Juli 1917 verabschiedet worden. Man wollte einen Frieden ohne Annexionen. Auch das beflügelte die Matrosen. Die Friedensagitation unter den Blaujacken, die sich auch Kulis nannten, griff immer mehr. Allerdings wollten sie weder das System stürzen, noch einen Frieden um jeden Preis[93], sondern einen Frieden ohne Eroberungen. Das unterschied sie vom Kaiser, dem Kanzler, der Regierung, den Alldeutschen, großen Teilen des Bürgertums, selbstverständlich ihren Offizieren und teils auch von den führenden SPD-Männern, wie etwa Eduard David und Gustav Noske.

In diesen Tagen kam es zu Sabotageakten.[94] Akkumulatoren wurden zerstört. Beckers war gegen solche Gewalt, weil sie die organisatorische Arbeit erschwerte. Beckers verfasste ein Friedensmanifest, das auf den Schiffen kursierte und in wenigen Tagen hatten es ca. 5.000 Matrosen unterschrieben. Darüberhinaus sollte die Stockholmer Konferenz der Oppositionsparteien den Generalstreik fordern, dann wollten Köbis und Beckers mitmachen.

Am 31. Juli erwarteten die Matrosen, dass ihnen erneut die Freizeit gestrichen würde. Eine versprochene und dann nicht stattfindende Kinovorführung sollte den Ausschlag geben. Beckers schrieb auf die Befehlstafel: »Wenn morgen früh kein Kino, dann Ausflug ohne Erlaubnis.«[95]

Als dann tatsächlich am nächsten Tag die Filmvorführung gestrichen und durch Exerzieren ersetzt werden sollte, verließen 49 Mann für drei Stunden das Schiff. Die Rückkehrenden wurden mit den Worten empfangen: »Das Beste wäre, wenn man die ganze Bande an den Geschützturm stellt und alle erschießt.«

11 Männer selektierte man und es gab strengen Arrest. Eine Protestwelle schwabbte durch die Schiffe. Abends gab es eine Besprechung von Matrosen vieler Schiffe in einem alten Eisenbahnwaggon. Man schlug einen Protestausflug vor. Beckers war dagegen, weil man so alle Karten auf den Tisch lege und schlug vor, die Verhafteten zu befreien und Straflosigkeit zu fordern. Doch das wurde mehrheitlich abgelehnt.

So drängten am Morgen des 2. August 1917 600 Matrosen von ihrem Schiff, der Prinzregent Luitpold, drückten das Tor ein und marschierten über den Deich Richtung Rüstersiel. Auch der immer stärker werdende Regen konnte sie nicht aufhalten. Im Saal der Gaststätte Weißer Schwan hielt Köbis eine Rede die er mit dem Ausruf »Nieder mit dem Krieg« schloss.

Ein Marinewachtmeister betrat die Gaststätte mit gezogener Waffe, rief »Hände hoch!« und wurde von den Matrosen am Tresen ausgelacht. Sie verwiesen auf den Saal in dem noch 600 von ihnen sich aufhielten. Der Wachtmeister versuchte es mit Güte, er käme als Freund und wolle sie wieder an Bord zurückführen. »Freiwillig sind wir hierhergekommen und freiwillig gehen wir wieder zurück«, lautete die Antwort

Auf dem Rückweg kam ihnen der Kapitänleutnant von Weihe auf dem Fahrrad entgegen. Auch ihm gelang es nicht, sie unter seinen Befehl zu bekommen, so radelte er schließlich voraus, um in der Kaserne die Wache zu alarmieren. Doch die Matrosen umgingen alles und wieder an Bord. Und vorerst schienen sie Erfolg zu haben, die tags zuvor Arretierten wurden freigelassen.

## Repression

Doch schon am nächsten Tag drehte sich der Wind. Es gab zahlreiche Verhaftungen, darunter auch Köbis, Reichpietsch, Sachse, und Beckers. Sie wurden an Land und ins Gefängnis gebracht. Dort war das Essen besser wie Beckers bekundete.[96]

Schon am 9. August 1917 informierte Staatsekretär von Capelle die Führung der SPD in Berlin über die Vorkommnisse auf der Flotte. Da Scheidemann und David verhindert waren, erschien nur Ebert. Nach Capelles Bericht äußerte sich der Parteivorsitzende der SPD folgendermaßen: »Ebert war dankbar für die Mitteilung, die ihn völlig überrascht hat, wiederholte des öfteren, dass die Regierung fest auf seine Partei rechnen könnte und ließ es auch nicht an Worten der Entrüstung über das landesverräterische Vorgehen fehlen. Gegen solche Dummheit, wie er es ausdrückte, müsse man auf jede Weise Front machen, es könne sich auch nur um einen örtlichen Putschversuch handeln, sonst hätte er vorher davon etwas gehört.«[97]

Gleichzeitig konnte Ebert sich nicht vorstellen, dass dies von der USPD gebilligt worden sei, um dann im gleichen Gespräch nicht darauf zu verzichten, als V-Mann der Militärs zu fungieren. Denn er sei »davon in Kenntnis gesetzt worden, dass eine neue große Propaganda der Haase-Leute [sein ehemaliger Partei- und Vorstandskollege Hugo Haase, sowie die ganze USPD] für allgemeine Arbeitsniederlegung – der Arbeiter, nicht des Militärs – geplant, oder schon im Gange sei.«[98]

Was zu diesem Zeitpunkt zu allem Überfluss gar nicht zutraf.

Was jetzt aber kam, hatten die verhafteten Matrosen, ja nicht einmal ihre Offiziere erwartet. Marinehilfskriegsgerichtsräte (so der exakte Titel), angeführt von dem gnadenlosen Dr. Dobring, wollten im Auftrag der Admiralität ein Exempel statuieren. Beckers wurde vorgeführt und Dobring begrüßte ihn mit: »Aha, das ist einer von den Todeskandidaten.«

Beckers war geschockt. Im Verhör legte der Kriegsgerichtsrat einen Revolver auf den Tisch und zeichnete einen Galgen auf ein Blatt Papier. Beckers habe die Wahl zwischen Erschießen und Galgen. Wenn er entsprechend ausführlich aussage, werde ihm das ehrlose Hängen erspart und es sei ihm vergönnt, erschossen zu werden. Selbstverständlich leugnete der Hilfskriegsgerichtsrat später diese Vorgehensweise.

Dobring konstruierte ganz simpel eine Verschwörung von USPD und Matrosen: vollendeten Kriegsverrat. Er benutzte die Lockspitzel, versuchte, die Matrosen gegeneinander auszuspielen, und wollte beweisen, dass die Matrosen umstürzlerisch Gewalt anwenden wollten. Und sie hätten, angefeuert von der USPD, die Absicht gehabt, einen Frieden um jeden Preis zu erzwingen. Er schob ihnen nach bis zu 15 Stunden langen Verhören Aussagen unter, die sie gar nicht gemacht hatten, und nötigte die psychisch und physisch völlig Entkräfteten zur Unterschrift.[99]

Sachse brach schließlich zusammen und verriet Details.[100] Jetzt mussten auch Reichpietsch[101], Beckers[102] und sogar der widerspenstige Köbis[103] Sachen zugeben, die gar nicht so vorgefallen waren. So gab beispielsweise Reichpietsch an, von der USPD agitiert worden zu sein. Was gar nicht stimmte. Keiner der Matrosen hatte während der Verhöre einen Verteidiger zur Seite. Erst bei der Verhandlung wurden ihnen Pflichtverteidiger gestellt, die in 24 Stunden das ganze Aktenmaterial durchsehen sollten, was die Kriegsgerichtsräte Dobring und Breil (dem Beckers mehr Höflichkeit attestierte) angehäuft hatten. Abenteuerlich – auch nach den Gesetzen des Wilhelminischen Reiches – war die Behauptung, es habe sich um einen vollendeten »Aufstand« (§ 90 RStGB) gehandelt, was dann auch noch damit kombiniert wurde, die Matrosen hätten einer »feindlichen Macht Vorschub geleistet« (§ 58 RMilStGB). Nur in dieser Verbindung drohte die Todesstrafe.[104]

Selbst kaiserliche Justiziare kritisierten das Verfahren. So urteilte der Leiter der Justizabteilung im Reichsmarineamt, der Geheime Admiralitätsrat Dr. Felisch in einem Rechtsgutachten, der Aufstand sei ja noch nicht ausgebrochen. Und als dann die Todesurteile angekündigt wurden, war der Geheimrat völlig erstaunt: Für ein Todesurteil müsse doch tatsächlicher Aufstand vorliegen.[105] Auch der Oberkriegsgerichtsrat De Bary, der nach der Militärstrafgerichtsordnung dem Flottenchef Admiral Scheer vor einer Bestätigung oder Nichtbestätigung ein Rechtsgutachten zu unterbreiten hatte, machte klar, dass »kein tatsächlicher Aufstand vorgelegen habe«, da man damit immer eine »*bewaffnete Erhebung gewaltsamer Art* gegen die Vorgesetzten« zu verstehen habe. Doch die Gutachten wurden nicht beachtet.

Auch der Tagebuchschreiber Richard Linke, Matrose auf der *Helgoland*, der sich selbst als unpolitisch bezeichnete, wurde vor Gericht gezerrt, da er in der gleichen Gaststätte wie die Matrosen der *Prinzregent Luitpold* einige Tage später eine Rede gehalten hatte. Schließlich verkündeten die Richter in einem eintägigen [Schau-]Prozess[106] für Albin Köbis, Max Reichpietsch, Willi Weber, Willi Sachse und Hans Beckers Todesurteile und für weitere vier Matrosen lange Haftstrafen, so auch für Linke, der 10 Jahre Zuchthaus bekam.[107] In einem späteren Prozess gegen Matrosen der *Westfalen* wurden nochmals vier (Michael Hiller, Hans Haase, Paul Brügge und ein Matrose namens Siegfried) zum Tode verurteilt und viele weitere Jahre Zuchthaus verkündet. Schon vorher war Bernhard Spanderen in einem Urteil allein wegen des Wegbleibens am 1. August für todeswürdig befunden worden.

Insgesamt wurden zehn Todesurteile in drei Prozessen und in weiteren 47 Verhandlungen über 180 Jahre Gefängnis und 181 Jahre Zuchthaus verhängt, oder wie ein revolutionäres Flugblatt mit dem Titel »Folgt ihrem Beispiel« verkündete, für »über 50 Matrosen 400 Jahre Zuchthaus«. Dort hieß es weiter, dass die Bewegung in der Hochseeflotte den deutschen Militarismus »an seinem innersten Mark« treffe. Die deutschen Arbeiter sollten ihrem Beispiel folgen, sich auflehnen und den Frieden erkämpfen.[108]

Doch die harten und ungerechtfertigten Urteile führten auch bei Ebert zu einer leichten Abkehr von seiner harten Linie. Zusammen mit den Abgeordneten Matthias Erzberger und Gustav Stresemann plädierte er dafür, die Todesurteile nicht zu vollstrecken. Angeblich parteiintern sei auch Gustav Noske (SPD) dagegen gewesen.

Admiral Scheer, der Flottenchef, wohl selbst nicht ganz überzeugt von der Härte des Vorgehens, wandelte acht Todesurteile teils in hohe Zuchthausstrafen teils in weniger hohe Gefängnisstrafen um. Beckers entging dem Erschießungskommando, weil er seine Beteiligung an der Skagerrak-Schlacht hervorhob. Reichpietsch wurde sein nicht einmal illegaler Kontakt zur USPD zum Verhängnis und Köbis, der sich wohl als Märtyrer sehen wollte, rief vor Gericht »Ich bin ein Sozialrevolutionär!«, womit sein Schicksal besiegelt war. Scheer wollte wenigstens an zwei Männern ein Exempel statuieren und ließ noch vor der Urteilsverkündung die Hinrichtung in Köln-Wahn vorbereiten.

Er hatte wohl nicht ohne Absicht einen Ort weit entfernt von der Küste dafür ausgesucht und dem Exekutionskommando wurde – aus Angst, sie könnten sich weigern – erzählt, es handele sich bei Reichpietsch und Köbis um englische Spione.[109]

Die Urteile und vor allem die Todesurteile sorgten für große Empörung unter den Matrosen.

Stumpf, der Konservative, der später sogar vom Zentrum zur reaktionären Vaterlandspartei wechselte, äußerte sich zu den Urteilen: »Seit geraumer Zeit, einige Tage schon, sinne ich darüber nach, mit welchen Ausdrücken ich ein Verbrechen beschreiben soll, dessen Ungeheuerlichkeit alle Begriffe übersteigt. [...] Ich hätte jeden für einen Narren erklärt, der behauptet hätte, dass in meinem Vaterlande ein Mensch zum Zuchthaus und zum Tode verurteilt werden kann, ohne dass er etwas Unrechtes getan hat. Allmählich geht mir eine ganze Bogenlampe auf, warum manche Menschen das Militär und sein System mit solcher Leidenschaft bekämpfen. Armer Liebknecht, wie tust du mir heute leid.«[110]

Es war der gleiche Stumpf, der sich noch im März 1916 empört hatte über »Spektakelszenen, welche der Jude [!] Liebknecht nebst Anhang aufführen«[111]. Und Stumpf wollte nicht glauben, dass die Urteile vollstreckt würden: »Mit ewiger Schande ist die Marine befleckt, wenn sich eine Korporalschaft findet, die sich dazu hergibt.«[112]

Nie zuvor waren Matrosen in Deutschland wegen Meuterei erschossen worden. Die Urteile hinterließen tiefe Wunden und großen Zorn.

Selbst der ansonsten recht machtlose Reichstag schwang sich zu unerhörter Kühnheit auf: Die SPD, ja das Zentrum und die Liberalen solidarisierten sich kurzzeitig mit der USPD, als sie am 9. Oktober 1917 erneut von Reichskanzler Michaelis und von Staatssekretär von Capelle beschuldigt wurde, den Aufstand geschürt zu haben. Und als Folge der Auseinandersetzungen trat der Reichskanzler Michaelis zurück. Die Immunität der USPD-Abgeordneten wurde nicht aufgehoben. Doch jetzt geriet Luise Zietz (da sie als Frau nicht gewählt werden konnte, besaß sie auch keine Immunität) ins Fadenkreuz der Ermittler und landete im Gefängnis. Nur gegen eine hohe Kaution wurde sie freigelassen. Die Ermittlungen taugten schließlich nicht für eine Anklage. Weniger Glück hatten die USPD-Mitglieder Max Güth und Arthur Sens aus Kiel, sie wurden wegen Teilnahme an einer Versammlung mit den Matrosen zu fünf bzw. zwei Jahren Gefängnis verurteilt.[113] Da noch mehr Kieler USPD-Mitglieder verhaftet worden waren, war die Partei dort praktisch zerschlagen, während sich die Kieler SPD an der Basis konsolidierte (sie hatte ja auch nicht mitgemacht). Der Matrose Rudolf Weber, später beim Aufstand in Kiel aktiv, wollte sogar gehört haben, dass die Kulis den USPD-Vorsitzenden Dittmann des Verrates bezichtigten, weil er die Matrosen nicht unterstützt hätte.[114] Doch was hätte er machen sollen.

Die Matrosen von 1917 aber waren nachhaltig empört, für die *Helgoland* machte Stumpf sogar statistische Angaben: die Hälfte der Leute sei gleichgültig, ein Viertel voll Mitleid und ein knappes Viertel »zur raschen Tat und Sühne bereit.« Alle seien davon überzeugt, dass nach dem Ende des Krieges die Urteile aufgehoben würden. Stumpf teilte diese Meinung nicht, eher würde er sich »auf eine Revolution oder Niederlage verlassen.«[115] Wer konnte ahnen, dass beides rasch kommen würde.

Im kollektiven Gedächtnis der Matrosen verankerten sich also durchaus Rachegedanken. Und bald nach einem guten Jahr, als sich der Nebel der

Siegespropaganda lüftete, am Horizont sich abzeichnete, dass der Krieg für das Deutsche Reich längst verloren war und die Matrosen sich sinnlos opfern sollten, explodierte der Zorn. Die Revolte kam und diesmal richtig. Die Matrosen waren großteils Arbeiter. Der Drill, die Langeweile, die schlechte Behandlung und das schlechte Essen politisierten sie. Zwar neigten viele von ihnen zur USPD, doch auch Anhänger der SPD, ja des Zentrums waren unter ihnen. Die Matrosen waren nicht einheitlich links, wie man ihnen vor Gericht unterstellte: Ähnlich unterschiedliche Einstellungen wird man später 1918/1919 in der Volksmarinedivision in Berlin wiederfinden.

Aber sie waren ihre Unterdrückung, das schöne Leben der Offiziere und den Krieg leid. So kam es zu einer ersten sanften Rebellion, die sich eher als passiver Widerstand verstand und vor allem den Krieg beenden wollte. Sie hatte noch keinen umstürzlerischen Charakter. Weder wollten die Matrosen aktiv Gewalt anwenden, noch die Kampfkraft der Schiffe sabotieren.

## Die Situation an Land – immer mehr Massen gegen den Krieg

Doch auch an Land nahm die Unlust am »Völkermorden« zu. Konträr zum Parteivorstand der SPD formierte sich an der Basis ab 1916 immer stärkerer Widerstand gegen den Krieg.[116]

Eine kleine Gruppe von Drehern in Berlin, nicht mehr als 50-80 Männer (fast keine Frauen) bildeten eine Art Avantgarde, allerdings eine von unten organisierte, die sich auf zahlreiche Arbeiter stützte. Sie bekämpfte den Burgfrieden, die Stilllegung des Klassenkampfes durch die traditionellen Gewerkschaften und die SPD und ab 1916 auch den Krieg. Sie nannten sich bald Revolutionäre Obleute und sind jahrzehntelang von der Forschung missachtet[117] oder als »Spartakisten«[118] tituliert worden, in jüngster Zeit aber immer mehr ins Blickfeld gerückt.[119] Sie hielten Kontakt zur USPD und auch zur Spartakusgruppe innerhalb der SPD, waren aber unabhängig und auch nicht so öffentlichkeitsinteressiert. Nachdem Karl Liebknecht am 1. Mai 1916 mitten auf dem Potsdamer Platz in Uniform – er musste als Bausoldat dienen– auf einer »illegalen« Demonstration »Nieder mit dem Krieg, nieder mit der Regierung« gerufen hatte und verhaftet worden war,[120] organisierten die Obleute einen Streik. Der USPD-Vorstand (Dittmann, Haase, Ledebour) hatte sich von Liebknechts Aktion schon im Voraus distanziert.

Die Obleute aber versuchten ihn im Nachhinein zu schützen und gegen die drohende Zuchthausstrafe zu opponieren. 30 Mann der Gruppe, unter der Führung von Richard Müller, versammelten sich konspirativ in einem Lokal in der Sophienstraße und schon am nächsten Tag, es war der 28. Juni 1916, kam es zum ersten politischen Großstreik, ja Generalstreik in Berlin.[121] 55.000 Metallarbeiter (Borsig, AEG, Löwe und Schwartzkopff) traten in den Streik. Wieder einen Tag später schlossen sich weitere 20.000 Arbeiter an. Liebknecht wurde dessen ungeachtet zu mehr als 4 Jahren Zuchthaus verurteilt.

Die längst mehr verpreußte als verbürgerlichte Parteiführung der SPD bezeichnete die Streikenden und Protestierer als »Kriegsverlängerer«[122], Gewerkschaftsfunktionäre denunzierten die Streikführer bei der Obrigkeit[123] und zahlreiche Arbeitsverweigerer wurden an die vorderste Kampffront, die berüchtigten unter Dauerbeschuss liegenden Schützengräben, geschickt. Doch dies ermöglichte auch die Agitation der Soldaten ›an der Front‹.[124]

Die Kieler Agitationsrede des eingezogenen Redakteurs der *Leipziger Volkszeitung,* Alfred Herre von der USPD, ist ein gutes Beispiel (siehe oben).

Der schon erwähnte folgende Steckrübenwinter führte faktisch zu einer Hungersnot. Und wie geschildert verschärfte sich auch in der Marine die Versorgungslage. Aber nicht nur in Kiel auch in vielen anderen deutschen Städten kam es zu Hungerrevolten.

Im April 1917 folgte der nächste Streik, wieder organisiert von den Obleuten. Jetzt waren es schon zwischen 200.000 und 300.000. Halle, Magdeburg und Leipzig schlossen sich an.[125] Schon im Vorfeld war Richard Müller durch Denunziation von Gewerkschaftsfunktionären in seinem eigenen, dem Deutschen Metallarbeiter Verband (DMV), festgesetzt worden. Eigenmächtig brachen diese Führer dann den Streik ab, obwohl diesmal sogar die USPD-Führung mitgemacht hatte. Praktisch selbstverständlich waren SPD-Führung und Gewerkschaftsfunktionäre Gegner des Streiks gewesen. Ergebenheitsadressen an die eigentlichen Führer im Land, so an Generalleutnant Groener wurden versendet.[126] Wieder kam es zu Verhaftungen, Einberufungen und Verschickungen zu Himmelfahrtskommandos. Doch Richard Müller konnte dem Kriegsdienst bald wieder entfliehen. Es kam zu Auseinandersetzungen mit den zum Aktionismus neigenden Liebknecht-Leuten, die wiederum den Obleuten Festhalten an starren Streikformen vorwarfen. Die öffentlich agierende Spartakusgruppe war zahlreichen Verhaftungen ausgesetzt. Auch die USPD geriet aufgrund der Matrosen-Verweigerungen in den Fokus verschärfter staatlicher Angriffe. Neben Luise Zietz gab es weitere Parteimitglieder, die ins Gefängnis wanderten. Gemäßigte USPD-Vorstände wie Haase rückten vom Massenstreik ab. Die verbliebenen widerständigen Netzwerke wurden

weiter von SPD und Gewerkschaftsfunktionären denunziert.[127] Legien und
Bauer suchten sogar die OHL in Belgien auf und sicherten ihre Unterstützung zu, sodass Ludendorff geradezu euphorisch reagierte.[128]

Der nächste Massenstreik gelang erst wieder im Januar 1918. Doch diesmal
streikten in ganz Deutschland bis zu 1 Million Arbeiterinnen und Arbeiter,
wieder organisiert von den Obleuten. Ein Frieden ohne Annexionen und
Kontributionen wurde gefordert, sowie Pressefreiheit und Demokratisierung.
Frauen beteiligten sich maßgeblich an dem Ausstand. Die SPD-Führung fuhr
diesmal zweigleisig: Heilmann und Kurt Baake bestärkten die Militärs, hart zu
bleiben; Scheidemann und Ebert aber klinkten sich ein, um den Streik abzu-
würgen. Was ihnen auch im Bund mit den Militärs bald gelang, nachdem die
USPD-Führung nachgegeben und verhandelt hatte. Zuvor war Ebert – während Dittmann gleichzeitig verhaftet und zu fünf Jahren Zuchthaus verurteilt
wurde[129] – noch im Treptower Park aufgetreten und hatte den Proletariern
zugerufen – »es sei ihre Pflicht, der Front ›das Beste an Waffen zu liefern, was
es gäbe‹ und ›der Sieg sei selbstverständlich der Wunsch eines jeden Deutschen‹. Doch die Anwesenden beschimpften ihn als ›Arbeiterverräter‹«.[130]

Auch der Streik musste bald abgebrochen werden. Wieder folgten Mas-
senverhaftungen und Einberufungen an die Front.

Doch die SPD-Führung wusste nun, was zu tun war. Sie reorganisierte ihre
Basis. »War in den letzten Jahren des Krieges der Vertrauensschwund in der
Arbeiterschaft enorm gewesen – in Berlin hatte die SPD am 1. Juli 1917 grade
noch 6.500 Mitglieder, die USPD dagegen 28.000 – so gelang es ihr peu à peu,
sich an der Basis zu reorganisieren. Als sie im Oktober 1918 selbst staatstragende Partei geworden war, war ihr Mitgliederbestand wieder auf ca. 20.000
gestiegen, etwa gleichviel wie die USPD zu diesem Zeitpunkt hatte.«[131]

Am 3. Oktober 1918 traten Scheidemann, Bauer (beide SPD) und Erzberger (Zentrum) als Staatssekretäre in die Regierung ein. Gleichzeitig ging
die SPD-Führung verstärkt auf Tuchfühlung mit den obersten Militärs.
Ebert, David und Scheidemann besuchten jetzt auch Ludendorff und Hindenburg in ihrem Hauptquartier im belgischen Spa. Und als deren Absetzung
als faktische Militärdiktatoren, im Oktober 1918 durch den Kaiser drohte,
nahm Scheidemann sie in Schutz. Man müsse »Hindenburg und Ludendorff
jeden Anlass nehmen, die angegebenen Konsequenzen zu ziehen«[132]. Trotz
dieses sozialdemokratischen Schutzschildes entließ der Kaiser Ludendorff
wenige Tage später. Er hatte den Bogen überspannt. Nun, Wilhelm II. sollte
ebenfalls nicht mehr viele Schussmöglichkeiten bekommen.

## Phoenix aus der Asche: Die Revolution?

Nach dem Januarstreik 1918 schien alles verloren: Richard Müller erneut eingezogen, Leo Jogiches und viele Helfer der Spartakusgruppe verhaftet, Luxemburg und Liebknecht längst im Gefängnis. Druckereien ausgehoben, Adresskarteien und Flugblätter von der Politischen Polizei kassiert.[133] Emil Barth musste die Führung der Obleute übernehmen. Ernst Meyer die der Spartakusgruppe. Dann gab es noch Ernst Däumig und Georg Ledebour von den USPD-Linken. Die Stimmung war schlecht. Die Obleute mieden den Kontakt mit den unter permanenter Beobachtung stehenden Rest-Spartakisten. Der russische Botschafter berichtete an Lenin, eine Revolution sei in Deutschland in naher Zukunft nicht zu erwarten.

Doch die Obleute gaben nicht auf, planten neue Aktionen und ihnen war klar, diesmal mussten sie sich bewaffnen. Man sammelte bei reichen Sympathisanten – die gab es auch damals – in Deutschland und in Holland und es gab Finanzspritzen von den Bolschewiki – so man will war das Geld, das die OHL ein Jahr zuvor Lenin überlassen hatte und das jetzt nach Deutschland zurückfloss, allerdings nicht ganz an die gleiche Stelle. In den Fabriken bildeten sich *Schwarze Katzen*, Arbeitergruppen, die sich bewaffneten und ihre Gewehre in den Betrieben deponierten.

Und dann ging alles plötzlich ganz schnell. Liebknecht kam aus dem Gefängnis frei, wurde am Bahnhof von den Massen auf Händen getragen und wollte mittels sich steigernden Massendemonstrationen losschlagen. Doch die Obleute – Richard Müller war inzwischen auch zurück in Berlin – waren sich nicht sicher, ob die Arbeiter mitmachten und wie sich das Heimatheer verhalten würde. Däumig, der Militärspezialist, sah die Garnisonen in der Stadt schwankend. Konnte man wirklich schon an die Kasernentore klopfen[134], wie Rosa Luxemburg es vorschlug?

Liebknecht gab den Hitzkopf und die Obleute bremsten. Man warf dem Spartakus-Anführer »revolutionäre Gymnastik« vor. Der Aufstandstermin wurde vom 4. auf den 11. November verschoben. Wahrscheinlich war dies ein Fehler, denn hätte man eine Woche früher losgeschlagen, wäre es der SPD-Spitze kaum möglich gewesen, auf den rollenden Zug aufzuspringen.

Wie auch immer, »an der Westfront kam es am 31. Oktober zur Befehlsverweigerung einer ganzen Division. Sie lehnte es ab, in Metz in die Stellungen zu gehen.«[135] Bis zu einer Million Soldaten »waren schon im Frühjahr 1918 in einem ›verdeckten Militärstreik‹ (Deist) den Befehlen ihrer Offiziere nicht mehr gefolgt.«[136]

Im Sommer wurde es auch auf der Flotte wieder widerständiger. Paul Schäfer, später in der VMD, wollte im Sommer 1918 heiraten, bekam aber keinen Urlaub. Er fuhr – mit Ankündigung – zu seiner Braut nach Berlin und kam 10 Tage später wieder nach Emden zurück. Drei Monate Festungshaft in Köln folgten darauf.[137] Am Ende des Sommers 1918 »hatten die Desertationen aus der Armee Massencharakter angenommen«[138], erzählt Martha Globig. Auf den Berliner Bahnhöfen überredete sie Soldaten, nicht an die Front zurückzukehren und ihre Schusswaffen zu behalten. »In der Hauptstadt hielten sich im Oktober 1918 etwa 20 – 40.000 Deserteure auf. Die meisten warfen – Globigs Bitte folgend – die Flinte nicht ins Korn.«[139]

Einige beschafften sich sogar noch zusätzlich Waffen. Das berichtete der damals 22-jährige Waldarbeitersohn Fritz Zikelsky. Zikelsky bat später vergeblich um Aufnahme in die VMD, wurde aber von einem ihrer Anführer, Heinrich Dorrenbach, abgelehnt, nicht weil er Deserteur war, das war Dorrenbach auch gewesen, nein, weil die Division keine Löhnung mehr für Neuzugänge hatte. Sein Freund Albert Helmer jedoch hatte sich früher gemeldet und war dort bald nach ihrer Gründung aufgenommen worden. Helmer bildete mit Zikelsky und vier anderen Deserteuren schon Ende Oktober eine Gruppe »trotzige, zu allem bereite Burschen«, die Flugblätter klebten, von denen man annehmen kann, dass sie nicht regierungstreu waren. Als sie dabei, in der Nacht vom 30. auf den 31. Oktober von zwei Schutzmännern gestellt wurden, »gingen die Pickelhauben zu Boden, ihre Säbel zu Bruch und ihre Revolver mit Munition in unsere Hände.« Die Polizei fahndete tagsüber fieberhaft nach den Attentätern, doch Helmer et al. gaben sich als friedfertige Bürger. Ab dem 1. November ging die Gruppe nun, anstatt Flugblätter zu kleben »konsequent auf Polizistenfang.« Bis zum 5. November »wurden 9 Polizisten ihre Knarre los.« Zahlreiche Pistolen, allerdings weniger Munition, fielen in die Hände der Deserteure. Die Gruppe wuchs auf 16 Männer an und galt bald als »Polizeischreck von Neukölln.«[140]

Solche Geschehnisse zeigen, dass auch in der Hauptstadt die Ordnung des halb-absolutistischen preußisch-deutschen Systems längst erodiert war.

## Aufstand der Matrosen[141]

»Lieber Papa, wenn du wüsstest, wie mir zumute gewesen ist, als wir unsere Kanonen auf unsere Kameraden richteten, welch ohnmächtige Wut ich hatte. [...] Endlich nach einer Stunde gaben die Aufständischen ihre Sache auf und zeigten durch die Bullaugen die Rote-Kreuz-Flagge. Sie ließen sich dann, ungefähr 600 Mann, ruhig an Bord des Dampfers bringen. Uns fiel ein Stein vom Herzen. [...] Auch wenn wir niemals auf unsere Kameraden geschossen hätten, auf uns waren von der ›Helgoland‹ drei 15-Zentimeter-Geschütze gerichtet und wenn nur ein Schuss von uns gefallen wäre, von B 97 wäre kein Holzsplitter mehr übriggeblieben. Ich werde den 31. Oktober in meinem Leben nicht vergessen.«[142], schrieb ein namentlich nicht genannter Matrose des deutschen Torpedobootes B 97, Anfang November 1918 an seinen Vater.

Um zu begreifen, was geschehen war, muss man wenige Tage zurückblenden. Auf der sogenannten Schillingrede, dem Ankerplatz vor Wilhelmshaven, lag die kaiserliche Flotte. Schornsteine mussten orange-rot angemalt werden, das Zeichen einer bevorstehenden Schlacht.[143] Die Reichregierung verfügte am 20. Oktober parallel zu den Waffenstillstandsverhandlungen die Einstellung des U-Bootkrieges – der 1917 den Kriegseintritt der USA provoziert hatte – und teilte dies Admiral Scheer mit. Ohne dass die Reichsregierung davon wusste, hatte die deutsche Admiralität unter Konteradmiral »Papa« von Trotha für diesen Fall planerische Vorsorge getroffen. Scheer machte an diesem Tag im Oktober dem Reichskanzler Max von Baden einige Andeutungen, was nun passieren sollte. Aus denen wurde der Kanzler nicht schlau, widersprach also auch nicht. Scheer wertete das als Zustimmung, obwohl von Baden ihn eindringlich beschwor, »dass sich die Marine in das Unabänderliche fügen müsse«.[144] Scheer sagte die Einstellung des U-Boot-Krieges zu, verriet aber nicht den schon ausgearbeiteten Plan. Praktisch sämtliche deutschen Kriegsschiffe sollten Richtung Kanal, Richtung England fahren »auch wenn es ein Todeskampf wird«, als Quelle einer »neue(n) deutsche(n) Zukunftsflotte« dienen.[145] Dies sei zwar »glatter Hazard«, aber die Admiralität war sich sicher, mit einem solchen Untergang »einen Stimmungsumschwung im Lande« zu erzielen.[146]

Die Kellner der Offiziere (sogenannte Messegasten) berichteten aufgeregt von Abschiedsfeiern: »*Thüringen* [eins der Großkampfschiffe] soll den Heldentod sterben. Darauf wollen wir eins trinken«[147], habe der Kapitänleutnant Rudloff abends geäußert. So die Aussage eines verhafteten Obermatrosen namens Riedel vor einem Kriegsgerichtsrat. »Wir fahren raus«, habe der Offizier gesagt, »verschießen sämtliche Munition und beschließen dann den ehrenvollen Untergang.« »Durch diesen Vorstoß«, so die Aussage eines anderen Matrosen, »sollten die Friedensverhandlungen vereitelt werden«, von denen die Schiffsbesatzungen aus der Zeitung wussten.[148] Schon am 24. Oktober waren sich die Matrosen auf der *Posen* einig, dass sie, wenn die Flotte über Helgoland hinausfahren würde, das Feuer in den Kesseln löschen würden, so Robert Grundke, später stellvertretender Kommandant der Volksmarinedivison.[149]

Am 29. Oktober 1918 weigerten sich die Matrosen auf den Linienschiffen *Markgraf, König* und *Großer Kurfürst*, die Anker zu lichten. Sie drohten, die Feuer unter den Kesseln zu löschen, sollte das III. Geschwader, zu denen die drei Schiffe gehörten, die deutschen Hoheitsgewässer verlassen.

Auch am 30. Oktober »scheiterten alle Versuche und Taktiken der Flottenführung, der Unruhen Herr zu werden«[150].

Dass es nur zu einem Manöver ging, wie versichert wurde, glaubte kein Matrose mehr. Und Stumpf hörte gar, dass angeblich »die englisch-amerikanische Flotte mit 150 Einheiten gegen Helgoland im Anzuge«[151] sei. Doch auch das wurde von niemandem mehr geglaubt.

Am 31. Oktober kam es schließlich zur direkten Konfrontation. Der Matrose Stumpf berichtet in seinem Tagebuch, dass tatsächlich auf »drei Panzerkreuzern von den Heizern die Feuer« absichtlich »gelöscht wurden. [...] Am schlimmsten tobte der Aufstand auf dem früheren Musterschiff *Thüringen*.«[152] Und auf der *Helgoland*, einst das Schiff von Stumpf (und dem im Gefängnis sitzenden Link). Das Torpedoboot *B 97* und ein U-Boot wurden gerufen und richteten Rohre gegen die *Thüringen*. Das Großkampfschiff *Helgoland* – hier hatten die Aufständischen schon die Geschütze besetzt – nahm dafür das Torpedoboot mit 30,5-cm-Rohren aufs Korn.

SMS-Thüringen, *daneben* B97, *links die* Helgoland

Als der Dampfer mit den Verhafteten (nach Stumpf 300) im Nebel von »Schlicktown« verschwand, schallte ihnen von der *Helgoland* ein dreifaches »Hurra!« entgegen, das prompt aus dem Innern des Dampfers erwidert wurde.[153] Auch auf der *Helgoland*, so hörte Stumpf, seien etwa 300 Matrosen verhaftet worden.[154] Die Admiralität blies das Himmelfahrtskommando gen England ab und schickte das III. Geschwader durch den Nord-Ostsee-Kanal nach Kiel. Weitere 47 Verhaftungen wurden vorgenommen.[155] Insgesamt waren jetzt fast 1.000 Matrosen festgesetzt.[156] Doch die Marineführung verzichtete darauf, den Vorschlag, den Korvettenkapitän Bogislav von Selchow in seinem Tagebuch festhielt, umzusetzen, nämlich die ersten Meuterer »an der Rah aufzuhängen«[157].

In Kiel hatte am 30. Oktober ein neuer Gouverneur seinen Posten angetreten, Admiral Souchon, der die Lage in der Stadt durchaus kannte und mit Konteradmiral Hans Küsel als Chef der Marinestation Ostsee auch einen wichtigen Ratgeber an seiner Seite wusste.[158] Souchon war also kein Unerfahrener, wie öfter und auch jüngst in *1918 – Die Stunde der Matrosen* behauptet.[159]


## Kiel

Am 31. Oktober gegen 21 Uhr traf Korvettenkapitän Ernst Meusel vom III. Geschwader auf dem Landweg in Kiel bei der Ostseestation ein[160] und berichtete von der mühsam unterdrückten Meuterei in Wilhelmshaven und dass die Schiffe durch den Kanal nach Kiel kämen. Sie seien nicht mehr aufzuhalten. Dann gab er die Absicht des Geschwaderchefs Vizeadmiral Kraft bekannt: »Beruhigung der Besatzungen von weitgehendem Urlaub erhofft. Unterstützung durch das Stationskommando bei Bekämpfung der Meuterbewegung erhofft.«[161]

Kurz vor 2 Uhr nachts am Freitag, den 1. November 1918 passierte das III. Geschwader mit den Großkampfschiffen *König, Bayern, Großer Kurfürst, Kronprinz* und *Markgraf*, mit insgesamt 5.000 Mann Besatzung, die Holtenauer Schleuse und legte im Kieler Hafen an.[162] Schon an der Schleuse hatten alle Schiffe Matrosen in den Urlaub entlassen.[163]

Erst um 10 Uhr vormittags (offensichtlich nach längerer Nachtruhe) meldete sich der Geschwaderchef beim Stationschef und log, die Flotte habe zur Entlastung der Armee in Flandern einen Vorstoß in den Kanal geplant (die Pläne für den Kampf gegen die englische Flotte waren umgehend vernichtet worden). Das habe aber wegen meuterischer Vorkommnisse aufgegeben werden müssen. Doch Admiral Souchon war gar nicht begeistert, wusste er doch, dass etwa 100.000 Arbeiter in Kiel waren, bei denen es gärte und die Demonstrationen planten. Außerdem lagen noch acht Großkampfschiffe, mehrere kleine Kreuzer, 36 Torpedoboote, U-Boote und Spezialschiffe im Hafen. Zusammen mit denen des III. Geschwaders summierte sich das auf 25.000 Matrosen.[164] Souchon befürchtete Solidarisierungen zwischen Arbeitern und Matrosen und lag damit richtig. Er verlangte daher von Kraft sofort mit seinem Geschwader Kiel wieder zu verlassen. Doch Kraft sah sich »außerstande« dies zu tun, brachte nochmals seine Urlaubsidee vor und gab an, dass sein Flaggschiff *König* sowieso in die Werft müsse. Er war sich, so Küsel, wohl nicht ganz klar, welcher »Ansteckungsgefahr er die Besatzung seines Flaggschiffes durch die enge Berührung mit den Arbeitern auf der Werft aussetzte.«[165] Souchon kapitulierte und dies nicht zum letzten Mal. Dann forderte Kraft auch, die auf den Schiffen verteilten Gefangenen in eine Arrestanstalt zu bringen und 180 Mann auf der *Markgraf,* »die eine Gefahr für das Schiff bedeuten« in ein Fort zu deportieren und zwar mit Truppen des Stationskommandos, da Geschwaderchef Kraft für die Bewachungsmannschaften auf der *Markgraf* keine Garantie mehr übernehmen wollte. Beide Maßnahmen, so Küsel, hätten sich dann als verhängnisvoll erwiesen. Weiter sollten Deckoffiziere in Zivil die Militärpolizei unterstützen. Man kann das als ersten kleinen Versuch deuten, Freikorps zu bilden. Den Landgang für Matrosen, Ausnahme die auf der *König,* lehnte Souchon ab. Verhängte dann aber noch ein Verbot an die Kieler Zeitungen, über die Meutereien zu berichten.[166]

Am Abend des gleichen Tages versammelten sich etwa 250 Matrosen im Gewerkschaftshaus. Die Verhaftungen weckten sofort die Erinnerung an den Sommer 1917 und die harten Urteile, insbesondere an die beiden vollstreckten Todesurteile gegen Reichpietsch und Köbis. »Der feste Wille der Matrosen ging dahin, die Verhafteten unter allen Umständen zu befreien.«[167] Es wurde beschlossen, dass Kommissionen bei den einzelnen Kommandanten die Freilassung der Verhafteten fordern sollten.[168] Im Bericht des Kriminalkommissars Gäbler, der sich auf »vertrauliche Mitteilungen«, also Spitzel, berief, liest sich das (typisch für solche Berichte fantasievoll übertrieben) ganz anders: »Die Mannschaften auf den Schiffen sollten meutern, sollten Gehorsam verweigern und an den Schiffen selbst Sabotage verüben, sodass sie nicht mehr in See gehen können. Vor allem soll verlangt werden, dass die 26 [!] Inhaftierten sofort freigelassen werden. Wenn die Offiziere einschreiten wollen, so sollen sie mit Gewalt beseitigt werden; Waffen und Munition wären vorhanden. Beim Schluss der Veranstaltung wurde gerufen: ›Nieder mit den Lumpen‹ – nach vertraulichen Mitteilungen waren damit die Offiziere gemeint – ›Hoch lebe [!] die Bolschewiki‹«[169] Und man wolle sich am nächsten Tag wieder im Gewerkschaftshaus treffen. Die Kommissionen hatten, wie zu erwarten war, keinen Erfolg, sie wurden einfach abgewiesen. Niemand wurde freigelassen.[170]

Am Samstag, den 2. November 1918 wurden schon um 6 Uhr früh eine Kompanie des I. Ersatz-See-Bataillons alarmiert und zugleich eine Kasernensperre verhängt.[171] Führer der Kompanie war ein Hauptman von Below.[172]

Gegen 9 Uhr (immerhin eine Stunde früher als am 1. November) fand eine Versammlung hochkarätiger Seeoffiziere statt. Admiral Souchon, Vizeadmiral Kraft, Konteradmiral Küsel, der Stadtkommandant Heine, sowie diverse Konter- und Vizeadmiräle und der Militärpolizeimeister Dr. Brüning machten sich Sorgen über die Vorkommnisse am Tag zuvor. Sie waren nicht nur durch Spitzel im Gewerkschaftshaus, sondern auch welche auf den Schiffen gut unterrichtet. Kraft sah die Lage als ernst, aber nicht hoffnungslos an und hoffte auf weitere Beruhigung. Um »die nähere Berührung« von Arbeitern und Matrosen – worin »die Hauptgefahr« gesehen wurde – zu unterbinden, kamen sie auf die geniale Idee, das Gewerkschaftshaus für alle Marineangehörigen zu sperren und dieses Verbot plakatieren zu lassen. Die mit scharfer Munition ausgerüsteten Straßenpatrouillen (pro Mann 30 Schuss) wurden verstärkt. Die SPD-Männer Bernhard Rausch und Eduard Adler wurden informiert.[173]

Am Abend versammelten sich mehr als doppelt so viele Matrosen (500-600) als tags zuvor vor dem Gewerkschaftshaus. Doch das war mit Schutzpolizisten besetzt, Plakate verkündeten die Sperrung. Matrosen im Haus, die einer Vorstellung des Zauberers Bettachini beiwohnen wollten, flogen raus.[174] Auch im Lokal Harmonie [!] wurde ihnen der Zutritt verwehrt. Einige Marineinfanteristen des früh geweckten Ersatz-See-Bataillons bekundeten den Matrosen aber ihre Sympathie und geben an, nicht auf sie schießen zu wollen. Einige Soldatentrupps kehrten gegen den Befehl in ihre Kasernen zurück.[175] Per Mundpropaganda wurde jetzt der Exerzierplatz am Vieburger Gehölz (»Schleifstein«) als Versammlungsplatz der Matrosen verbreitet. Längst beschattet wurden sie »in Verkleidung eines Matrosen auftragsgemäß«[176] vom Kriminalschutzmann Hager. An den Bändchen erkannte er Matrosen der Schiffe *Markgraf, König* und *Bayern*. Etwa 600 hätten sich eingefunden. Wieder wurde als Wichtigstes die Freilassung der Verhafteten genannt.

Schließlich habe ein »Angehöriger der U.S.P.« (der USPD) gesprochen. Handschriftlich ist im Bericht eingefügt: »Artelt«[177] Der forderte sofortigen Frieden und Verweigerung des Dienstes. Die Verbliebenen der besitzenden Klasse könnten ja ihre Stellungen einnehmen und sich erschießen lassen. Er gab dann schon recht radikale Ziele vor:
»1. Niederkämpfung des Militarismus; 2. Beseitigung des Klassensystems und; 3. der herrschenden Klasse.«[178]
Erreicht werden sollte dies notfalls mit Gewalt. Die Vorgesetzten sollten beseitigt werden, »damit keine Befehle mehr erteilt werden könnten.« Vorgesetzte, die schießen lassen wollten, seien durch Kolbenschläge »unschädlich zu machen«.

Diese Forderungen Artelts sind radikaler, als alles das, was später in Kiel folgte, und er hat sie offensichtlich auch nicht durchzusetzen versucht, als er selbst kurzzeitig »am Ruder« war, bzw. es wurde ihm in die Parade gefahren.

Man verabredete sich wieder für den nächsten Tag am gleichen Ort, gegen 16:30 Uhr. Die Versammlung schloss »mit einem dreifachen Hoch auf die internationale Sozialdemokratie« und die USPD.[179] Hauptmann von Below und seine Kompanie kamen zu spät, sie konnte nur 70 Matrosen verhaften, »die aber in der Dunkelheit sämtlich wieder entkommen« konnten.[180]


## Sonntag, 3. November 1918

Am Morgen um 9:30 Uhr verschärfte der Kapitän zur See Hermann Mörsburger, Kommandant der *Markgraf* noch die Situation, indem er 57 (nach Rackwitz, nach Rausch 70, nach der Kommandantur 100) Matrosen seines Schiffes verhaften lassen wollte.[181] Seiner Besatzung nicht mehr vertrauend, ließ er die I. und II. Kompanie des 1. Ersatz-See-Bataillons, diesmal unter dem Kommando des Reservehauptmanns Eckart kommen. Die Befehlsverweigerer sollten nach Fort Herwarth geschafft werden. Der Stadtkommandant Heine wollte höchstpersönlich diese Aufgabe übernehmen und hielt vor den Ersatz-See-Soldaten (ca. 70 Mann) in der Marine-Akademie eine Rede.[182] Es sei eine Schande, dass Soldaten ihren Offizieren nicht gehorchten, außerdem sei der Krieg (die Waffenstillstandsverhandlungen waren längst bekannt) noch nicht verloren. Die Kompanie dürfe nicht davor zurückschrecken »das Blut deutscher Kameraden zu vergießen.«[183] Da trat der Matrose Anselm vor und sagte, er sei »zwei Jahre im Felde gewesen und kämpfe nicht gegen deutsche Kameraden«. Die II. Kompanie verweigerte sodann bis auf 13 Mann (nach Kriegstagebuch 15 Mann) den Gehorsam und die Verhaftung der Matrosen. Offensichtlich spielte die Unbeliebtheit von Heine auch eine Rolle.[184] Die I. Kompanie führte die Verhaftung aus.[185] Heine verschwieg jedoch die Befehlsverweigerung der II. Kompanie, die – ohne Sanktionen – zurück in die Kaserne beordert wurde.

Zur gleichen Zeit war wieder Sitzung beim Gouverneur Souchon. Die gleiche hochrangige Offizierstruppe besprach sich – wie tags zuvor – erneut. Wann Stadtkommandant Heine dazukam, ist unklar, denn angeblich hatte er doch die Verhaftung der Matrosen der *Markgraf* beabsichtigt. Von der Befehlsverweigerung schien er nichts erzählt zu haben.[186] Souchon forderte nochmals das Verschwinden des III. Geschwaders aus Kiel. Doch Kraft befürchtete dadurch die Verbreitung der Meuterei auf den Schiffen.

Souchon war wieder angeschmiert. Man einigte sich darauf, ältere Offiziere von den Torpedo-Booten und U-Booten zu holen, da es auf den Linienschiffen offensichtlich daran mangelte, und der besonders unbeliebte Erste Offizier der *Markgraf* sollte durch Korvettenkapitän Wilfried von Loewenfeld ersetzt werden, der wenige Wochen später ein Offiziersfreikorps aufbauen sollte. Zur Lösung des Problems wurde nun die Ausrufung des Stadtalarms (der Befehl sofort auf die Schiffe zu kommen) für 16 Uhr angesehen. So wollte man die dritte Matrosenversammlung verhindern. Der Sicherheitsdienst und die bewaffneten Offiziere und das ebenfalls bewaffnete Büropersonal [!] sollten rücksichtslos von der Waffe Gebrauch machen.[187] Was an Kompanien noch verwendungsfähig erschien, wurde zusammengekratzt, darunter auch die Schüler der Deckoffiziersschule Wik.[188] Trotzdem glaubten die Offiziere immer noch die Herren der Lage zu sein und waren davon überzeugt, dass ihre Truppen zuverlässig seien.[189]

Und die Offiziere versäumten nicht ihre schärfste Waffe per Telegramm anzufordern: »Bitte, wenn irgend möglich, hervorragenden sozialdemokratischen Abgeordneten hierher zu schicken, um im Sinn der Vermeidung von Revolution und Revolte zu sprechen.«[190]

Die Offiziere wussten also genau, dass die Führung der SPD gegen jegliche Revolte und Revolution war und dass man sich auf diese »hervorragenden Abgeordneten« einer einstmals revolutionären Partei verlassen konnte.

Ebert hatte ja schon ein gutes Jahr zuvor Capelle »des öfteren« versichert »dass die Regierung fest auf seine Partei rechnen könnte« und hatte »es auch nicht an Worten der Entrüstung über das landesverräterische Vorgehen fehlen« gelassen. »Gegen solche Dummheit, wie er es ausdrückte, müsse man auf jede Weise Front machen.« Front gemacht hatte er, indem er Haase und die USPD verpfiffen, den Januarstreik abgewürgt und die OHL »des öfteren« in Belgien besucht hatte. Und sein Parteikollege und Konkurrent, jetzt Staatssekretär (Minister) in der kaiserlichen Regierung, Scheidemann, hatte sich ja schützend vor Militärdiktator Ludendorff gestellt, um ihm »jeden Anlass (zu) nehmen, die angegebenen Konsequenzen zu ziehen«[191] Nun hatte Ludendorff die Konsequenzen ziehen müssen, war trotz moralischer Stützung der Sozialdemokratie abgelöst worden und würde auch bald nach Schweden vorstoßen, allerdings ohne Truppen und fahnenflüchtig.

Zurück nach Kiel. Während also Gouverneur Admiral Souchon, Vizeadmiral Küsel, Stadtkommandant Heine die Ankunft eines »hervorragenden« Sozialdemokraten herbeisehnten, versuchten sie den Matrosen den Marsch zu blasen.

Ab 15:30 Uhr wurde Stadtalarm getrommelt und gepfiffen.[192] Doch »nun kommt die große Enttäuschung!«[193] Denn die Matrosen scherten sich nicht um das nachmittägliche Konzert.

Artelt war es noch Samstagnacht gelungen, mit einer Schreibmaschine, Alkoholmatrizen und einer Vervielfältigungsmaschine im Büro der USPD Handzettel zu drucken. Darauf stand: »Kameraden, schießt nicht auf eure Brüder!«»Arbeiter demonstriert in Massen, lasst die Soldaten nicht im Stich.« Sonntagmittag wurden diese Zettel auf einer Versammlung im Gewerkschaftshaus, das offensichtlich wieder zugänglich war, verteilt und per Mundpropaganda weiterverbreitet.[194]

Und der Stadtalarm, der von den Blaujacken nicht beachtet oder (in den Außenbezirken) nicht gehört wurde, hatte einen weiteren Effekt. Die Zivilbevölkerung und die Arbeiter bekamen Wind von der Sache.

Mehrere tausend Matrosen (so Souchon) und »männliche und weibliche Zivilpersonen« – nach Küsel insgesamt 4-5.000, es können auch 1.000 mehr gewesen sein – versammelten sich kurz vor 17 Uhr am Exerzierplatz. Da es damals noch keine Mikrofone und Verstärker gab und die Spitzel sich schlecht platziert hatten, bekamen sie den Inhalt der Reden nicht mit, schlossen aber aus der »starke[n] Erregung« der Zuhörer, dass die Ansprachen »sehr aufreizend gewesen sein« mussten[195]. Dass der SPD-Funktionärs Gustav Garbe auch gesprochen hatte und beschwichtigend wirken wollte, bekamen sie nicht mit, wohl aber, dass dies nicht fruchtete. Denn jetzt machten sich die Matrosen und Zivilpersonen auf den Weg: »Beschluss in Waldwiesenkaserne einzudringen, Gefangene in der Arrestanstalt zu befreien, Kasino zu plündern.« Das alles habe der Demonstrationszug vorgehabt, berichtete Gouverneur Souchon in einem Fernschreiben am 4. November morgens an das Marineamt, die Admiralität, Kabinett und Seekriegsleitung. Und was die Aufständischen dann tatsächlich taten, darüber war Souchon auch informiert:»Eindringen in Waldwiese gelang, wobei Arrestanten befreit, die Waffen geraubt und die Einrichtung demoliert wurde.«[196]

Der Kompanieführer der I. Matrosendivision, Hauptmann Bruhn, berichtete etwas umständlicher:»Wäre geschossen worden, so wäre nach Lage der Sache, die schon zur Bestialität gereizten Massen, nach Erdrücken der vorgenannten geringen Bedeckung des Einganges eingedrungen. Nunmehr wurde vom Kompanieführer erlaubt hereinzukommen und die Leute der Kompanie, die dies etwa wollten, mitzunehmen.« Dem Kompanieführer geschah nichts, und als die Menschenmenge nach Zerschlagen diverser Fensterscheiben von allen Seiten eingedrungen war, sich»einige Gewehre«angeeignet hatte, zog sie»dann unter lautem Tumult ab, wobei sich fast alle Leute der Kompanie anschlossen.«[197]

Beiläufig erzählte Bruhn auch noch, dass er nicht hatte schießen lassen, weil seine ganze Kompanie schon tags zuvor gemeutert hatte. Was er der nun verblüfften Offiziersversammlung in der Ostseestation nicht gemeldet hatte. In der Zwischenzeit betreute Souchon den Stadtkommandanten Heine mit der Niederschlagung des Aufstandes. Der kam auf die praktische Idee auch die Kieler Feuerwehr einzusetzen (Wasserwerfer gab es damals noch nicht). Doch beim Branddirektor Freiherr von Moltke stieß er auf Granit. Der sah die Beliebtheit der Kieler Feuerwehr gefährdet und argumentierte:»Dass es sich um einen Streit zwischen den Offizieren und ihren Leuten handele, den die Offiziere allein ausfechten müssten.«[198]

Denn die Matrosen machten sich nun auf, ihre gefangenen Kameraden aus der Arrestanstalt zu befreien. Mit dabei auch Willy Trauselt, Matrose auf der *Berlin,* später in Berlin bei der VMD:»An der Demonstration beteiligten sich außer der Marine auch viele Werftarbeiter.«[199] Auf dem Weg zum Gefängnis, so Souchon:»erdrückte«der Zug»polizeiliche Absperrketten, entwaffnete eine Patrouille und griff bei der *Hoffnung* [!] teilweise hinterrücks [!] eine Truppenabteilung mit der Schusswaffe an.«[200] Die Spitzel allerdings berichteten von keinem Schusswaffenangriff der Matrosen (auch nicht hinterrücks) sondern, dass an der Karlsstraße die Matrosen versuchten »die Absperrungen zu durchbrechen. Kurz darauf machten die Absperrtruppen Gebrauch von ihren Schusswaffen.«[201]

Leutnant der Reserve Oskar Steinhäuser, der Kommandant der »Absperrtruppen«, hauptsächlich Rekruten des Reserve-Infanterieregiments 85, will, nachdem die Demonstration, die hauptsächlich aus Matrosen bestand, die Polizeikette durchbrochen hatte, vor seine Leute (hauptsächlich Rekruten) getreten sein, den rechten Arm gehoben haben und als etwas Ruhe einkehrte, mit Schusswaffengebrauch gedroht haben, falls »Gewalt gegen seine Leute angewendet werden sollte.«[202] Doch ein Matrose (und eine Frau) hätten aufreizende Reden gehalten und zum weiteren Vorgehen gedrängt. Steinhäuser trat hinter seine Leute zurück und gab gegen 19:50 Uhr »Befehl zur Feuereröffnung.« Später schreibt er aber in seinem Bericht, seine Leute hätten aus eigenem Antrieb, ohne Befehl zuerst Schüsse abgegeben und zwar in die Luft. Im gleichen Moment habe er einen Schlag auf den Kopf bekommen und sei zusammengesackt. Es sei nicht sicher, dass der Schlag von einem Unteroffizier seiner Patrouille stammte [!] (auch Küsel wollte nicht ausschließen, dass Steinhäuser von einem seiner eigenen Leute traktiert worden war). Er habe das Feuer einstellen lassen. Die Menge sei zurückgewichen. Jetzt habe aber der Matrose erneut gehetzt und er habe wieder schießen lassen, diesmal in die Menge. Steinhäuser und seine 60 Männer (laut Steinhäuser selbst nur 30) wurden überrannt. Und wieder will er Schläge mit Stöcken abbekommen haben. Ein Matrose habe auch auf ihn geschossen, sodass sein rechter Arm sofort gelähmt gewesen sei. Der linke war das schon aufgrund einer Kriegsverletzung und so habe er von der Waffe keinen Gebrauch machen können.[203] Ob dann die Kieler Feuerwehr doch noch zum Einsatz kam, ist umstritten. Was alles klingt wie eine Szene aus einem Monty-Python-Film, war allerdings blutiger Ernst: 7-8 Tote und 30 verwundete Matrosen lagen auf der Straße.[204] »Ich selbst half, die verwundeten ins Kaiserkaffee zu tragen. Die Toten legten wir auf den Fußboden. Die ganze Nacht war die Erregung äußerst groß«, berichtet Trausel.[205]

Da sich die Menge zerstreute und doch noch ein weiterer Trupp Soldaten auftauchte und schoss[206], dachten Souchon und seine Offiziere tatsächlich, sie hätten die Lage wieder im Griff. Dabei war diese Schießerei in der Karlsstraße (vor dem Café Kaiser) so etwas wie das Gründungsmassaker der Novemberrevolution. Denn jetzt war die Wut bei den Matrosen grenzenlos. »Blut war geflossen, die ersten Opfer der Revolution waren gefallen. Eine ungeheure Erbitterung und der entschlossene Wille, alles daran zu setzen, die Bewegung erfolgreich zu gestalten, damit die Opfer nicht umsonst gefallen seien, beherrschte alle«,[207] berichteten Popp und Artelt. Was jetzt folgte, war ein richtiger Aufstand, ja eine Revolution.

Doch Souchon, Küsel und Heine wiegten sich nun plötzlich in Sicherheit.

Obwohl der Gouverneur schon gegen 19 Uhr (also fast eine Stunde vor dem Schusswaffeneinsatz) das R.A.K IX (stellvertretende Armeekorps) unter

General von Falk gebeten hatte, »sofort eine zuverlässige Truppe nach Kiel zu senden«, nahm Souchon nun diesen Befehl wieder zurück. Küsel telefonierte erneut mit dem stellvertretenden Armeekorps und stoppte die Truppen. Oberst von Voss, der Chef des Stabes habe, so Küsel später, durchblicken lassen, dass er sich auch nicht ganz sicher sei ob »die ihm zur Verfügung stehenden Truppen unbedingt zuverlässig sein werden.«[208] Gleichzeitig setzte von Voss Truppen in Rendsburg, Neumünster und Lübeck in Alarmbereitschaft. Zudem wollte man das III. Geschwader jetzt endlich auslaufen lassen, da sich die »aufrührerischen Elemente« zum »allergrößten Teil« darunter befänden.[209]

Und noch in der Nacht auf den 4. November ließ Souchon erneut ein seltsam zwiespältiges Fernschreiben losrattern: »Augenblicklich Ruhe hergestellt, hoffe zuversichtlich, Herr der Lage zu bleiben« und wenige Worte später: »Vorgänge zeigen Notwendigkeit der Entlastung Kiels.« Sowie »anheimstelle Benachrichtigung des Kriegsministers«[210]

Es zeigt sich hier wie erodiert schon das wilhelminische System des Militarismus war: Kaum einer von den Mannschaften wollte sich in der Heimat totschießen lassen oder einen Landsmann umbringen und die Offiziere, wie Unteroffizier zeigten eine merkwürdige Lähmung, waren praktisch nicht zur Reaktion bereit. Und selbst Souchon schwankte. Der tönerne Koloss des Deutschen Reiches war kurz davor einzustürzen.

## Montag, 4. November 1918

Schon am Morgen war es vorbei mit der Ruhe nach den Schüssen: Angehörige der *SMS Großer Kurfürst* begrüßten angeblich eine ankommende Barkasse mit »Willkommen Kameraden Bolschewiki!«[211] Und um 8 Uhr versammelten sich unter Führung des Heizers Podolskie am Ort der Schießerei 260 Matrosen, ebenfalls vom Schlachtschiff *Großer Kurfürst,* gedachten der Opfer riefen als »Racheschwur« drei Hurras aus.[212]

Bislang von der historischen Forschung unbeachtet ist ein Telegramm der Reichsregierung (Max von Baden, Phillip Scheidemann und Ritter von Mann) vom 4. November 1918, das an die Ostseestation für den Redakteur der *Schleswig-Holsteinischen Volkszeitung* Kürbis (SPD) versandt worden war. Es enthielt den Text eines Flugblattes unterschrieben von den drei Männern, in dem an die Arbeiter und Matrosen appelliert wurde, Ruhe zu bewahren, und blauäugig behauptet wurde, die Marineführung hätte gar keinen Vorstoß gegen die englische Flotte geplant gehabt.[213] Kürbis sollte das Flugblatt umgehend in der Zeitungsdruckerei herstellen und dann verteilen lassen: »Sorgt sofort für Verbreitung heute noch an Seeleute und Arbeiter = Scheidemann.«[214] Ein leider nicht beispielloses Dokument SPD-geförderter Irreführung der eigenen Anhänger. Ob das Flugblatt noch zum Einsatz kam, ist ungeklärt. Jedenfalls sollte Kürbis als 2. Parteisekretär auch gegen den beabsichtigten Streik der Arbeiter Stellung nehmen und behaupten, der Waffeneinsatz der Steinhäuser-Truppe sei berechtigt gewesen. Die Matrosen und Arbeiter jedenfalls hat beides nicht mehr aufhalten können. In einem weiteren Telegramm wurde die Ankunft von Haußmann und Noske um 19:20 Uhr angekündigt.[215]

Küsel forderte nun erneut das R.A.K. IX aus Altona und Truppen aus Rendsburg und Lübeck an.

Um 10 Uhr meldeten sich Oberpräsident Johannson und Oberbürgermeister Lindemann in der Ostseestation bei Souchon. Der OB brachte nochmals die Beschwerde des Branddirektors vor. Der hatte sich in einem Brandbrief an den OB beschwert und gleich vorgeschlagen, dass man nur mit einer sozialdemokratischen Bürgerwehr der Sache Herr werden könne. Doch des Branddirektors Wünsche wurden nicht erhört. Stattdessen wurden die beiden bürgerlichen Politiker angewiesen, beruhigend auf die Bevölkerung einzuwirken. Doch da gab es nichts zu beruhigen. Matrosen und Arbeiter gingen nun gemeinsam vor.

Das III. Geschwader schaffte es nicht auszulaufen, da die Schiffe keinen Dampf auf den Kesseln hatten und große Teile der Mannschaft sich in der Stadt aufhielten. Erst gegen 16 Uhr könne er raus, meinte Kraft.

Und ein Leutnant Franke erschien und meinte, seine Leute wollten nicht mehr schießen, das gestern seien junge Rekruten gewesen, die älteren würden nicht schießen.

Zur gleichen Zeit traten die Arbeiter der Germaniawerft in den Streik und forderten die anderen Betriebe auf, ebenfalls zu streiken. Die Solidarität von Arbeitern und Matrosen war da. Wie ein Lauffeuer fraß sich jetzt auch die Meuterei durch die Kasernen.

Entscheidend waren letztlich die Vorgänge in der sogenannten Torpedo-Division in Kiel-Wik.

Gegen 12:30 Uhr wurde dem Kommandeur, Kapitän zur See Bartels mitgeteilt, dass die ganze Division die Absicht habe, die Kaserne zu verlassen. »1. T.[orpedo] D.[ivision] meldet, dass sich ihre Leute um 1 Uhr der Bewegung anschließen werden«[216], heißt es im Tagebuch der Ostseestation.

Bartels beorderte für 13 Uhr einen Appell an und hielt eine denkwürdige Rede:»Soldat soll gehorchen, Soldat muss gehorchen, und Soldat gehorcht.«[217] Dies wurde von lauten, höhnischen Bemerkungen und Pfiffen begleitet, behauptete Küsel später.[218] Doch im Kriegstagebuch ist vermerkt, dass die versammelten 1.400 Soldaten Barthel,»niedergeschrien haben«[219]. Nach seiner Rede bildeten sich Gruppen, diskutierten und schließlich zog ein Zug von über 700 Matrosen durch das Kasernengelände. Dabei wurden auch die Werft-Division und die U-Boot-Division aufgefordert, sich anzuschließen. Was großteils auch geschah. Barthels war entmachtet und schon forderte Karl Artelt die Wahl von Soldatenräten, die auch sofort in die Tat umgesetzt wurde. Artelt, jetzt Vorsitzender des Soldatenrates,[220] präsentierte die Forderungen der Matrosen. Sie waren noch moderat, aber bereits politisch geworden:

1. Abdankung der Hohenzollern.
2. Aufhebung des Belagerungszustandes.
3. Freilassung der Gefangenen des 3. Geschwaders.
4. Freilassung aller im Zuchthaus in Celle sitzenden»Kameraden von der Matrosenerhebung im Jahre 1917«.
5. Freilassung aller politischen Gefangenen.
6. Gleiches, geheimes Wahlrecht für beide Geschlechter.[221]

Barthels konnte die Forderungen nicht erfüllen, er hatte gar nicht die Kompetenz, aber die Entmachtung der Militärs in Kiel war gegen 13 Uhr gelaufen.

Der Gouverneur berichtete am nächsten Tag:»Die Matrosen bemächtigten sich der Waffen einschl. von 4 Maschinengewehren und gingen gegen die verstärkte Arresthauswache vor. Die Wache weigerte sich größtenteils, zu schießen. Herbeigeholte Verstärkungen, einschließl. einer Kompanie Rendsburg, waren 15 Minuten vom Schauplatz entfernt. Das Niederkämpfen der allein in Wik mehr als 2.000 Mann starken, gut bewaffneten Menge wäre nur mit starkem Blutvergießen möglich gewesen.«[222] Außerdem gab es auch dort keine zuverlässigen Truppen mehr.

Um 13:45 Uhr meldete Stadtkommandant Heine:»Die Meuterei der Truppen greift weiter um sich. Die militärischen Machtmittel zur Unterdrückung der Meuterei sind erschöpft, es stehen keine sicheren Truppen mehr zum Einsatz zur Verfügung. Die Truppen sind nicht mehr in der Hand der Offiziere.«[223]

Die meisten gingen zu den Aufständischen über, die anderen weigerten sich zu schießen. Und auch die Feldwebel, die Deckoffiziere, die Unteroffiziere rührten keinen Finger. Auch auf den Schiffen traute sich kein Kommandeur mehr gegen die Meuterer Partei zu ergreifen. Die Flotte war schachmatt.

Aus Lübeck ankommende Truppen wurden von den Aufständischen unter Hurra-Rufen »als Brüder« am Hauptbahnhof begrüßt, umarmt und entwaffnet, die Offiziere verprügelt.[224] Trauselt (VMD) berichtet wie er nachmittags an der Entwaffnung der »Lübecker Infanterie an der Rendsburger Chaussee« teilnahm und dann mit ihnen zum Bahnhof marschierte.[225]

Souchon sah ein, dass er verhandeln musste. Er hatte keine Macht mehr.

Um 14 Uhr funkte er an alle Einheiten in Kiel: »Um Blutvergießen zu verhindern, ist der Gouverneur geneigt, den Wünschen der Truppe entgegenzukommen. Die Truppen sind sofort zu befragen, welches der Grund für ihr Verhalten ist. Die Wünsche sind mir sofort zu melden.«[226]

Ein beispielloses Bekenntnis der Ohnmacht.

Und Artelt fuhr gegen 15 Uhr mit einigen Matrosen in einem Lastwagen und einer riesigen roten Fahne – der ersten im noch kaiserlichen Kiel – zum Gouverneur Souchon, der sich gezwungenermaßen verhandlungsbereit zeigte und den ersten Soldatenrat der deutschen Geschichte empfing.

Ein Offizier am Eingang nahm eine drohende Haltung ein und fragte in welcher Aufmachung es ihnen einfalle »vor dem Stationsgebäude zu erscheinen.« Doch Artelt gab ihm nur zur Antwort er solle sich nicht aufregen und ihn zum Gouverneur bringen. Souchon, Küsel und der Chef des Gerichtswesens, Oberkriegsgerichts- und Geheimrat Rudolf Eichheim empfingen Artelt und seine Leute. Souchon – seines Machtverlustes immer noch nicht ganz gewärtig – meinte: »Ich danke Ihnen, dass Sie die Courage gehabt haben und sind hierhergekommen.« Artel verlangte die Anerkennung des Soldatenrates und Souchon antwortete mit »Ja«[227]. Küsel hat diesen Teil in der NS-Zeit bestritten. Der Heizer Schaaf, nicht Artelt, habe gefragt ob der Gouverneur ihre Abordnung anerkenne. Das Reizwort »Soldatenrat« sei dabei nicht gefallen.[228] Artelt forderte außerdem Souchon auf, keine fremden Truppen nach Kiel zu holen, und drohte mit der Beschießung Kiels durch das III. Geschwader. Das machte sich allerdings grade mithilfe von Kadetten und Offizieren (die Matrosen rührten keine Hand) aus dem Staub.

Und Souchon zeigte sich elastisch, versprach die Freilassung der Gefangenen aus dem III. Geschwader, verwies aber auf die ankommenden Gustav Noske (SPD) und Conrad Haußmann (DDP).

Die Abordnung gab sich damit erstmal zufrieden, fuhr zurück – traf auf dem Weg eine Kompanie aus Rendsburg und machte ihr klar, dass sie wieder zu verschwinden hätte – und verkündete in der Wik unter mehrfachen Hurras, was sie erreicht hatten. Als Paul Schäfer (VMD), der unerlaubt nach Kiel gefahren war, abends dort eintraf, fand er »die Kaserne fast leer.«[229] Während 2.000 Matrosen sich gegen 17 Uhr zu einer Demonstration formierten, traf sich auch noch ein Arbeiterrat unter Popps Führung, Rausch und Artelt sowie diverse Matrosen waren ebenfalls dabei, mit Souchon. Dem war nun klar, dass das, was er von Anfang an befürchtet hatte, eingetroffen war: Matrosen und Arbeiter hatten sich verbündet.

Artelt begann danach die Gefangenen des III. Geschwaders – mit Hilfe des Geheimrates Eichhorn – ordnungsgemäß zu befreien.

Die Matrosen und Arbeiter wurden für kurze Zeit Herren der Küstenstädte. Doch sie waren unerfahren und wussten ihre Macht nicht zu nutzen, hatten kein wirkliches Programm, das über die Forderung nach der Beendigung des Krieges und der Abdankung des Kaisers hinausging. Es erscheint heute merkwürdig, dass Artelt – aus welchen Gründen auch immer – seine ursprünglich scharfen und radikalen Forderungen: Niederkämpfung des Militarismus, Beseitigung des Klassensystems und der herrschenden Klasse,[230] jetzt nicht mehr erhob. Auch die sofortige Absetzung Souchons erfolgte nicht.

Vermutlich hätten die Matrosen und Arbeiter in diesem Moment all diesen Forderungen nicht widersprochen.

So aber schlug die Stunde eines Professionellen aus Berlin.

Denn am Abend kam die einzig wirkliche Hilfe der machtlos gewordenen Offiziere: Noske und Haußmann erreichten gegen 19:30 Uhr Kiel. Ihr einziges Begehren bestand darin, die Revolution »zu kanalisieren«[231].


## Noskes Stunde

Noske und Haußmann wurden am Bahnhof – so Noske in seiner Rechtfertigungsschrift – stürmisch begrüßt.[232] Er hielt eine kurze Ansprache, in der er allgemeine Floskeln verbreitete, die Demokratie links liegen ließ und sein wichtigstes erstes Ziel formulierte: Ordnung. Dies brachte ihm durchaus Zustimmung ein. Von Artelt wurde er sodann im Kfz ins schwer bewachte Gewerkschaftshaus transportiert. Bei der Abfahrt auf dem Bahnhof gab es Freudenschüsse, die wie später noch öfter, zu panikartigem Auseinanderlaufen und weiteren Schüssen führten. Im Gewerkschaftshaus angekommen, erkannte der Berufspolitiker Noske, der Burgfriedensanhänger und bis zuletzt Kriegsbefürworter (inkl. Annexionen[233]) gewesen war, sofort das Machtvakuum. Dies war seine Chance.

Schäfer hörte von seinen Kameraden: »Es sei doch nun egal, die Hauptsache, es käme ein Kundiger, der uns die Situation klar lege.«[234]

Die Matrosen, auch Artelt und Popp, schienen ihn nicht richtig zu kennen und als ihnen klar wurde, was er für eine Strategie vertrat, nämlich die der verdeckten Konterrevolution, war es bereits zu spät.

Um 21 Uhr kam es zu einer Sitzung im Stationsgebäude, dort trafen Oberheizer Artelt, der Bonbon-Ladenbesitzer Popp (USPD) und der am 3. November noch bremsend tätig gewesene Garbe (SPD), der etwas weiter links stehende Rausch (SPD), Heizer Podolski, Minenheizer Laue, Heizer Schaaf und Matrose Fischer auf Gouverneur Souchon, plus acht Offiziere im Admiralsrang, vier Korvettenkapitäne, einen Kapitän zur See (Heine), sechs Kapitänleutnants, einen Oberleutnant, einen Leutnant der Reserve und den geheimen Oberkriegsgerichtsrat Eichhorn, die ihnen alle wenige Stunden vorher noch den Tod gewünscht hätten, sowie auf den Reichstagsabgeordneten Noske und den Staatssekretär (Minister) Haußmann (plus Haußmann Junior)[235].

Souchon beklagte anfangs, dass Offizieren die Mützen genommen und die Achselklappen abgeschnitten worden seien. Solcherlei symbolische Kastration wollte Artelt in Zukunft vermeiden. Den Aufständischen ging es aber zunächst darum, dass keine Truppen nach Kiel kämen, dass die Infanterie im Keller des Gebäudes [!] verschwinde und dass weitere Gefangene freigelassen und amnestiert würden.

Das nachmittägliche Auslaufen des III. Geschwaders, das nur durch gemeinsames Handanlegen von Kadetten, Deck- und Seeoffizieren gelang, wurde außerdem von den Matrosen als Verstoß gegen bisherige Vereinbarungen vorgebracht. Doch Souchon erwiderte, dies zu verhindern, hätte nicht in seiner Macht gestanden. Er habe dies auch niemandem zugesichert.

Noske meldete sich mit einem geschickten Schachzug zu Wort: Sollten weitere Truppen in die Stadt kommen, würden im ganzen Land die Arbeiter streiken. Noske war klar, eine weitere Eskalation hätte zu einer Ausbreitung des Aufstandes geführt, was er unbedingt verhindern wollte.[236] Die Matrosen forderten konkret, dass alle Truppen sofort in ihre Garnisonen zurückkehren sollten, was Souchon auch zusagte und unmittelbar befahl. Anschließend brachten die Matrosen den geplanten Flottenvorstoß nochmals zur Sprache, der nach ihrer Ansicht immer noch im Raum stand.

Noske zeigte sich überzeugt, dass ein solcher Vorstoß nicht geplant gewesen sei, sondern die Angst davor »auf falsch gedeutete Äußerungen einzelner Offiziere« zurückzuführen gewesen sei. Später behauptete Noske, er habe von dem tatsächlich geplanten Vorstoß, wie auch die Reichsregierung, nichts gewusst. Dass er von den »Äußerungen einzelner Offiziere« wusste, deutet daraufhin, dass er in dieser Sache nicht ganz uninformiert war. Außerdem war er in seinem Rechtfertigungsbuch nicht abgeneigt, den geplanten Angriff auf England als »heroische Geste« zu bezeichnen.

Und Oberkriegsrat Eichhorn log – wider besseren Wissens – das Blaue vom Himmel herab: Ein solcher Vorstoß sei nie geplant gewesen, es habe sich lediglich um Manöver gehandelt. Außerdem hätte die jetzige Regierung ja zustimmen müssen.[237] Was sie aber nicht konnte, denn sie wusste ja gar nichts davon.

Garbe (SPD) gab noch einen schönen Auftritt, denn er forderte zu den Verhältnissen vor dem 3. November zurückzukehren, also zu den alten, weshalb der Arbeiter- und Soldatenrat dahingehend auf die Soldaten und Arbeiter einwirken sollte.[238]

Rausch zeigte sich nicht ganz so reaktiv wie sein Parteikollege, forderte eine Änderung der Wehrordnung und ein anderes Verhältnis von Soldat und Offizier, das schließlich »noch aus den Zeiten des Feudalismus stamme.«[239] Er schlug dazu Soldatenausschüsse vor.

Die Forderungen des Soldatenrates wurden vorgebracht: Freie Meinungsäußerung, Rücktritt des Kaisers, Ausbau des Wahlrechtes, Entlassung der Gefangenen und Bildung eines Matrosenrates.

Haußmann jedoch machte, quasi als Antwort, sofort seinen Auftrag klar: »Wiederherstellung der Ordnung.«[240]

Jetzt wagte Artelt den einzig etwas radikaleren Vorstoß. Die »Bewegung« fuße nicht allein auf Missverständnissen, sondern habe einen politischen Charakter. Der Grundgedanke »sei herauszukommen aus den bisherigen Zuständen, d.i. Beseitigung des Militarismus.« Doch offensichtlich gab es hierauf von den zwei Dutzend anwesenden hohen Offizieren keine Reaktion.

Nun war Popp als Arbeitervertreter an der Reihe. Er forderte die komplette Abschaffung der Monarchie, Pressefreiheit und einen dubiosen freien Volksstaat, den die SPD seit ihrer Gründung anstrebte und dessen Ausgestaltung niemand genauer beschreiben konnte. Schon Engels und Marx hatten den Begriff des freien Volksstaates heftig kritisiert. Um dem Nachdruck zu verleihen kündigte Popp den Generalstreik an.

Und Noske gab erstmalig eine Kostprobe seiner Weltanschauung. Deutschland sei nicht schuld an der Weiterführung des Krieges und würde »die Bewegung [der Aufstand der Matrosen] nicht abgebaut, oder gar in anderen Marinestationen wiederholt, dann muss damit gerechnet werden, dass die Engländer binnen drei Tagen vor Wilhelmshaven erscheinen würden.« Durch und durch ein Noske'sches Fantasiekonstrukt, das den Matrosen ordentlich Angst machen sollte. Gleichzeitig richtete er an Haußmann die dringende Bitte, nach Berlin zu telegrafieren, dass, um die Ruhe zu wahren »der Rücktritt des Kaisers, mit der doch auf kurz oder lang zu rechnen ist, gemacht werden«[241] müsse.

Letztlich wurde den Matrosen aber außer dem Truppenabzug (auch die tatsächlich im Keller versteckten Soldaten zogen unter Matrosenbegleitung ab) und der Gefangenbefreiung nichts zugestanden.

Haußmann als Regierungsmitglied, der lediglich die Wiederherstellung der Ordnung als Ziel genannt hatte, reiste am nächsten Tag wieder ab.

Anstatt ihn festzunehmen, um ihren Forderungen Nachdruck zu verleihen, schluckten die Aufständischen die Aussage. Noske hingegen blieb auf ausdrücklichen Wunsch Souchons in Kiel, der spürte, dass er in Noske den richtigen Partner gefunden hatte.

So standen die Matrosen und Arbeiter am Ende der Sitzung mit einem äußerst mageren Ergebnis da. Keine radikale Machtübernahme, kein Generalstreik. Einzig die *Kieler Volkszeitung* brachte am 4. November den Begriff »Sozialisierung« ins Spiel, allerdings ohne konkrete Forderungen zu nennen.[242]

Zurück im Gewerkschaftshaus verkündeten Artelt und Popp jedoch das Treffen als großen Sieg, schrieben in einem Flugblatt, dass dieser Tag »in der Geschichte Deutschlands ewig denkwürdig sein«[243] würde – so kann man sich täuschen – und entwarfen in Anlehnung an den US-Präsidenten Wodrow Wilson, 14 Punkte, die sich bald im ganzen Küstengebiet als Forderungen verbreiteten. Die Kurzfassung:

1. Freilassung aller Inhaftierten.
2. Presse- und Redefreiheit.
3. Aufhebung der Briefzensur.
4. Sachgemäße Behandlung durch Vorgesetzte.
5. Straffreie Rückkehr in Kasernen und Schiffe.
6. Keine Ausfahrt der Flotte.
7. Keine Schutzmaßnahmen mit Blutvergießen.
8. Rückzug aller nicht zur Garnison gehörenden Truppen.
9. Schutz des Privateigentums durch den Soldatenrat.
10. Außer Dienst keine Vorgesetzten.
11. Unbeschränkte persönliche Freiheit außer Dienst.
12. Offiziere, die mit den Maßnahmen des Soldatenrates einverstanden sind, werden begrüßt, die anderen entlassen.

13. Soldatenräte sind vom Dienst befreit.

14. Zukünftige Maßnahmen sind nur mit Zustimmung des Soldatenrates zu treffen.[244]

Eine Ahnung von Volkswehr weht durch dieses Programm, ansonsten wird hauptsächlich das Abstellen von Missständen verlangt. Einige politische Forderungen sind dabei: Presse- und Meinungsfreiheit, keine Briefzensur und etwas Macht für den Soldatenrat.

Noske, dem eigentlichen Sieger des Treffens, gelang es dagegen, in den kommenden Tagen und Wochen bis zum Ende des Jahres, so gut wie alles wieder zu revidieren und nicht nur zum Gouverneur gewählt zu werden, sondern auch den Arbeiter- und Soldatenrat schrittweise zu entmachten, die Offiziere wieder in ihre alte Rolle einzusetzen, ja sogar konterrevolutionäre Truppen aufzustellen.

Dass die Matrosen und Arbeiter – noch – die eigentliche Macht hatten, zeigte sich am nächsten Tag: Auf den Schiffen wehten rote Fahnen – nur der Kapitän der *SMS König*, Karl Weniger, und zwei seiner Offiziere, Leutnant Zenker und Korvettenkapitän Bruno Heinemann, hatten sich dagegen gewehrt und die Reichskriegsflagge gehisst. Zuvor hatte Weniger den Matrosen Mewes beim Hissen der roten Fahne erschossen. Im darauf entstandenen Kampf wurden der Kapitän schwer verletzt und die beiden Offiziere getötet.[245] Der Arbeiter- und Soldatenrat kontrollierte die Stadtverwaltung und andere Behörden, besetzte die Fernsprech- und Fernschreibzentrale, Souchon wurde abgewählt und zweimal von den Matrosen verhaftet, allerdings bald darauf wieder freigelassen, schließlich kehrte das III. Geschwader am 9. November mit wehenden roten Fahnen und unter dem Jubel der Matrosen zurück in den Kieler Hafen. Aber da war die Revolution auch schon in der Hauptstadt angekommen.

Doch, »das Fehlen eines politischen Programms spielt[e] vor allem Noske in die Hände, und eröffnet[e] ihm weitreichende Gestaltungsmöglichkeiten.«[246] Und er ging dabei im Folgenden äußerst geschickt vor.

Im Einzelnen: Die von Noske als Chaos bezeichnete kurzzeitige Unordnung spielte ihm in die Hände. Es kam zu mehreren unkontrollierten Schießereien, wobei sich teils Matrosenverbände in Panik selbst beschossen (10 Tote) und Stadtkommandant Heine wurde von Matrosen in seiner Wohnung getötet.

Als erstes servierte Noske Artelt als Vorsitzenden des Soldatenrates widerstandslos ab, angeblich auf Wunsch der Matrosen.[247] Noske tauschte auch flugs den ganzen Soldatenrat aus, mit Leuten, die ihm genehm erschienen. Dies geschah schon am 5. November mittags, also keine 18 Stunden nach Noskes Ankunft. Dass Artelt (und Popp) sich das gefallen ließen, ist unverständlich. Danach verhinderte der Sozialdemokrat in Telefonaten die vom Kriegsminister Heinrich Scheüch und den Marine-Militärs in Berlin geplante Rückeroberung von Kiel.[248]

Mit stichhaltigen Argumenten. In Kiel seien 40.000 Mann, die nicht zu überwältigen wären.[249] Und er wusste, dies würde die Revolution befördern. Haußmann in Berlin half ihm dabei, auch er fürchtete die »Ansteckungsgefahr«[250]. Und Scheidemann schlug vor, es sei klüger mit den Leuten zu reden und dies der Sozialdemokratie zu überlassen. Die Militärs in Berlin versuchten zwar weiter – an der Regierung vorbei – den Kampf zu wagen, doch es waren keine Truppen mehr dafür da. Eine Auseinandersetzung von solcher Größe in Kiel hätte sicherlich viele Opfer gekostet, aber auch die Revolution radikalisiert und sicherlich auch Noske und seine Genossen hinweggefegt.

Am 6. November forderte er den Abbruch der Bewegung und bot als Zuckerl die Amnestie durch die Regierung an.[251] Ein weiterer geschickter Schachzug: Er verteilte großzügig Urlaub, nahm so den Druck aus dem Kessel und schwächte dadurch den Soldatenrat. Urlaub statt Macht. Ein einfaches Mittel. Ein unerwünschter Nebeneffekt war allerdings, dass sich dadurch die Revolution räumlich ausbreitete.

Und schließlich nahm Noske »die Zügel fest in die Hand« und ließ sich am 7. November zum Gouverneur wählen.[252] Damit kontrollierte er Kiel. Popp, der ihm im Arbeiterrat beigestellt worden war, war damit ausmanövriert, degradiert zu einer Art Frühstücksdirektor. Denn der Gouverneur hatte – ganz im Sinne der alten preußischen Militärverfassung – die Macht in Kiel. Popp hatte keinen Verwaltungsapparat, Noske schon. Den Gouverneursposten abzuschaffen oder gar Noske auszuschalten, war außerhalb des Denkens der Matrosen und Arbeiter. Und Popp und Artelt trauten sich nicht. Aber mit diesem Coup hatte Noske schon nach drei Tagen die entscheidende Wende herbeigeführt. Und er konnte die Uhr, was die militärische Macht betraf, wieder zurückdrehen.[253] Weiter gelang es ihm, Schritt für Schritt die Kommandogewalt der Offiziere zurückzuerobern. Den Versuch des Soldatenrates, diese Kommandogewalt basisdemokratisch auszuführen, verhinderte er mit einer erneuten Englandlüge. Als nämlich der Soldatenrat der Seefliegerabteilung in Holtenau die Idee hatte, ein bis zu 20 Mann starker Oberster Soldatenrat (inkl. Noske und zwei Offizieren) solle die alleinige Befehlsgewalt haben, mit einem Präsidenten, für den Artelt oder Popp vorgeschlagen wurden, verkündete Noske wieder die Mär vom bevorstehenden Angriff der Engländer. Als der Flieger Obermaat Goßrau, Noske den Vorschlag später nochmals machte »geriet Noske in eine derartige Aufregung.« Die Demokratisierung des Militärs wurde zurückgestellt und in Kiel nicht wieder aufs Tapet gebracht.[254]

Der Abstieg des Soldatenrates ging auch einher mit der Demobilisierung, die nach der reichsweiten Revolution vom 9. November einsetzte. Ab dem 14. November 1918 verließen täglich 3.000 – 4.500 Matrosen die Stadt. Von 80.000 Soldaten in Kiel am 8. November waren im Januar 1919, als Noske in Berlin schon einer anderen Tätigkeit nachging, nur noch 20.000 vorhanden.[255]

Schon wenige Tagen nach dem Aufstand kehrten viele Offiziere auf ihre Schiffe zurück. Anfangs musste Noske noch nachgeben und in Bestimmungen das Vorgesetztenverhältnis der Offiziere zum Soldatenrat als nicht bestehend anerkennen.[256] Doch das Vorgesetztenverhältnis zu den Matrosen bekamen sie nach wenigen Tagen wieder.[257] Damit war die Chance zur Demokratisierung der Marine – bewusst von Noske – vertan. Das Offizierskorps hasste natürlich trotzdem das neue republikanische – seit 9. November in ganz Deutschland bestehende – System.

Gleichzeitig war der Oberste Soldatenrat von Kiel bestrebt eine »rote« Sicherheitstruppe aufzustellen, was Noske – der sein rotes Herz offensichtlich längst verloren, oder nie besessen hatte – überhaupt nicht in den Kram passte. Noske – selbst eine verhinderte Unteroffiziersfigur – wollte Deck- und Unteroffiziere dafür haben. Der Soldatenrat schoss quer und es kam zu einem Kompromiss. Deckoffiziere wurden mit aufgenommen, aber nicht nur und Offiziere gar nicht.

Doch Noske arbeitete insgeheim dagegen und animierte schließlich die Deckoffiziere ein konterrevolutionäres Freikorps (1. Marinebrigade) aufzustellen, das später auch in die Kämpfe in Berlin eingreifen sollte. Die zwei äußerst gewalttätigen Offiziersfreikorps, die sich heimlich bildeten – die Marinebrigade Ehrhardt und die 3. Marinebrigade Loewenfeld – nahm er erst nicht wahr und förderte sie dann ab Ende Dezember ausdrücklich.[258]

Auch im Soldatenrat nahm der Einfluss der Deckoffiziere immer mehr zu. In Berlin hatte zu dieser Zeit (12. November 1918) der Rat der Volksbeauftragten, die neue Regierung (in der auch drei USPD-Männer saßen) flugs die Kommandogewalt der Offiziere im Reich wiederhergestellt.[259]

Zwar hatte der Soldatenrat in Kiel eine Weile noch mehr Macht als die offiziell entmachteten Soldatenräte im Reich, gleichwohl sorgte die Entscheidung für die Nationalversammlung im Dezember 1918 in Berlin für ein starkes Abflauen der Soldatenratsbewegung.[260] Popp gab schon Anfang Dezember 1918 resigniert auf[261] und sein Nachfolger Artelt verließ im Januar 1919 Kiel. Beide hatten, hauptsächlich aus Unerfahrenheit, mehr oder minder gegenüber dem Profi Noske versagt. Insbesondere Artelt hatte seine ursprüngliche Intention der Zerschlagung des Militarismus nicht in die Tat umgesetzt. Obwohl in den ersten Tagen dies auch in Kiel möglich gewesen wäre. Noske war stärker.

Und schließlich hatte Noske die Matrosen sogar soweit, dass sie im Dezember gegen die militärpolitischen Demokratisierungsbeschlüsse des Reichsrätekongresses und Weihnachten 1918 gegen die Volksmarinedivision protestierten. Ein beispielloser Kotau der Kieler Soldatenräte vor Noske und gegen ihre eigene Emanzipation. Doch dazu später.

Dass die Matrosen Noske so vertrauten, hat damit zu tun, dass sie sein früheres Handeln im Reichstag, seine Eroberungswünsche anderer Länder und seine nationalen Tiraden nicht kannten, dass viele von ihnen weiter mit der SPD sympathisierten und Noske für einen Arbeitersohn hielten, der die Rechte der Arbeiter und Ausgebeuteten schon vertrete.

Warum Noske so handelte ist auch nicht einfach zu erklären. Noske war ein autoritärer Charakter, einer jenen rechten Sozialdemokraten, die soziale Forderungen begrenzt vorbrachten, aber Nationalismus, Annexionen und Krieg bewusst schürten. Rassismus war Menschen wie Noske nicht fremd und ihm waren die von Ebert proklamierte »Volksgemeinschaft« und das »Volk« wie das »Reich« näher als die Arbeiterklasse und diese Ideologie vertraten beide geschickt und konsequent. Zudem war er im Grunde seines Herzens ein Gewaltmensch, der gerne Soldat geworden wäre, es aber nicht wurde oder werden konnte. Die SPD war für ihn keine Notlösung, sondern der Versuch, sich durch soziale Bemäntelung bei den Arbeitern und gleichzeitig durch eine starke Hand bei den Herrschenden lieb Kind zu machen.

## Die rote Flut

Doch zurück zu den ersten Novembertagen. Auch Noske konnte nicht verhindern, dass die Revolution durch die ausschwärmenden Matrosen ins ganze Land flutete. Im Gegenteil schon die ersten Demobilisierungen nahmen zwar den Druck aus dem Kessel Kiel, verbreiteten aber den Aufstand. Außerdem strömten die Matrosen auch ohne Demobilisierung per Eisenbahn ins ganze Land.

*Gestürmtes Gefängnis in Wilhelmshaven*

Die Küstenstädte Wilhelmshaven, Cuxhaven, Rendsburg, Flensburg, Eckernförde, Eutin, Lockstedt, Greifswald, Neumünster, Parchim, Lübeck, Hamburg, Bremen, Rostock sowie die Städte Celle, Schwerin, Wismar, Warnemünde, Offenburg schlossen sich in der Zeit vom 5. – 9. November 1918 dem Aufstand an. Matrosen eilten auch nach Danzig, Hannover, Magdeburg, Braunschweig, Bielefeld, Köln, Essen, Düsseldorf, Duisburg[262], Elberfeld, Frankfurt, München und nach Berlin.[263] Im Detail ist dies alles noch nicht ausreichend erforscht.[264] Nach Kluge handelten die Matrosen immer gemeinsam mit den örtlichen Garnisonen und in vielen Städten gab es schon Bewegungen parallel bei den Soldaten und Arbeitern.

Zentral für den Erfolg des reichsweiten Aufstands – noch bevor er in Berlin von den Obleuten und dem Spartakusbund ausgerufen wurde – waren Kiel, Wilhelmshaven, Köln und München.[265]

Zur Wirkung der Matrosen nur ein paar wenige Beispiele. Neben der Bahn wurden zusätzlich Schiffe (Torpedoboote, kleine Kreuzer), ja Wasserflugzeuge benutzt. In Wismar sorgte das unter roter Flagge einfahrende Schulschiff *Orion* schon am 5. November dafür, dass auf den Torpedobooten die Offiziere entwaffnet wurden und sich die Stadt am nächsten Tag in der Hand der Soldaten und Arbeiter befand.[266] In Bielefeld kam am 8. November »ein Auto mit 10 Matrosen aus Wilhelmshaven an, die gegen Abend [die] Garnison zur Revolution brachten.«[267] Und in Köln »waren von auswärts Matrosen aus Hamburg oder Kiel angelangt, die [einen] Umzug mit roten Fahnen veranstalteten, sodann in Gemeinschaft mit hiesigen Soldaten sofort die Gefängnisse öffneten und die Militärgefangenen befreiten.«[268]

Sogar in München bildete sich nach der Revolution (am 13. November 1918) ein Matrosenrat, dessen Vorsitzender der Flugzeugmaat Schöberle wurde. Seine Aufgabe war es, den »zahlreichen Flüchtlingen aus dem Balkan, Sewastopol, der Krim und dem Kaukasus, sowie den anderen Marine-Kameraden aus Cattaro[269] und Pola und den von der Flandern-Front hereinströmenden Leuten der Matrosen-Regimenter mit Rat und Tat zu helfen.«[270] Dabei sollten die Mittellosen zur Bewachung von Magazinen und Güterbahnhöfen der Münchner Kommandantur zur Verfügung gestellt werden. In Hannover, einem bedeutenden Eisenbahnknoten (wie Köln), gelang es Matrosen am 7. November, ca. 1.000 Militärgefangene in die Freiheit zu entlassen. Gefangene Soldaten und Matrosen wurden auch in Hamburg, Bremen, Wilhelmshaven und Oldenburg aus den Gefängnissen herausgeholt.[271] Und in Frankfurt am Main rückten am gleichen Tag gut 230 Matrosen mit dem Zug an und entgingen geschickt der geplanten Verhaftung. Die Matrosen kamen gerade recht, denn die USPD bereitete den Generalstreik vor. Tony Sender, eine der wenigen weiblichen Revolutionäre an führender Position, brachte zusammen mit dem Matrosen Malang den Kommandeur des Ersatzregiments 63 dazu, nicht gegen die Revolution vorzugehen.[272] Kurz danach bildete sich im Auftrag des aus der Taufe gehobenen Arbeiterrates der Frankfurter Marinesicherungsdienst, welcher ordnungspolizeiliche Aufgaben wahrnahm, z. B. die Bewachung der Güterbahnhöfe gegen organisierte Kriminalität, Schieber und Plünderer. Aber gleichzeitig verstanden sich die Frankfurter Matrosen auch als »den Kern des zu schaffenden Volksheeres.«[273]

In Halle entstand ebenfalls eine Matrosenkompanie (innerhalb eines Sicherheitsregiments), Vertrauensmann war hier Karl Meseberg.[274] Und in Königsberg bildete sich eine Marine-Volksdivision von 1.000 Matrosen, organisiert von Erich Wollenberg.[275] Es zeigt sich, dass es in München, Frankfurt, Halle und Königsberg ähnliche Bestrebungen der Matrosen gab, wie dann schließlich und am erfolgreichsten in Berlin. Matrosen wollten die Basis einer neuen demokratischen Armee, einer Armee von unten bilden.

Bevor wir nach Berlin gehen, noch ein Ausflug nach Cuxhaven, weil die Matrosen dort für Berlin und die entstehende Volksmarinedivision von großer Bedeutung waren.

## Cuxhaven

Karl Baier, der schon 1907 – 1910 auf dem Kreuzer *Prinz Adalbert* als Matrose dienstverpflichtet war und 1915 nach mehreren kurzen, aber traumatischen Seeschlachten, bei denen er Kameraden untergehen sehen musste, lieber Bausoldat in einer Werft wurde, berichtet in seinen Erinnerungen über den Aufstand in Cuxhaven.[276]

Der Gewaltfrieden von Brest-Litowsk, im Frühjahr 1918, der dem bolschewistischen Russland vom Deutschen Reich aufoktroyiert worden war und der »Aufstand der österreichischen Matrosen von Cattaro gab uns ein neues Signal.«[277] Man traf sich zu Kegelabenden, die konspirativ genutzt wurden. Man baute Vertrauensleute auf. Und am 5. November las Baier in der Zeitung, was in Kiel geschehen war. Sofort berief er über die Vertrauensleute eine Versammlung im Gewerkschaftshaus »Sonne« ein, die Matrosen sollten bewaffnet erscheinen. Der Saal war brechend voll und die Matrosen wehrfähig. Baier kündigte die Wahl eines Arbeiter- und Soldatenrates an, erklärte den Krieg für beendet und »dass wir den Admiral verhaften werden, dass wir die Offiziere absetzen und dass von Stunde an der Arbeiter- und Soldatenrat die Macht ausüben wird.« Er verlas die 14 Kieler Forderungen und ergänzte sie mit einigen politischen. »Ich merkte wie mir die Sätze über die Zunge kamen, wie mein Herz und Geist sich weiteten, wie ich Sieger der Situation war und getragen wurde von dem fanatischen Jubel, den die Versammlung beseelte.«[278] Die Matrosen machten die Küstenbatterien, die die Elbe kontrollierten und aufständische Schiffe abhalten sollten, unbrauchbar. Die Geschützmunition flog ins Wasser. Das war der bewaffnete Aufstand. Sie besetzten die »Bahn-, Post-, Telefon-, Telegrafeneinrichtungen«[279] und die Kommandantur. Sie bestellten den Konteradmiral Engelhardt ein, der vergeblich Truppen zur Niederschlagung aus Hamburg und Wilhelmshaven angefordert hatte, denn es gab keine mehr. Sie trugen ihm die Forderungen vor, nahmen ihm seine Waffe weg, die er angeblich ziehen wollte und stellten ihn unter Hausarrest, seine Offiziere wurden ihres Dienstes enthoben.[280] Als ein vom Stationskommando produziertes, fingiertes Telegramm eintraf, dass die englische Flotte im Anmarsch sei, ein Trick mit dem nicht nur Noske arbeitete, wurden wichtige Pläne nicht ad acta gelegt, wie in Kiel, sondern 293 Offiziere und Deckoffiziere verhaftet, ins Offizierskasino und die Kegelbahn gesperrt und aus der Mannschaftsküche versorgt. Es gab Forderungen unter den Matrosen, die leitenden Offiziere zu erschießen. Der Kommandant des Hilfskreuzers *Wolf*, Nerges, der mehrere Schiffe im Atlantik versenkt hatte und der den Pour le Mérite trug, sei es wert gewesen, erschossen zu werden – ein Passus aus Baiers Erinnerungen der im gedruckten Text weggelassen wurde.[281] Doch den Offizieren geschah nichts. Vielleicht überhaupt ein Fehler dieser Revolution.

Nunmehr kontrollierten die Matrosen, von Cuxhaven aus den Schiffsverkehr von und nach Hamburg. Und Baier ließ – gegen den Widerstand des MSPD-Soldatenrates Lamp'l aus Hamburg, der mit Beschuss drohte und sechs Wochen später in Berlin auch noch eine Rolle spielen sollte – den Kreuzer Augsburg und ein Flugzeug mit Flugblättern nach Hamburg schicken, um die Hansestadt zu revolutionieren.[282] Ihm schwebte dabei

*Karl Baiert*

das Vorbild der Kronstädter Matrosen vor, die von der vorgelagerten Festung Kronstadt aus, im Oktober 1917 Petrograd revolutioniert hatten.

Die Cuxhavener Matrosen waren offensichtlich einen Schritt radikaler als die in Kiel und sie hatten keinen Bremser wie Noske. So beschwert sich ein Offizier in einer langen Litanei über die »Übergriffe« des Soldatenrates.

Der habe u. a. den Festungskommandanten abgesetzt, Gelder aus dem Offizierskasino genommen, dortigen Wein verkauft, Fregattenkapitän Hippel verhaftet und abgesetzt, den Bürgermeister und andere Herren der Demokratischen Partei verhaftet und abgesetzt, weitere Verhaftungen vorgenommen, weitere Kapitäne abgesetzt, unverheiratete Offizier aus der Stadt gejagt, den Deck- und Unteroffiziersbund aufgelöst, Waffen mit Minensuchbooten ins radikale Bremen gesandt und aus Regierungserlassen das gestrichen was ihm nicht passte.[283]

Auch die Cuxhavener schickten Boten ins Land. Von Kiel, Cuxhaven und den anderen Küstenstädten strömten so die Matrosen auch nach Berlin.

## In der Hauptstadt

Berlin war sozusagen die letzte Bastion des alten Reiches. Von zwei Seiten versuchte man in der Stadt die Revolution zu verhindern. Von Seiten der Regierung, speziell der Führung der Sozialdemokratie und vonseiten der Militärs, hier speziell durch den preußischen Kriegsminister Heinrich Scheüch, der für das Heimatheer zuständig war, und den Oberbefehlshaber in den Marken General von Linsingen.

Die kaiserliche Regierung gab einen Aufruf heraus, den Philipp Scheidemann und Gustav Bauer als Mitglieder dieser Regierung ohne Skrupel unterschrieben: »Die Regierung und mit ihr die Leitung von Heer und Flotte [!] wollen den Frieden.« Den »Mannschaften des Landesheeres und der Flotte, wie ihren Führern [!], gebührt unser besonderer Dank. Durch Todesmut und ihre Manneszucht haben sie das Vaterland gerettet [!].«[284] Die demokratische Revolution, von der die SPD jahrzehntelang gesprochen hatte, galt es nun zu ersticken. Dies konnte nur Schulter an Schulter mit der OHL und ihrem neuen faktischen Anführer, Generalquartiermeister Groener, gelingen. Der war – nicht zum letzten Mal – nach Berlin in die Reichskanzlei gereist. Die Phalanx der SPD-Führer erschien ebenso: Scheidemann, Bauer, Legien, David, Südekum und Ebert. Ihr Hoffnungsträger hieß Groener. Max von Baden machte ebenso in Zuversicht: »Vom ersten Augenblick – so wurde mir berichtet – war das alte Vertrauen da.«[285]

Mit tränenerstickter Stimme baten die Sozialdemokraten Groener darum, den Kaiser zur Abdankung zu bewegen, um die Monarchie zu retten. Nur so könnten die sozialdemokratischen Massen davon abgehalten werden, in das Lager der Revolutionäre überzulaufen. Groener lehnte ab, war sich aber sicher, dass keiner der »Herren etwa auf die Revolution hinstrebten.«[286]

Scheidemann wurde in diesem Augenblick zum Telefon gerufen und erfuhr, dass die Matrosen in den Küstenstädten die Macht erlangt hatten. Er fürchtete um seinen in jahrelanger Anpassung an den preußischen Staat erkämpften Posten: »Wir wissen nicht, ob wir morgen noch auf den Stühlen sitzen.«[287] Groener aber blieb – noch – standhaft, seinem Kaiser verpflichtet – was er später bereute.[288]

Ebert machte den – allerdings nicht ersten – Kotau: »Wir danken Ihnen, Exzellenz, für diese offene Aussprache und werden uns stets gern der Zusammenarbeit mit Ihnen während des Krieges erinnern. Von nun an scheiden sich unsere Wege, wer weiß ob wir uns je wiedersehen werden.«[289]

7. November 1918. Kurt Eisner stürzte mit einer Großdemonstration die Wittelsbacher Dynastie in München. Der »Milibauer«, wie Ludwig III. vom Volk der Bayern genannt wurde, erhielt den Freifahrtschein in den verdienten Ruhestand. Eisner verkündete den Freistaat Bayern, was noch heute von der CSU geleugnet wird.

Während die bayerische Hauptstadt hier voranschritt, schien es in der Hauptstadt des Reiches noch ruhig zu bleiben. Obwohl Georg Ledebour in Berlin schon am 3. November einen revolutionären Matrosen in ein konspiratives Treffen der Revolutionären Obleute und des Spartakusbundes mitgebracht hatte, der vom Aufstand in den Küstenstädten berichtete, blieb es beim geplanten 11. November als Revolutionstermin. Die Obleute fürchteten sich weiterhin davor loszuschlagen.[290] Und die SPD versuchte mit einer großangelegten Pressekampagne, ihre Basis zu beruhigen.[291]

In der Hauptstadt hatten die Regierung Max von Baden, das Militär und die Polizei versucht, die Stadt vor den Matrosen abzuriegeln. Generaloberst von Linsingen, Oberbefehlshaber in den Marken, befal sogar den Einsatz von Flugzeugen, die mit Chemiewaffen und Bomben gegen Züge eingesetzt werden sollten, die Richtung Berlin unterwegs waren. Egal wer drinsaß. Es sollte gefeuert werden. Mit Mühe und Not[292] verhinderte Kriegsminister Scheüch dies am 8. November.

Erst ein Sozialdemokrat und ziviler Oberbefehlshaber sollte Wochen später solche Einsätze tatsächlich zulassen.

Zur Streikabwehr wurden wichtige Rüstungsbetriebe militärisch besetzt, die Kommunikationsmittel Telegraf und Telefon unterbrochen, die Schienenwege nach Berlin gesperrt, vor der Stadt teils zerstört – sogar Brücken waren für Sprengungen vorbereitet – und Demonstrationen wurden verboten. Schon zwischen Kiel und Neumünster war der Eisenbahnverkehr früh unterbrochen worden. Trotzdem erreichten zahlreiche Matrosen die Hauptstadt, da die Abriegelung des Bahnverkehrs nicht konsequent genug erfolgte: Schon am Abend des 4. November kamen die ersten Züge aus Kiel am Lehrter Bahnhof an. Erst fuhr gegen 21:30 Uhr ein D-Zug mit 50 bewaffneten Matrosen ein und gegen 22 Uhr ein weiterer mit 150 Matrosen, die allerdings nur teils bewaffnet waren.[293] Vorgewarnt und alarmiert, entwaffnete und verhaftete eine Sicherheitstruppe der Kommandantur die Matrosen im ersten Zug, die sich widerspruchslos festnehmen ließen, während die zweite Gruppe sich heftig wehrte und Urlaubsscheine des Soldatenrates vorwies. Etwa 50 Matrosen gelang »über die Geleise hinweg« sofort die Flucht, da die Verstärkung zu spät eintraf.[294] Und da der Kommandeur des Bataillons,

*Ernst Broßat 1918*

der die Gefangenen in einer Kaserne unterbringen musste, die revolutionäre Ansteckung seiner Soldaten fürchtete, ließ das Gouvernement die Matrosen laufen.

Um der Lage Herr zu werden, kam der preußische Eisenbahnminister von Breitenbach sogar schon am 7. November auf die Idee, die »Bildung der Bürgerwehr zur Aufrechterhaltung der Ordnung im Verkehr«[295] voranzutreiben. Ein früher Versuch, Freikorps zu bilden. Doch der Versuch kam zunächst zu spät, denn seit diesem Tag häuften sich Meldungen über »Züge mit Meuterern«[296]. Hunderte von Matrosen, durchbrachen die Bahnhofssperren, schalteten die Bahnhofswehren aus, beseitigten technische Sperren, ließen sich durch Entgleisungen nicht aufhalten und erreichten teils zu Fuß die Reichshauptstadt[297] oder sie erzwangen bei intakten Gleisen die Weiterfahrt durch Übernahme der Lok.

So berichtet das Reichsamt des Innern am 8. November 1918: »Zug mit Aufständischen von Hamburg nach Berlin erzwingt in Wittenberge, wo er zurückgehalten werden soll, Weiterfahrt unter Drohung mit mitgeführten Maschinengewehren. Lokomotivpersonal ist durch Matrosen ersetzt. Der Verbleib des Zuges zur Zeit [am 8. abends] noch nicht bekannt.«[298]

Ernst Broßat, der Anfang November als Minensucher in Emden stationiert war und wenige Tage später einer der ersten Matrosen in der Berliner Volksmarinedivision sein sollte, beurlaubte sich Anfang November selber und fuhr nach Hamburg, weil es in Emden keine revolutionären Aktionen gegeben hatte. Zahlreiche Matrosen fanden sich am 6. November im Wartesaal eines Hamburger Bahnhofs zusammen: »Jemand sprang auf den Tisch, hielt eine anfeuernde Rede; jedenfalls handelte es sich um eine spontane, nicht um eine organisierte Aktion.«[299] Die 300 Matrosen wurden »als Agitationstrupp per Bahn nach Berlin in Marsch gesetzt. Dort angekommen wurden wir von der Berliner Garde, die den Bahnhof besetzt hatte umringt und abgeführt.« Ein Teil kam nach Zossen die andere Hälfte wurde in der Maikäferkaserne festgesetzt. Dort »verbrachten wir eine Nacht, dann befreiten wir uns selbst und zerstreuten uns in der Stadt.« Das war am 8. November 1918. Durch Spitzel informiert wurde am selben Tag der zu den Revolutionären gehörende Pionier-Oberleutnant Eduard Walz verhaftet und verhört. Walz verriet alles (und wurde deshalb später aus dem Vollzugsrat ausgeschlossen). Daraufhin erwischte es Ernst Däumig, der bei seiner Arretierung auch noch den Aufstandsplan in der Tasche hatte[300]. Jetzt gab es nur noch die Flucht nach vorn. Barth und Liebknecht zogen den Aufstandstermin unabhängig voneinander vom 11. auf den 9. November vor. Am Abend beschlossen die Obleute (darunter auch Metallarbeiter der Johannisthaler Flugzeugfabriken)[301] und die Spartakusgruppe die Revolution für den nächsten Tag, den 9. November 1918.

## 9. November 1918

» >Steh auf Arthur, heute ist Revolution!< Er glaubte zu träumen. Erst als ich ihn nochmals rüttelte, riss er die Augen auf.«[302]

Cläre Casper-Derfert weckte Arthur Schöttler unsanft. Sie wollte mit ihm vor der Waffen- und Munitionsfabrik in der Kaiserin-Augusta-Allee in Charlottenburg Flugblätter verteilen und zwar sollten die Arbeiter vor 9 Uhr die Betriebe verlassen. Nicht nur Cläre und Arthur – von den Revolutionären Obleuten – machten solche Aktionen, sondern es geschah vor allen großen Betrieben Berlins. Als nächstes verteilten die beiden Waffen, die Cläre, eine der wenigen Freuen unter den Obleuten, versteckt hatte. Tags zuvor war es ihnen gelungen, einem Schieber – unter dem sanften Druck einer Pistole in der Manteltasche – die fehlende Munition von 5.000 Patronen zu reellen Preisen abzutrotzen.

Arthur, inzwischen voll aufgewacht, rüttelte Cläre vor Freude in der Tram. Moabit sei durch sie gerettet worden. Fälschlich für ein verliebtes Paar gehalten, lachten die beiden. Noch in der Nacht hatte auch Emil Barth in den Betrieben eifrig für den Aufstand geworben.[303]

Ganz früh morgens gegen 3 Uhr versammelte der Obermaat Paul Wieczorek die Vertrauensleute der Kompanien des Marinefliegerkorps, die angereisten Kieler und Wilhelmshavener Matrosen, sowie Mitglieder illegaler Spartakus-Gruppen aus den Betrieben unter Karl Müller als auch »Schwarze Katzen« am Flughafen Johannisthal-Adlershof im Südosten Berlins zusam-

*Paul Wieczorek mit Maskottchen* [Museum Treptow-Köpenick]

men.[304] Die »Schwarzen Katzen« waren ab Ende Juli 1918 überall in Berlin als spezielle Gruppen der Revolutionären Obleute gebildet worden, um nach dem misslungenen Januarstreik illegal Waffen beschaffen zu können[305] und somit besser gewappnet zu sein. Grundsätzlich versteckten die Katzen die Waffen in den Betrieben, damit sie bei Hausdurchsuchungen nicht entdeckt werden konnten.

In gemeinsamer Aktion wurden in Johannisthal die Flugplatzwachen des Infanterie-Regiments Nr. 8 entwaffnet, die Stabsgebäude des Marineflieger-korps besetzt und der Kommandant festgenommen, sowie sämtliche Telefon-zentralen in den Flugzeugfabriken, darunter die Luft-Verkehrs-Gesellschaft A.G. (LVG), die Albatros-Flugzeugwerke und die Salblating-Flugzeugbau, besetzt. In allen diesen Werken in Johannisthal, sowie in weiteren Fabriken der Umgebung existierten ca. sieben Gruppen »Schwarze Katzen«, sowie or-ganisierte Spartakusanhänger, die ihre Waffen in Wellblechhütten am Flug-hafen versteckt hatten. Zwischen den Soldaten am Flugplatz und den Arbei-tern in den Werken bestand wohl ein enger Zusammenhalt.

In jener Nacht öffneten die Marineflieger vermutlich unter Anweisung von Wieczorek die Waffenkammern und bewaffneten sich und die »Schwarzen Katzen«. Sie sperrten auch den Flugplatz, sodass kein Flugzeug aufsteigen konnte und verboten den Offizieren das Betreten. »Um 7 Uhr befindet sich der Flugplatz Johannistahl vollständig unter der Kontrolle der Revolutionäre.«[306] Mit dabei an führender Stelle war auch der Flugzeugobermaat Fritz Radtke, der spätere Kommandant der Volksmarinedivision.[307] In den Flugzeugwerken und in der Flugmeisterei bildeten sich Arbeiter- und Soldatenräte. Sogar Zweigbetriebe in Johannisthal und die Flugzeugwerften am Müggelsee wurden einbezogen. Arbeiter, Marineflieger und Matrosen aus Kiel und Wilhelmshaven hatten im Nord- und Südosten Berlins reibungslos zusammengearbeitet. Aber offensichtlich waren die Offiziere nicht festgesetzt worden.

Angeblich, so berichtete die *Tägliche Rundschau* am 9. November 1918, sollte sogar ein Luftschiff aus Wilhelmshaven mit Matrosen angekommen sein.[308] Dies war aber wohl eher eine Luftnummer. Aber es gab eine Kurierflugverbindung mit der Marinefliegerstation Kiel Holtenau. Einer der Kuriere war das spätere Mitglied der Volksmarinedivision Erich Tümmel. Günter Schmitt beschreibt in seiner Broschüre von 1980, wie sich nun Wieczorek und Radtke nach der Inbesitznahme des Flughafens mit einem Marinefliegertrupp in Richtung Berliner Zentrum aufmachten. »Sie wollen zu Karl Liebknecht, um zu erfahren, wie sie ihn unterstützen können, denn sie verfügen über Waffen, Flugzeuge und Luftschiffe, Fahrzeuge, einen ganzen Flugplatz, sowie Marineflugzeugwerften.«[309] Schon am Bahnhof Niederschönweide versperrte ihnen eine Offizierspatrouille den Weg und wurde überwältigt. Die Blauen Jungs erbeuteten einen Pferdewagen und zogen an der Spitze eines spontan gebildeten Demonstrationszugs nach Treptow. Die Spreebrücke dort stand jedoch unter Feuer der dortigen Kaserne. »Im Feuerschutz des erbeuteten MGs überwinden die Männer die Brücke und eilen weiter.«[310] Nach vierstündigem Suchen, inmitten der wogenden Massen auf den Straßen, fanden sie endlich am Abend Karl Liebknecht in der Redaktion des besetzten *Berliner Lokal-Anzeigers*, wo er an der ersten Ausgabe der *Roten Fahne* arbeitete. Liebknecht soll Wieczorek dann mit Heinrich Dorrenbach zusammengebracht haben. Ob Wieczorek, Radtke und Co. vorher an der Besetzung des Admiralsstabes teilgenommen hatten, ist nicht belegt. Und so schreibt Robert Rosentreter 1988 »Es gibt keine sicheren Hinweise zum weiteren Verlauf der Handlungen der von Paul Wieczorek geführten Matrosengruppe am 9. November nach dem Gefecht an der Spreebrücke bis zum Treffen mit Liebknecht am Abend.«[311] Wie Wieczorek auf Liebknecht reagierte, steht allerdings auf einem anderen Blatt, wir kommen noch dazu.

Am Morgen zogen jedoch nicht nur Wieczorek und seine Männer, sondern Hunderttausende, bewaffnet und organisiert von den Obleuten, in Sternmärschen Richtung Zentrum. Alle wollten sie Frieden, Freiheit, Brot und Sozialismus. Das hatte die Morgenausgabe des *Vorwärts* nicht gewollt, sondern sich für Ruhe und Ordnung stark gemacht.

Der Berliner Historiker Ottokar Luban entdeckte[312], dass Susanne Miller, Eberhard Kolb und Heinrich August Winkler, allesamt der SPD nahestehende Historikerinnen und Historiker[313], die schon vor 50 und mehr Jahren Ebert kritisch sahen, gleichwohl nicht verstehen wollten, dass die Novemberrevolution in ihrem Kern von den Obleuten organisiert worden ist. Man sprach von spontanen und unbewaffneten Protestversammlungen am 9. November. Teils leugnete man sie ganz.

Eine weitere sozialdemokratische Legende, die noch 2018 durch das ansonsten gut recherchierte Buch von Joachim Käppner Verbreitung fand[314] und seit Jahr und Tag von Heinrich August Winkler referiert wird[315], ist, dass Otto Wels als Frühaufsteher derjenige gewesen sei, der als Erster die Kaserne der Naumburger Jäger zur Übergabe gebracht habe. Wels hatte diese Geschichte selbst bereits 1919 in die Welt gesetzt und seit 100 Jahren wird sie wiedergekäut. Nach Ottokar Lubans Recherchen kann Wels keinesfalls vor den anderen Kasernenübergaben sein Ziel erreicht haben, da sie alle in etwa gleichzeitig ans Kriegsministerium gemeldet wurden. Der Bremser Wels wollte sich hier als Tatmensch feiern. Leider ist diese frühe Übergabe genauso unwahr, wie die Behauptung, dass der Streikaufruf der SPD schon am Morgen verkündet worden sei. Da plädierte die Führung der Partei noch für Ruhe und Ordnung. Denn »der SPD-Streikaufruf wurde als Flugblatt erst mittags verteilt, als die Demonstrationszüge schon die Innenstadt Berlins erreicht hatten.[316] Und erst dann »schlossen sich die Mehrheitssozialdemokraten ganz ungeniert dem Volksaufstand an.«[317] Wobei Machtans Begriff »Volksaufstand« falsch ist, es war ein Aufstand der bewaffneten Matrosen, Arbeiterinnen und Arbeiter. So berichtet Kurt Nettball, der 15-jährig den 9. November als Abenteuer erlebte, von der Erstürmung einer Kaserne in der Hannoverschen Straße, am Oranienburger Tor: »Ich war Zeuge, wie bewaffnete Arbeiter, Matrosen und Soldaten die in der Kaserne befindlichen Soldaten aufforderten sich ebenfalls der Revolution anzuschließen. [...] Alle Fenster waren geschlossen und teilweise mit Sandsäcken versehen. In einigen waren MG-Läufe zu erblicken, die auf die Straße zielten. An der Fahnenstange der Kaserne flatterte provozierend die schwarz-weiß-rote Kriegsflagge im Novemberwind. Vor der Kaserne waren zwei Lkw aufgefahren, vollbesetzt mit bewaffneten Arbeitern, Matrosen und Soldaten. Auf dem Fahrerhäuschen waren MG montiert. Mit Sprachtrichtern und Sprechchören wurden die Soldaten in der Kaserne aufgefordert, ihre reaktionären und kaisertreuen Offiziere zu entwaffnen, sie zum Teufel zu jagen und gemeinsame Sache mit der Revolution zu machen.« Als nichts geschah, fuhren die Revolutionäre einen Minenwerfer auf und gaben vom MG auf dem Lkw Feuerstöße in die Luft ab. Die Kasernenbesatzung feuerte jedoch nicht zurück, was ein Blutbad gegeben hätte, sondern gab auf, weiße Fahnen wurden gehisst. »Ich weiß nicht mehr wie das kam, aber plötzlich hatte ich einen Schutzmannsäbel samt Koppel an meiner Hand.« Die Kaserne wurde von den Matrosen und Arbeitern gestürmt und die rote Fahne gehisst. Den Offizieren wurden Kokarden und Koppel abgenommen und der ein oder andere »arrogant auftretende« geohrfeigt, das war alles an Gewalt. Müde präsentierte Nettball abends seiner Mutter seine Trophäen, den Säbel, »einen Karabiner, zwei Offizierspistolen« und Munition. Das Ergebnis waren einige mütterliche »Maulschellen«.[318]

So verliefen fast alle Kasernenübergaben relativ friedlich. Meist schlossen sich die schwerbewaffneten Besatzungen der Revolution an. Lediglich aus der Kaserne der Gardefüsiliere (Spitzname »Maikäfer«) schossen, einem

*Besetzer des Reichstags, 9.11.18* [Bundesarchiv Koblenz]

Offiziersbefehl folgend, Maikäfer auf die anstürmenden Arbeiter der AEG und der Berliner Maschinenbau AG (ehemalige Schwartzkopffwerke). Der Werkzeugmacher Erich Haabersaat, der Schraubendreher Franz Richard Glathe und der Hilfsmonteur Johannes Ferdinand Franz Schwengler, alle drei Arbeiter der Schwartzkopffwerke, starben.[319]

Es mag zynisch klingen, aber diese zuerst friedliche Revolution krankte daran, dass sie so wenige Opfer hatte und die Wut somit eine Wut über den Krieg und die schlechte Versorgungslage war, nicht aber eine, über rücksichtsloses Handeln der alten kaiserlichen Armee.

Heinrich Dorrenbach und Richard Müller führten am 9. November gegen 13 Uhr eine große Demonstration aus Arbeitern, Soldaten und Matrosen in den Reichstag und besetzten ihn. Im Verlauf des 9. November kamen immer mehr Bewaffnete in das Gebäude.

Und so berichtete Adolf Hillebrand, später einer der Anführer der VMD: »Am 7. November 1918 begab ich mich von Kiel nach Berlin, wo ich gerade am ersten Revolutionstage eintraf und mich im Reichstagsgebäude meldete. Hier wurde ich zum Führer einer Gruppe von 18 Mann gewählt, die den Sicherheitsdienst mit versah.«[320]

Und das ebenfalls spätere Mitglied der Führungsgruppe der VMD, Emil Milewski, der aus Cuxhaven wegen der Grippeerkrankung seiner Familie am 8. November nach Berlin musste, erzählte: »Am 9. November war ich frühzeitig auf den Beinen, sprach bei der Redaktion des ›Vorwärts‹ vor.« Und er erfuhr, dass ein Jägerbataillon sich auf die Seite der neuen Regierung gestellt habe, andere aber noch unentschlossen seien. »Von der Lindenstraße begab ich mich zum Reichstag, wo eine bewegende Versammlung von Arbeitern, Soldaten aller Gattungen und Marineleuten in Permanenz tagte.«[321] Er bekam von einem Matrosen ein Gewehr und reihte sich in die den Reichstag beschützende Mannschaft ein. Dass Milewski sich beim *Vorwärts* meldete, zeigt, dass er der Mehrheitssozialdemokratie und seiner Zeitung noch traute. Ein typisch sozialdemokratischer Revolutionär an der Basis. »Innen herrscht ein buntes Treiben; treppauf, treppab Matrosen, bewaffnete Zivilisten, Frauen, Soldaten. Gut, frisch und sauber vor allen Dingen sehr jung sehen die Matrosen aus«, schreibt Harry Graf Kessler am 9. November in sein Tagebuch und findet in einem Fraktionszimmer »drei blutjunge Matrosen Waffen-Scheine ausstellen, mit dem Ernst und dem Willen zur Wichtigkeit von Schuljungens, prüfend, bewilligend, verwerfend.«[322]

Dass sie, wenn sie wirklich Revolution hätten machen wollen, das Gebäude nie mehr hätten hergeben dürfen, kam Ihnen vermutlich gar nicht in den Sinn. Und so blieben auch die Denkmäler und Insignien der alten Macht im Reichstag unangetastet.

Ernst Broßat war am 9. November schon etwas radikaler: »Die Gesamtpolizei war angesichts der anmarschierenden Arbeiterbataillone von der Straße zurück in den ›Roten Alex‹ [das Polizeipräsidium] zusammengezogen worden. Wir umzingelten sie und forderten Übergabe. Nach kurzen Verhandlungen streckten sie die Waffen und zogen ab. Zirka 2.000 Mann.« Emil Eichhorn von der USPD wurde qua revolutionärem Recht neuer Polizeipräsident.

Vorher wurden die eingesperrten Blaujacken aus der Lehrter Haftanstalt befreit, nachdem sie ohne Blutvergießen in die Hand der Revolutionäre gefallen war. Ähnliches geschah im Strafgefängnis Moabit und im Zellengefängnis Tegel. Broßat half die Arrestanten aus den Kasernen in Neukölln und Tempelhof herauszuholen.[323] Trauselt hatte auch Berlin erreicht. Dort entwaffnete er als Bahnhofswache und Teil einer Marineeinheit »Offiziere und Mannschaften«.[324] Und Matrosen waren dabei als Liebknecht die Tore des Schlosses öffnen ließ und vom Balkon seine berühmte, zu spät gekommene Rede hielt. Blaujacken halfen auch mit, den *Berliner Lokalanzeiger* in die Druckerei der ersten *Roten Fahne* umzuwandeln[325] – übrigens nicht ohne, dass dies finanziell ausgeglichen wurde.

Auch Kommandantur und Reichsmarineamt wurden von Matrosen und bewaffneten Arbeitern besetzt. Der Ex-Deckoffizier Emil Alboldt bedauerte sehr, dass das Reichsmarineamt, dieses Symbol des Griffes nach der Weltmacht mittels einer Flotte, nicht verteidigt worden war, obwohl es »mit einem halben Dutzend Admiralen oder mehr, aber Hunderten von Kapitänen, Kapitänleutnants und Leutnants, dazu ein kleines Heer anderer Marinechargen« besetzt und »alle bis an die Zähne bewaffnet« gewesen wäre.[326] Der Matrose Markus Markiewicz hisste unbehelligt hoch auf dem Dach die rote Fahne.[327]

## Die Eroberung der Lokomotive

Bis zuletzt war die Führung der Sozialdemokratie gegen die Revolution gewesen und hatte noch am Morgen des 9. November gebremst, wo es nur ging. Doch jetzt musste sie aufspringen: »Tatsächlich gelang es den Mehrheitssozialdemokraten nicht nur in letzter Minute, auf den Zug der deutschen Revolution aufzuspringen, sie besetzte gewissermaßen sogar die Lokomotive.«[328]

Als erstes ging Ebert zu seinem Bruder im Geiste, Reichskanzler Max von Baden.

Schon Tage zuvor, als die Matrosen in Wilhelmshaven zu meutern begannen, (er aber noch nichts davon wusste) äußerte Ebert bei einem Mittagessen mit dem damaligen Außenstaatssekretär (vergleichbar mit dem heutigen Außenminister) Wilhelm Solf:

»Deutschland ist nicht reif für eine Republik, und wir Sozialdemokraten, die das wissen, fürchten den Augenblick, da die Masse, die Straße, unter dem Einfluss der Unabhängigen die Durchführung unsres Parteiprogrammes von uns verlangt und eine Republik fordert. [...] Die Firma aber kann und muss erhalten bleiben.«[329] Und wenige Tage später in fast gleicher illustrer Runde forderte er die wie auch immer geartete Monarchie, »da das deutsche Volk noch nicht fähig sei, sich selbst zu regieren.«[330]

Es fällt auf, Ebert fühlte sich fürs ganze – seiner Ansicht nach unmündige – Volk verantwortlich und nicht nur für die Arbeiter und er fürchtete sich vor dem Parteiprogramm der SPD (das Erfurter Programm von 1891), das – offensichtlich nicht seines – nicht nur freie Wahlen (auch für Frauen), sondern den Achtstundentag, eine demokratische Volkswehr und die Vergesellschaftung der kapitalistischen Produktionsmittel verlangte. Und weil Ebert – offensichtlich ohne jegliche Legitimation seiner Partei oder seines Parteivolkes – der Meinung war, das »deutsche Volk« müsse erst für die Republik »erzogen werden« und weil er vor allem fürchtete, wenn der Kaiser nicht abdanke und ein anderer für ihn auf den Thron gesetzt würde, bekämen »die Unabhängigen Oberwasser«[331], drängte er an die Steuerungshebel der Lokomotive. Doch gern wollte sich Ebert dabei unter die Oberaufsicht eines Reichsverwesers stellen, der dem verwesenden Leichnam des Kaiserreiches neuen Odem einatmen und sozusagen als Stellwerksleiter (wie der Kaiser), ihm, dem neuen Reichskanzler, vorgeben, wohin die Reise gehen sollte. Dafür hatte er absprachegemäß – Machtan schreibt sogar von einem »Bündnisvertrag«[332] – Max von Baden vorgesehen.

Schon in den frühen Morgenstunden des 9. Novembers hatte es ein strenggeheimes Treffen der sozialdemokratischen Führer mit Max von Baden gegeben. Sie wollten die Revolution »in halbwegs geordneten Bahnen«[333] halten und Max von Baden sollte erst die Abdankung des Kaisers erwirken, dann Ebert mit der Regierungsbildung beauftragen.

Nachdem die SPD-Männer gegangen waren, unterschrieb Max von Baden, in Absprache mit der OHL in Spa, eine Regierungserklärung, die die Abdankung des Kaisers verkündete, noch bevor sie erfolgt war.

Ebert und der schlecht von ihm informierte Scheidemann und weitere schlecht informierte Führungsmänner der SPD kamen nun – es war kurz vor 12 Uhr am 9. November 1918 – High Noon sozusagen – erneut zu Eberts badischem Landsmann. Von ihm verlangte der Sozialdemokrat in der Eingangshalle der Reichskanzlei – unter Anwesenheit von Außenminister Solf und Vizekanzler Friedrich von Payer – die Kanzlerschaft. Die Frage Payers, ob er das Amt auf dem Boden und im Rahmen der Reichsverfassung zu führen gedenke, bejahte Ebert.[334]

Es war ein abgekartetes Spiel zwischen ihm und Max von Baden, das Scheidemann noch 10 Jahre später erzürnte.

»Denn dass es sich bei dem improvisierten Staatsakt der Delegation von politischer Macht an Ebert um ein bereits heimlich verabredetes Schaustück handelte, dürfte nach Scheidemanns späteren Enthüllungen darüber kaum mehr zu bezweifeln sein,«[335] so Machtan.

Kurz zog sich jetzt die Noch-Regierung zurück. Man beschloss, Ebert die Kanzlerschaft anzubieten, aber absprachegemäß unter Aufrechterhaltung der Monarchie, sozusagen mit einem Reichsverweser als Nebenregenten.

12:45 Uhr, die antichambrierenden Sozialdemokraten wurden zum Kanzler hereingebeten. Und Max von Baden erörterte, dass seine Regierung zugestimmt habe, Ebert die Regierungsgeschäfte »angesichts der nicht mehr vorhandenen militärischen Gegenwehr«[336] zu übertragen – immer noch unter der Annahme die Monarchie bleibe bestehen, allerdings unter Bruch der Bismarck'schen Verfassung, aber wen störte letzteres noch. – Ebert zeigte sich im Prinzip einverstanden.

Dann folgte noch ein dringender Appell des Noch-Kanzlers von Baden, Ebert solle den Bolschewismus und den Zerfall des Reiches abwehren.

Auch da ging Ebert d'accord. Denn er glaubte zu wissen, was herauskam, wenn man das SPD-Parteiprogramm umsetzte: »Dinge« wie »in Russland.«[337] Bolschewismus eben. Eine völlig übertriebene Angst, aber in Eberts (und nicht nur seinem) Kopf eine sehr reale. Und eine gern gepflegte Psychose, bald auch gern als Schutzbehauptung zur Rechtfertigung jedes Verbrechens vorgebracht, wie sich zeigen würde.

Und weil er seinen eigenen Wählern nicht traute, weil er längst ein Bestandteil des imperialistischen Systems war, das den Krieg zu verantworten hatte, und weil er fürchtete auch vom eigenen Anhang hinweggefegt zu werden und weil seine Karriere vom Sattler und Kneipenwirt zum Reichskanzler gefährdet war, wollte er einen neuen Kaiser und die Beteiligung der Bürgerlichen an der Regierung. Damit nicht das Unterste zuoberst gekehrt würde.

Und dann ließ er noch ein Bonmot ab, das von Baden gern in seinen Memoiren wiedergab. Nämlich was ihm, Ebert ein Dorn im Auge sei, das sei die soziale Revolution: »Ich aber will sie nicht, ja ich hasse sie wie die Sünde.«[338] Gegen 13 Uhr empfahlen die Genossen Ebert, sich hier und gleich die Kanzlerschaft übergeben zu lassen. Dann wurde Ebert allein zum Noch-Kanzler gebeten. Was drinnen beim tête-a-tête darüber hinaus vereinbart wurde, ist nicht überliefert. Ebert, so Machtan, war sich allerdings in diesem Moment klar – die Massen wollten nicht von den Straßen, die Kaserne waren besetzt oder übergelaufen, die Matrosen und Soldaten hielten den Reichstag in ihrer Hand –, dass er ohne die Unabhängigen, die USPD, nicht würde regieren können. Das dürfte Max von Baden als Ex-Kanzler und designierten Reichsverweser nicht gefreut haben.

Ebert enteilte gegen 13:30 Uhr, drei Aufrufe unter dem Arm, die schon von Max von Baden vorbereitet worden waren [!], und überlegte fieberhaft, wie er weiter die Revolution bremsen und eine neue Regierung bilden könnte.

Zwischenzeitlich – etwa gegen 14 Uhr – hatte sich aber der von Max von Baden (und der OHL) faktisch abgesetzte Kaiser nochmals bei seinem Ex-Reichskanzler telefonisch gemeldet und ihn zur Schnecke gemacht.

Und Max von Baden – ganz Untertan – tat nicht, was er mit Ebert abgesprochen hatte, er stellte sich nicht als Reichsverweser zur Verfügung, sondern verließ fluchtartig (in einem längst bereitgestellten Zug) Berlin in Richtung badische Heimat. Die Monarchie war endgültig abgedampft.

Und jetzt griff der zum zweiten Mann in der SPD degradierte Scheidemann ein, nicht nur aber auch, um dem Druck der in die Hunderttausende gehenden Massen auf der Straße nachzugeben, stellte er sich auf den Balkon des Reichstags und rief die Republik aus. Als er von seinem Stuhl stieg, den er genutzt hatte um von allen gesehen zu werden, trat er aus Versehen dem Fabrikbesitzer Richard Müller-Fulda auf den Fuß und entschuldigte sich.[339] Auf den Schlips getreten fühlte sich ein anderer. Parteifreund Ebert, dem ja eine konstitutionelle oder autoritäre Monarchie lieber gewesen wäre, empörte sich: »Ob Republik oder sonst was [!], entscheidet die Konstituante!« Gleichwohl war Scheidemanns Vorstoß ein geschickter Schachzug, denn Liebknecht kam gegen 16 Uhr »im Kampf der Balkone«[340] mit der Ausrufung der Sozialistischen Republik vom Schloss aus zwei Stunden zu spät.

Ebert aber schluckte seinen Ärger über Scheidemann hinunter und projektierte, falls eine Einigung mit der USPD nicht klappen sollte, auch gegen diese allein mit seiner Partei zu regieren. Und so tauchten die SPD-Oberen Ebert und Scheidemann, bei Ledebour im Fraktionszimmer im Reichstag auf (unten herrschten die Matrosen und Soldaten oder sie beherrschten wenigstens das Bild). Und der USPD wurde nun »von oben herab«[341] ein Beteiligungsangebot gemacht. Ebert schob nach, dass er wohl auch Bürgerliche an der Regierung beteiligen wolle.

Die Oberaufsicht, der Stellwerksmeister oder Stationsvorsteher Max von Baden war dem vermeintlichen Lokomotivführer abhandengekommen, ohne die Heizer von der USPD kam er aber einfach nicht mehr aus (die revolutionären Obleute, die eigentlichen Revolutionsmacher ignorierte er erstmal). Jetzt brauchte er noch ein paar Bürgerliche, um die Heizer zu bremsen und Wasser in die Feuerbüchse der Lok leiten zu können. Doch dafür war es an diesem Tag wohlgemerkt zu spät. Die USPD-Männer seien, so Payer ziemlich kleinlaut gewesen[342], nach Ledebours Aussage im gleichnamigen Prozess war das gar nicht so. Er fragte sich, kann man sich »einen besseren Stoff zu einer satirischen Komödie denken als diese Szene? Dieser Herr Ebert, dieser falsche Biedermann, der sich von seinem Monarchen zum Reichskanzler machen lässt, kommt gleichzeitig zu dem revolutionären Republikaner Ledebour, den er bis aufs Blut hasst [...] und erbietet sich zu einer gemeinschaftlichen Revolution mit uns gegen seine eigene Regierung, und zur Bildung einer gemeinschaftlichen Revolutionsregierung.«[343]

Jedenfalls verschob Ledebour seine Antwort und am Abend des 9. November scheiterten die Verhandlungen – erstmal. Dies auch, weil Liebknechts Bedingung für einen Regierungseintritt, die Macht in die Hand der Arbeiter- und Soldatenräte zu legen, von Ebert et al. abgelehnt wurde.

Und Ebert, als auch sein Parteifreund Otto Wels machten einen wichtigen Schachzug, indem sie den preußischen Kriegsminister Heinrich Scheüch im Amt beließen. Von ihm wollten sie Unterstützung, um die Revolution scharf abzubremsen, und bekamen sie auch.

Und an diesem Punkt sind wir wieder bei den Matrosen und Arbeitern, die die die Revolution gemacht hatten. Broßat beteiligte sich am Abend des 9. November nach eigenen Angaben noch am Kampf um den Marstall.[344] Ob von dort aus, Offiziere auf die Revolutionäre geschossen haben, ist allerdings umstritten, denn dem Adjutanten des Kriegsministers wurde von restlichen Offizierspatrouillen gemeldet, dass dort gar nicht gekämpft worden sei.[345] Auch Geheimgänge durch die die Besatzer entflohen sein sollen, gab es nicht. Wahrscheinlich handelte es sich um eine klassische Selbsttäuschung. Schüsse in der Stadt werfen ein vielfaches Echo und manchmal führen Freudenschüsse, wie in Kiel, zu panikartigen Reaktionen oder lassen Feinde vermuten, wo gar keine sind. Broßat wusste auf jeden Fall zu berichten, dass sie, als sie am nächsten Morgen endlich in den Marstall stürmten, die vermeintlichen Offiziere ausgeflogen seien. 

Ein Haus, ein sehr wichtiges allerdings, war aber tatsächlich von Offizieren besetzt und es wurde von den Matrosen und Arbeitern nicht angegriffen: Das Kriegsministerium.

Hier täuschen sich Kurt Wrobel[346] und Robert Rosentreter[347], die die Eroberung fälschlicherweise als geschehen annahmen.

Der spätere Kriegsminister Walther Reinhardt, damals Major im Rang eines Divisionskommandeurs, war von der OHL vom Hauptquartier in Spa zur Unterstützung des Kriegsministers bei der Abwehr der revolutionären Bewegung nach Berlin beordert worden und kam da unter ähnlich schwierigen Verhältnissen wie die Matrosen am 8. November an. Und zwar im Gegensatz zu fast allen Offizieren »in voller Felduniform.«[348] Man war im Zentrum der preußischen militärischen Macht, dem Oberkommando des Heimatheeres längst auf das »Übergreifen der Kieler Bewegung« auf die Reichshauptstadt gefasst. »Jedenfalls waren Vorkehrungen zur Verteidigung des Kriegsministeriums durch seine Insassen getroffen.«

Und so erschien Reinhardt – nicht zu verwechseln mit dem späteren Freikorpsführer Wilhelm Reinhard – auch am 9. November in vollem Wichs. »Während ich mich am Vormittag mit meinen Mitarbeitern bekannt machte, wurde plötzlich das Haus alarmiert. Einzelne Offiziere besetzten die Tore und die Vorräume vor dem Ministerzimmer, da es hieß, dass sich Arbeit[er]massen von der Schwartzkopffabrik [!] zur Leipziger Straße bewegten. Tatsächlich erschien zwischen 11 und 1 Uhr, eine nach mehreren hundert Mann zählende Menge mit einzelnen Gewehrträgern und forderte Einlass, der indes nicht gewährt wurde. Der Minister gab die Parole aus: das Haus wird verteidigt.« Hier also im Gegensatz zu den Kasernen und vor allem dem Reichsmarineamt waren die anwesenden Offiziere bereit zu schießen. Sie wurden dabei nach Reinhardts Angaben unterstützt vom Jägerbataillon Nr. 4, das »in der Reitbahn« des Kriegsministeriums lag und offensichtlich noch willens war »zu tun was ihm befohlen wurde. Die Bewaffnung der Offiziere im Hause war für den Nahkampf ausreichend. Ich selbst fasste mit meiner Schusswaffe am Fenster über dem Tore Posto [!] um mich an der Verteidigung nach Kräften zu beteiligen.«[349]

Der Adjutant des Kriegsministers Hauptmann Gustav Böhm weicht hier allerdings in seiner Tagebucheintragung etwas ab, nach seiner 1919 und nicht einige Jahre später gemachten Darstellung, wurde gegen 11 Uhr gemeldet, dass das Jägerbataillon Nr. 4, ebenso wie die Besatzungen der Alexanderkaserne, als auch »das Jägerbataillon im Schloss und die Panzerkraftwagen im Schloss sich weigerten, »gegen das Volk vorzugehen.«[350] Außerdem fand sich die »erregte Menge« bei Böhm gegen 14 Uhr vor dem Kriegsministerium ein und fing an »zu johlen und gegen die versammelten Tore zu pochen.«[351] Und Kriegsminister Scheüch schaute dabei – alle Warnungen seines Adjutanten missachtend – aus dem Fenster, »den Blick voller Verachtung auf die revolutionäre Masse vor uns gerichtet.«[352] Er hatte – den verbliebenen 60 Jägern und seinem von der OHL befohlenen Unterstützer Reinhardt – den Befehl gegeben, erst auf einen Angriff mit Feuer zu regieren.

Es fielen draußen ein paar wenige Schüsse, Reinhardt wiederum war klug genug, sich darauf nicht einzulassen. »In diese schwebende Lage hinein kam – laut über die Straßen gerufen – die Nachricht von der Abdankung des Kaisers und der Einrichtung einer provisorischen Regierung. Die Menge verzog sich allmählich.«[353] Nun, sie verzog sich, weil »durch Vermittlung des neu ernannten sozialistischen Unterstaatssekretärs im Kriegsministerium Göhre« die Menge durch »Redner, die vom Auto aus sprachen, zum Auseinandergehen bewogen,«[354] worden sei. ›Sozialist‹ Göhre, Leutnant der Reserve, hatte auf Wunsch von Scheüch seine Uniform angezogen und war beim Schreiten durch die Menge seiner Kokarden verlustig geworden. Mit »provisorische(r) Regierung«, kann hier Reinhardt allerdings noch nicht den Rat der Volksbeauftragten gemeint haben, sondern den frisch ›ernannten‹ Kanzler Ebert. Letzterer hatte mit seiner Strategie (Kaiserabdankung, Kanzlerübergabe) und seinem Adlatus Göhre das Kriegsministerium vor dem Ansturm der Massen bewahrt. Ein bislang unterschätzter Fakt. Eine blutige Auseinandersetzung und eine Gefangennahme und Absetzung (von Erschießung wollen wir gar nicht reden) des Kriegsministers hätte die Lage vermutlich zugunsten der »Bewegung« deutlich verbessert. Jetzt konnten Ebert und Scheidemann (der einen Moment wohl auf den Posten geschielt hatte) den Kriegsminister im Amt lassen, um mit ihm zusammen noch mehr Wasser in die Feuerbüchse zu schütten. Das Kriegsministerium war ein früher Knotenpunkt der Zusammenarbeit von Konterrevolution und sozialdemokratischer Führung.

Nur erfuhr Reinhardt erst jetzt, »dass die Ersatzformationen auseinandergelaufen waren und dass die Polizei gleichfalls feierte.« Reinhardt erhielt von seinem Chef »Scheüch telefonisch die Weisung, dem Abgeordneten Wels bei der Einrichtung eines Ordnungsdienstes für Berlin zu helfen.«[355] Wie zuvor in Kiel war dies auch in Berlin ein erster Freikorpsversuch, der allerdings noch nicht richtig funktionierte. Reinhardt: »Trotz aller Bemühungen von Wels kam jedoch so gut wie nichts zustande, so dass die Volksbeauftragten dem 10. November schutzlos entgegensahen.«[356] Im Reichstag kam es zur gleichen Zeit zu einer hitzigen Soldatenrätetagung. Barth leitete die tumultartige Versammlung.[357] Mit dabei Hans-Georg von Beerfelde, Hauptmann im Generalstab, einer der wenigen Offiziere, der sich im Weltkrieg zum Kriegsgegner gewandelt und der die berühmte Denkschrift des ehemaligen kaiserlichen Botschafters in London Fürst von Lichnowsky veröffentlich hatte, die belegte, dass der Krieg maßgeblich von der deutschen Regierung zu verantworten gewesen war. Beerfelde hatte erst vor wenigen Stunden, von Revolutionären befreit, das Gefängnis verlassen.[358] Ebenfalls dabei, Hans Paasche, noch ein pazifistischer Offizier, der kurz zuvor, nicht seiner Ketten, sondern seiner Zwangsjacke beraubt worden war, in die man ihn wegen seiner Kriegsgegnerschaft gesteckt hatte. Paasche – der 1920 von Freikorps-Offizieren ermordet wurde[359], saß mit Max Cohen (SPD) und Barth (USPD, Obleute) dem Gremium vor. Trotz dieser Leute waren Ernst Däumig und Richard Müller skeptisch, was die Zusammenarbeit mit den Soldaten betraf.[360] Doch die waren nun mit im Spiel. In einem improvisierten Aufruf forderten die Obleute zur Wahl von Arbeiter- und Soldatenräten (»Frauen sind wählbar«) auf, die am nächsten Tag im Circus Busch eine neue Regierung bestimmen sollten. Ob Wieczorek und Radtke an der Debatte – an der sicherlich Matrosen beteiligt waren – teilnahmen, ist nicht belegt. Jedoch muss Wieczorek im Reichstag eine Rede von Liebknecht oder Barth gehört haben.

Und jetzt kam die große Stunde des Otto Wels. Zwar konnte er noch keine verlässliche Leibwache für den »Reichskanzler« Ebert zustande bringen, aber mit Hilfe des im Amt gelassenen Kriegsministers Scheüch, der sich Ebert und Scheidemann nicht ohne Hintergedanken angedient hatte, wurde er zum Stadtkommandanten ernannt. Scheüch und seine rechte Hand Reinhardt stellten dem rührigen Wels den Kommunikationsapparat (Telefon- und Fernschreibnetz) des Kriegsministeriums und dessen Kraftfahrzeuge zur Verfügung, um die Soldatenräte für den nächsten Tag zu agitieren.[361] Nur mit Hilfe des Kriegsministers konnte Wels 40.000 Flugblätter drucken und verteilen lassen.

Über die zahlenmäßige und politische Zusammensetzung der Soldatenräte gab es kaum Vorgaben.

Statt sich der Soldaten durch Werbung zu versichern, diskutierten die Obleute und die USPD, wie der Ausschuss der Soldatenräte aussehen sollte. Darüber verging die Nacht und die Chance wurde vertan, die Soldaten mehrheitlich für sich zu gewinnen. Ein erster Fehler, ein großer Fehler.

Umso rühriger war Otto Wels (SPD). Er agitierte in den Kasernen, ließ an die etwa 58.000 Soldaten der Berliner Heimatarmee die 40.000 Flugblätter verteilen, behauptete, die USPD und Spartakus – ja alle radikalen Linken – wollten die Nationalversammlung sabotieren. Und er verweigerte den Räten, den Trägern der Revolution, das Recht, auf Dauer eine Regierung zu stellen, versprach aber gleichzeitig eine »von Sozialisten geleitete Republik«.

Jetzt zahlte sich für die SPD-Oberen auch aus, dass sie seit dem Januarstreik 1918 in weiser Voraussicht die SPD-Betriebszellen, generalstabsmäßig und nach alter Preußenmanier, reorganisiert hatten. Ebert ging dazu selbst in die Fabriken. Unbürokratisch hatte die SPD-Führung am Tag zuvor schon einen eigenen Arbeiter- und Soldatenrat erfunden. In diesem Geschöpf gab es zwar keinen einzigen Soldaten, dafür aber waren die Parteirechten Otto Braun, Eugen Ernst, Friedrich Ebert und Otto Wels als »Arbeiter« vertreten. Letzterer behauptete, obwohl es noch keine Einigung gab, auf einem Flugblatt gar die »gemeinschaftliche« Leitung der Bewegung durch SPD und USPD.[362] Die Obleute gerieten ins Schwimmen, konnten viele ihrer Leute nicht mehr durchbringen, da die SPD-Oligarchie die »Einheitskarte« der Arbeiterklasse zog und als Joker einsetzte. Zahlreiche Proletarier vergaßen nun, dass sich die SPD-Führung mit ihrer Kriegsunterstützung, ihrer Verpreußung und Ablehnung jeder Revolution bis hin zum 9. November korrumpiert hatte. Plötzlich waren SPD-Funktionäre in den Betrieben gelitten, die noch tags zuvor den Aufstand boykottiert und dafür Prügel kassiert hatten.

## 10. November – der entscheidende Tag

Am Vormittag des 10. November schien »Reichskanzler Ebert« immer noch ohne Leibgarde. Wels hatte zwar in der Nacht nicht nur die Soldatenräte für die Versammlung am Nachmittag agiert, sondern versucht, eine Offizierstruppe zusammenzutrommeln. Es fanden sich aber nur ungefähr 100 Chargierte und Unteroffiziere. Und am Morgen war »seine Truppe fast wieder auseinandergelaufen.«[363]

Da ergab sich für Reinhardt plötzlich eine Möglichkeit. Ein Mann namens Nasse brachte Hilfe. In einem Brief (an Reinhardt) schilderte dieser knapp drei Monate später das Ereignis: »Es war mir gelungen, trotz des im

Reichstagsgebäude herrschenden Durcheinanders, dort einige vernünftige Matrosen aufzutreiben, die ich zu Ebert brachte, nachdem sie sich mir gegenüber bereit erklärt hatten, ihrerseits für die Sicherheit der Regierung Ebert-Scheidemann einzustehen. Nachdem dann Solf zunächst mit den Matrosen verhandelt hatte, kamen sie glücklicherweise dazu und damit war die Sache gewonnen; sie gingen dann sofort an den Ausbau der unbedingt notwendigen Regierungstruppe.«[364]

Und Reinhardt erinnerte sich leicht abweichend:»Während Ebert und Scheüch im Gespräch im Saal der Reichskanzlei [also nicht im revolutionären Reichstag] standen – ich hielt mich in Scheüchs Nähe – trat ein Marineunteroffizier mit einigen Matrosen an Ebert heran und sagte etwa Folgendes: Im Reichstag werden den Soldatenräten die Köpfe warm geredet; ein allgemeines Chaos ist zu befürchten. Geben Sie uns Vollmacht, dann halten wir die Wilhelmstraße in Ordnung. Wir brauchen eine solche Vollmacht, um Verstärkung durch unsere ordnungsliebenden Kameraden zu gewinnen. Dieser Oberbootsmannsmaat machte persönlich einen entschlossenen und guten Eindruck. Immerhin war schwer zu beurteilen, was man von ihm und seinen Begleitern halten sollte. Ebert und Scheüch überlegten also.« Reinhardt, der die Szene beobachtet hatte, sagte sich, dass in»einem so kritischen Augenblick nur eigner Augenschein und Einsatz der eignen Person Klarheit verschaffen könne.«

Nach Reinhardts Notizen sagte er zu Ebert:»Herr Ebert, es gibt große Scherereien [unklare Handschrift] das wollen wir nicht, so verstehen wir Revolution nicht, wir wollen Ordnung in Berlin und werden für Sie fragen, wenn Sie uns Vollmacht geben unsere Kameraden von der Marinefliegerabteilung Johannisthal hierzu [unklare Handschrift] bereitzustellen.«[365]

Die drei wussten nicht, ob sie Wieczorek trauen sollten, schließlich hatten Sie einen revolutionären Matrosen vor sich. Einen von der Sorte, die sie eigentlich gar nicht haben wollten. Doch Reinhardt, der glaubte, in höchster Not und ohne Deckung für Ebert zu sein, vertraute seinem Augenschein.»So erklärte ich mich bereit, den Mann zu begleiten und ihn bei der Aufbringung einer Wache zu kontrollieren. Ich erhielt von Ebert und Scheüch schriftliche Vollmacht[366] und fuhr, nachdem ich den Namen des Oberbootsmannsmates Wi[e]czorek festgestellt hatte, im Kraftwagen des Reichskanzlers nach Johannisthal. Dort lag eine Marinefliegerabteilung, deren Mannschaften offenbar der Mehrheitssozialdemokratie zuneigten, aber eine abwartende Haltung einnahmen. Wi[e]czorek sprach mit den Leuten, worauf ihm etwa zwei Dutzend ihre Bereitstellung zur Wachgestellung erklärten.«[367]

Reinhardt versuchte auch die Offiziere in Johannisthal zur Kommando-übernahme zu veranlassen, doch die saßen lethargisch in ihren Quartieren (sie hatten ja nur Flughafenverbot, waren aber nicht eingesperrt worden) und lehnten jede Mitarbeit ab, widersetzten sich auch nicht. Reinhardt ließ ab von ihnen. »Im überfüllten Reichskanzlerauto fuhr ich mit einer ersten Wachmannschaft nach der Wilhelmstraße. Die Mannschaft war militärisch korrekt gekleidet und mit scharfer Munition versehen. Diese erste mit mir fahrende Gruppe der Wachmannschaft führte der Gefreite Schröder, den Rest übernahm Wie[e]czorek und brachte ihn als Wachreserve im Marstall[368] unter. Aus dieser zweiten Gruppe wurde dann – wie sich später herausstellte – die Keimzelle der Volksmarinedivision.«[369]

Es bleibt festzustellen: Wieczorek und die Marineflieger waren zwar Revolutionäre, aber sie gehörten zu den fast typischen SPD-Revolutionären an der Basis, denen Liebknecht oder Barth zu radikal waren, bzw. bestimmte Revolutionserscheinungen zu chaotisch. Sie stellten sich Ebert zur Verfügung, weil sie glaubten, er sei der rechte Mann für eine sozialistische Erneuerung. Wieczorek war kein Spartakist, wie etwa Günter Schmidt behauptet. Radtke übrigens auch nicht[370], aber der war am 10. November offensichtlich nicht bei der ersten Reichskanzlerwache mit dabei. Das schließt nicht aus, dass sich Wieczorek später nicht radikalisiert hätte, wie einige andere, wäre er nicht ermordet worden. Dass allerdings der Mord erfolgte, weil sich Wieczorek »einer Radikalisierung widersetzte«, wie von Reinhardt 1928 behauptete, ist falsch und eine typische Offiziersfantasie.[371] Noch 1921 hatte Reinhardt neutraler von »Streitigkeiten« gesprochen, »bei denen Wieczorek einer Kugel zum Opfer fiel.«[372] Zu Wieczoreks Tod kommen wir allerdings später noch.

Jedenfalls stellte Wieczorek schon am 10. November, diesem strahlenden Sonntag, an dem es aussah, als würde ein neuer Frühling beginnen, die Wache der Reichskanzlei. Die Marineangehörigen aus Johannisthal, die mit ihm Ebert beschützten, Oberheizer Potthoff, Grenadier Andreas Esche und die Matrosen Adolf Schröder und Otto Netzdorf sind allerdings später im Zusammenhang mit der Volksmarinedivision nicht wieder hervorgetreten.[373]

Um alle Matrosen in der Hauptstadt zu formieren, gab Wieczorek schon an jenem Sonntag ein Flugblatt folgenden Inhalts heraus:

»Extrablatt! Kameraden!

Um Ordnung und Sicherheit in den Straßen Berlins wieder herzustellen und zu sichern, bedürfen wir der gesamten in Berlin befindlichen Kameraden. Alle Angehörigen des Heeres und insbesondere von der Marine werden gebeten, sich heute während des ganzen Tages an öffentlichen Plätzen und

Straßen zu zeigen, um weitere Order von Marineangehörigen in Empfang zu nehmen. Berlin, 10. November 1918. Landfliegerabteilung Johannisthal, Wi[e]czorek, Obermaat.«[374] Es war die Geburtsstunde der Volksmarinedivison. Doch Wieczorek war nicht der Einzige, der die Matrosen zusammenführen wollte.

## Machtkampf um Stellwerk und Lokomotive

Bevor wir uns der Geburt der Volksmarinedivision widmen, müssen wir uns nochmals dem wichtigsten Tag einer Revolution zuwenden, dem zweiten. Bei der Novemberrevolution ist es der 10. November 1918.

In den Straßen patrouillierten fröhliche Matrosen, provokant antimilitaristisch, die Gewehrläufe nach unten. Aufbruchstimmung.

Die Bürger schauten ratlos und etwas ängstlich zu.

Der konservative Zentrumsabgeordnete Eugen Bolz vermischte wie so oft Realität mit Männerfantasie:»Die ersten beiden Tagen waren wie man sich eine Revolution vorstellt. Ein Drittel Vernunft und guter Wille, ein Drittel Verbrechen und ein Drittel Fasnacht, gefeiert von halbwüchsigen Burschen und Dirnen.«[375] Dagegen sah die 19-jährige Luise Kaetzler, Generalsenkelin und Tochter einer Lehrerin und eines Lehrers, in Berlin den Frühling: »Liebste Mutti! Hier ist es mehr wie großartig. Man besteht nur noch aus Revolution [...] Andauernd werden Reden von Autos herab gehalten. Alles brüllt und ist eitel Wonne und Begeisterung [...] Aber jetzt kommt ja der Friede [...] Ist es nicht wundervoll? [...] Wir sind alle begeistert und tragen rote Bänder im Knopfloch!!!«[376]

Doch nicht nur die Revolutionäre waren unterwegs, sondern auch die Bremser. Die ganze Nacht vom 9. auf den 10. November hatten die Führer der SPD und Gewerkschaften die Soldatenräte in den Kasernen und Betrieben agitiert. Otto Wels probte mit ihnen erst im *Vorwärts*, dann (wegen Überfüllung) in den Kammersälen in der Teltower Straße den Auftritt im Circus Busch.[377]

Nichts sollte dem »Zufall« überlassen werden, wie ein späterer SPD-Kanzler 1928 erzählte.[378] Die Linken wollten sie überrumpeln, trichterte man den politisch Unerfahren ein, und die Einheit und die Einberufung einer Nationalversammlung sei das Wichtigste.

Und die Linken hatten tatsächlich geschlafen, bzw. endlos diskutiert, statt zu agitieren.

Gegen Mittag am 10. November hatten sich SPD und USPD erstmals auf eine gemeinsame Regierung geeinigt: mit Friedrich Ebert, Philipp Scheidemann, Otto Landsberg (alle SPD) und Hugo Haase, Wilhelm Dittmann und Emil Barth (alle USPD, letzterer auch Obleute).

Das gelang nur, weil die SPD-Granden die Arbeiter- und Soldatenräte formell als Macht anerkannten. Allerdings kreuzten sie bei dieser Anerkennung hinter dem Rücken ihre Finger.

Und Karl Liebknecht lehnte auf Druck des Spartakusbundes eine Aufnahme in die Regierung ab, wie übrigens auch Richard Müller und Georg Ledebour – ein weiterer schwerer sektiererischer Fehler.

Doch was geschah im Circus?

Der Einlass um 17 Uhr im Circus Busch (unweit der heutigen S-Bahnstation Hackescher Markt) geschah völlig unkontrolliert. Die Soldatenräte waren in der Überzahl, hauptsächlich Anhänger der SPD, bzw. bürgerlich Geprägte und auch Offiziere.

So nahm es nicht Wunder, dass Liebknecht dann, nachdem er die Führer der SPD als Gegenrevolutionäre gebrandmarkt hatte, die noch tags zuvor Feinde der Revolution gewesen seien, niedergeschrien wurde. Eine Demütigung für den, der als Erster gegen das Morden an allen Fronten und für die Revolution gekämpft hatte. Und Emil Barth geißelte »die Schuld« der »Schurken, die den Krieg solange geführt und rücksichtslos mit Menschenleben gespielt haben (ein Rufer: »Und die, die die Kredite bewilligt haben«) und er forderte, sie bis zu ihrer Verurteilung als Geiseln zu nehmen.[379]

Als Barth aber dann – sozusagen in einem Gegenhandstreich zu Eberts Kanzlerübernahme einen Tag zuvor – die Macher der Revolution wieder an die Steuerungshebel bringen wollte und einen reinen Obleute/USPD-Vollzugsausschuss der Arbeiter- und Soldatenräte (darunter auch Rosa Luxemburg, Karl Liebknecht, Hauptmann von Beerfelde und der pazifistische Offizier Paasche) zur Regierungskontrolle wählen lassen wollte, steigerten sich die Tumulte noch. Ebert, der gar nichts von einem solchen Gremium wissen wollte, es aber nicht verhindern konnte, forderte in einer Rede die – in der Generalprobe – eingeübte »Parität« von SPD und USPD und bekam sie im Arbeiterrat (7:7 Mitglieder).

Liebknecht wollte sich auch dort nicht mit den Kriegsunterstützern der SPD hineinwählen lassen. Er verließ wütend mit seinen Anhängern den Circus Busch. Erneut ein Fehler.

Dass aber auch Ebert, weil er von den Soldatenräten der Obleute und Spartakisten beschimpft wurde, den Circus Busch verließ, steht nicht im

Protokoll und wird auch von der historischen Forschung nach wie vor kaum beachtet (außer von Ernst-Heinrich Schmidt). Und jetzt reagierte wiederum Haase (USPD), der als Reaktion auf Ebert seine Zusage zu einer gemeinsamen Regierung wieder zurücknahm. Und Haase verschwand auch aus dem Tumult. Wann Liebknecht, Ebert und Haase genau den Circus Busch verließen, ist nicht protokolliert, aber mehrfach belegt.[380] Jedenfalls forderten – vermutlich nach dem Verschwinden der drei – die von Barth und Wels aufgepeitschten Soldatenräte eine Einigung der Sozialisten und drohten andernfalls mit Militärdiktatur.

Vermutlich erst dann wurde noch chaotisch ein Soldatenrat gewählt[381] (14 Mitglieder, darunter der Verräter Walz), auch mit angeblicher Parität. Doch hier herrschte kein Gleichgewicht, die SPD-Anhänger waren in der Überzahl. Die ganze Wahl fiel damit eindeutig zu Ungunsten der USPD und der Obleute aus. Die Regierung der sechs Volksbeauftragten wurde offiziell von der Versammlung bestätigt, obwohl Haase wieder ausgestiegen war.

Aber Ebert et al. hatten – trotz Abwesenheit – erneut gepunktet und statt Parität Übergewicht (fast ¾) gewonnen. Aber sie standen gleichzeitig einem hier manifestierten Basis-Gremium gegenüber, dem Vollzugsrat des Arbeiter- und Soldatenrates, dem Richard Müller und von Beerfelde vorstanden, welches die – noch nicht zustande gekommene – Einigungs-Regierung kontrollieren sollte. Dies war nicht im Sinne Eberts, auch wenn das großteils seine Wähler waren.

Zudem war ein von Ernst Däumig (USPD) verfasster Aufruf mit großer Mehrheit angenommen worden: »Der vielgerühmte, der ganzen Welt zur Nachahmung empfohlene Militarismus ist zusammengebrochen [...] Die Träger der politischen Macht sind jetzt die Arbeiter- und Soldatenräte.« Man forderte »die rasche und konsequente Vergesellschaftung der kapitalistischen Produktionsmittel [...] um aus den blutgetränkten Trümmern eine neue Wirtschaftsordnung aufzubauen.«[382] Auch das waren keine Ziele der SPD-Führung. Der Konflikt schien programmiert.

Ebert war am 10. November aus dem Circus Busch zurück in die Arme des Kriegsministers und seines Ministeriums geflüchtet und erwog nun erneut eine SPD-Alleinregierung. »Wir waren entschlossen, die Regierungsbildung allein in die Hand zu nehmen und die unvermeidliche blutige Auseinandersetzung durchzufechten.«[383] Das berichtete Gustav Bauer (SPD) zwei Tage später an Paul Löbe (SPD). Und Scheüch versprach Ebert, dass er ihn schützen könne. Obwohl Reinhardts Aufzeichnungen das Gegenteil belegen: Denn

Scheüch hatte keine Truppen, die Reste der »königstreuen« noch nicht übergelaufenen Heimattruppen waren noch nicht zusammengekratzt und die in Frankreich und Belgien stehenden Fronttruppen der OHL ließen sich so kurz vor dem Waffenstillstand und nach dem Abgang des Kaisers nicht so rasch für irgendwelche Händel in die Heimat transportieren. Auch sie hatten inzwischen Soldatenräte, die hauptsächlich Frieden wollten. Als einzige Ordnungstruppe der Stunde blieben Ebert, Wels, Bauer, Scheüch, Reinhardt et al. die Marineflieger um Paul Wieczorek. Wahrscheinlich wurde dessen Aufruf an alle Matrosen daher von Ebert und dem Kriegsminister unterstützt.

Aber wann kam die Regierung der Volksbeauftragten nun zustande? Erst in der Nacht vom 10. Auf den 11. November, als Hugo Haase (USPD) in der Reichskanzlei nachgab. Gegen den Widerstand von Barth (USPD/Obleute) – der, wie der Adjutant des Kriegsministers Scheüch angeekelt feststellte »ab und zu in den schönen Marmorkamin« spuckte. Hauptmann Böhm berichtet weiter: »Um uns herum drängen sich bewaffnete Rotgardisten, ein wildes einprägsames Revolutionsbild.« Als Barth sich Scheüch zuwenden wollte, drehte dieser ihm den Rücken zu. Die »Rotgardisten« – ob darunter Matrosen waren, ist unklar – protestierten, verwiesen auf die Revolution. Böhm: »Eine Hand in der Tasche an einem Browning [-Revolver] war ich darauf gefasst, dass die Leute gegen den Kriegsminister tätlich werden würden. Dr. Haase rettete die Lage, indem er den schimpfenden Revoluzzeren erklärte, sie verstünden nicht, worum es sich hier handelte, und seine Exzellenz höflich unter Verbeugungen aufforderte, in ein anderes Zimmer zu treten.« Haase war das »rüde Benehmen Barths sichtlich peinlich und er versuchte, den hervorgerufenen schlechten Eindruck durch vermehrte Liebenswürdigkeit auszugleichen, stieß damit aber beim Kriegsminister auf frostig kühle Abweisung.« Haase verbeugte sich dadurch nur noch mehr und hauchte »mit kaum vernehmbarer, heiserer Stimme: ›In einer Stunde sind wir uns einig Excellenz.‹«[384] Tatsächlich gingen Haase »mit seinem feinen katzenartigen Wesen«[385], Ebert und Scheüch dann in ein Zimmer und beschlossen die gemeinsame Regierung von SPD und USPD.

Böhm bemerkte noch in seinem Tagebuch, dass Scheüch die Sozialdemokraten mit dem Bluff beeindruckt hatte »die militärischen Machtmittel über die der Kriegsminister verfügte, seien viel größer als sie in Wirklichkeit waren.«[386]

Erst kurz nach Mitternacht, vom 10. auf den 11. November entstand dann der »Rat der Volksbeauftragten«: Friedrich Ebert, Philipp Scheidemann, Otto Landsberg (SPD) und Hugo Haase, Wilhelm Dittmann, sowie Emil Barth (USPD). Liebknecht verweigerte sich erneut und sektiererisch auf Druck von Spartakus. Zuvor hatte Ebert noch als »Reichskanzler« für eineinhalb Tage (9.- 10. November) Nägel mit Köpfen zu machen versucht. Und die Reichskanzlei wurde in diesen Tagen nicht angegriffen, weder von Liebknecht und Spartakus, noch von den revolutionären Obleuten noch sonst welchen »Rotgardisten«. Es bestand keine Absicht dazu. Drei Aufrufe – teils noch vorformuliert von Max von Baden – an das Volk, die Beamten und an das Heimatheer sollten Ebert dazu dienen, die Lage in den Griff zu bekommen. Der dritte Aufruf »Befehl an alle Groß-Berliner Truppen« vom 10. November, erzählte von einem Aktionsausschuss aus allen gewählten Vertretern der Berliner Truppen – was eine glatte Lüge war. Dieser Ausschuss, »die Spitze aller Militärgewalt«, habe sich zur Aufrechterhaltung von Ruhe und Ordnung zur Verfügung gestellt und tage im Kriegsministerium. In diesem Ausschuss saßen vorwiegend Chargierte: ein Offizier, zwei Offiziersstellvertreter, ein Feldwebel und ein Gefreiter.[387]

Es war ein plumper Versuch, mit einer »Prätorianergarde«[388] des Kriegsministers die Lage wieder in die Hand zu bekommen.

Insbesondere dadurch, dass einige Mitglieder dieses kriegsministeriell/sozialdemokratischen – wir nennen ihn den Fake-Ausschuss – gleichzeitig auch noch im Vollzugsrat der Arbeiter- und Soldatenräte, dem echten Ausschuss, saßen und dessen Regierungs-Kontroll-Arbeit im Sinne Eberts und des Kriegsministers buchstäblich zu torpedieren suchten. Die Doppelmitglieder Hans Coler (Hauptmann im Garde-Grenadier-Regiment Nr. 2 »Kaiser Franz«) und Fritz Kretschmar (auch 2. Vorsitzender des Berliner Soldatenrates) zählten später sogar zu den ersten konterrevolutionären Putschisten vom 6. Dezember 1918.[389] Am 25. November hatte Richard Müller als Vorsitzender des Vollzugsrates beklagt: »Dann sitzt hier noch ein Hauptmann Coler mit seinem Stab und wird von uns bezahlt. Ich habe ihn nicht eingesetzt.«[390] Das führende Doppelmitglied Brutus Molkenbuhr (SPD) gab sich revolutionär, bremste aber immer geschickt in Vollzugsrat. Oberstleutnant van den Bergh, Leiter der Ministerialabteilung (Z 1) im Kriegsministerium, war bestrebt »einen Ausgleich zwischen dem Nebeneinander der beiden Räte zu erzielen und vor allem den großen A. u. S. Rat [gemeint ist der Vollzugsrat als Kontrollorgan] aus der Regierung herauszubekommen.« Van den Bergh sah sich dabei auf die Hilfe des Beigeordneten des Kriegsministers den Reserveleutnant und Unterstaatssekretär Paul Göhre (SPD) angewiesen, der, so Bergh, »zeigte sich in allen Dingen sehr verständig und zugänglich und musste nun auch in dieser Frage mitwirken.« Und Oberleutnant Colin Ross, der im regulären Vollzugsrat saß, versorgte seinen ehemaligen Geheimdienstchef Oberst Hans von Haeften von der Abteilung Abwehr des Außenministeriums (AA) – gleichzeitig der Verbindungsmann zur OHL – laufend mit Informationen aus dem Vollzugsrat. Ross war später ebenfalls in führender Position am Putsch vom 6. Dezember beteiligt. Noch später wurde er Nationalsozialist und tötete sich selbst 1945 beim Einmarsch der Alliierten.[391]

Unterwanderung, Konspiration und Intrigantentum war die Aufgabe der Mitglieder des falschen kriegsministeriellen Ausschusses gegen den echten Vollzugsrat und der tat nichts um diesem Treiben das Handwerk zu legen. Kretschmar wurde sogar zwei Tage nach dem Putsch als 2. Vorsitzender des Berliner Soldatenrates gewählt, im Vollzugsrat belassen und nicht verhaftet.[392]

Insofern dürfte Niess' Darstellung nicht zutreffend sein, wenn er sich auf Richard Müllers Buch beziehend davon spricht »das ganze Vorhaben sei gescheitert.«[393] Auch seine Vermutung, Ebert habe nicht gewusst »was er in der Hektik unterschreibt«, ist falsch. Ebert hatte es sehr wohl gewusst. Er wollte die militärische Macht mittels des Kriegsministers und des Ausschusses in seinen Händen konzentrieren. Was zunächst nicht gelang. Der Trupp Matrosen unter Wieczorek reichte dafür noch nicht. Zudem war er unglücklich gewählt. Die Revolutionsregierung, deren einflussreichere Hälfte gar keine Revolution haben wollte, ließ sich von echten Revolutionären schützen, auch wenn diese gemäßigt schienen. Es gelang der SPD-Führung allerdings ihre Leute als Beigeordnete im Kriegsministerium unterbringen (Däumig als USPD-Beigeordneter trat seinen Dienst nicht an, ein weiterer Fehler) und Wels war Stadtkommandant geworden.[394] Erste Pflöcke waren eingehauen. Somit lag die militärische Macht in der Hauptstadt zwar faktisch in den Händen der überwiegend mit der SPD sympathisierenden Soldatenräte, aber nicht in den Händen der USPD, der Obleute, des Vollzugsrates oder gar von Spartakus. Aber auch die Regierung hatte noch keine sonderlich mächtige Truppe.


## Der Pakt

Es muss nach Mitternacht gewesen sein[395] als Ebert weiteren militärischen Beistand erhielt. Noch als Reichskanzler in der dazugehörigen Kanzlei residierend, klingelte der Apparat und der Mann war dran, von dem man sich so tränenreich verabschiedet hatte: Generalleutnant Groener, Führer der OHL. Der Schwabe Groener machte dem Badenser Ebert Vorschläge und blies sich dabei größer auf als er war. Denn im Prinzip war er machtlos dem Großteil seines Millionenheeres verlustig, das zunächst nichts gegen die Revolution unternehmen wollte. Doch Ebert wusste das nicht, glaubte immer noch, verpreußt wie er war, in den Händen Groeners läge große militärische Gewalt. Und er hatte ein offenes Ohr für Groener, ließ vermeintliche Klassenschranken hintan. Denn der faktisch oberste Militär half Ebert gegen die Sünde anzukämpfen. Er schlug ihm ein baden-württembergisches Bündnis vor. 1925 sagte Groener dazu unter Eid aus: »Der Zweck dieses Bündnisses, das wir am 10. November abends geschlossen hatten, war die restlose Bekämpfung der Revolution, Wiedereinsetzung einer geordneten Regierungsgewalt, Stützung dieser Regierungsgewalt durch die Macht einer Truppe und baldigste Einberufung einer Nationalversammlung.«[396]

In seinen Memoiren gibt sich Groener gar der größten Verschwörungstheorie des Jahrhunderts hin: Schuld an der Revolution seien die Juden[397] und er dampft das Bündnis mit seinem Handlungsgenossen Ebert auf einen Satz ein. Er habe »die Bekämpfung des Bolschewismus« gefordert und Ebert habe dies zugesagt.[398] Und 1923 versicherte Groener seinem Verbindungsmann Oberst von Haeften wie Ebert »im Laufe der Jahre immer mehr ›die Eierschalen des sozialdemokratischen Politikers abgestreift‹ habe, und in seine »große nationale« Aufgabe hineingewachsen sei.[399] Und Haeften weiter: »Meines Erachtens liegt in diesem Pakt vom 10. November 1918 der Schlüssel zum Verständnis der Handlungen der beiden Männer.«[400]
    Den führenden SPD-Männern war dies jedoch 1925 peinlich und Scheidemann spielte das Bündnis herunter.[401] Auch die SPD-nahe Geschichtsschreibung[402] bzw. Hagiografie[403] leugnet beharrlich den konterrevolutionären Bund oder verteidigt ihn[404]. Der Ex-Nazi, Ernst Rudolf Huber, Schöpfer des *Verfassungsrechts des Großdeutschen Reiches* von 1937, titulierte dagegen in seiner gigantischen Verfassungsgeschichte (geschrieben 1957-1990), unverblümt – wie auch mehrere seiner konservativen Kameraden[405] – den Vorgang als »Bündnis«[406]. Auch Hans Ulrich Wehler spricht vom »Pakt« Ebert-Groener.[407]
    Dabei konnte Groener für den Moment gar keine Truppen anbieten. Die OHL war sozusagen ohne verlässliche (Front-)Truppen, auf den Hund gekommen. Es wäre für Ebert kein Problem gewesen wäre, die OHL aufzulösen.[408] Aber warum hätte er das tun sollen? Hatte er sich doch wenige Tage vorher »stets gern der Zusammenarbeit« mit Groener »während des Krieges« erinnert[409].

Eberhard Kolb sah hier eine »Übereinstimmung in wesentlichen Grundsatzfragen.«[410] Man klammerte sich an die militärische Ordnung, die immer Krieg bedeutet, und war d'accord in der »entschiedenen Ablehnung des Bolschewismus sowohl als auch des Rätesystems«[411], was für beide identisch war. Aus Angst vor dem Bürgerkrieg, rüstete man sich – mag es für Ebert auch noch unbewusst gewesen sein – für den Krieg gegen die Massen. »Drastisch gesagt hat Groener in jenen Revolutionswochen unausgesetzt auf Ebert als militärischer ›Scharfmacher‹ gewirkt.«[412] Und Ebert sträubte sich nicht, sich »scharf« machen zu lassen. Die Führung der Sozialdemokratie verbündete sich – übrigens wohl von den USPD-Volksbeauftragten Haase und Dittmann geduldet – auf Gedeih und Verderb mit den Kriegsverbrechern des Ersten Weltkrieges. Dies konnte nur zu weiteren Verbrechen führen. Trotz dieses Paktes hatte die Regierung Ebert/Haase momentan genauso wenige Truppen, wie der Vollzugsrat, die Obleute und Spartakus.

## Misslungene Absetzung

Hauptmann von Beerfelde, Paradiesvogel der Revolution versuchte in diesem Augenblick mit einem bewaffneten Trupp den Kriegsminister Scheüch zu verhaften. Doch in der Nacht vom 11. auf den 12. November, zwischen 23 und 24 Uhr hörte eine Telefonistin ein Gespräch mit, dass Scheüch in seiner Wohnung »ausgehoben werden sollte«[413]. Auch der Fake-Ausschuss bekam Wind von der Sache und Kretschmar warnte den Kriegsminister ebenfalls – da »Gesindel« unter Führung eines Ulanen-Unteroffiziers ins Kriegsministerium eindringen wollte.[414] Scheüch übernachtete bei einem befreundeten General (vmtl. Braun) und wurde von dessen treusorgender Frau mit einer Taschenlampe ausgestattet, falls er auch von dort fliehen müsste. Das Unternehmen scheiterte außerdem, weil Beerfelde und seine vier bewaffneten Männer ausgerechnet den »treuen Chauffeur« Scheüchs, Unteroffizier Hans Joachim Karcz, der mit seinem Mercedes vor dem Polizeirevier am Alexanderplatz stand, mit einem falschen Ausweis dazu bringen wollten, sie in die Wohnung des Ministers zu fahren. Vorher sollte er sie noch zum Marstall bringen, wo vier, vermutlich ebenfalls bewaffnete Matrosen der eben gegründeten Volksmarinedivision zustiegen. Karcz sprach jetzt von »12 schweren Jungs«[415]. Doch der Chauffeur fuhr sie[416] statt in die Uhlandstraße in die falsche, die Alexanderstraße und benachrichtigte dort die Wache und die vermeintlichen Entführer »zahlten Fersengeld«[417]. Der Vollzugsrat empörte und distanzierte sich von Beerfelde und der musste seinen Hut als Stellvertreter Richard Müllers nehmen. Ihm folgte Hermann Molkenbuhr von der SPD. Zudem rückte jetzt Trippe in den Vollzugsrat, der mit Molkenbuhr gleichzeitig als Quertreiber im Fake-Ausschuss des Kriegsministeriums wirkte. Beerfelde hatte (recht dilettantisch) versucht, das noch labile Gleichgewicht zugunsten der Räte auszuhebeln, indem er einen Vertreter der alten Macht auszuschalten trachtete. Jetzt drohte sich die Macht immer mehr zugunsten des Bündnisses der Generäle mit der SPD-Führung zu verschieben. Doch noch herrschte ein Schwebezustand. In diesem Machtvakuum gründete sich die Volksmarinedivision.

## Die Geburt der Volksmarinedivision (VMD)

Wie dargestellt waren am 9. November die Marineflieger/Matrosen Wieczorek, Radtke und einige der den Obleuten bzw. Spartakus nahestehenden »schwarze Katzen« aus Johannisthal/Adlershof ins Zentrum von Berlin vorgedrungen und schließlich mit Liebknecht zusammengekommen.

Parallel dazu geriet Dorrenbach vor dem Kriegsministerium »mitten in eine stürmische Horde«. »Man wechselte einige Schüsse mit Soldaten, die ohne Kokarde abgelegt zu haben, aus den Fenstern des Kriegsministeriums blickten.«[418] Das waren jene restlichen Offiziere des Jägerbataillons 4, das der spätere Kriegsminister Reinhardt höchstpersönlich – wie schon erwähnt – zur Verteidigung angeführt hatte. Eine Erstürmung des Kriegsministeriums unterblieb bekanntermaßen. Dorrenbach und Richard Müller gingen daraufhin mit Matrosen und Soldaten zum Reichstag und besetzten ihn. Dort trafen sie vermutlich erstmalig auf Wieczorek und seine Matrosen. Den Reichstag – »wo es hoch her ging« – erreichten zu diesem Zeitpunkt auch die späteren Führungskräfte der VMD, Emil Milewski und Adolf Hillebrand, der am gleichen Tag zum Kommandanten des 18-köpfigen (!) Sicherheitsdienstes im Reichstag gewählt wurde.

Dorrenbach richtete zusammen mit einigen Matrosen in dem Gebäude, das ja »dem deutschen Volke« gewidmet war, zuerst einen Sanitäts- und Verpflegungsdienst ein.

Am 10. November stellten sich Wieczorek und dessen Marineflieger, die von Oberst Reinhardt mit dem Wagen des Reichskanzlers vom Flugplatz Johannisthal geholt worden waren, der neuen Regierung Ebert und schließlich Ebert-Haase als Wache zur Verfügung.

Wieczorek sammelte dann, vermutlich im Auftrag der Reichskanzlei, Matrosen in einem Aufruf zusammen. Am 11. November meldeten sich ca. drei Dutzend Matrosen im Kriegsministerium, wo man sie anwies, sich ins Reichsmarineamt (auch Admiralsstab genannt) in der Bendlerstraße (heute weilt da die Bundeswehr und die Gedenkstätte Widerstand) zu begeben. Das Reichsmarineamt war schon am 9. November von Matrosen und Soldaten besetzt worden, darunter Markus Markiewicz, der im Auftrag eines SPD-Reichstagsabgeordneten dieses Amt »gegen jegliches unbefugte Eindringen schützte«. Markiewicz bewahrte insbesondere die Kasse, in der sich Millionenbeträge befanden, vor fremden Händen, übergab sie den Kassenbeamten und schloss sich der der sich gründenden VMD an.

Eine dritte Person, die schon am 9. November tätig wurde, versuchte gleichfalls am 11. November Matrosen zu gewinnen und unter sein Kommando zu bekommen. Es war Graf Hermann Wolf-Metternich, Oberleutnant der Reserve[419], reicher Schlossbesitzer in Holland, der seit Mai 1918 in die Nachrichtenabteilung des Auswärtigen Amtes kommandiert worden war.

Metternich handelte im Auftrag seines Vorgesetzten[420], dem Dirigenten der Nachrichtenabteilung (der für Propaganda und Presse zuständige Geheimdienst) des Auswärtigen Amtes, dem Geheimen Legationsrat Ferdinand Freiherr von Stumm, Mitglied einer Stahlmagnaten-Dynastie im Saarland, einer der reichsten Familien des Deutschen Reiches. Metternich hatte zudem einen Ausweis Eberts vom 9. November 1918, der lautete: »Graf Wolff Metternich ist in meinem persönlichen Auftrag tätig und berechtigt, bei Tag und Nacht die Straßen und sämtliche Absperrungen zu passieren. Nötigenfalls ist ihm Schutz und Hilfe zu gewähren. Die Reichsregierung gez. Ebert«[421]

Ebenfalls am 11. November verließ Dorrenbach – in Zivil und ohne Waffen – mit nur vier ›Blaujacken‹ den Reichstag um Matrosen zu sammeln. Unter den Linden stieß er auf den Obermaat Fritz Radtke, der ihn auf die von Wieczorek angesetzte

*Hermann Graf Wolff-Metternich*

Versammlung im Reichsmarineamt hinwies. Inzwischen angewachsen auf zwei bis drei Dutzend Matrosen, ging Dorrenbach mit dieser Gruppe zum Reichsmarineamt/Admiralsstab.[422]

Dorrenbach traf hier auf Wieczorek und Radtke. Und hier kam Metternich – in den abgetragenen Kleidern seines Dieners – hinzu. Die Matrosentruppe sollte gegründet werden. Man druckte Handzettel in der Druckerei des Amtes und lud Matrosen in den Marstall um 15 Uhr des gleichen Tages ein. Der Vorschlag, sich im Marstall zu treffen, kam von Metternich.

Dort hielt Dorrenbach (ohne die Anwesenheit Metternichs) vor den ab 15 Uhr versammelten ca. 150 Matrosen eine Ansprache und wollte die Gruppe zum Polizeipräsidenten Emil Eichhorn (USPD) bringen, der hier seit der Eroberung durch die Revolutionäre – an der sich auch Ernst Broßat beteiligt hatte – residierte und ein revolutionäre Sicherheitswehr aufbaute. Dieser wollte sich Dorrenbach mit seinen Leuten anschließen.[423] Eichhorn zeigte sich erfreut, wusste nicht so recht etwas mit den Matrosen anzufangen und wies ihnen mit den Worten: »Alles andere müssen Sie selbst in die Hand nehmen«, die Alexanderkaserne zu.[424]

Metternich kam zusammen mit einem ehemaligen Steward namens Krauskopf zu spät im Marstall an. Die Matrosen waren schon mit Dorrenbach abgezogen. Krauskopf, der schon mit der Intendantur des Stadtkommandanten Wels verhandelt hatte, hatte den Auftrag, für Quartier und Verpflegung zu sorgen.[425]

Metternich eilte mit Krauskopf ins Polizeipräsidium. Dort kam es im Lichthof zu einer typischen Panikreaktion. Ein Junge rief plötzlich, Liebknecht sei im *Lokalanzeiger* festgesetzt worden. Die Matrosen bestiegen zwei Lastwagen, bewaffneten sich u. a. mit Maschinengewehren und wollten losstürmen. Doch Metternich, der wohl Angst hatte »seine« Truppe wieder zu verlieren, stellte sich ihnen in den Weg. Dies sei nicht wahr. »Soeben komme ich von Liebknecht, es geht ihm ausgezeichnet, man will euch nur in ein Blutbad führen.« Die Matrosen stiegen wieder ab, aber einer packte ihn und beschuldigte ihn, Offizier zu sein, drohte gar, ihn zu erschießen. Metternich verzog sich.

Offensichtlich gelang es ihm aber dann doch über Krauskopf, der die Matrosen (samt Dorrenbach, Wieczorek und Radtke) auf dem Weg zur Alexanderkaserne abfing, sie in den Marstall zu leiten. Wo über die Kommandantur Quartier und Verpflegung vorbereitet waren. Metternich gab 20 Jahre später, 1938 die Erklärung dafür ab: »Es bestand zunächst die Absicht, die Matrosen in einer Kaserne unterzubringen. Ich hielt dies jedoch in Anbetracht der sehr gefährlichen [revolutionären] Stimmung unter den Ersatztruppenteilen [damit ist das Heimatheer in Berlin gemeint] für unerwünscht und erhielt das damals einzigst freie Gebäude im Marstall als Unterkunft für die Matrosen zugewiesen.«[426] Schon am gleichen Tag war Wegmann (USPD), wie er einige Tage später im Vollzugsrat ausführte, Metternich verdächtig vorgekommen. Wegmann sei in der Wilhelmstraße gewesen und habe mehrfach Metternich getroffen, der ihm nicht erklären konnte,»was der Zweck seiner Anwesenheit in der Reichskanzlei sei.« Wegmann vermutete »Geld scheine keine Rolle bei ihm zu spielen« und ihm käme es so vor, als wenn der Graf »versuche, ein Kommando an sich zu reißen.«[427] Welches Kommando berichtete Metternich ein paar Monate später:»Am 10. November stellte ich mich der Kommandantur Berlin zur Organisation des Sicherheitsdienstes zur Verfügung. Als Kommandant der Marine-Division wurde mir der Schutz der Regierung und der Stadt übertragen.«[428] Jedenfalls wurde die Volksmarinedivision (auch der Name stammte von Metternich) an diesem Tag im Marstall gegründet und abends ein Matrosenrat, sowie Paul Wieczorek, der Marineflieger aus Johannisthal (und nicht Metternich), zum Kommandanten gewählt. Mitglieder des 15-köpfigen »Matrosenrates von Groß Berlin und Vororten« waren Heinrich Dorrenbach, Hermann Wolff-Metternich, Fritz Radtke, Adolf Hillebrand und Emil Milewski.[429]

Männer der ersten Stunde in der VMD waren außerdem Max Schmidt und Walter Junge. Letzterer wurde sogleich der ca. 60 Mann zählenden stark bewaffneten und mit einem Panzerwagen ausgestatteten Sicherheitstruppe der Reichskanzlei zugeteilt. Die Mannschaftsstärke der VMD betrug an dem Tag wohl 600 Mann.[430] Obwohl nicht zum Kommandanten gewählt, versuchte Metternich seinen Einfluss weiter auszudehnen. Einer seiner Mitarbeiter, Graf Meßberg,[431] kam in Begleitung eines Rittmeisters. Beide hatten Ausweise, die sie berechtigten 65.000 Mark von der Wels'schen Kommandantur abzuholen, als Vor-

*Dorrenbach – Radtke – Milewski*
[Museum Treptow-Köpenick]

schuss auf die später festzusetzende Löhnung. »Außerdem kamen in diesen Tagen pro Kopf 10 Mark als Extragratifikation zur Auszahlung, die aus der Privatschatulle des Grafen Metternich durch seinen Sekretär Punge bezahlt wurde. Die Verpflegung war glänzend und zwar immer vonseiten der Kommandantur.«[432] Krauskopf, der ehemalige Steward, hatte am 12. November einen von Ebert, Scheidemann und Wels unterschriebenen Schein, um den »Herren der Intendantur [des Stadtkommandanten] den Zutritt ins Schloss, zwecks Lebensmittelbestandsaufnahmen und Überweisungen an den Marstall (Matrosenrat) zu gestatten.«[433] In den Speisekammern des Schlosses befanden sich große Nahrungsmittelvorräte. Auch Radtkes Aufzeichnungen bestätigen die Erlaubnis der Regierung, diese zu verwenden.[434]

Die Matrosen begannen sofort mit der Arbeit. Jedes Mitglied des Fünfzehnerrates hatte eine spezielle Aufgabe. Metternich wurde der Kontakt zur Kommandantur und zur Regierung zugestanden. Dorrenbach hatte das Schriftführeramt, Radtke wurde Marstall-Kommandant.[435] Die VMD sollte die Regierungsgebäude, die Reichsbank und die Bahnhöfe bewachen. Von der Kommandantur gab es Ausrüstung. Merkwürdigerweise machte ein Befehl des Stadtkommandanten Wels vom 12. November 1918 Metternich zum Kommandanten der VMD: »Graf Metternich, Leiter des Matrosenrates, ist beauftragt, die Ruhe und Ordnung in den Straßen Berlins aufrecht zu erhalten und bedarf hierzu eines leichten, schnellen und eines schweren Personenkraftwagens. Außerdem benötigt die Kommandantur 10 – zehn – Lastkraftwagen zur Beförderung von Lebensmitteln usw. Es wird gebeten, dem Überbringer dieses (Graf Metternich) [!] die Wagen umgehend zur Verfügung zu stellen. Die Wagen werden in der Garage des Kronprinzen-Palais bezw. im Marstall untergebracht. Der vom Reichskanzler [!] Ebert ernannte erste Kommandant von Berlin, gez. O.[tto] Wels, M.d.R. [!]«[436]

Tatsächlich eilte Metternich nun dauernd mit seinem leichten Kfz durch Berlin. Auch für eine erste Bewaffnung wurde gesorgt. In einem Telegramm, das das Macht-Nebeneinander von Regierung der Volksbeauftragten, Vollzugsrat und Fake-Ausschuss in den ersten Tagen belegt, wurden von der Ersatz-Abteilung der Garde Schützen in Lichterfelde (dort ist heute das Bundesarchiv Berlin zuhause) 200 Gewehre und Karabiner 25 (50 durchgestrichen) Pistolen, eine Kiste Patronen (1.450 Stück), und 100 Mäntel, plus 10 Paar Schnürschuhe angefordert. Das Original trug die Unterschriften von solch unterschiedlichen Interessenvertretern wie Metternich (Oberleutnant, Graf), Wieczorek (Kommandant der VMD), Richard Müller (USPD, Obleute, Vollzugsrat), Ebert (SPD, Volksbeauftragter), Brutus Molkenbuhr

(SPD, Vollzugsrat und Fake-Vollzugsauschuss), Wilken, Trippel und Kuckartz (Kretschmar?), alle drei chargierte Soldaten im Fake-Vollzugsausschuss.

Allen gemeinsam war zwar die Absicht, die neue Regierung zu schützen, manche meinten da aber nur Ebert (oder Ebert-Scheidemann), andere alle sechs Volksbeauftragten. Doch Metternich, in dessen Schloss in Holland das (Ex-) Thronfolgerpaar geflohen war und dort residierte – weswegen er, als es publik wurde, große Schwierigkeiten mit den Matrosen bekam, sich aber beharrlich weigerte »den Kronprinzen aus meinem Hause zu entfernen«[437], wollte noch mehr. Er wollte das Stadt-Schloss und seine Schätze für die abgesetzten und geflüchteten Hohenzollern sichern.[438] Kurt Heinig, der Beauftragte des preußischen Finanzministeriums berichtete, dass Metternich, »nicht allzu groß, flott, energisch, hastig und nervös, dabei kultiviert höflich«, genug »Verständnis für die wichtigsten Kunstwerke seines Hauptquartiers« gehabt habe. »Schon während der ersten Tage seiner Herrschaft wurden für manche Million Kunstschätze, im besonderen Bilder und das berühmte kurfürstliche Silberbüffet, in sicheren Gewahrsam gebracht oder in Museen abtransportiert.«[439] Und Bogdan Krieger, der Bibliothekar der Hohenzollern'schen Hofbibliothek wusste: »Graf Metternich ermöglichte es, dass in den Tagen vom 21. bis 26. November mit Zustimmung des Finanzministeriums unter Leitung des Generaldirektors der Museen, Geheimrat Bode und des Direktors des Kunstgewerbemuseums Geheimrat von Falke die wertvollsten Gemälde und kunstgewerblichen Gegenstände aus dem Schloss entfernt und im Kaiser-Friedrich- und Kunstgewerbe-Museum untergebracht wurden.«[440]

Und das Finanzministerium berichtete am 12. Dezember, an die Regierung, in einem Schreiben, das hauptsächlich ungerechtfertigte Plünderungs-Vorwürfe gegen die Matrosen enthielt[441], beiläufig, dass »in der Zeit bis zum 26. November« Kunstwerke von über 15 Millionen Mark aus dem Schloss in Sicherheit und herausgeschafft wurden.[442] Eine Angabe des Finanzministeriums spricht sogar von 20 Millionen.[443]

Metternich hatte aber noch eine weitere Aufgabe, die der Geheimdienstmann im Außenministerium, sein superreicher Vorgesetzter Ferdinand von Stumm, Spiritus Rector des konterrevolutionären Putsches vom 6. Dezember 1918 (zu dem wir noch kommen) auf den Punkt brachte. Metternich wirkte »damit bis zum Eintreffen der Truppen von der Front eine Gefahr für bolschewistische Putsche ausgeschlossen wurde«. Hier war er wieder der Fetisch der Bolschewismusfurcht. Als Bolschewisten wurden nicht nur »Liebknecht und seine teils verrückten und teils bolschewistischen Anhänger in Berlin und damit Deutschland« verstanden[444], sondern auch große Teile der Arbeiter- und Soldatenräte, als auch die USPD und die Obleute. Und mit dieser Gesellschaft wollten Stumm am 6. Dezember und die OHL am 10. Dezember beim Einmarsch der Fronttruppen aufräumen. Metternich sollte solange mit den Matrosen Gewehr bei Fuß stehen und sie schließlich zur Konterrevolution animieren, was aber nicht gelang.

Noch aber vertrauten die Matrosen und auch Dorrenbach dem Grafen, der angeblich seinen Titel abgegeben hatte, und sich mit »Genosse« anreden ließ, weswegen er einige Jahre später bei seinen Adels-Brüdern Schwierigkeiten bekam, Rechtfertigungsschreiben erstellte und Schreiben seiner Chefs und Freunde einforderte. Sein Tenor: Er sei nicht der »rote Graf« gewesen, weswegen er verleumdet würde. Wilhelm Solf, »Wirklicher Geheimer Rat, Staatssekretär des Auswärtigen Amtes und des Reichs-Kolonial-Amtes a. D.«, bestätigte ihm auch umgehend: »Bei dem Grafen Metternich sozialdemokratische Tendenzen zu vermuten, ist einfach lächerlich.«[445]

Das erste Ziel Metternichs (und seines Chefs von Stumm) war das Schloss. Im Schloss kam es nach Liebknechts Ausrufung der Republik am 9. November zu unhaltbaren Zuständen. Es war »noch besetzt von einer Reihe von zusammengewürfelten Mannschaften unter einem Schlosskommandanten Pentow, angeblich einem ehemaligen Zuchthäusler, der mit einem Ausweis, unterzeichnet von Hauptmann von Beerfelde, versehen war und sich mit diesem Ausweis als Schlosskommandant hatte einsetzen lassen.«[446] Nun, Beerfelde war zu diesem Zeitpunkt noch Stellvertreter von Richard Müller im Vollzugsrat. Ob er wusste, was er mit diesem Ausweis anstellte, oder ob es diesen Ausweis überhaupt gab, ist nicht geklärt.[447] Jedenfalls waren das Leute – wie sie in jeder Revolution vorkommen, wo ein Machtvakuum entsteht – die als organisierte oder nicht organisierte Kriminelle ihr Unwesen trieben. Schlicht und einfach »Plünderer, die in ganz gemeiner Art und Weise als Vandalen in vielen Räumen des Schlosses gehaust«[448] hatten.

Die Matrosen befürchteten zunächst Blutvergießen und zeigten sich gegenüber Metternichs Auftrag skeptisch.

Am 15. November notiert Radtke: »Metternich hat großes Interesse, das Schloss zu besetzen, ich weiß nicht, ich glaube, dann fließt Blut. Er geht heute im Laufe des Tages zur Regierung.«[449]

Metternich wies tatsächlich sehr schnell einen Auftrag der Regierung vor – nach der Erklärung der Volksmarinedivision vom 29. Dezember 1918 binnen 20 Minuten.[450] Die Vollmacht der Regierung lautete: »Der Volksmatrosen-Rat für Groß-Berlin und Vororte, Sitz Marstall, ist beauftragt, die Besatzung des ehemaligen königlichen Schlosses zu Berlin, abzulösen und das Schloss zu besetzen. Berlin, den 13. November 1918 – Die Reichsregierung.«[451] Dies geschah nun auch prompt. Metternich ließ unter Mithilfe von knapp 100 Matrosen aus dem Marstall und einigen Gardeschützen die Plünderer festsetzen – ohne dass es zu Blutvergießen kam. Ihr Kommandant Pentow, »er sieht nicht allzu einladend aus«, hatte Radtke anlässlich einer früheren Begegnung notiert, war schon vorher getürmt. Die Männer wurden durchsucht und hatten unter ihren Uniformen »Anzüge aus der kaiserlichen Garderobe an.«[452] Eichhorns Polizeipräsidium wollte die Gefangenen nicht haben, deshalb sollte die ganze Besatzung (68 Mann) ins Stadtvogteigefängnis verbracht werden, schließlich landeten sie aber im Frauengefängnis in der Barminstraße. Die Kommandantur wurde darüber informiert und schickte einen Kriegsgerichtsrat. »Leider war die Kommandantur außerstande, die Leute ihrer gerechten Strafe entgegensehen zu lassen.«[453] Kurz danach kamen alle wieder frei. Rotheit behauptet, die Matrosen hätten sie, ungeduldig über des Kriegsgerichtsrates Handeln wieder laufen lassen.[454] Zu einem merkwürdigen Zwischenfall kam es am 21. November abends. Liebknecht hatte bei einer Veranstaltung erfahren, dass noch Erstbesetzer des Schlosses in Haft seien. Eine Gruppe zog vor das Polizeipräsidium am Alexanderplatz, erfuhr aber, dass alle Gefangenen frei seien. In diesem Augenblick erschien ein Kfz mit Matrosen besetzt. Es fiel ein Schuss Richtung Eichhorns Sicherheitswehr, ein Mann wurde tödlich getroffen. Die Matrosen schossen in die Luft. Die Menge floh.[455]

Teile der VMD waren nun im Schloss, das sie nur ungern besetzt hatten, und der Hauptteil im Marstall stationiert. »Graf Metternich bewohnte in der 1. Etage des Schlosses mit seinen näheren Freunden, Freiherr von Stumm, Graf Meßberg[456], Punge usw. ein wundervolles Appartement, außerdem hatte er noch eine Wohnung im Adlon und im Tiergartenviertel.«[457]

Nach Karl Grünberg habe Dorrenbach schon am 9. November zusammen mit Liebknecht eine Rote Garde gründen wollen. Der »Waffenstolz der Garnisontruppen« sei von Ebert, Scheidemann und Wels dagegen »ins Treffen« geführt worden.[458] Ob Dorrenbach tatsächlich schon am 9. November eine Rote Garde gründen wollte, ist nicht belegt. Belegt ist allerdings, dass eine solche Garde aufgestellt werden sollte. Am 12. November erlies der Vollzugsrat mit den Unterschriften von Richard Müller (USPD) und Molkenbuhr (SPD) [!] den Aufruf zur Bildung einer Roten Garde[459]

»2.000 sozialistisch geschulte und politisch organisierte Genossen und Arbeiter mit militärischer Ausbildung« sollten die Revolution schützen. Der Nachweis Mitglied einer Sozialistischen Partei (SPD oder USPD) oder einer Gewerkschaft war Voraussetzung. Dagegen gab es heftigen Widerstand in den Garnisonen, nachdem man den Soldatenräten erzählt hatte, »der Vollzugsrat sehe sie als Gegenrevolutionäre an« und wolle »eine Parteienherrschaft nach bolschewistischem Muster« aufrichten.[460] Der Unmut kam auf einer Veranstaltung[461] zum Ausbruch, die eigentlich das Verhältnis des Vollzugsrates zum Fake-Ausschuss im Kriegsministerium klären sollte. Laut Protokoll sei die Lösung der Frage gelungen. Der Fake-Ausschuss wurde wohl offiziell aufgelöst, arbeitete aber insgeheim weiter, einfach weil wichtige Mitglieder in den Vollzugsrat übernommen wurden. Molkenbuhr war ja Mitglied in beiden Gremien. Der Hauptantreiber gegen die Rote Garde war aber Colin Ross, der ja als Doppelagent auch für seinen Chef Oberst von Haeften in der OHL arbeitete. Ihm war es ein Leichtes, die Bewegung gegen den Vollzugsrat und die Rote Garde anzuführen, weil die Garnisons-Soldatenräte – die teils schon schwarz-rot-goldene Armbinden trugen – zudem fürchteten Konkurrenz zu bekommen, bzw. vielleicht auch bald arbeitslos zu werden. Geheimdienstmann Colin Ross (der in der Revolution soldatische Führerfiguren vermisste) schlug zudem noch vor, dass »die Offiziere im Kriegsministerium und den Generalkommandos, die über unersetzliche Erfahrung verfügen. [...] als Berater unter unserer Kontrolle in ihren Ämtern bleiben.«[462] Von Kontrolle der alten Militärs konnte keine Rede sein. Im Gegenteil. Auf jeden Fall musste der Vollzugsrat seinen Aufruf zur Bildung der Roten Garde am gleichen Tag noch wieder zurücknehmen.[463] Warum er sich dann nicht um die Matrosen der VMD bemüht hat, erscheint als Rätsel. Jedenfalls hatte er ab da schon keine guten Karten mehr bei den Soldatenräten. Und von den Volksbeauftragten kam hauptsächlich Schelte, die den Vollzugsrat weiter diskreditierte.[464]

## Wachstum

Zählte die VMD am 11. November schon 1.500 Mann so wuchs sie mit jedem Tag an. Einen Schub bekam sie durch zahlreiche Matrosen aus Cuxhaven. Wrobel widerspricht der in der Literatur verbreiteten Ansicht, die Volksbeauftragten hätten die Matrosen aus Cuxhaven angefordert.

Jedenfalls forderte Otto Wels als Stadtkommandant erstmal 2.000 Matrosen an und zwar aus Kiel, wo er glaubte, dass Noske die Sache im Griff hatte: »An den Soldatenrat Kiel! Der Matrose Wilke hat den Auftrag, den Soldatenrat zu bitten, die Absendung von 2.000 zuverlässigen Matrosen nach

Berlin möglichst umgehend in die Wege zu leiten.«[465] Auf der Rückseite war vermerkt, dass die dafür notwendige Anzahl Zugwagen bereitgestellt werden sollten. Doch Noske hatte mit der Bahn zu kämpfen:»Da der Eisenbahnverkehr stockte, war ein Abtransport Kieler Leute unmöglich. Dafür kamen etwa 600 Mann aus Cuxhaven nach Berlin, der Grundstock der berüchtigten Volksmarinedivision.« Wir wollen dahingestellt lassen, ob der Verkehr hier wirklich tagelang stockte, vermutlich fanden sich keine im Sinne Noskes»zuverlässigen Matrosen«, die für Wels in Berlin Dienst tun wollten. Und die konterrevolutionäre Truppe aus Deck- und Unteroffizieren, die Noske in Kiel aufstellen ließ, die Eiserne Brigade, war noch nicht so weit. Wie auch immer, ein anderes Telegramm war erfolgreicher:»Folgender Funkspruch ist von ›Augsburg‹, die in Hamburg liegt, an Cuxhaven gegeben: Bezugnehmend auf f...(unleserlich) von heute morgen und einen [!] telefonischen Befehl des Genossen Hirsch ersuchen wir den A. und S. Rat von Cuxhaven, die 1.000 Mann mit Waffen und ordentlicher Anführung um 1 Uhr auf dem Bahnhof bereit zu halten. Der Kurier der Reichsregierung trifft dort mit genügender Legitimation und einem leeren Zuge um zirka 1 Uhr ein, um die Mannschaf-

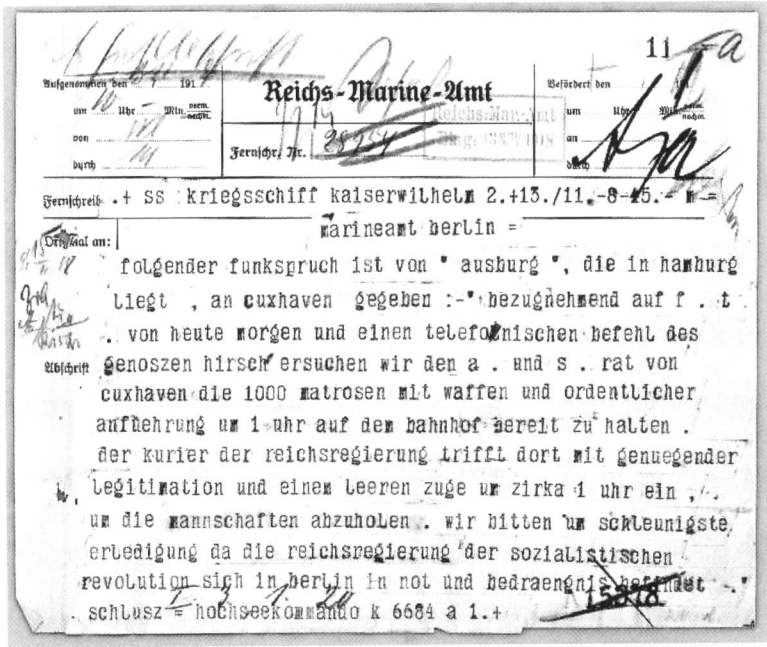

*Anforderung von 1.000 Matrosen aus Cuxhaven* [Bundesarchiv]

ten abzuholen. Wir bitten um schleunigste Erledigung, da die Reichsregierung der sozialistischen Revolution sich in Berlin in Not und Bedrängnis befindet.«[466] Werner Hirsch berichtete später in der *Roten Fahne*, er sei in einer der ersten Sitzungen des Vollzugsrats (noch in der Reichskanzlei) dazu beauftragt worden. Doch in der Edition des Vollzugsrates sind weder ein entsprechendes Protokoll noch der Name Hirsch zu finden. Es ist anzunehmen, dass die Initiative für den Befehl vom besetzten Reichsmarineamt, wo sich bald ein revolutionärer Ausschuss bilden sollte, ausging, vielleicht sogar von Hirsch selber – Engel vermutet den Hamburger Arbeiter- und Soldatenrat initiativ dahinter[467] – und dass die Formulierung, die sozialistische Regierung sei in Not, eher ein Vorwand war, um revolutionäre Matrosen heranzuholen. So schreibt Hirsch selber:»Die Genossen verschafften mir einen Ausweis vom Rat der Volksbeauftragten, mit den Unterschriften von Haase und Ebert.«[468] Wir wissen außerdem, der Kreuzer *Augsburg* war in revolutionärer Hand und der Arbeiter- und Soldatenrat unter Führung des mit den Bremer Linksradikalen sympathisierenden Eugen Lieby[469] in Cuxhaven war radikaler als der in Kiel. Karl Halves von der Volksmarinedivision erklärte dazu 1919 vor den Untersuchungsausschuss»dass Kiel zum größten Teil auf mehrheitssozialdemokratischem Standpunkt stand, während Cuxhaven nach links gerichtet war«[470].

Hirsch, der erst am 10. November aus Hamburg nach Berlin gekommen war, fuhr wieder zurück in die Hansestadt und requirierte mit seinem »Zettelchen« dort»mithilfe eines in Ehrfurcht erstarrten höheren Eisenbahnbeamten« einen Zug nach Cuxhaven. Er selbst fuhr mit einem Minensuchboot voraus, das den Cuxhavenern unterstand.

Karl Baier und der Arbeiter- und Soldatenrat von Cuxhaven dachten erst an eine Falle, als Hirsch bei ihnen auftauchte.[471] Hirsch erläuterte seine Mission. Baier fragte beim Hamburger Arbeiter- und Soldatenrat nach, aber die Auskunft war unbefriedigend. Schließlich riefen sie in der Reichskanzlei an und Haase bestätigte den Auftrag. Baier dachte sofort darüber nach, wie es zu organisieren sei, und sie waren sich klar, nur solche Matrosen zu schicken, »die gewillt waren, in Berlin so zu handeln, wie wir in Cuxhaven bisher die Revolution geführt haben«. Sie machten in jedem Truppenteil Versammlungen. Sie erläuterten den Matrosen ihren Auftrag und weckten die Bereitschaft »treu zur Sache zu stehen. So zog ich mit Hirsch von Versammlung zu Versammlung und warben Freiwillige zur Verteidigung der revolutionären Errungenschaften«[472]. Und Hirsch berichtet, sie seien»von einer Kaserne und einem Schiff zum anderen« gewandert.[473] Schließlich waren 600 Matrosen zusammen. Otto Tost, der in Berlin beheimatet war, stellte sich als Kommandant zur Verfügung. Am Nachmittag des 13. November 1918 wurden Tost, Hirsch und die Freiwilligen am Bahnhof verabschiedet. Sie bestiegen den requirierten D-Zug, der nach Berlin dampfte.»Es war eine erhebende Situation.«[474] Auf der rasenden Fahrt nach Berlin waren Hirsch und Tost von Abteil zu Abteil gewandert (damals noch durch keinen Verbindungsgang, sondern an einem Trittbrett außen entlang) und hatten die Matrosen agitiert, die zwar noch keine geschulten, zielbewussten Revolutionäre gewesen seien, aber »der Sache des Sozialismus und der Revolution treu ergeben.«[475]

In der Nacht zum 14. November kam die Truppe am Lehrter Bahnhof »ausgehungert und durchgefroren« in Berlin an. Doch anders als unter Metternich drei Tage vorher, war hier von der Kommandantur nichts vorbereitet, obwohl Hirsch zugesagt worden war, dass Quartier und Verpflegung bereitgestellt sein würden. Hirsch hatte einen Verdacht:»Inzwischen aber hatte Herr Wels auf irgendeinem Wege, wahrscheinlich über Kiel, von der Stimmung der Cuxhavener Matrosen Wind bekommen und – da er noch nicht offenen Widerstand leisten konnte – mit stiller Sabotage eingesetzt.«[476] Schließlich landeten sie – nach einigem Hin- und Her und mehreren Telefonaten auf Strohlagern im Marstall. Nach Rotheit fanden sie erst in den Ausstellungshallen am Lehrter Bahnhof Quartier.[477] Sie wurden Teil der Volksmarinedivision.


## Mord

Kaum gegründet, kam schon das erste Unheil auf die VMD zu. Korvettenkapitän Friedrich Brettschneider, angeblich Mitglied des Matrosen- und Soldatenrates von Helgoland, war mit einem Flugzeug nach Cuxhaven geflogen, hatte dort von dem Matrosentransport nach Berlin gehört und war ihm entweder nachgefahren oder im gleichen Zug mitgekommen.[478] Nach einer Darstellung des Wolff'schen Telegrafenbüros hatte Brettschneider den Rang eines Kapitänleutnants und sei ein »offenbar geistig gestörter Seeoffizier«[479] gewesen. Was durchaus zutreffen könnte. In Revolutionen tauchen immer wieder durchgedrehte oder verwirrte, aggressive Figuren auf. Wir werden uns noch mit einigen weiteren beschäftigen müssen. Jedenfalls erschien Brettschneider, das Eiserne Kreuz Erster Klasse an der Uniform, bei Otto Wels in der Stadtkommandantur und soll von diesem abgewiesen worden sein.

Jetzt tauchte er gegen Mittag im Schloss auf und bot seine Dienste an. Er stehe auf dem Boden der sozialistischen Republik. Metternich nahm ihn mit in den Marstall und setzte sich bei Otto Tost für Brettschneider ein, vermutlich weil er froh war, einen weiteren Marineoffizier an seiner Seite zu haben, den er für seine Absichten gut gebrauchen konnte. Tost gab Brettschneiders Angebot an die Matrosen im Lichthof bekannt. Die wollten sich den Mann selbst ansehen, schließlich hatten sie in Kiel und Cuxhaven gegen die Offiziere rebelliert. Unter der Bedingung, dass er Wieczorek als Kommandanten akzeptiere, waren sie bereit, ihn in die VMD aufzunehmen.

Einen Tag später, am Abend des 14. November 1918, kamen am Lehrter Bahnhof 60 Nachzügler (die *Freiheit* spricht von 300[480]) aus Cuxhaven an, deren sich Brettschneider plötzlich bemächtigte, indem er sich als Befehlshaber aller in Berlin weilenden Matrosen ausgab. »Unterwegs redete er auf sie ein, in der Marinedivision hätten sich Vorkämpfer der Juden eingenistet, die unschädlich gemacht werden müssten.«[481] Eine zu dieser Zeit bei Marineoffizieren schon beliebte Verschwörungstheorie, die nicht unbedingt auf geistige Verwirrung, sondern eher auf den weit verbreiteten Antisemitismus bei diesen soldatischen Männern hinweist.

So fürchtete schon der ehemalige Gouverneur von Kiel Admiral Souchon die »jüdische und demokratische Presse«[482]. Admiral Hipper schimpfte auf die »ganze verjüdelte Gesellschaft«, der Adjutant des Kaisers, Korvettenkapitän Georg von Hase, welcher ja selbst ein ausgemachter Antisemit war, wunderte sich gar, dass englische Seeleute »stark jüdisch aussähen«, wo doch »der Jude eine tiefe Abneigung gegen die Seefahrt hat.« Und schließlich erwies sich der Konteradmiral Freiherr von Keyserlingk nach Holger H. Herwig als »der wohl lautstärkste Antisemit unter dem Seeoffizierskorps«, da er 1917 abkommandiert nach Russland einer auch heute noch beliebten Verschwörungstheorie huldigte: Alle außer Lenin in der Regierung dort seien Juden, eine »Rasse« die den Pöbel vor sich hertreibe und die Führung übernommen habe und selbstverständlich dadurch »reichen Gewinn« mache. Hinter dem bolschewistischen Juden steht der kapitalistische Jude. Eine absurde Konstruktion, die Hitler kurz darauf gern übernahm. Und Korvettenkapitän Borislav von Selchow, der in Kiel seinem Tagebuch anvertraut hatte, dass man es versäumt habe, die ersten Meuterer »an der Rah aufzuhängen«[483], wurde, was auch Hitler später von sich behauptete, durch einen Besuch in Wien zum Antisemiten. In den ersten Tagen der Novemberrevolution war er in Berlin unterwegs und notierte am 11. November 1918 erneut in sein Tagebuch: »Vormittags ging ich auf das Reichs-Marineamt, auf dem die rote Fahne wehte. Davor stand ein jüdischer Bolschewik in Zivil mit einer Flinte Posten.« Schon war der »jüdische Bolschewismus« erfunden. Und wenige Tage später, am 15. November 1918 schrieb er: »Wir kamen an allerhand Großstadtgesindel vorbei. Juden und Deserteure, das Pack, das nichts ist als die Gosse in gemeinstem Sinne des Wortes, beherrscht jetzt Deutschland. Aber für die Juden wird auch noch die Stunde schlagen, und dann wehe ihnen!«[484] Zur Tat schritt er dann knapp eineinhalb Jahre später, im März 1920: Als Führer des Studentenkorps Marburg, befahl er während des Kapp-Putsches den Mord an 15 thüringischen Arbeitern. Die »Morde von Mechterstadt« blieben übrigens ungesühnt.

Wir wissen nicht ob von Selchow Kontakt zu Brettschneider gehabt hat, jedenfalls war dieser, verrückt oder nicht, zur gleichen Zeit wie sich Selchow über das angeblich von jüdischen Bolschewiken bewachte Reichs-Marineamt empörte, in ähnlicher Mission unterwegs.

Er stürmte gegen Mitternacht mit einem Revolver in der Hand, zusammen mit einigen Nachzüglern aus Cuxhaven in die Wachstube im Marstall und verlangte Kommandant der VMD zu werden.[485] Einigen auf Strohsäcken lagernden Matrosen befahl er: »Aufstehen, Hände hoch!« Der Wachhabende konnte ins Schloss flüchten und holte Tost. Brettschneider behauptete jetzt, Maschinengewehre aus dem Marstall würden demnächst an den *Lokal-Anzeiger*, (wo die *Rote Fahne* gedruckt wurde und Liebknecht und Rosa Luxemburg ihre Artikel schrieben) gebracht werden. Hier haben wir die Verbindung: Juden, Maschinengewehre, Spartakisten. Tost versuchte ihn zu beruhigen. Mit den MGs der VMD würde kein Missbrauch getrieben. Jetzt erschien der Kommandant Wieczorek und forderte den Marineoffizier auf: »Brettschneider, legen Sie sofort den Revolver aus der Hand.« Brettschneider schoss auf ihn ohne zu treffen. Tost stürzte sich auf Brettschneider, wieder löste sich ein Schuss, der einen Matrosen verletzte. Wieczorek versuchte einzugreifen und wurde tödlich getroffen. Die Kugel durchschlug seinen Körper und traf einen hinter ihm stehenden Matrosen, der ebenfalls starb. Ein anderer Matrose schlug Brettschneider mit dem Gewehrkolben den Schädel ein. Brettschneider fiel ebenfalls tot zu Boden.

Hofbibliothekar Bogdan Krieger, erzählte eine etwas andere Version. Hier wurde Tost durch Dorrenbach ersetzt. Nachdem Brettschneider Wieczorek erschossen habe, hätte Dorrenbach, auf den nun ihn mit der Waffe bedrohenden Brettschneider gerufen: »Wenn ich doch sterben soll, gib mir wenigstens eine Zigarette.« Und im selben Augenblick sei Brettschneider von den Matrosen erschlagen worden. Doch auch hier trifft noch eine Kugel einen Kuli tödlich.[486] Wrobel übernahm die Version mit Dorrenbach, kombinierte die Erzählungen von Rotheit und Krieger (mit Hinweis in der Anmerkung)[487] und Rosentreter schloss sich Wrobel an[488], während die *Freiheit* weder Tost noch Dorrenbach nannte.[489]

Wie auch immer, die VMD hatte ihren ersten Kommandanten verloren. Wieczorek bekam ein Grab auf einem der Friedhöfe an der Bergmannstraße in Kreuzberg. Brettschneider wurde angeblich, laut Rotheit, auf Wunsch seiner Familie, auf dem Friedhof der Märzgefallenen in aller Stille vergraben. Und die Matrosen gaben an, die *Freiheit*, die eben gegründete Zeitung der USPD, folgende Meldung: »Wir verzeichnen voll tiefem Schmerz den Tod des braven Kameraden Wieczorek, der auf der Wacht der Revolution von einer heimtückischen Kugel niedergestreckt worden ist. Wir begrüßen die Festigkeit seiner Mannschaften und das solidarische Empfinden der Cuxhavener Matrosenabteilung, die sich sofort auf die Seite der Revolution stellte, als sie erkannte, dass sie von einem Schurken irregeführt worden war.«[490]

## Der rote Graf?

Die Matrosen wurden nun auf ihre »rote Grafen« sehr böse. Metternich der sich tags zuvor für Brettschneider eingesetzt hatte, bekam wieder Schwierigkeiten, er wurde verdächtigt, mit Brettschneider zusammengearbeitet zu haben. Seine Vertrauten, Punge oder Meßberg oder Krauskopf rieten ihm, sich rasch zu entfernen. Da sonst in der Nacht seine Leiche vielleicht bald neben den andern drei zu liegen käme. Metternich verzog sich in die Reichskanzlei, wo ihn die Matrosenwache ebenfalls unfreundlich empfing und verprügeln wollte. Denn die Löhnung vom 13. November war noch nicht ausgeteilt.

Schnell wurde das Geld besorgt. Das half Metternich aber auch nicht viel, denn die Matrosen der Reichskanzlei-Wache dachten nun, sie sollten zuungunsten der Matrosen im Marstall und Schloss – wo Metternich unten durch war – bestochen werden. Unterstaatssekretär Baake musste beruhigend auf sie einwirken. Metternich zog sich in seine letzte Bastion zu Wels in die Kommandantur zurück.

Richard Müller, Kurt Wrobel und Robert Rosentreter vermuten unisono[491], Brettschneider und Metternich hätten von Anfang an zusammengearbeitet. Rosentreter sieht sogar die militärische Abwehr dahinter. Doch es gibt keine Beweise. Das Verhalten Brettschneiders war so durchgedreht, dass man dahinter schwerlich einen Plan, auch kaum einen Metternichs, vermuten kann.[492] Und Metternich – der sich Brettschneiders hatte bedienen wollen – war offensichtlich ein sehr geschickter Mann, der satte Gratifikationen ver-

*Wache der Reichskanzlei*

teilte, sich damit so manchen Matrosen kaufte, gut reden und führen konnte und, wenn er es für nötig hielt, auch Unterschriften fälschte[493] oder weinte, um sich durchzusetzen.[494]

Nach Rotheit kam nun ein Matrose in die Kommandantur und holte Metternich – mit der Begründung zurück – sie hätten festgestellt, er sei unschuldig. Der Graf blieb in der VMD, aber statt seiner wurde Otto Tost zum neuen Kommandanten gewählt. Tost wiederum ließ sich in den Zentralrat der Marine – zu dem wir noch kommen – wählen und hatte so keine Zeit mehr.

Richard Müller war gar nicht gut auf ihn zu sprechen und führte in seinem Revolutionsklassiker aus, dass Tosts Charakterzug darin gelegen habe, »immer den höchsten Posten zu erstreben, gleichviel, ob seine Fähigkeiten dazu ausreichten oder nicht.«[495] Wrobel und Rosentreter enthalten sich einer Kritik, schließlich lebte Tost später als Veteran in der DDR. Tosts Erinnerungen an die Revolution sind recht kurz. Zu seinem Wechsel bemerkte er in den 50er Jahren nur: »Die Matrosen delegierten mich in den Berliner Arbeiter- und Soldatenrat, und in den von der gesamten Marine gewählten Marinerat.«[496]

Jetzt wechselten die Kommandanten rasch, Wilke, der die Kieler Noske-Truppe aus »zuverlässigen Matrosen« und Unteroffizieren hatte holen sollen, wurde nun kurzzeitig Kommandant. Wilke, so Krieger, »war »ein ganz junger Mensch, bei dem alles drunter und drüber ging.« Außerdem war er wohl im Sinne von Wels tätig, der die Matrosen seit ihrer Cuxhavener Verstärkung, eher als Störfaktor mehrheitssozialdemokratischer Politik sah. Wilke passte den Matrosen nicht und wurde nach wenigen Tagen abgelöst.

Nach Wilke wurde sein Büroleiter Obermaat Schmidt zum Kommandeur gewählt. »Ein älterer besonnener Mann«, der versuchte, »Ordnung zu halten«.[497] Schmidt ging jedoch einfach. So war Metternich am 26. November am Ziel. Er wurde der neue Kommandant der Volksmarinedivision.

## Soziale Herkunft und politisches Handeln

Seit Ihrer Gründung am 11. November meldeten sich bei der VDM zahlreiche Männer, die mitmachen wollten. Lohn, Essen und Trinken, warme Uniform, eine Anstellung und die Aussicht auf Abenteuer brachte viele dazu, sich einzuschreiben. Die VMD hatte schnell 2.100[498] Mitglieder und Ende November schließlich 3.000.[499] Auch Walter Oehme, damals Sekretär Kurt Baakes (SPD) in der Reichskanzlei und USPD-Mitglied, schrieb 1958 in seinem in der DDR erschienenen Buch, man habe zahlreiche Elemente aufgenommen, »die vielmehr häufig nur die eine Sorge hatten, in der Zeit in der viele Tausend von der Nachkriegsarbeitslosigkeit bedroht waren, eine Existenz zu finden.«[500]

Und Radtke notiert in seinen Aufzeichnungen: »12.-14. November. Es kommt so viel Zulauf von Matrosen, dass ich sehr gerne sehen möchte, dass diese Neueinstellungen ein Ende fänden. Ach, es ist nicht zu vermeiden, nicht ein jeder Mann passt zu uns, und benutzten manche nur die Gelegenheit, Ausweise zu erhalten, damit er unbehindert im Trüben fischen kann.«[501]

Auch Wrobel erläuterte in seinem Buch, das schon ein Jahr vor dem 40. Jubiläum der Novemberrevolution 1957 (ebenfalls in der DDR) erschien: »Es ließ sich bei der Aufnahme von Mitgliedern nicht vermeiden, dass auch mancher in ihre Reihen geriet, der nur den Augenblicksvorteil suchte. Das ist jedoch keineswegs die typische Erscheinung, wie später von reaktionärer Seite behauptet wurde. Solche Elemente verschwanden größtenteils wieder von selbst, nachdem sie Kleidung und Löhnung empfangen hatten.«[502] Die Mehrheit der klassenbewussten Matrosen habe »unsaubere Elemente« in der VMD nicht geduldet.

Karl Halves, zuständig in der Personalabteilung der VMD für die Einstellung, schilderte später im Untersuchungsausschuss, wie schwer es war, die Spreu vom Weizen zu trennen. »Wir haben damals Leute gehabt, die sich einstellen ließen, die aber nach Zahlung der Löhne auf Nimmerwiedersehen verschwanden.« Es sei auch mit den Ausweisen »ein kleiner Handel von einigen Matrosen getrieben worden.« Die Leute »hatten keine Papiere. Sie waren auf Urlaub oder es waren auch Leute aus Cuxhaven. [...] Wenn wir von hier aus nach Cuxhaven schrieben. Um die Militärpapiere zu bekommen, die dringend notwendig seien, dann kriegte ich mein Schreiben ohne irgendwelche Antwort zurück, oder ich bekam überhaupt keine Antwort zurück.« Aber auch aus Kiel kamen die Schreiben oft wieder zurück, »weil Kiel zum größten Teil auf mehrheitssozialdemokratischen Standpunkt stand, während Cuxhaven nach links gerichtet war.« Den Cuxhavenern waren die Matrosen offensichtlich zu Ebert-treu, während die Kieler sie als zu radikal ansahen. Mit ähnlichem Effekt: »So hatten viele Leute keine Papiere.«[503] Nach und nach seien dann doch – auf Druck der Kommandantur – Papiere gekommen.

Auch Richard Schneider berichtet in seinen Erinnerungen: »Bei meiner Einstellung musste ich meine Papiere von der Marine vorlegen. Zu meiner Marineuniform, die ich noch anhatte, bekam ich eine rote Armbinde und wurde dann bei der Wachmannschaft eingesetzt. Ich stand Posten am Abgeordnetenhaus in der Leipziger Straße. Mein Bruder Arthur ebenfalls.«[504]

Halves legte die Ordnungsphase ausgerechnet in den Januar, als es zu revolutionären Kämpfen kam. Tatsächlich gelang es, vermutlich aber schon Radtke, der im November zum Marstall-Kommandant gewählt wurde (dort wo die meisten Matrosen, Mitte November ca. 1.000, stationiert waren) und Anfang Dezember das Kommando übernahm, die Truppe zu ordnen und untaugliche auszusondern:

*Wache des Abgeordnetenhauses mit Damenbesuch*

»21.–30. November. Es ist furchtbar, ich komme nicht mehr nach Hause. Tag und Nacht wird gearbeitet, um einigermaßen Ordnung zu schaffen. Der große Ausschuss tagt nur noch des Nachts, denn am Tage ist jede führende Persönlichkeit beschäftigt«.[505]

Und Heinig (SPD), der im Auftrag des preußischen Finanzministeriums mit den Matrosen verhandelte, stellte in seinem 1921 geschriebenen Buch fest: »Wenn behauptet wird, dass es sich bei den Volksmarineleuten nur zum kleineren Teile um wirkliche Marinemannschaften, zum größeren um Gesindel in blauer Jacke gehandelt habe, so ist das falsch. Regelmäßig wiederholte persönliche Feststellungen, die auf die unverfänglichste Art gemacht wurden, bewiesen, dass es zumeist echte SM-Schiffskerle [um Falschinterpretationen vorzubeugen: SM ist die Abkürzung für »Seiner Majestät«], oder, wie sie sich untereinander betitelten, echte Kulis waren, die sich zusammengefunden hatten. Besonders gründlich untersuchte das der ›Adjutant‹ des Verfassers, der Obermaat Horn.«[506]

Die soziale Struktur der Truppe festzustellen ist relativ schwer, da »dazu nötige Unterlagen nicht mehr existieren.«[507] Vermutlich war der Anteil an Arbeitern sehr hoch. Die Matrosen selbst gaben in einer Antwort auf eine Notiz im *Vorwärts*, an, dass sie »zu 90 Prozent Berliner organisierte Arbei-

*Einheit der VMD am Brandenburger Tor*

ter« seien.[508] Der *Vorwärts* hatte am 16. Dezember in dieser Notiz das Gerücht gestreut, die Männer der VMD wollten »ihre Heimat wiedersehen, da in Berlin genug revolutionäre Truppen eingetroffen sind«[509], womit die Rückkehr der Frontruppen gemeint war, vor denen sich die Soldatenräte in der Hauptstadt zurecht fürchteten, da die OHL mit ihnen einen Rechts-Putsch geplant hatte. Da die VMD angab, dass sie zum größten Teil aus Berlinern bestehe, war die Bemerkung sie »wollten ihre Heimat wiedersehen« doppelt zynisch oder humorvoll, ganz wie man möchte.

Auch der Vorsitzende des Untersuchungsausschusses zu den Januarkämpfen 1919, Wilhelm Siering (SPD), musste feststellen, als er Radtke bezüglich eines wichtigen Protokolls festnageln wollte, dass solche Protokolle »in allen Arbeiterorganisationen, die ich seit Jahrzehnten kenne«, üblich waren, »und die Mitglieder der Volksmarinedivision sind doch fast alle aus dem Arbeiterstande gewesen.«[510]

Bogdan Krieger schrieb: »Die Volksmarinedivision bestand aus Marinetruppen, zumeist Maschinisten und Heizern.«[511] Und die stammten nach allgemeiner Ansicht oft aus Arbeiterfamilien. Selbst Gustav Noske musste zugeben, nachdem er Ende Dezember 1918 Einblick in »ein sauber geführtes Verzeichnis der Mannschaft« einer Kompanie der VMD nahm: »Mindestens drei Viertel aller Leute wohnten in Berlin.«[512] Auch die aus Cuxhaven kamen ja meist ursprünglich aus der Reichshauptstadt.

Gleichwohl heißt Matrose nicht automatisch Arbeiter und Berlin auch nicht. Unter den bei Bleeck-Schlombach interviewten 12 Männern aus der ersten und zweiten Führungsgeneration waren ursprünglich fünf Arbeiter (Hillebrand, Junge, Grundtke, Levi, Markiewicz), drei Handwerker (Radtke, Milewski, Brast), ein kaufmännischer Gehilfe (Dorrenbach), ein Landwirt (Rädel), und zwei Matrosen (Pobanz, Schmidt). Sieht man sich die Opferliste der im März 1919 in Berlin Ermordeten an, dann stellt man fest, dass unter den 30 am 11. März 1919 getöteten Matrosen 9 Arbeiter, 9 Handwerker, 4 Kaufmänner, 1 Kellner, 1 Handlungsgehilfe, 1 Portier, 1 Feuerwehrmann, 1 Handlungsgehilfe, 1 Postschaffner, 1 Telefonist und 1 Zahlmeister waren.[513] Auch wenn man Arbeiter und Handwerker zusammenzählt, kommt man auf 18 Arbeiter und 14 andere. Macht also höchstens 60 %. Im Marloh-Prozess traten drei VMD-Mitglieder auf, darunter 1 Schneider und 1 Milchhändler. Allerdings waren die am 12. März 1919 in Lichtenberg getöteten Matrosen-Brüder Wilhelm und Ferdinand Gast beides Arbeiter. Bei den an Weihnachten im Kampf ums Schloss getöteten 10 mit Namen bekannten Matrosen, sind nur von zwei die Berufe bekannt. Einer davon war ein Arbeiter.[514]

*Matrosen der VMD auf der Trauerfeier für Revolutionsopfer*

Fazit: Der Anteil der Arbeiter und Handwerker war hoch, aber nicht 90 Prozent. Die meisten waren Berliner und viele organisiert.

Wrobel stellt zutreffend fest: »Die politische Auffassung der Matrosen war nicht einheitlich. Das hatte die Volksmarinedivision mit der ganzen Arbeiterklasse gemein.«[515]

Der ermordete Wieczorek sowie Radtke und wohl auch Fillbrandt standen eher der SPD nahe, aber waren eben, wie viele Sozialdemokraten an der Basis, revolutionär gesinnt und wollten mindestens ein anderes Militär. Die Matrosen aus Cuxhaven waren radikaler, standen der USPD oder auch dem linken Flügel bzw. den Bremer Linksradikalen nahe. Linksradikal waren wohl auch einige, die aus Johannisthal kamen. Außerdem gab es wohl nur sehr geringen Zulauf aus dem bald räterepublikanischen Bremen. Dorrenbach und einige andere einfache Mitglieder, wie Ernst Broßat, Willy Trauselt, Richard Schneider, Erich Herzog, oder der Freund von Fritz Apelt namens Franz, entwickelten sich immer mehr in Richtung Obleute und Spartakus oder waren längst dort angekommen. Dies hinderte Broßat und seine VMD-Kameraden nicht, organisierte Banden und Plünderer dingfest zu machen und bei der Kommandantur abzuliefern. Gleichzeitig machten die Matrosen in Berlin aufgrund der dortigen Ereignisse, in die sie hineingezogen wurden bzw. an denen sie aktiv beteiligt waren, bestimmte Entwicklungen durch.

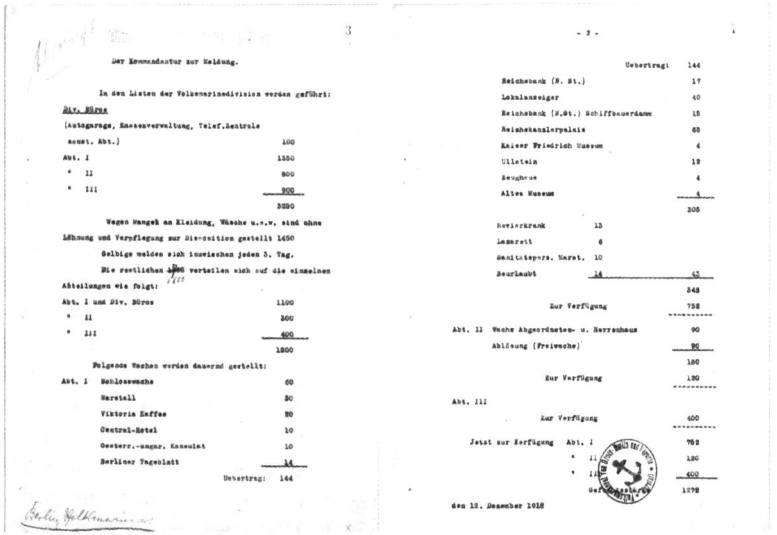

*Die Mannschaftsstärke der VMD im Dezember 1918* [Bundesarchiv]

Dies ging – wie noch zu zeigen sein wird – von konterrevolutionären Missbrauchsversuchen, über Radikalisierungen für die USPD-Volksbeauftragten, bei gleichzeitigem Ordnungsdienst z. B. für die Reichsbank, revolutionären Erfolgen beim Reichsrätekongress, bis zu Spaltungen[516] und Unterordnungen unter die sich restaurierende Regierung. Verbunden mit Ausgrenzungen, Neutralitätserklärungen, Entwaffnungen, Wiederbewaffnungen, Verkleinerungen und erneuter Radikalisierung endete dies schließlich im Massaker und der Zerschlagung. Die Volksmarinedivision war ein Mikrokosmos der bewaffneten Arbeiterbewegung. Allerdings, wenn man ihrem Personalreferenten Halves vor dem Untersuchungsausschuss (der nachrevolutionär stark gegen die Matrosen eingestellt war und die Zeugen somit unter Druck setze) Glauben schenken will, etwas radikaler als die Arbeiterbewegung insgesamt[517]:

»Die Leute [der VMD], wohl stark die Hälfte, sind damals linksradikal gewesen.« Halves führte das nicht nur auf die Cuxhavener (die ja meist auch aus Berlin stammten) und Bremer zurück, sondern auch darauf, dass in der VMD »zum größten Teil sehr junge Leute« waren. Diese, die Jahrgänge 1896 bis 1899 (also die 19 bis 22-jährigen) sollten auf Druck der Regierung und der Kommandantur – die die rebellisch eingestellten erstmal loswerden wollten – schon ab Dezember in ihre Truppenstandorte zurückgeschickt werden. Man lockte sie mit 11 Mark Tageslohn (bei der VMD waren dies 5 Mark). Im Dezember hatte die VMD 3.200 Mitglieder, sollte aber unbedingt verkleinert werden. Das geschah auch »Wir hatten im Januar unsere Leute bis auf 1.700 bis 1.800 herabgeschraubt und die anderen zu ihren Standorten zurückgeschickt, 50 bis 70 Stück am Tag ungefähr.« Von der so halbierten VMD – man darf nicht vergessen, dass gleichzeitig die republikfeindlichen Freikorps von der Regierung schon auf sechsstellige Mannschaftsstärken gebracht worden waren – sollten dann Ende Dezember/Anfang Januar nochmals ca. 800, meist junge, »abgeschoben« werden. Halves: »Aber eine Menge von vielleicht der Hälfte der abzuschubsenden Leute, 300 bis 400 Stück, sagten, wir lassen uns nicht entlassen; wir bleiben in Berlin, und diese Leute, waren die, die, sehr linksradikal, ohne gewissermaßen von uns einen Befehl bekommen zu haben – sie gehörten nicht mehr zu uns – sich an den verschiedenen Aktionen im Januar beteiligt haben. Denn das Gros der im Januar zur Volksmarinedivision gehörenden Leute waren verheiratete Berliner, denen es darauf ankam, Arbeit zu haben. So habe ich es wenigstens aufgefasst.«[518] Nun Broßat und andere der angesprochenen Linksradikalen fassten es etwas anders auf. »Wir als Volksmarinedivison hatten uns nicht als geschlossene Formation, sondern nur als Freiwillige am Kampf beteiligt.«[519] Sie fühlten sich trotz der Teilnahme an den Januarkämpfen immer noch als Teil der VMD, oder wie er in den 50er Jahren formulierte, die VMD »wahrte eine gewisse Neutralität, verbot ihren Angehörigen aber nicht, in ihrer Freiwache sich zu beteiligen.«[520]

Insgesamt waren die Matrosen allerdings politisch unerfahren, bis in die Führung hinein (nimmt man ihre beiden Extreme Metternich und Dorrenbach aus). Den Kaiser war man losgeworden, der Krieg war beendet, wie aber die sozialistische Regierung aussehen, wie die Räte regieren oder wenigstens mitregieren und was sie zuwege bringen sollten, lag für viele im Dunkel. Wrobel nennt das »unklar und verworren«.

Selbst Otto Tost, der später von den Nazis als das »Maul der Revolte« verhöhnt wurde und nach seinen Angaben im Dezember im Reichsrätekongress gegen die Nationalversammlung Stellung genommen hatte,[521] zeigte sich – noch Kommandant – in einem Aufruf für die Matrosen am 19. November 1918 tastend. Erst wandte er sich gegen Gerüchte, die gegen die Matrosen aufgekommen seien und schon zu Zusammenstößen zwischen Matrosen und »Soldaten der Armee« geführt hätten, um dann aufzuführen was die Aufgabe der Matrosen sei und stellte dann fest: »Das Recht der Marine, die doch als erste Truppe die revolutionäre Umwälzung herbeigeführt hat, die Vorgänge in der Hauptstadt zu beobachten und daran teilzunehmen, ist unbestreitbar.« Dann hob er hervor, dass die VMD eine Truppe sei, die ihre Führer demokratisch gewählt habe und folgende Grundsätze vertrete: »1. Unterstützung der Regierung, die sich grundsätzlich zur sozialen Republik bekannt hat. 2. Sicherung dieser Regierung, damit die Arbeit im Interesse eines schnellen Friedens ruhig und ungestört von statten gehen kann.«

Tost sprach hier von der sozialen Republik, was eher die Wortwahl der SPD-Führer war, und nicht von einer sozialistischen Republik. Er führte weiter aus, dass »diese Truppen [die VMD] nie eine Regierung unterstützen werden, die sich in reaktionären Tendenzen ergeht.« Ein schwammiger Begriff, den er zu präzisieren versuchte: »Niemals wird die Truppe es zulassen, dass sie als Waffe des Kapitals gegen die Proletarier gebraucht wird. Zu sehr lastet das Gefühl erlittenen Unrechts auf dieser Truppe, dass sie dasselbe jemals vergessen kann.« Damit sind wir wieder bei den geschilderten Zuständen am Anfang des Buches: Der Missbrauch der Matrosen für einen imperialistischen Krieg, verbunden mit halbabsolutistischen und präfaschistischen Zuständen des Drills, des Nahrungsentzuges und der physischen und psychischen Demütigung, bis hin zur Identitätsvernichtung und Hinrichtungen für bloße Widersetzlichkeiten. Einer Hölle, auf die der Aufstand folgte.

Doch dann ruderte er wieder zurück, man könnte es auch ein Herumeiern nennen: »Die Volksmarinedivision will im Augenblick alles vermeiden, was zur Störung von Ruhe und Ordnung durch die bestehenden politischen Gegensätze in den sozialistischen Parteien führen könnte. Wohl ist sie davon überzeugt, dass diese Auseinandersetzungen kommen müssen. Zunächst aber muss die gemeinsame Sache des Proletariats soweit fest gesichert sein, damit nicht gewisse Kräfte die Oberhand erhalten, die für sich das Recht in Anspruch nehmen, angeblich für Ruhe und Ordnung zu sorgen. Wir werden dann abwarten, welche Maßnahmen die Regierung ergreifen wird, um das [!] Proletariat zu seinem unbestreitbaren Recht zu verhelfen, zu dem Recht für alle Zeiten [!] als Machtfaktor zu wirken, damit ein solches Unglück wie das eben durchlebte und noch in seiner ganzen Bitterkeit auf uns lastende, sich niemals wiederholen kann.«[522] Es folgte ein Aufruf zur Einigkeit.

Nun welche Einigkeit, kann man sich heute fragen, wo sich Ebert, Scheidemann und Noske praktisch mit den alten Militärs einig waren. Und was galt da noch die Einigkeit des Proletariats, wo Ebert – statt von Arbeitern – vom »Volk« und seiner »Unreife für die Republik« sprach, und wo er alles andere als die Umsetzung des SPD-Parteiprogramms wünschte, das eine demokratische Volkswehr und die Vergesellschaftung des kapitalistischen Eigentums vorsah. Von all dem wussten die Matrosen nichts, auch Tost nicht. Aber sie spürten jetzt schon, dass Teile dieser Regierung – eine Regierung, der sie geholfen hatten, an der Macht zu bleiben –, vorsichtig ausgedrückt ihnen nicht gewogen war. Auch ist in dem Aufruf, den Tost vermutlich im Auftrag der Matrosen geschrieben hatte, von Räten keine Rede.

Und Hirsch wusste zu berichten, dass es, seit die Cuxhavener (ab dem 14. November 1918) mit dabei waren, Schwierigkeiten mit Otto Wels gab, der vorher großzügig Quartier und Verpflegung besorgt hatte, als auch Löhnung auszahlen ließ. »In den nächsten Tagen setzte ein heftiger Zweikampf zwischen der Volksmarinedivision und der Berliner Kommandantur ein. Wels verweigerte Quartiere und eine bessere Verproviantierung. In jenen Wochen der Demobilmachung wurde das allgemeine Essen(s)quantum, damit die heimischen Soldaten sich nicht allzulange in Berlin aufhielten, besonders knapp bemessen. Für eine diensttuende Truppe, die in Berlin bleiben sollte, war es völlig unzulänglich. Man schickte uns nun von Pontius zu Pilatus. Schließlich, nachdem schon heftige Szenen mit Wels und seinen Offizieren vorangegangen waren, landete ich bei Philipp Scheidemann. Auch er blieb ›schwerhörig‹, bis ich ihm eröffnete, dass wir, wenn keine Abhilfe geschaffen würde, die drei größten Hotels, das Bristol, den Kaiserhof und das Adlon besetzen und dort für uns kochen lassen würden. Da endlich bequemte sich der schöne Philipp, den damaligen Oberbürgermeister Wermuth anzutelefonieren und

*Speisung im Marstall* [SAPMO-Bundesarchiv]

durch ihn eine Vereinbarung mit den Aschinger-Betrieben über die Verproviantierung der Volksmarinedivision zu treffen.«[523]

Hirsch, der später nicht mehr in der VMD hervortrat, legte diese Auseinandersetzung noch vor den 6. Dezember. Das heißt in eine Zeit, in der Metternich – teils schon als Kommandant – für die Hohenzollern, für den Geheimdienst des Außenministeriums, dem er selbst angehörte und für Otto Wels tätig war.

Metternich, seit 26. November Kommandant der VMD, versuchte nun, die Matrosen in seinem Sinne zu beeinflussen. Schon zwei Tage zuvor hatte Wegmann im Vollzugsrat davon gesprochen, dass Metternich zwar noch nicht »gegenrevolutionäre Akte vollziehen kann« aber doch »entschieden Verwirrung unter den Soldaten anrichte.« Wegmann schlug vor den alten Kommandanten Tost und Metternich vorzuladen und zu befragen, doch Hermann Müller (der spätere SPD-Reichskanzler) riet davon ab, da man dann im Vollzugsrat nicht zur »eigentlichen Arbeit« komme.[524]

Und etwa zur gleichen Zeit notiert Radtke: »Metternich scheint sich nicht recht wohl zu fühlen, Bock und Berlemann [Mitglieder der VMD] haben Misstrauen, aber Tost scheint alles zu schlichten.«[525]

Am 1. Dezember 1918 berichtete die *Freiheit* von einer Versammlung der Matrosen im Gewerkschaftshaus und sprach davon, dass Schloss und Marstall »wahre Brutstätten der Gegenrevolution geworden« seien. »Der Schlosskommandant Metternich, dessen Wahl, wie von verschiedenen Diskussionsrednern behauptet wurde, durch Bestechung durchgesetzt worden sei, übe eine Herrschaft aus, wie unter dem alten Regime. Genossen, die Flugblätter oder Zeitungen verteilen wollen, werden daran gehindert, der *Lokal-Anzeiger* dagegen kostenlos verteilt. Man habe den Versuch gemacht, die Matrosen am Besuch der Versammlung zu hindern, indem Eintrittskarten für einen Matrosenball mit Freibier, der bis Sonntag früh um 5 Uhr dauern soll, unter die Marinesoldaten verteilt wurden.«

Oskar Cohn (USPD) vermutete in der Versammlung im Gewerkschaftshaus, dass das Geld dafür von der Vaterlandspartei (gegründet von Ludendorff und dem Aufsichtsratsmitglied der Deutschen Bank, Wolfgang Kapp) kommen könnte, von den »60 Millionen Mark für den Betrug des Volkes zur Verfügung gestellt« worden seien. Die Matrosen sollten sich nicht »für Zehnmarkscheine und Freibier verkaufen.« Die Versammlung klagte dann Metternich und Wels des »konterrevolutionäre[n] Treiben[s]« an und beschloss einstimmig eine Resolution, in der die Absetzung von Wels und Metternich gefordert wurde.[526]

## Die Truppen des 9. November

In Berlin hatten sich neben der VMD noch zwei weitere neue bewaffnete Einheiten gebildet. Die Republikanische Soldatenwehr von Otto Wels und die Sicherheitswehr von Emil Eichhorn.

Die Soldatenwehr stand unter der Oberaufsicht von Wels war wesentlich größer als die VMD und politisch disparat. Zu ihren Gründern gehörten außer Wels, Anton Fischer, der unvermeidliche Colin Ross, sowie August Striemer, der Kontakte zur Großindustrie hatte (Borsig). Wels umgab sich mit alten kaiserlichen Offizieren. Generalleutnant von Oven förderte die Truppe, in ihr kommandierten Major Meyn, Oberstleutnant Faupel und Hauptmann von Rosenberg. Geld kam von bürgerlicher Seite, wie Fischer in seinem Buch offen zugibt.[527]

»Die von Wels eingesetzten, als Führer bestimmten Feldwebel schnauzten in der Kaserne herum, als hätte es nie einen 9. November gegeben. Was bei den Mannschaften sofort auf Widerspruch stieß.« Wels habe auch getönt »Soldatenräte gibt's bei mir nicht.«[528] Doch so leicht schien es nicht. Schließlich setzten die Mannschaften doch Soldatenräte durch.

Die Mitglieder waren durchaus schwankend und Karl Grünberg glaubte damals, die Soldatenwehr zu einer Volkswehr machen zu können, und nahm auch Kontakt zu Dorrenbach und zur VMD auf. In der Folge kann man die Soldatenwehr aber als Stütze der SPD, insbesondere der Politik Eberts bezeichnen. Den Militärs war sie wegen ihres angeblichen Volkswehrcharakters nicht ganz geheuer. Sie versuchten über ihre Offiziere Einfluss zu nehmen, trauten aber der Sache nicht ganz. Wels verfügte durch seinen Stellvertreter Fischer über ein ausgiebiges Spitzelnetzwerk.

Die Sicherheitswehr dagegen war eine Schöpfung von Eichhorn, der sie im Polizeipräsidium revolutionär auszurichten versuchte. Dabei gab es aber Widerstand im alten Polizeiapparat, der ja noch teilweise in der Sicherheitswehr weiterwirkte. Er machte Eichhorn mehrfach Schwierigkeiten, so dass er sich vor seinen eigenen Leuten schon mal in Sicherheit bringen musste. Dann gab es mehr als zwielichtige Personen in der Sicherheitswehr, wie den ersten Anführer Prinz, ein ehemaliger Fremdenlegionär, ein »haltloser, zu straffer Organisationsarbeit unfähiger Mann«[529] der zwar Liebknecht aus den Fängen einer anderen dunklen Revolutionsfigur namens Tyszka – Leiter der Kriminalabteilung der Kommandantur – rettete, gleichzeitig aber die Unterschrift Scheidemanns unter einen angeblichen Mordaufruf gegen Liebknecht fälschte. Prinz wurde später in einem Prozess entlarvt[530] und schon vorher von Eichhorn abgesetzt. Auch einer der Sklarz-Brüder, die Lenins Weg nach Russland 1917 mitfinanziert hatten und in bestem Kontakt zur SPD-Führung standen, Heinrich Sklarz, maßte sich zeitweise im Polizeipräsidium Kommandogewalt an.[531] Eichhorn strengte dagegen im Lauf des Dezembers eine Reorganisation an, indem er 2/3 Parteigenossen (USPD und SPD) und 1/3 aus verheirateten und in Berlin ansässigen Soldaten in die Sicherheitswehr zu holen versuchte, was aufgrund des Widerstandes des preußischen Innenministers Eugen Ernst (SPD) und der alten Schutzmannschaften »im größeren Maße« nicht gelang.[532] Während der Weihnachtskämpfe unterstützten Teile der Sicherheitswehr die Matrosen und es wurden Waffen im Polizeipräsidium an Arbeiter ausgegeben. In den Januarkämpfen beteiligten sich Eichhorn und Mitglieder der Sicherheitswehr am Aufstand. Jedoch hatte sich ein Teil der Führung hinter dem Rücken Eichhorns bei Fischer verpflichtet, nichts gegen die Regierung Ebert zu unternehmen.

Der VMD wurde in der Bevölkerung großen Respekt entgegengebracht. Richard Müller schreibt:»Die Matrosen wurden selbst in bürgerlichen Kreisen als die beste Schutztruppe gegen die durch den Umsturz geschaffene Unsicherheit angesehen, sie hoben sich vorteilhaft ab von den unsicheren Massen, die sich in den Truppenteilen der Berliner Garnison breit machten.«[533] Harry Graf Kessler schätzte die Beliebtheit, allerdings erst am 23. Dezember 1918, nicht so hoch ein. Die Zivilbevölkerung sei »den Matrosen feindlich, weil man sie als Unruhestifter ansieht.«[534] Heinig dagegen sah sie »mit einer gewissen Scheu respektiert. Nicht etwa nur vom fraternisierenden Volke und unter dem Gesichtspunkt der Revolutionshelden. Gerade der Bürger und der Beamte sah in der Blaujacke den Vertreter der allgewaltig erscheinenden neuen Macht.«[535]

## Der 53er-Ausschuss (Zentralrat der Marine)

Am 12. November 1918, nur drei Tage nach dem erfolgreichen Sturz des imperialistischen Kaiserreiches, setzen die sechs Volksbeauftragten, also auch Haase, Dittmann und Barth [!] die Offiziere mittels eines verhängnisvollen Erlasses faktisch wieder als Befehlshaber ein:»Das Vorgesetztenverhältnis der Offiziere bleibt bestehen.« Die Soldatenräte sollten, sozusagen als Frühstücksdirektoren, nur Mitsprache haben »in Fragen der Verpflegung, des Urlaubs, der Verhängung von Disziplinarstrafen.«[536] Das Reichsmarineamt (RMA) reagierte prompt und setzte die Marineoffiziere mit Befehlsgewalt wieder in ihre Dienststellen ein. Dies sorgte für große Unruhe unter den Matrosen in den Küstenstädten. Am 15. November protestierte der »Oberste Soldatenrat der Ostseestation« in einem scharfen Schreiben an die Regierung.

Auch die VMD blieb nicht untätig und schickte Boten in die Marinestationen der Nord- und Ostsee, die dort die Soldatenräte zum gemeinsamen Handeln aufriefen. Noske war empört. Die VMD hatte tatsächlich einen »wilden« Soldatenrat für Marineangelegenheiten in Kiel gewählt. Das ging dem autoritären Charakter gehörig gegen den Strich. Demokratie zu wagen, war nicht das Seine. Ein »besonders wilder Delegierter der Berliner Matrosen« sei in Kiel erschienen und wollte eine »Tagung von Vertretern der Marinesoldatenräte«[537] veranlassen. Noske hatte noch nicht genug Macht, dies zu verhindern. Die Tagung fand am 19. November 1918 in Wilhelmshaven, dem Ausgangspunkt der Revolution statt. Man wählte einen Hauptausschuss der Marine. Der bestimmte, dass Räte in Norddeutschland zu wählen seien, die einen Marineausschuss bildeten, der zur Kontrolle des Reichsmarineamtes (RMA) in Berlin dienen sollte. Dieser Kontrollausschuss setzte sich aus 24 Vertretern der Nordseestationen, 20 Vertretern der Ostseestation, fünf Vertretern von der Niederelbe und vier Berliner Matrosen zusammen. Der sogenannte 53er-Ausschuss unter Mitwirkung der VMD.

Er tagte zum ersten Mal am 23. November 1918, vormittags im RMA in Berlin. 39 Vertreter hatten die Hauptstadt erreicht, einige von der Nordsee waren wohl verspätet. Die ersten 39 kamen aus Kiel, Libau, Flensburg, Sonderburg, Wilhelmshaven, Hamburg, Cuxhaven, Johannisthal und Berlin, wählten einen 5er Zentralrat der Marine, darunter Otto Tost, der kurzeitig ja Kommandant der VMD war. Anfang Dezember agierte der Rat dann vollzählig und unterstellte sich alle Abteilungen des Reichsmarineamtes, den Admiralstab, das Marinekabinett und die Marineflieger.[538]

»Sämtliche anordnenden Verfügungen der Marine« hätten außer dem Staatssekretär der Marine und dem zuständigen Unterstaatssekretär der Regierung, auch die Unterschrift eines der fünf Mitglieder des Zentralrates der Marine zu tragen.[539] Es gab dazu eine genaue Auflistung was alles dem Beauftragten des 53er-Ausschusses zur Unterzeichnung vorzulegen sei.[540]

Damit war eine der kriegstreibenden Behörden des Kaiserreiches, das mächtige Reichsmarineamt, der demokratischen Kontrolle der Matrosen unterworfen. Im Gegensatz zu den von den Volksbeauftragten verweigerten Zerschlagung, bzw. nicht einmal ausgeübten Kontrolle der alten Verwaltun-

*53er-Ausschuss*

gen, wurde hier ein Apparat unter strenge Aufsicht der Räte gestellt. Wrobel schreibt zu recht: »Es war der bedeutendste Versuch, den die Geschichte der Novemberrevolution verzeichnet.«[541]

Der 53er-Ausschuss der Marine bildete ein wirksames und demokratisches Instrument zur Kontrolle der Marine und war zugleich Vorbild für eine funktionierende Arbeiter- und Soldatenverwaltung. Leider war er der einzige Versuch und wurde schließlich im Zuge des Rollback wieder zerschlagen. Zunächst aber leistete er gute Arbeit. Bereits am 27. November verlangte er die Kontrolle der Generäle und der OHL und deren Verlegung nach Berlin. Außerdem protestierten die Matrosenräte gegen »die Machenschaften der Generäle, die die A. u. S.-Räte verhafteten.«[542] Unterstaatssekretär Baake antwortete in einem Schreiben, dass die Reichsregierung »unverzüglich Schritte unternommen hat, das unbefugte Einmischen von Generälen und Frontkommandos in die neue revolutionäre Ordnung zu verhindern.«[543] Wie sich zeigen wird, war das Gegenteil der Fall.

Der 53er-Ausschuss wollte auch die Bücher sämtlicher Banken prüfen, um die Vermögensverhältnisse von Personen des Reichsmarineamtes festzustellen. Ein Weg, so Haase in einem Antwortbrief, der »ungangbar« sei.[544]

Die Ausschuss verhinderte auch die Verlegung von 20.000 Marinesoldaten zur Niederschlagung eines Bergarbeiterstreikes in Oberschlesien und hielt sich konsequent an das Erfurter Programm der SPD von 1891, das ja während des Ersten Weltkrieges und auch danach gegolten hatte und vor dem sich die SPD-Führung, insbesondere Ebert, so fürchtete. Der Ausschuss war eine wirkliche Macht, denn auch der Staatssekretär im Reichsmarineamt (faktisch der Marineminister), Ernst Ritter von Mann, versuchte sich bei den

Räten einzuschmeicheln. Er wartete allerdings nur auf den Moment, um zum Gegenschlag antreten zu können. Dieser sollte ihm bald durch die Nationalversammlung und die Zusammenarbeit mit Noske und Ebert gewährt werden. »Selbst die drei unabhängigen Volksbeauftragten fürchteten«, so Baier, dass der 53er-Ausschuss den Einfluss der revolutionären Marine »erheblich verstärken könnte.«[545]

Doch zunächst erstellte Karl Baier das Programm, das er mit Liebknecht abgesprochen hatte, musste aber auch Zugeständnisse machen.[546] Der Einberufung der Nationalversammlung wurde »im Prinzip« zugestimmt. Aber: Vorher sollten alle dafür »reifen« Betriebe verstaatlicht, eine republikanische, sozialistische Armee (Volkswehr) gebildet, die Kriegsgewinne des Kapitals beschlagnahmt, die Kriegsgewinnler streng bestraft, Volksgerichte zur Aburteilung der am Krieg Schuldigen eingesetzt und auch die Richter, die »Schreckensurteile« im Krieg gefällt hätten, zur Rechenschaft gezogen werden.[547] Das war ein Ansatz.

Der Soldatenrat der Marine (nicht identisch mit dem Zentralrat der Marine, dem 53er-Ausschuss) protestierte auch gleich und bekannte, sie seien nicht nur »im Prinzip« mit der Nationalversammlung einverstanden. Auch die Verstaatlichung und die anderen Maßnahmen dürften nicht vor der Nationalversammlung ergriffen werden.[548] Was hingegen nicht sehr revolutionär klingt.

Vertreter des 53er-Ausschusses sprachen auch öfter bei der VMD. Grünberg berichtete davon, dass einer riet, die VMD solle sich hauptsächlich an die USPD annähern. »Was nach damaligem Sprachgebrauch gleichbedeutend mit Spartakus war.«[549]

Wie selbstverständlich wurde auch gegen den 53er-Ausschuss Stimmung gemacht, der von den Volksbeauftragten, insbesondere von Landsberg ausging. Doch der Zentralrat arbeitete weiter, versuchte sich die VMD zu unterstellen, was nicht gelang, lud Redner ein, wie Liebknecht, Scheidemann[550], Haase und den pazifistischen Marineoffizier Hans Paasche, der später von Freikorpsoffizieren ermordet wurde. Paasche hatte in seinem Vortrag die Ebert-Regierung als »Regierung des alten Systems« bezeichnet und dass ihr der Wille zum Durchgreifen gegen die Reaktion fehle. Anfangs nahm der Einfluss des 53er-Ausschusses sogar noch zu.

Und die Räte vermiesten den Militaristen im RMA das Leben. Noske, »der von Anfang an seinen ganzen Einfluss geltend machte, um diese neue Einrichtung der roten Matrosen zu unterhöhlen«[551], trat eines Tages »kategorisch-diktatorisch«, so eine Denkschrift des 53er-Ausschusses, »polternd« und »in durchaus unparlamentarischer Weise« beim Matrosenrat auf und erklärte, dass er »dem Ausschuss die Existenzberechtigung absprechen müsse«. Das empörte nicht nur die Matrosen, sondern auch den Unterstaatssekretär Vogtherr, sodass er Noske mit »Entschiedenheit« entgegentrat. »So laut er gekommen war, so leise zog er sich zurück.«[552] Sodann verleumdete Noske die Matrosenräte im Rätekongress als Verzögerer und forderte die Verkleinerung des 53er-Ausschusses.[553] Wogegen der Zentralrat der Marine in einer Denkschrift Stellung bezog und seine effektive Arbeit in dem riesigen Amt von über 1.000 Angestellten schilderte. Darin heißt es, es sei sein Bestreben, nicht nur Löhne und Entlassungen zu regeln, sondern »als Vorkämpfer der Revolution« die »Organisierung der Marine im sozialistischen Sinne voranzutreiben. Richtlinien zur Beseitigung der bisherigen Rangordnung und Abzeichen, Anordnung für das Arbeiten der Soldatenräte, Lösung von Streitfrage für einzelne Marineteile usw.«[554] Natürlich regelten sie auch die Demobilisierung. So hätte Demokratie in der Armee funktionieren können.

Doch mit der Nationalversammlung, dem Niedergang der Rätebewegung und der Zerschlagung der Bewegung durch Noske und seine Freikorps wurde auch der 53er-Ausschuss – wie der Vollzugsausschuss – Schritt für Schritt demontiert. Schon nach dem Reichsrätekongress hatte von Mann vorgeschlagen den 53er-Ausschuss – absolut d'accord mit Noske – faktisch aufzulösen, durch einen kleinen 5er-Rat zu ersetzten, der auch nur noch beratende Funktion haben sollte: »Eine Kontrolle wie sie der 53er-Rat bisher im Reichsmarineamt und Admiralstab ausgeübt habe, kommt nicht mehr in Frage.«[555] Am Ende wurde sogar gefordert, nur noch zwei beratende Mitglieder zuzulassen.[556] Doch dagegen gab es scharfen Protest. Der 21er-Rat von Wilhelmshaven, der Oberste Soldatenrat von Kiel und die Vollversammlung der Arbeiter- und Soldatenrates in Cuxhaven protestierten energisch.[557] Noch konnten Ebert und seine Parteifreunde den 53er-Rat nicht liquidieren. Ritter von Mann trat daher am 20. Dezember 1918 zurück.[558] Selbst am 8. Januar 1919, mitten in der »Abrechnung« mit den Aufständischen, bat die reine SPD-Regierung das Reichsmarineamt, nicht ohne Absprache mit ihnen Veränderungen an der Größe des 53er-Ausschusses vorzunehmen.[559] Aber im Februar des Jahres 1919 wurde der 53er-Ausschuss dann von der Weimarer Koalition entmachtet. Ein vielversprechender Versuch der Basiskontrolle und Demokratie in der Marine war abgewürgt worden.

Auch Joachim Käppner sieht den 53er-Ausschus durchaus positiv. Er zeige wie effektiv Soldatenräte arbeiten und eine solch riesige Behörde wie das Reichsmarineamt kontrollieren könnten.

Der Konflikt zwischen 53er-Ausschuss (Zentralrat der Marine) und der Reichsregierung zeige »welch verheerende Wirkung die Militärpolitik der Volksbeauftragten seit Anfang Dezember 1918 in den eigenen Reihen entfaltet.«[560]

## Putsch

Metternich, der für seine Kommandantenwahl den »Kameraden viel Gutes zugeschustert hatte«, schien nicht zimperlich, wenn ihm einer nicht passte. So wurde der Matrose Döhring, der Flugblätter des Spartakusbundes verteilt hatte, auf Befehl Metternichs verhaftet und verschwand laut *Roter Fahne* spurlos. Der Rote Soldatenbund forderte in einer Versammlungsresolution dessen Freilassung. Und die *Freiheit* schloss sich der Forderung an. Das weitere Schicksal Döhrings blieb unbekannt.

Offensichtlich hatte Metternich die Matrosen jetzt gut im Griff und die meisten tanzten nach seiner Pfeife. Doch eine Minderheit stand ihm kritisch gegenüber. Und wieder bot Metternich seinen Rücktritt an, um sich showgerecht erneut bitten zu lassen, doch zu bleiben. Nicht nur den Beamten des Finanzministeriums 1918[561], sondern auch in seiner Rechtfertigung 1938 erzählte er stolz, dass er dreimal abgesetzt worden und dann wieder gerufen worden sei. Heinig gegenüber sagte er, dass er, im Gegensatz zur Regierung, die älteren Matrosen durch junge ersetzen wollte, vermutlich weil er glaubte die noch besser in der Hand zu haben. Das war die gleiche Methode die republik- und revolutionsfeindliche Offiziere schon parallel bei der Aufstellung von Freikorps anwandten. Metternich hatte Heinig auch gesagt, dass er mindestens solange Kommandant bleiben wolle, bis die Fronttruppen in der Stadt einmarschiert wären.

Nun, die heimkehrenden Fronttruppen sollten ja auch bei ihrem Einmarsch in Berlin ab dem 10. Dezember 1918 gegen die Arbeiter- und Soldatenräte putschen. So hatte es die Oberste Heeresleitung (OHL) geplant. »15 gut disziplinierte Divisionen« waren nach Oberst von Haeften, dem Verbindungsoffizier zwischen der OHL und Ebert, zum Zwecke eines »Gegenschlag(s)« dafür vorgesehen. Der schon vor dem 20. November ausgeklügelte Plan: »Bei ihrem Einmarsch sollte Ebert sie als die ruhmreichen Vertreter des deutschen Heeres auf dem Pariser Platz im Namen des deutschen Volkes feierlich begrüßen. In seiner Antwort sollte der Führer der Divisionen Ebert sein

Bedauern über die undisziplinierten revolutionären Zustände in der Heimat ansprechen.«[562] Und dann folgende Forderungen an Ebert richten:

»1. Vorläufige Übernahme der Reichspräsidentenschaft durch Ebert mit diktatorischer Gewalt, 2. Auflösung der Arbeiter- und Soldatenräte sowie Wiederherstellung der Kommandogewalt der Offiziere.«

Ministerialdirektor Simons in der Reichskanzlei fand den Plan sehr gut und fügte – bevor er Ebert unterbreitet wurde – gleich noch zwei weitere Punkte hinzu: 3. Sofortige Einberufung des Reichstages zur Schaffung einer vorläufigen Reichsverfassung, 4. Entwaffnung der Bevölkerung und Auflösung des Heimatheers, deren Ersatzformationen sich ja der Revolution angeschlossen hatten bzw. sie nicht bekämpften.

Und wer sollte nun den Boden dafür in Berlin vorbereiten?

Ausgerechnet die Matrosen der Volksmarinedivision.

Haeften trat dazu »mit dem Ministerialdirigenten Ferdinand v. Stumm in Verbindung, wegen der Gewinnung der Matrosendivision. Diese Truppe war damals die bestdisziplinierte revolutionäre Truppe in Berlin [!] und stand damals unter dem Kommando eines Vettern des Herrn v. Stumm, des Grafen Wolf Metternich, eines ausgesprochenen Abenteurers. Stumm, der infolge seiner Beziehungen zu den Führern der Matrosendivision – meiner Ansicht nach hat er aus seinen reichen Geldmitteln das ganze Unternehmen finanziert – auf deren Haltung starken Einfluss hatte – erklärte, die Division sollte im Augenblick der Begrüßung der Fronttruppen durch Ebert, zu diesen übergehen; das könnte nicht ohne starken Eindruck auf Eberts Entschluss bleiben. Herr v. Stumm erklärte sofort, selbstverständlich würden die Matrosen bei der Sache dabei sein, aber sie würden in der Lage sein, die Sache schon allein zu machen«. Haeften, der der letzten Bemerkung »keinen besonderen Wert« beimaß, wurde dann »völlig überrascht«, als sein Spitzel im Vollzugsrat, Colin Ross, »der mich über alle Vorgänge in diesem Gremium stets sehr schnell und zuverlässig unterrichtete«, einfach schon vier Tage früher losschlug, ohne erst auf die Fronttruppen zu warten. Ross hatte von Simons dazu 3.000 Mark aus der Reichskanzlei bekommen[563] und Haeften »mehrfach Andeutungen gemacht, dass in Berlin demnächst etwas passieren werde, wovon die Gesundung der Verhältnisse abhänge.«

Die Drahtzieher für diese Frühgeburt saßen im Geheimdienst des Außenministeriums. Anführer war Metternichs Vorgesetzter[564], der steinreiche Mann aus der saarländischen Stahlmagnaten-Familie Ferdinand von Stumm. Und Metternich sollte selbstverständlich die Matrosen im Sinne Stumms, aber auch Haeftens und der OHL einsetzen.

Schon am 14. November 1918 hatte Stumm auf Harry Graf Kesslers Frage, was er mache, geantwortet, »er organisiere die ›weissen Garden‹ (wohl gegen Liebknecht) für den kommenden Bürgerkrieg.« Und einen Tag später hatte laut Kessler der gar nicht schweigsame Geheimdienstmann getönt: »Mit 100 Matrosen á 20 Mark, für 2.000 M. könne er die ganze Reichskanzlei, Ebert, Haase, Scheidemann u.s.w. ausheben.«[565]

Mit dabei beim beabsichtigten »Ausheben« des Vollzugsrates waren Freiherr von Rheinbaben, und ein antisemitischer Schriftsteller namens Wilhelm Marten, als auch das Vollzugsratsmitglied Colin Ross und die einstmaligen Fake-Ausschussmitglieder im Kriegsministerium, und außerdem immer noch Vollzugsratsmitglieder, Hauptmann Hans Coler und Fritz Kretschmar, der auch noch 2. Vorsitzender des Großberliner Soldatenrates war. Mit von der Partie auch eine von Stumm finanzierte Studentenwehr die im Hotel Bristol residierte.[566] Das Kriegsministerium unter Scheüch und Reinhardt wusste von den Plänen Haeftens und sicherlich auch von den Absichten ihres Hauptmanns Coler. Bescheid über Stumms Vorhaben wussten auch Arnold Brecht in der Reichskanzlei, sowie Otto Wels und sein Stellvertreter Fischer. Ebert schlug die Warnungen des Soldatenrates der Marine-Landwehrabteilung Hermann Gräber der tags zuvor von dem geplanten Anschlag auf den Vollzugsrat die Reichskanzlei durch zwei Boten hatte informieren lassen[567], in den Wind, oder Brecht hatte ihn nicht informiert.[568]

Finanzier des Ganzen war Stumm. Unteroffizier Spiro sollte mit dem Ersatzbataillon des Infanterieregiments Kaiser Franz (»Franzer« genannt) – ganz nach den Plänen Haeftens – Ebert zum Präsidenten (und faktischen Diktator) ausrufen, Metternich wollte sich mit der VMD beteiligen, auch an der geplanten Verhaftung des Vollzugsrates sollten er und die Matrosen mitwirken.

D-Day war der 6. Dezember 1918. Am Mittag des Tages fand eine Besprechung mit Wels, seinem Stellvertreter Fischer (beide SPD) und Metternich sowie Unteroffizier Krebs, einem Verbindungsmann von Wels zur Generalität statt. Mit Krebs wurde die »Zerstreuung« von Demonstranten mittels Absperrung – es waren mehrere von Polizeipräsident Eichhorn genehmigte linke, teils spartakistische, Demonstrationen geplant. Auch die dafür erforderliche Truppenstärke wurde besprochen, obwohl das gar nicht in den Bereich von Wels fiel, da hier die Polizei und der Polizeipräsident – auch nach einer Abmachung zwischen Eichhorn und Wels[569] – zuständig waren. Wels gab den Befehl »nur in Notwehr zu schießen«. Zu dieser Besprechung gesellte sich dann noch Hauptmann Coler. Coler hatte sich schon vorher bei den Franzern eingefunden und das gern und weitverbreitete Märchen von den 2,5 Millionen Mark erzählt, die der Vollzugsrat veruntreut habe. Wels, Fischer und Metternich unterbreitete er, – Fellechner, Vorsitzender des Wells'schen Kommandanturrates und der gewählte Kommandant der Franzer und sein Unteroffizier Spiro waren auch anwesend – nun den Plan zur Huldigung Eberts vor der Reichskanzlei.

Spiro wurde instruiert, beim Erscheinen Eberts den Wunsch zu äußern, die Nationalversammlung vor dem 20. Dezember einzuberufen und auf die »Missstände« im Vollzugsrat hinzuweisen.[570]

Metternich erklärte sich bereit, mit 500 Mann aus der Volksmarinedivison daran teilzunehmen. Dies geschah, alles unter den Augen der Sozialdemokraten Wels und Fischer.

Schon vorher hatten Fellechner und Spiro den Franzern den Befehl erteilt im Abgeordnetenhaus den Vollzugsrat zu verhaften. Am Nachmittag führten Spiro die Franzer und Metternich die 500 Mann der VMD zum Pariser Platz, schließlich zur Reichskanzlei.

Schon gegen 15:30 Uhr hatte Metternich Dorrenbach den Auftrag gegeben zwei LKWs um 16:30 Uhr zur Ecke Wilhelmstraße (in der die Reichskanzlei lag) Anhalterstraße zu schicken. Dorrenbach fragte nach dem Zweck und erhielt die Antwort, auf seinen oder Wilkes [!] Befehl sollten Waffen befördert werden. In Wirklichkeit sollte damit der gefangen zu nehmende Vollzugsrat abtransportiert werden.

Vor der Reichskanzlei hatten sich zwischen 17:30 und 18 Uhr Demonstranten versammelt, die sich aus den Franzern unter Spiro, dem Infanterieregiment 93, der Studentenwehr unter einem gewissen Dr. Sack und der Volksmarinedivision unter Metternich bestanden. Spiro forderte – wieder wie in Haeftens Plan – die Nationalversammlung zur »Abstellung der Missstände im Vollzugsrat« auf und rief Ebert zum Präsidenten aus. Ebert blockte ab, verwies auf den Reichsrätekongress, der einen Termin zur Nationalversammlung bestimme, lehnte die Präsidentschaft ab, sah Auseinandersetzungen mit dem Vollzugsrat als interne Angelegenheit an, legte sich aber nicht sonderlich für das Gremium ins Zeug, das ihm ein Klotz am Bein war, den er bald loswerden wollte und den er in der Öffentlichkeit zu denunzieren geholfen hatte.

Schon kurz vorher hatten die Franzer ihren Widerstand gegen Fellechner und Spiro – die durch Coler über Kontakt zum Kriegsministerium unter Scheüch und Reinhardt verfügten – aufgegeben. Sie waren gegen 16:45 Uhr mit Gewehren, Handgranaten und Flammenwerfern[571] ins preußische Abgeordnetenhaus eingedrungen und hatten den Vollzugsrat verhaftet.

Wortführer war ein Vizefeldwebel Fischer, der später angab, von drei Herren »aus Regierungskreisen« den Auftrag erhalten zu haben. Im *Vorwärts* wurden am 8. Dezember der antisemitische Schriftsteller Wilhelm Marten, Graf Matuschka und Freiherr von Rheinbaben[572] genannt, eher Randfiguren. Rheinbaben schreibt allerdings in seinen Erinnerungen, dass Stumm schon frühzeitig Truppen in Berlin in seine Hand bekommen habe, darunter auch die von Metternich geführte VMD. »Das Geld wurde aus Berliner Bankkreisen zum Teil aus rheinischen Industriekreisen [Ottmar Strauss] zur Verfügung gestellt.«[573] Auch der Adelsfreund Metternichs Legationsrat von Riepenhausen schrieb in den Zwanzigern zu dessen Rechtfertigung »dass die Banken große Summen für die Erhaltung der Marinedivision, wie ich streng vertraulich bemerke, zur Verfügung gestellt haben in der Zeit, wo der Graf die Führung hatte.«[574]

Zurück zur Vollzugsratsverhaftung. Barth war ins Abgeordnetenhaus geeilt und auch »im Namen der Reichsregierung«, der er ja selbst angehörte, für verhaftet erklärt worden. Doch ihm, anderen Vollzugsratsmitgliedern und anwesenden Schwartzkopff-Arbeitern war es gelungen, die Franzer von ihrem Tun abzubringen. Wilke, der vergeblich von Noske im November »zuverlässige Matrosen« aus Kiel hatte holen wollen und schon mehrfach für Metternich tätig war, war auch bei der Erstürmung dabei, sah sich jetzt ohne Erfolg und eilte in die Wilhelmstraße, wo er – die Huldigung näherte sich gerade ihrem Ende – Metternich bat, ihm mit den Matrosen bei der Verhaftungsaktion zu helfen: »Ich muss sofort 50 Mann von Ihnen fürs Abgeordnetenhaus haben«[575] Doch Metternich lehnte ab, um nicht enttarnt zu werden. Aber die von ihm mitgeführten Matrosen merkten nun langsam, was gespielt wurde, und eilten zum Herrenhaus, um den Vollzugsrat zu befreien. Was nicht mehr nötig war. Denn auch aus dem Marstall hatten sich Matrosen der VMD zum Schutz des Vollzugsrates eingefunden. Die *Freiheit* berichtete: »Gleichzeitig waren auch mehrere tausend Mann Matrosen zum Schutze des Vollzugsrates erschienen.«[576] Und Broßat, der auch an der Wilhelmstraßen-Huldigung teilnehmen sollte, erzählte in seinen Erinnerungen: »Der Wachführer des Schlosses, Kamerad Leutnant Dorrenbach bekam Wind von der Sache und rief die Truppe von der Straße zurück.«[577]

Parallel zum Putschversuch hatten die Gardefüsiliere (»Maikäfer«) an der Ecke Chausseestraße/Invalidenstraße in eine friedliche Spartakisten-Demonstration geschossen und dabei 17 Menschen getötet, darunter auch Frauen und Kinder einer Straßenbahn. Als Begründung musste wie immer herhalten, die Demonstranten hätten zuerst geschossen, ja auf die Soldaten eingeschlagen. So konnte Wels' vorgegebene Notwehr gerechtfertigt werden. Es war die erste richtig schwere Gewalttat nach dem weitgehend friedlichen 9. November. Und sie ging vom alten Militär aus.

Zuletzt hatten Fellechner und Spiro noch den heimkehrenden Franzern befohlen, die Druckerei der *Roten Fahne* zu überfallen.

Am Sturm auf das Herrenhaus und den Vollzugsrat waren auch einige Matrosen beteiligt, außer Wilke waren dies aber keine der VMD, sondern von außen, so die *Freiheit*, von Johannistahl, herangezogene Matrosen der Marine-Landwehr.[578] Metternich hatte allerdings die Matrosenwache des Abgeordnetenhauses nicht verstärkt und ihr befohlen, sollten die Franzern angreifen, sofort abzuziehen.[579] Also den Vollzugsrat nicht zu bewachen.

Doch Metternich war noch tiefer verstrickt in den Putsch. Am nächsten Tag wurde er auf einer Sitzung des Hauptausschusses der VMD zur Rede gestellt. Denn ein Unteroffizier namens Föst, der bei der versuchten Verhaftung des Vollzugsrats dabei gewesen war, hatte im Marstall telefonisch nach Metternich gefragt »um durch seine Vermittlung vom Auswärtigen Amt Papiere zu erhalten«, die es ihm ermöglicht hätten, Berlin zu verlassen. Spiro habe ihm außerdem gesagt, so Föst vor dem Ausschuss der VMD, die Huldigung und die Verhaftung seien »tadellos vorbereitet« und »Metternichs Matrosen (...) informiert«.

Und Dorrenbach fragte Metternich nochmal, wozu die zwei Lastwagen gedient hätten, die nach Metternichs Rückkehr in den Marstall immer noch verwaist an der befohlenen Stelle gestanden hätten. Metternich behauptete, die hätten die Matrosenwache abtransportieren sollen. Was aber nicht geschehen sei. Doch Föst erklärte nun, auch Spiro habe von zwei Lastwagen gesprochen – die offensichtlich für den Abtransport des Vollzugrates gedacht waren. So in die Enge gedrängt, erklärte Metternich beleidigt seinen Rücktritt.

Radtke notierte: »8.12. Heute hat das Drama sein Ende erreicht. Dorrenbach, Bock und Berlemann forderten Metternich direkt auf, sein Amt niederzulegen. Metternich hat wohl auch eingesehen, dass er eine Dummheit am 6. [Dezember] getan hat und legte sein Amt nieder.«[580]

In Metternichs Rechtfertigungsschrift von 1938 heißt es, er habe sich dann unbemerkt entfernt. »Ich verbarg mich in Berlin bei einem Offizier und begab mich am folgenden Tage in einer Verkleidung zum Stabe der soeben in Dahlem eingetroffenen Garde Kavalleriedivision, wo ich den Generalstabsoffizier, Hauptmann [durchgestrichen: Major] Pabst über die Zustände in Berlin unterrichtete und ihm den Rat gab, so bald als möglich mit der Truppe in Berlin einzurücken, um die Ruhe dort mit aller Energie dort herzustellen.«[581]

Pabst war da tatsächlich gerade mit seiner Garde-Kavallerie-Schützen-Division (GKSD) einmarschiert, allerdings befand er sich noch in Potsdam-Wildpark, also etwas weiter westlich als Dahlem, das er erst im Januar mit Noske als Hauptquartier benutzte. In Wildpark hatte er auch Emil Barth verjagt, der ihn agitieren und ihm den Rat der Deserteure vorstellen wollte. Metternich wird er freundlicher empfangen haben. Der Einmarsch der Fronttruppen stand unmittelbar bevor. Pabst nahm die VMD ins Visier und Metternich, wie Stumm flohen schließlich, laut Kessler, mit dem Flugzeug nach Holland.[582]

Während eine Untersuchungskommission den Putsch aufklären sollte, der Vollzugsrat über Eichhorn Verhaftungen vornehmen ließ, hob Eichhorn mit den Matrosen der VMD die Studentenwehr im Hotel aus und ließ sie verhaften. Ebenso festgesetzt wurde ihr Finanzier und Kontaktmann zur Kommandantur und zum Kriegsministerium, Leutnant Lorenz.[583] Lorenz hatte den Studenten aus eigner Tasche 2.000 Mark und von Stumm 10.000 Mark überbracht. Die Burschenschaftler sollten sich militärisch eingekleidet den Franzern anschließen und an der Ebert-Huldigung beteiligen. Doch es dauerte nicht lange und der Kriegsminister erwirkte bei den Volksbeauftragten die Freilassung seines Agenten Lorenz.

Im Vollzugsrat kam es dann zu einer gemeinsamen Sitzung mit den Volksbeauftragten, in dem sich letztere Vorwürfe anhören mussten. Bezeichnend ein Wortwechsel zwischen Richard Müller und Scheidemann. Als Müller von der Hetze gegen den Vollzugsrat sprach, rief Scheidemann aus »Wir haben Pressefreiheit« und Müller antwortete »Die Pressefreiheit hört da auf, wo es heißt ›Tötet Liebknecht!‹« und sprach darauf gleich den Fall Metternich an, da habe die Regierung bei der Auswahl nicht »genügend Vorsicht gezeigt.« Woraufhin Scheidemann sich als Schulbub behandelt fühlte und den Saal verlies. Und als Ledebour vorbrachte, dass bei der Ebert-Huldigung auch gerufen wurde »schlagt Liebknecht tot, verhaftet den Vollzugsrat« und Ebert das gehört haben müsse, wurde darüber abgestimmt Ebert als Volksbeauftragten zu entlassen. Ebert war wohl ebenfalls zu diesem Zeitpunkt bereits gegangen.[584] Der Antrag wurde mit großer Mehrheit abgelehnt.[585]

## Die OHL will den Bürgerkrieg

Nach diesem dilettantischen Putschversuch wollte die OHL nun endlich professionell und mit Unterstützung Eberts, den »Spuk« der Arbeiter- und Soldatenräte beenden. General Groener war klar: Dazu musste auch der geplante Reichsrätekongress unbedingt verhindert werden. Haeftens Plan zur Gegenrevolution ließ er sicherheitshalber nur einem SPD-Mann zukommen, dem Volksbeauftragten Friedrich Ebert.

Und Haeften berichtete, wie Ebert am 18. November (also knapp 9 Tage nach der Revolution) auf die erste Vorlage durch Ministerialrat Simons reagierte: »Ebert hielt sich schließlich die Ohren zu und sagte weder ja noch nein, anscheinend ein Zeichen, dass er zwar, wenn die Sache gelänge, bereit sei mitzumachen, aber nicht, die Initiative zu ergreifen. Am Schluss erklärte Ebert, er wolle sich eine Beschlussfassung vorbehalten. Auf jeden Fall war eine Ablehnung nicht erfolgt. Bei Dr. Simons bestand vielmehr der Eindruck, dass Ebert sich dem ganzen Plane gegenüber letzten Endes nicht ablehnend verhalten werde.«[586]

Und Groener sagte im so genannten »Dolchstoßprozess« 1925 unter Eid aus: »Dieses Programm war durchaus im Einvernehmen und im Einverständnis mit Herrn Ebert abgeschlossen.«[587]

Haeftens Plan wurde seitens der OHL trotz des fehlgeschlagenen Stumm/ Metternich-Putsches nur leicht modifiziert. Die Ebert-Huldigung wurde weggelassen.

Getarnt als Heimkehr der Fronttruppen sollten jetzt zehn rasch zusammengestellte Divisionen vom 10. bis 15. Dezember in Berlin einmarschieren, die Hauptgebäude besetzen, die in der Hauptstadt befindlichen Ersatz- und Heimattruppen, die sich der Regierung Ebert/Haase und der Revolution angeschlossen hatten, entwaffnen und folgendes Recht verkünden: »Wer ohne Waffenschein noch Waffen in Besitz hat, wird erschossen.« Und die VMD bekam eine Extraeinladung: »Deserteure und Matrosen haben sich innerhalb von 10 Tagen beim nächsten Ersatzgruppenteil oder Bezirkskommando zu melden.«[588] Man beachte hier die Gleichsetzung von Matrosen und Deserteuren. Ein Plan, der »einen weiten Raum auch für die Terrorisierung der hauptstädtischen Zivilbevölkerung ließ«[589].

Ziel war eine Diktatur Eberts mit der OHL als Junta im Hintergrund. Noch öfter sollten später Militärs eine solche Diktatur von Ebert bzw. Noske fordern. Die Pläne der OHL waren jedenfalls die ersten Pläne für eine SPD-Diktatur. Oswald Spengler hat dies dann in seiner Schrift *Preußentum und Sozialismus* theoretisch zu untermauern versucht. Eine Führernatur, die mit Preußentum den »Sozialismus« des Weltkrieges – gemeint ist die totale Mobilmachung – zur Staatsform »erhebt«. Die Räte sollten mit härtester Gewalt zerschlagen werden. Es war die blanke Konterrevolution, die hier von der OHL von Ebert gefordert wurde. Die Folgen wären Terror, Bürgerkrieg und das Ersticken der Rätedemokratie im Blut gewesen. Diese Pläne ließ man deshalb ausschließlich Ebert und einen direkten Helfer wissen.

In einem Brief an einen dieser Helfer [590] gab der Major und spätere (letzte) Reichskanzler Kurt von Schleicher Tipps: »Zweckmäßig wäre ein Kabinettszwist, der zum Ausscheiden Dittmann-Barth [also der USPD] führte.« [591]

Alle die um »Ebert herum existierten und dessen Zusammenarbeit mit der OHL beeinträchtigen könnten« [592], sollten neutralisiert werden. Das betraf nicht nur die USPD-Volksbeauftragten Haase, Dittmann und Barth, sondern auch Scheidemann und Landsberg (beide SPD). Groener (1925): »Ich bin Herrn Ebert dafür besonders dankbar und habe ihn auch wegen seiner besonderen Vaterlandsliebe und restlosen Hingebung an die Sache überall verteidigt, wo er angegriffen wurde.« [593]

Ebert wusste, dass dies Bürgerkrieg bedeutete, doch er ließ die Sache laufen, schwieg wie ein Grab und warnte weder seine Kabinettsmitglieder, noch den Vollzugsrat. Doch keiner wollte sich als Anführer dieses Terrors küren lassen, weder Groener, noch Ebert. Major Harbou protokollierte: »Die Regierung scheute sich vor jedem gewaltsamen Zugriff« und »hoffte auf eine Provokation vonseiten der Spartakusleute.« [594] Die blieb jedoch aus.

Feige, wie die Anführer der OHL waren, beauftragte man den zweitklassigen General Lequis, der nicht mal genau wusste, was er zu tun hatte, mit dem Militärputsch.

Anhänger dieses Bürgerkriegsplans, wie der Ebert-Biograf Walter Mühlhausen (SPD), sehen darin »eine Sicherung der Macht der Revolutionsregierung« [595], und Wolfram Pyta berichtet seinen Lesern, dass die Eingreiftruppe »nicht zur Konterrevolution, sondern zum Schutz der Regierung der Volksbeauftragten gegen die zunehmend militanten Kräfte der extremen Linken gedacht war.« [596]

Diese Sichtweise ignoriert bewusst, dass der Plan den Reichsrätekongress verhindern sollte, und deutet die vorgesehene Beseitigung des Heimatheeres, sowie die Zerschlagung der Räte nicht als Gegenrevolution. Die OHL beabsichtigte, auch die Waffenbesitzer im Heimatheer bei Nichtabgabe ihrer Waffe sofort zu erschießen. Erschießen war als Strafe für alles Mögliche vorgesehen, ein selbst nach dem praktisch immer noch anwendbaren, da nicht abgeschafften, verschärften Preußischen Belagerungszustand von 1851, der strenge Regeln hatte, (Standgericht, Revisionsinstanz) widerrechtliches Ansinnen. Es war der Plan einer Militärdiktatur, der im günstigsten Fall die Diktatur Eberts unter Oberaufsicht der OHL beinhaltete. Daher auch die

Einladung Hindenburgs und Groeners an Ebert (und sonst niemanden), sich (wie der gescheiterte Kaiser im Oktober) zu den Truppen zu begeben. Mit Ebert wäre dann leichter zu bewerkstelligen gewesen, was man mit dem Kaiser nicht mehr geschafft hatte: die Konterrevolution.

Doch das frühe und unkoordinierte Losschlagen von Stumm und seinen Geheimdienstmannen im Außenministerium (inkl. Metternich) wirkte nun wie ein Schuss vor den Bug.

Wels und sein Stellvertreter, der ehemalige Franziskanermönch Anton Fischer (beide SPD), die ja von der Huldigung gewusst und die Oberaufsicht über die schießwütigen Maikäfer hatten, gerieten in Verdacht, in den Putsch verwickelt gewesen zu sein.[597]

Doch die Ereignisse des 6. Dezembers 1918, der voreilige Putsch von Stumm, Metternich, Ross und Konsorten erwies sich nun als kontraproduktiv. Ebert wurde vorsichtig. War er bis dahin »noch entschlossen gewesen«, wie Major von Harbou an Groener kabelte, »den vereinbarten Plan zur Durchführung zu bringen«, sei er nach dem Malheur des Nikolaustages zurückgeschreckt und habe sich »vor jedem gewaltsamen Zugriff gescheut«.[598]

Hindenburg, von den Alliierten mit 800 anderen Militärs und Politikern als Kriegsverbrecher gelistet, schrieb daraufhin einen Brief, der nicht mit »Sehr geehrter Reichskanzler oder sehr geehrter Herr Volksbeauftragter« sondern mit »Sehr geehrter Herr Ebert!« begann, und erinnerte den Angesprochenen an den baden-württembergischen Pakt gegen die Revolution: »Die Soldatenräte müssen aus der Truppe verschwinden.«[599]

Emil Barth, Volksbeauftragter und Vertreter der Revolutionären Obleute ahnte instinktiv Schlimmes und versuchte mit Agitation Zugang zu den Gardetruppen zu finden. Die anderen fünf Volksbeauftragten, ob SPD oder USPD ließen ihn dabei im Stich. Haase (USPD) hielt schöne Reden, war aber ein Opportunist, der immer wieder schwankte und sich Ebert immer wieder anpasste. Dittmann (auch USPD) versagte hier ebenfalls. Und Scheidemann und Landsberg war in der Hinsicht alles recht, was Ebert machte. Sie ahnten nicht, dass sie selbst gefährdet waren.

»Eine solidarisch handelnde und sich auf revolutionäre Truppen stützende Regierung aber hätte dem deutschen Militarismus – der zu diesem Zeitpunkt nur noch aus einem Rest kriegsmüder Truppen bestand – den entscheidenden Schlag versetzen können.

Nur mit dem Beelzebub Revolution, mit der levée en masse, der ›Mündungen zur Erde‹-Bewaffnung, mit Volkswehren wie der VMD wäre der zu diesem Zeitpunkt erheblich schwächelnde ›Satan‹ des deutschen Militarismus auszutreiben gewesen.«[600]

Doch da platzte die Bombe: Der Oberleutnant der Reserve Heyne, aus Potsdam, berichtete am 8. Dezember früh auf einer Versammlung der Groß-Berliner Soldatenräte, dass »erhebliche Truppenmassen« vor der Hauptstadt zusammenmarschierten und dass dieses Generalkommando Lequis die Soldatenräte ignorierte.[601] Heyne wurde später sogar deswegen von der OHL verhaftet.

»Auf Straßen und Plätzen kam es zu erregten Kundgebungen.«[602] Nach Angaben der *Roten Fahne* demonstrierten 150.000.

Und der Vollzugsrat verständigte den Polizeipräsidenten Emil Eichhorn und Heinrich Dorrenbach vom 5er-Führungsgremium der VMD. Dorrenbach traf sich im Schloss mit Soldatenräten, Eichhorn und – kaum zu glauben – mit Spiro, der vorgab, sich vom konterrevolutionären Saulus zum revolutionären Paulus entwickelt zu haben. Spiro war kurzzeitig verhaftet worden und hatte sich danach dem radikalen Flügel der USPD angeschlossen.

Dorrenbach berichtete, »dass Deputationen von Soldatenräten der Fronttruppen ins Schloss gekommen seien und berichtet hätten, dass bei den Truppen eine außerordentlich konterrevolutionäre Stimmung herrsche und dass diese Stimmung von den Offizieren künstlich erzeugt und aufgeputscht werde.«[603] Es kamen laufend Meldungen von Soldatenräten herein über Auseinandersetzungen mit den vor der Stadt lagernden Fronttruppen. Soldatenräte wurden abgesetzt. Mileweski, vom 5er-Rat der VMD, der sich im Grunewald umgehört hatte, berichtete, dass jeder Soldat 2.000 Patronen Munition habe, die für »den Kampf gedacht«[604] seien. Auch weitere Matrosen-Späher berichteten nichts Gutes. Ein Ring der Konterrevolution schien sich um die revolutionäre Hauptstadt zu legen. Auch das Gerücht kam auf, es habe sogar schon Artilleriegefechte gegeben. Dorrenbach hatte zur Vorsicht auch den Telefon- und Telegrafenverkehr in der Stadt abriegeln lassen und vertrat jetzt den Standpunkt, man müsse bewaffnete Matrosen aus allen Marine-Standorten heranholen, um sich den Lequis-Truppen entgegenzustellen. Wels' Stellvertreter, Anton Fischer, der von Dorrenbach unvorsichtigerweise zur Beratung ins Schloss hinzugezogen worden war, nannte vor dem Untersuchungsausschuss 1919 die fantastische Zahl von 120.000 Matrosen, die Dorrenbach habe herbeiholen wollen.[605] Bis die Marine angekommen sei, sollten die Berliner Heimat-Truppen die Stadt abriegeln und die Fronttruppen aufhalten. Dazu wollten Dorrenbach, Eichhorn und Spiro die Kommandogewalt in der Kommandantur übernehmen, fuhren mit 10 Matrosen als Wache und Fischer in die Kommandantur und verlangten von ihm Wels aus seiner Wohnung herzuholen. Außerdem verlangten sie die Verhaftung der kaiserlichen Offiziere, die die Republikanische Soldatenwehr berieten. Fischer protestierte und wiegelte geschickt ab, man müsse erst das Terrain erkunden. Er wolle mit Eichhorn zum Grunewald fahren. Das tat er auch, und obwohl Eichhorn Schießereien hörte, obwohl Geschützlafetten unterwegs waren und auch der Soldatenrat von Charlottenburg Verdächtiges berichtete[606] ließ er sich von Fischer überreden umzukehren. Der Untersuchungsausschuss zu den Januarunruhen 1919 bezeichnete in seinem Bericht die Meldungen über aggressive Fronttruppen vor der Stadt als »Angstphantasien« und leugnete konsequent den quellenmäßig nachweisbaren gegenrevolutionären Putschversuch der OHL. Ein Beispiel, wie auch Untersuchungsausschüsse der Vertuschung das Wort reden können.

Zurück in der Kommandantur drängte Fischer Dorrenbach, die Matrosenwache und Eichhorn erfolgreich aus der Kommandantur. Sie begegneten aber noch Otto Wels, der natürlich nichts gegen die Fronttruppen unternahm, aber sich sehr über die »Bemächtigung« der Kommandantur durch Dorrenbach und Eichhorn aufregte und dass sie zu allem Überfluss auch noch Liebknecht informiert hätten. Dann machte er die Telefon- und Telegrafensperre rückgängig.[607]

Am gleichen Tag, dem 8. Dezember 1918, war Ebert gerade dabei, im Kabinett den Truppeneinmarsch als harmlose Heimkehrerzeremonie darzustellen, als Mitglieder des Vollzugsrates hereinstürmten. Sie forderten, den Truppeneinmarsch zu stoppen.[608] Während im April 1918 ein Artikel im SPD Leitorgan *Vorwärts* unter der Überschrift »Gewalt gegen Gewalt« den »baldigen vollen Sieg Deutschlands«[609] erhoffte, gab Ebert am Vormittag bei einer Rede im Lustgarten die Parole aus: »Gewalt, einerlei von wem sie angewandt, ist immer reaktionär.«[610] Aus diesem kurzzeitigen und nicht traditionellem Pazifismus heraus, kam er nun nicht umhin, einem »Kompromiss« zuzustimmen.

Nur Berliner Truppen sollten einmarschieren, außerdem Arbeiterdelegationen den Zug flankieren. Zudem war die Menge der mitgeführten Munition begrenzt.

Groener, der mit seiner OHL das von deutschen Truppen gedemütigte und ausgeplünderte Belgien hatte verlassen müssen und nun das Schlosshotel Wilhelmshöhe, im als ruhig angesehenen Kassel besetzt hielt, zog nun eine Militärdiktatur ohne Ebert ins Kalkül, da dieser seiner Ansicht nach versagt hatte. Er befahl seinem Erfüllungsgehilfen, oder sollte man sagen Strohmann,

General Lequis, »nötigenfalls alle entgegenstehenden Anweisungen von Regierungsorganen [...] auch des Kriegsministers [!] abzulehnen«[611].

Das Ganze ohne Ebert durchzuziehen, war Groener dann doch zu heiß und so schlug er dem designierten Diktator und noch Volksbeauftragten aus der SPD vor, sich endlich zu den Truppen zu »begeben, um diesen Kampf gemeinsam zu führen.«[612] Major von Harbou erhielt parallel den Befehl, an der Kabinettssitzung teilzunehmen, was ihm Ebert und die handlungsunfähigen USPD-Volksbeauftragten zubilligten, während sie den Vollzugsrat davon ausschlossen. Harbou kippte, unterstützt von Ebert den Kompromiss. Man einigte sich darauf, die auf Rache sinnenden kaiserlichen Offiziere stellvertretend für die teils ahnungslose Truppenmasse, im Blitzverfahren auf die »Deutsche Republik« zu vereidigen. Von Sozialismus oder sozial war hier gar nicht die Rede. Danach sollte einmarschiert werden.

Dass die USPD-Volksbeauftragten, Haase und Dittmann das mitmachten, überraschte schon gar nicht mehr, aber auch Barth stimmte zu – und wurde später dafür von den Revolutionären Obleuten rausgeworfen. Der Einzugsplan sah vor, dass »nicht nur mit Waffen und Munition, sondern mit geladenen Gewehren, Geschützen und MG«[613] die Hauptstadt besetzt werden sollte. Im Steglitzer Rathaus (dem Hauptquartier des Generalkommandos Lequis') versammelte sich auf Initiative Eberts, unter dem Bildnis von Kaiser Wilhelm II., zur Eidesleistung eine illustre Runde: Unter dem Patronat von Ebert, Scheidemann, Haase, Dittmann und Kriegsminister Schéuch, wurden Offiziere von zwei Divisionen, stellvertretend für alle Offiziere und Mannschaften, per Handschlag verpflichtet »im Sinne der Vereinbarung zwischen Generalfeldmarschall Hindenburg und Herrn Ebert ihre ganze Kraft in den Dienst der jetzigen provisorischen Regierung zu stellen.«[614] Eine armselige Umsetzung des Ebert-Groener-Paktes. Pabst blieb der Zeremonie übrigens bewusst fern. Er ließ sich nicht einmal auf eine deutschnationale Republik verpflichten.

Rosa Luxemburg bezeichnete dies zurecht als »eine Drohung und eine Provokation in erster Linie gegen den Vollzugsrat der Arbeiter- und Soldatenräte«[615], dessen »Beseitigung, wie die Beseitigung der Arbeiter- und Soldatenräte (mehrheitlich aus seiner SPD-Basis bestehend), Ebert durchaus zupassgekommen wäre. Der Einmarsch der schwer bewaffneten Fronttruppen konnte jetzt zum blutigen Bürgerkrieg, ja zur Militärdiktatur führen.«[616]

## »Kein Feind hat euch überwunden«

Am 10. Dezember 1918 marschierten »heimgekehrte« Fronttruppen im Gleichschritt durchs Brandenburger Tor. An der Spitze der stärksten Einheit, der Garde-Kavallerie-Schützen-Division (GKSD), ritt Hauptmann Waldemar Pabst. Schwarz-weiß-rote Fahnen wehten, gleichwohl die rote Fahne immer noch offiziellen Fahne der Republik war.[617]

General der Infanterie Walther von Lüttwitz, ranghöchster Offizier, lobte in seinen Erinnerungen Pabsts »unvergleichliche Arbeitskraft, phänomenales Organisationstalent und die gebotene Rücksichtslosigkeit gegenüber allen Hindernissen.«[618] Die NS-Heeresgeschichtsschreibung bezeichnete ihn 1940 als vorbildlichen und unverbrauchten Führer.[619] Und Sozialdemokrat Noske fraß noch im Rückblick einen Narren an ihm. Er sei einer »der rührigsten Offiziere« gewesen.[620]

Pabst entwickelte sich zur zentralen Figur, zum »Kreuz-Buben«[621] der Konterrevolution. Auch die trägste historische Forschung erkennt dies langsam.[622] Die Kooperation mit der Führung der Sozialdemokratie war für ihn nur solange nötig, bis die revolutionären Massen besiegt und deren Führer liquidiert sein würden.

Danach wollte er der SPD die Rechnung präsentieren inklusive der Beseitigung der parlamentarischen Demokratie und deren Parteien. Einzelne leitende Figuren der SPD, wie Ebert und Noske, waren hingegen als Führernaturen in einem vom Militär gestützten Direktorium durchaus vorgesehen. Dies schloss Pabst aus dem Verhalten Noskes, ja auch Eberts.

Der zeigte sich am 10. Dezember auf der Höhe des Militärs und hielt neben dem Kriegsminister Scheüch (nun wieder in Uniform)[623] stehend, eine Ansprache an die Soldaten:

»Eure Opfer und Taten sind ohne Beispiel. Kein Feind hat Euch überwunden. Erst als die Übermacht der Gegner an Menschen und Material immer drückender wurde, haben wir den Kampf aufgegeben.«[624]

Eine merkwürdige Dialektik unüberwunden, aber dann doch, vielleicht weil von hinten erdolcht? Und Ebert hatte im Geografieunterricht aufgepasst:

»Allen Schrecken habt ihr mannhaft widerstanden – Mannschaften und Führer –, sei es in den Kreidefelsen der Champagne, in den Sümpfen Flanderns oder auf dem elsässischen Bergrücken, sei es im unwirtlichen Russland oder im heißen Süden.« Das war also der Verteidigungskrieg den die SPD mitgetragen hatte. Von allen Seiten waren die Russen auf Deutschland eingedrungen, deswegen musste man offensichtlich all diese Ländereien besetzen. Und warum hatten die Soldaten das gemacht:

»Ihr habt die Heimat vor feindlichem Einfall geschützt, Ihr habt Euren Frauen und Kindern, Euren Eltern den Mord und den Brand des Krieges ferngehalten, Deutschlands Fluren und Werkstätten vor Verwüstung und Zerstörung bewahrt. [...] Auf Euch vor allem ruht die Hoffnung der deutschen Freiheit. Ihr seid die stärksten Träger der deutschen Zukunft.«

Also ein Verteidigungskrieg im Feindesland, ein Präventivkrieg. Aber wollte denn 1914 jemand Deutschland angreifen, den Mord und den Brand des Krieges hineintragen? War es nicht Österreich das Serbien angegriffen hatte und dann Deutschland Belgien und Frankreich? Und waren etwa keine Frauen und Kinder von Deutschen im neutralen Belgien massakriert worden? Sah so die Verteidigung des Heimatlandes aus? Was für eine Weltsicht präsentierte hier der Vorsitzende der Sozialdemokratischen Partei Deutschlands? Und wem vertraute er da? Doch wohl diesen stahlbehelmten, im Gleichschritt marschierenden Heimkehrern? Offensichtlich vertraute er ihnen weit mehr als demokratischen aus der Revolution geborenen Einheiten wie der Volksmarinedivision. Und das wird aus dieser Rede klar, in der das Wort Sozialismus, Militarismus, ja nicht einmal Demokratie vorkommt: Die eigenen sozialdemokratischen Volksmassen genossen sein Vertrauen nicht.

Hier stand ein zum Preußen gewandter Badener, der dem Alten nachtrauerte und das Neue – Basisdemokratie, Antimilitarismus und Sozialismus, die das Erfurter Programm versprach – nicht haben wollte.

Den Ton, den er in dieser Rede traf, das war der vom August 1914.

Ebert war ganz offensichtlich zur Stimme seines Herren geworden. Und dieser Herr war die Oberste Heeresleitung. Denn Major Schleicher von dieser OHL hatte diese Rede – von der Ebert kaum abwich – vorgeschlagen.[625]

Bis heute übergehen junge aufstrebende Historiker, wie Mark Jones, oder Robert Gerwarth diesen vom DDR-Historiker Erwin Könnemann aufgedeckten Zusammenhang. Doch die Rede, die ja den OHL-Putsch begleiten sollte, zündete nicht so recht.

»Weder wurde Ebert aufgrund seiner Rede zum Ersatzkaiser gemacht, noch wurden die Arbeiter- und Soldatenräte entwaffnet, noch Waffenträger ohne Waffenschein erschossen. Die meisten Frontsoldaten, mit den revolutionären Parolen ihrer Kameraden konfrontiert, ließen sich ›bolschewistisch verseuchen‹[626] und gingen einfach heim.«[627]

Die von Ebert als »Hoffnungsträger« bezeichneten Kriegsheimkehrer behielten ihre scharfe Munition für sich und lagerten sie zuhause, statt mit dem »Räteunwesen« aufzuräumen. »Auch die ausgesiebten Truppen des Feldheeres erlagen auf Dauer der revolutionären Luft der Hauptstadt«[628], notierte der verhinderte Putschgeneral Groener und kauerte dann auch in Kassel »im Klubsessel ganz zusammengesunken.«[629]

Der Militarismus war, wie schon am 9. November, ohne Truppen. Das Abwürgen der demokratischen Revolution und somit der Bürgerkrieg waren verhindert worden. Nicht weil, sondern obwohl es Ebert gab, wurde der Terror vertagt. Nur die GKSD blieb dank ihres Generalstabsoffiziers Pabst »durch geschickte Vorbeugemaßnahmen«[630] als Frontformation erhalten.

Der Putsch war ausgeblieben, aber die Soldatenräte in der Stadt wurden gleichwohl langsam entmachtet. Und das Kommando Lequis', das noch in Resten bestand, forderte die Entwaffnung der Bevölkerung. Die Regierung kam dem nach und verordnete die Abgabe sämtlicher Heereswaffen. Zwar wurde jetzt bei Nichtbefolgung von der Todesstrafe abgesehen, aber dennoch mit schweren Strafen gedroht. Die Auflösung der Heimattruppen war nicht gelungen, ebenso die Aufstellung einer Nationalgarde.

Und die VMD, die nicht mit sich hatte putschen lassen, rückte jetzt ins Visier der alten Militärs und der Presse, allen voran des *Vorwärts*. Der behauptete, es sei ein Matrose gewesen, der am 6. Dezember an der Ecke Chausseestraße/Invalidenstraße den ersten Schuss abgegeben und so das Massaker der Maikäfer ausgelöst habe. Außerdem hätten Matrosen Dum-Dum Geschosse (Patronen, die abgestumpft bzw. eingekerbt sind und so schwerste Verletzungen verursachen) dabeigehabt.[631]

## Radikalisierung

»Am 9.12. wurden Neuwahlen vorgenommen für den ganzen Ausschuss und statt eines Kommandanten wurde ein 5er-Ausschuss gewählt. Als gewählt wurden die bezeichnet, die die meisten Stimmen hatten. Unter den 12 Kandidaten hatten die meisten Stimmen wie folgt: Radtke, Dorrenbach, Hillebrand, Milewski und Rädel. Ich war somit zum Kommandanten der V[olks] M[arine]D[ivision] gewählt und die anderen Kameraden mir beratend zur Seite stehend.«[632] Das schrieb Fritz Radtke.

Unter seiner Führung machte die VMD eine Radikalisierung durch. Dafür war einerseits der Druck verantwortlich, der hauptsächlich von Wels ausging, der im Auftrag Eberts die Truppe loswerden wollte, als auch die Hetze gegen die revolutionären Matrosen.

Andrerseits blies ihnen – wie allen Soldatenräten – seit die Frontruppen einmarschiert waren, ein anderer Wind ins Gesicht. Die von den Offizieren aufgehetzten Reste der Frontsoldaten ließen sich zu Übergriffen hinreißen. Und die Räte störten die SPD-Volksbeauftragte beim Regieren »bei der Konkursverwaltung des alten Systems« (Ebert). Den Militärs in Kassel und im Kriegsministerium waren sie sowieso ein Dorn im Auge.

Als Person war es jedoch jetzt nicht Radtke, der die Dinge bei der Wurzel fasste, sondern Dorrenbach. Dass der paritätische Rat der Volksbeauftragten bald auseinanderbrechen würde, lag in der Luft. In der Stadt wartete man auf den großen Knall. Dies waren genauso wenig Hirngespinste wie der versuchte Putsch beim Einmarsch. Schließlich hatte die OHL schon mehrfach gefordert die USPD-Männer Haase, Dittmann und Barth zum Teufel zu jagen. Und laut Philipp Scheidemann arbeiteten die SPD-Volksbeauftragten bereits seit dem 29. November 1918 am Bruch mit den USPD-Volksbeauftragten.[633]

Am 12. Dezember kam es zu einer geheimen Sitzung der Führung der VMD. Das Protokoll ist erhalten. Radtke berichtete, dass die Regierung sie loswerden wolle. Der Sekretär von Ebert habe versucht, sie zu demobilisieren. »Wir haben der Regierung und der Kommandantur Schutz gewährt von Anfang an. Mohr kann jetzt gehen.« Die VMD »war der Regierung nur Mittel zum Zweck.«[634]

Dann kam nochmals die Reaktion zur Sprache, die gegen sie im Gange sei: Als Beispiel wurden die verhaftete Studentenwehr, Metternich und Wilke genannt. Man habe sie benutzt, wusste Hillebrand.

Doch Radtke klagte anderseits darüber, dass im 53er-Ausschuss der Marine auch Bolschewisten säßen. Sie, die VMD stünde aber zur Regierung Ebert-Haase. Dorrenbach griff das auf. Die VMD bilde eine Macht für die Regierung Ebert-Haase. Aber Haase hatte ihnen wohl keine Garantien für die Zukunft gegeben. Und dann fuhr er fort, die II. Abteilung der VMD habe sich zur USPD erklärt. Schließlich wurde die Gretchenfrage gestellt: »Wenn Ebert sich von Haase trennt. Wem stehen wir dann zur Verfügung?«

Hillebrand forderte eine Abstimmung, wer zu Ebert und wer zu Haase stehe. Das Ergebnis wurde schriftlich festgehalten und dann von Dorrenbach vernichtet. Aber in Bleistift war auf das Protokoll draufgeschrieben: »Wenn Haase sich von Ebert trennt, stehen wir alle geschlossen für eine Regierung Haase mit Waffen in der Hand.«[635]

Dorrenbach hatte es – vermutlich mit großem rhetorischem Geschick – geschafft, die Zielrichtung der Matrosen-Truppe festzulegen.

»Er erklärte: ja, nach der augenblicklichen Situation sieht es so aus, dass die Regierung auseinandergeht und in die Hände von Haase und dergleichen fällt, und dann selbstverständlich müssen wir auch der Regierung zur Verfügung stehen.« So Hillebrand im Untersuchungsausschuss 1919. Dort gaben zwei Mitglieder zu, dass der Beschluss einstimmig gefasst wurde: Junge und Halves. Junge erläuterte auch, dass alle unterschrieben hätten und er dann sicherheitshalber das Original auf Dorrenbachs Anweisung hin zerrissen hätte. Dorrenbach – so Junge unter Halves Zustimmung – habe gesagt: »Wir brechen uns das Genick und da wurde es dann vernichtet.« Hillebrand konnte sich nicht erinnern und Radtke wollte davon absolut nichts gehört haben, ja wehrte sich mit Händen und Füßen dagegen. Doch in den Befragungen des Untersuchungsausschusses wurde klar, auch diese beiden hatten zugestimmt.[636]

## Revolutionäre Tat

Inzwischen kamen die Soldatenräte der Garnison hilfesuchend zur VMD gelaufen. So meldeten sich am 15. Dezember beim Garderegiment zu Fuß die am 9. November abgesetzten Offiziere, an die hundert Mann, bewaffnet und mit Abzeichen und Stahlhelm zurück und nahmen die Kaserne in Beschlag. Oberst Reinhard, der spätere SS-General, befahl den Wachen, sofort bewaffnet Posten zu beziehen und der Soldatenrat war entwaffnet. Auch in anderen Kasernen wurden die Soldatenräte abgesetzt. Hauptmann Pabst hatte sich für seine von der Front kommende Truppe, der GKSD, sogar was Besonderes ausgedacht. Es gab statt Soldatenräten sogenannte Vertrauensräte, die nichts zu sagen hatten, aber zur Außenwirkung der Division dienten. Und prompt forderten diese Vertrauensmänner die Ablösung der Volksmarinedivison. Denn deren Anwesenheit sei »eine Herabsetzung der nach Berlin eingerückten Fronttruppen.«[637]

Der *Vorwärts* hatte gleich am nächsten Tag in Eintracht damit gefordert, da jetzt »revolutionäre« Truppen in die Stadt gekommen seien, könnten die Matrosen in ihre Heimat zurück. Der *Vorwärts* ignorierte dabei, dass Berlin ihre Heimat war.

Dorrenbach versuchte gegen die drohende Liquidierung der VMD und die Vernichtung der Basisdemokratie in den Heimattruppen nun die Soldatenräte der Hauptstadt zusammenzutrommeln, um gegen die Abschaffung der Räte vorzugehen. Flucht nach vorn war angesagt. Sein Ziel war der vom

16. – 19. Dezember im preußischen Abgeordnetenhaus tagende Reichsrätekongress. Hier wollte er den Verhältnissen ihre Melodie vorspielen, um sie zum Tanzen zu bringen.

Von diesen Zusammenkünften der Soldatenräte der Garnison existieren keine Protokolle, nur die Forderungen, eine Einladung – mit einem Kommentar von Wels, dem sie offensichtlich in die Hände gefallen war[638] – Rotheits Erwähnung[639] und die Erinnerung Karl Grünbergs.

Am 16. Dezember morgens trafen sich im Kasino des Augusta-Regiments folgende Soldatenräte der Heimattruppen: Die Garde-Grenadier-Regimenter Alexander, Augusta, Franz, Garderegiment zu Fuß (3. Garde-Infanteriegiment), Garde-Dragoner, Gardekürassiere, sowie die VMD.[640]

Hier kamen weitere gegenrevolutionäre Vorkommnisse zur Sprache, wie die Medien-Kampagne gegen die VMD. Nachmittags erschienen weitere Ersatzbataillone. Man schickte eine Kommission in die Regimenter, wo die Soldatenräte abgesetzt worden waren. Sie sollte die Offiziere dort belehren, dass das nicht ihre Sache sei.[641] Ob sie überall erfolgreich war, ist nicht überliefert. In der Kürassierkaserne gelang es aber wohl, einen Rittmeister Eckartstein zu entfernen.[642]

»Einmütig war man der Auffassung, dass etwas Entscheidendes getan werden müsse, der sich anbahnenden militärischen Restauration das Wasser abzugraben! Dass die einzig dazu berufene Instanz der soeben zusammengetretene Kongress der A.- und S.-Räte sei! Und dass man für die zu treffenden Maßnahmen die gesammelten Truppen mobilisieren müsse!«[643]

Und die führende Truppe bei dieser »Verschwörung« (Rotheit) war die VMD, der führende Mann Heinrich Dorrenbach. Was er die nächsten Tage erreichte, war eine der größten revolutionären Taten des November 1918. Der erste Beschluss der Soldatenräte der Heimatarmee lautete: »Wir stehen nach wie vor der Regierung Ebert-Haase zur Aufrechterhaltung von Ruhe und Ordnung zur Verfügung, protestieren aber aufs energischste gegen die von reaktionärer Seite geplante Entfernung der Volksmarinedivision aus Berlin. Die Kameraden der Marine sind die ersten Träger und Schützer der Revolution gewesen. Ihre Anwesenheit in Berlin ist deshalb unbedingt erforderlich. Die Soldatenräte beantragen deshalb, dass die augenblicklich bestehende Volksmarinedivison noch vergrößert wird.«[644]

Tatsächlich hatten Radtke, Dorrenbach, Hillebrand und Milewski schon am 8. Dezember den Antrag gestellt, die VMD auf 5.000 Mann zu vergrößern.[645] Dies wäre eine gute Basis für eine Volkswehr in Berlin gewesen. Die Regierung der Volksbeauftragten hatte zwar grundsätzlich ein Volkswehrge-

*Reichskongreß der Arbeiter- und Soldatenräte* [Bundesarchiv 146-1972-030-63]

setz verabschiedet, die Umsetzung aber auf die lange Bank geschoben. Der Antrag der VMD wurde abgelehnt. Sie sollte reduziert werden.

Am 12. Dezember hatte die VMD immer noch 3.200 Soldaten von denen 1.420 zur Disposition gestellt waren. Die Abteilung I im Marstall hatte 1.550 Matrosen und sollte auf 1.100 reduziert werden. Die Abteilung II im preußischen Abgeordnetenhaus hatte 800 Mann und sollte auf 300 zurückgehen und die Abteilung III in Moabit (Lehrter Bahnhof) von 900 auf 400 gedrückt werden.[646]

So blieben insgesamt noch 1.800. Gegen diese Salamitaktik der Kommandantur war das Treffen der Soldatenräte selbstverständlich auch gedacht.

Die Soldatenräte des Heimatheeres wollten die Volksbeauftragten, den Vollzugsausschuss, den Stadtkommandanten, den 53er-Ausschuss und in einer Dringlichkeitssitzung das Plenum der Soldatenräte von Groß-Berlin davon unterrichten. Und sie arbeiteten einen ersten Entwurf eines Antrages aus, der die Regierung aufforderte »dass die Befehlsgewalt über die Truppen nur in der Hand von auf demokratischer Grundlage gewählten Soldatenräten liegt.«[647] Bei den heimgekehrten Fronttruppen müssten die Wahlen umgehend stattfinden.

Schon am nächsten Tag, parallel zum Reichsrätekongress, den man beschicken wollte, daher die Eile, kam es auf Initiative Dorrenbachs zu einer Sitzung von 17 vielleicht sogar 19 Soldatenräten im Kaisersaal des Schlosses. Der Einladung dazu »leisteten fast alle in Berlin und näherer Umgebung liegenden Truppen Folge.«[648] Darunter »nicht wenige Mehrheitssozialisten, die von der Notwendigkeit und Richtigkeit der am Vortage gefassten Beschlüssen erst überzeugt werden mussten.«[649] Die einstimmig angenommene, von Dorrenbach vorgetragene Resolution war anfangs ähnlich der des Vortags. Die Truppenteile stünden hinter der Regierung, allerdings mit der Ergänzung oder besser unter der Voraussetzung, dass diese Regierung »auf ihrem Programm als endgültiges Ziel die Schaffung einer Sozialistischen Republik stehen hat.« Die VMD sei zu erhalten, aber die Forderung nach ihrer Vergrößerung war nicht mehr aufgeführt. Darüberhinaus enthielt die Resolution allerdings einen Katalog, der es in sich hatte (in Stichworten wiedergegeben):

1. Die Kommandogewalt von Heer und Marine üben die Volksbeauftragten unter Kontrolle des neu zu bildenden Vollzugsrats (Zentralrat) aus.

2. Als Symbol der Zertrümmerung des Militarismus und des Kadavergehorsams, Abschaffung aller Rangabzeichen und des Waffentragens außer Dienst.

3. In den Garnisonen liegt die Kommandogewalt für örtliche Angelegenheiten bei den Soldatenräten.

4. Für die Disziplin sind die Soldatenräte verantwortlich.

5. Für die Entfernung der Achselstücke etc. sind ausschließlich die Soldatenräte verantwortlich.

6. Abschaffung aller Orden und Ehrenzeichen.

7. Die Soldaten wählen ihre Führer selbst.

Die Entschließung war ein Kompromiss der parteilosen, der SPD- und USPD-Soldatenräte. Grünberg behauptet, er sei das Ergebnis »planmäßiger Arbeit des Spartakusbundes« gewesen, es war aber eher das Ergebnis planmäßiger Arbeit Dorrenbachs.

Es wurden dann Schilder für den Besuch des Kongresses vorgezeigt. Deren Losungen die SPD-Räte wieder wankend machten, auch dass sie feinsäuberlich in einer Werkstatt hergestellt waren, erzeugte Unmut. »Die Sozialdemokraten fühlten sich überrumpelt. Es gab einen Tumult in dem alles aufeinander einschrie.«[650] Grünberg will dann auf einen Tisch gestiegen sein und die Räte ermahnt haben, nicht auf halbem Wege stehenzubleiben. »Das half, einer nach dem anderen ergriff eine der Standarten, meinem speziellen Freund Müller [SPD], dem der strategische Rückzug abgeschnitten war, blieb die übriggebliebene Losung: ›Alle Macht den Arbeiter- und Soldatenräten!‹«[651]

Es dämmerte bereits, als sich die ca. 30 Mann[652] starke Truppe Richtung »Herrenhaus« aufmachte, Richtung preußisches Abgeordnetenhaus, wo der Reichsrätekongress tagte, das Räteparlament mit gewählten Räten aus ganz

Deutschland, Arbeiter waren die wenigsten. Und doch ging es zeitweise hoch her, zeitweise war es aber auch lustig. So meldete sich am dritten Tag der Vorsitzende des Soldatenrats der 4. Armee aus Krefeld (im Zivilberuf Nationalökonom), Ludwig Lewinsohn. Er hatte am 8. Dezember im Vollzugsrat, als es um den Stumm'schen Putsch vom 6. Dezember ging, kurz nach der – sorglosen – Wahl des Mit-Putschisten Kretschmar zum Vize-Vorsitzenden des Berliner Soldatenrates, ausgerufen: »Wir alle wollen mitarbeiten an der Errichtung der Deutschen Republik.«[653] Von »sozial« oder »sozialistisch« war hier nicht die Rede. Im Rätekongress stellte er sich dann auch schützend vor Generalleutnant Groener und seine Mannen von der OHL: »Wenn Sie nun die Oberste Heeresleitung bei uns beseitigen, so haben Sie niemand, der mit der Obersten Heeresleitung der Entente verhandeln kann. (Zuruf: Dann haben wir immer noch Sie! – Heiterkeit)«[654] Der Zwischenrufer hatte mitten ins Herz des Militarismus getroffen, deutsche Soldaten waren erstmalig und seitdem nicht mehr, in der Lage, ihr Leben selbst zu formen und keine Opfer mehr zu werden bzw. keine Killermaschinen.

Schon allein aus diesem Grund hatte die OHL mit dem Einverständnis Eberts ab dem 10. Dezember mit Gewalt den Kongress zu verhindern versucht. Der Volksbeauftragte musste jetzt reichlich zerknirscht auf dem Podium sitzen und zusehen, was sein Parteivolk da auf den Kopf zu stellen versuchte: Den preußischen Militarismus. Dabei verkörperte der Kongress kein überbordendes Revolutionsparlament. Die meisten der Delegierten waren altgestandene SPD-Parteisoldaten.[655] Ebert hatte ihnen gleich zu Beginn klar zu machen versucht, dass ihre Stimme eigentlich gar nicht zählte, sondern nur die Nationalversammlung das Ei des Kolumbus legen könne. In der »Heerstraße der parlamentarischen Beratung« (Ebert) sah er die Zukunft.

Genau aus diesem Grund hatten Luxemburg und Liebknecht – sie waren nicht einmal als Gastdelegierte zugelassen worden –Demonstranten vor das Gebäude des Preußischen Abgeordnetenhauses gerufen.

Der SPD-Führung gewann zwar eine wichtige Abstimmungsschlacht, denn der Kongress votierte mit großer Mehrheit gegen die direkte Rätedemokratie und für die baldige Einberufung einer Nationalversammlung, doch zwei andere zur Behandlung gelangte Punkte wurden nicht im Sinne Eberts entschieden: die Frage der Sozialisierung und die Frage der Demokratisierung des Heeres.[656]

Extra vorbei an der Kommandantur, über die Linden und Friedrichstraße, Leipziger Straße strebten die »verschwörerischen« Soldatenräte teils mit geschwärzten Gesichtern, ihre Standarten geschultert, bestaunt von Passanten, ihrem Ziel zu. Da die VMD das Haus bewachte, war es nicht schwierig hineinzukommen, und Ortskundige wiesen den Soldatenräten den Weg durch das Labyrinth des ehrwürdigen preußischen Landtags.

Es war der 17. Dezember 1918. Obwohl Otto Braß (USPD) über »gegenrevolutionäre Umtriebe« der Fronttruppen in ganz Deutschland berichtete, die einfach die Soldatenräte absetzten, und er die Frage stellte, wer regiere, die Volksbeauftragten oder die OHL[657], erinnerte der Kongress schon an den alten Reichstag. Da brachten ihn die 30 revolutionären Soldatenräte zum Tanzen. Unter der Leitung Dorrenbachs drängten sich plötzlich die Abordnungen von insgesamt 17-19 Regimentern der Stadt (darunter die VMD) durch eine Tür hinter dem Podium.[658]

»Völlig überraschend tauchten wir dort plötzlich auf der Regierungsestrade auf, wo wir mit unseren Standarten Aufstellung nahmen. Ein Teil der Delegierten empfing uns mit minutenlangem Beifall, während das Verhalten der anderen gegenüber dieser ›geschäftsordnungswidrigen‹ Demonstration glatte Ratlosigkeit offenbarte. Vor allem bei den sozialdemokratischen Regisseuren auf der Regierungsbank gab es lange Gesichter, hatten Sie doch geglaubt nach dem am Vortag mit Mehrheit beschlossenen Antrag zugunsten einer Nationalversammlung ihr Heu bereits im Trockenen zu haben.«

Archivrat O.E. Volkmann, kein Freund der Matrosen, berichtete: »Sie tragen in den erhobenen Händen und auf Stangen Pappschilder mit allerlei Aufschriften und bemühen sich, durch ihr Äußeres und ihr Auftreten, den Eindruck von Desperados hervorzurufen. Einige haben ihre Gesichter mit Lehm oder grauer Farbe beschmiert, um noch furchtbarer zu erscheinen und Angst und Schrecken zu erregen.«[659]

Und das *Berliner Tagblatt* brachte gar biblische Untergangsvergleiche: »Man hatte einen ähnlichen Eindruck, wie einst der König Belsazar, als die geheimnisvolle Hand im Saal ihr Menetekel schrieb.«

Dorrenbach sprach im Namen der Vertreter der Truppen, bekannte sich, wie vorgesehen zur Regierung Ebert-Haase – die im Programm als Ziel eine sozialistische Republik habe – und forderte die Erhaltung der VMD, da »die Kameraden der Marine« die »ersten Stützen und Träger der Revolution gewesen« seien (lebhafter Beifall bei einem Teil der Delegierten). Dann legte er dem Kongress – teils unter stürmischem Beifall – einen revolutionären Beschluss zur Abstimmung vor:

1. Ein oberster Soldatenrat übt die Kommandogewalt über alle Truppen des Heeres aus. (Das war radikaler, als der erste im Schloss vereinbarte Punkt.)
2. Die Rangabzeichen aller Dienstgrade sind verboten. Sämtliche Offiziere sind zu entwaffnen.
3. Für die Zuverlässigkeit der Truppenteile und für die Aufrechterhaltung der Disziplin sind die Soldatenräte verantwortlich.[660]

Ebert und seine Vorstandskameraden versuchten nun die Abstimmung darüber abzubiegen, es kam laut Protokoll zu »turbulente(n) Szenen«. »Ein Teil der Mehrheitssozialdemokraten schickt sich an, den Saal zu verlassen.« »Das Haus befindet sich minutenlang in völliger Auflösung.«

Da gelang es dem »katzenhaften« (Harry Graf Kessler) Volksbeauftragten Haase (USPD), sich Gehör zu verschaffen. Er machte den Vorschlag, den Antrag am nächsten Tag als Erstes zu behandeln. Doch wieder kam es zum Tohuwabohu. Dorrenbach schrie: »Was machen die Soldatenräte bis morgen? Die Offiziere in den Kasernen setzen die Soldatenräte ab!« Mitten im Tumult wurde die Sitzung geschlossen.

Inzwischen hatte es heftige Diskussionen zwischen den erbitterten Soldatenräten und Kongressteilnehmern gegeben, die »eine Verletzung der geheiligten parlamentarischen Spielregeln erblickten.«[661] Die Auseinandersetzung verlagerte sich in die Wandelgänge. Einige Soldatenräte ließen sich zu Drohungen hinreißen, sie kämen am nächsten Tag mit MGs und Kanonen, um ihren Forderungen Nachdruck zu verleihen. Was Unsinn war. Ausländische Pressevertreter zeigten sich ratlos und wollten von Grünberg und den anderen Räten wissen, was denn ihre Demonstration zu bedeuten habe. Vielleicht ahnten sie, dass hier Geschichte geschrieben wurde. Eine Geschichte die den Lauf des Jahrhunderts hätte ändern können. Doch es kam anders.

Mit dem Fraktionsvorsitzenden der SPD, Carl Severing, war Ebert übereingekommen, durch einen eigenen abgemilderten Antrag die Sache abzufangen. Der kam am nächsten Tag zur Vorlage: die bis heute nahezu vergessenen sieben Hamburger Punkte.[662] Ihren Namen erhielten sie weil der gemäßigte Reserveoffizier Walther Lamp'l (SPD) aus Hamburg sie im Auftrag der Parteileitung vorlegte.

Durch sie sollte die Kommandogewalt auf die Regierung der Volksbeauftragten übergehen, die Soldatenräte für die Disziplin verantwortlich sein, alle Rangabzeichen und Orden abgeschafft und die Wahl der Offiziere durch die Mannschaften eingeführt werden. Dies beinhaltete auch die beschleunigte

## Zusammenstellung aller erledigten Anträge.

### A. Angenommene Anträge.

#### 2. Zur Kommandogewalt.

**Antrag Lüdemann:**

1. Die Kommandogewalt über Heer und Marine üben die Volksbeauftragten unter Kontrolle des Vollzugsrats aus.
2. Als Symbol der Zertrümmerung des Militarismus und der Abschaffung des Kadavergehorsams wird die Entfernung aller Rangabzeichen und des außerdienstlichen Waffentragens angeordnet.
3. Für die Zuverlässigkeit der Truppenteile und für die Aufrechterhaltung der Disziplin sind die Soldatenräte verantwortlich. Der Kongreß der A.- und S.-Räte ist der Überzeugung, daß die unterstellten Truppen den selbstgewählten Soldatenräten und Vorgesetzten im Dienste den zur Durchführung der Ziele der sozialistischen Revolution unbedingt erforderlichen Gehorsam erweisen. Vorgesetzte außer Dienst gibt es nicht mehr.

4. Entfernung der bisherigen Achselstücke, Unteroffizierstressen usw., Kokarden, Achselklappen und Seitengewehre ist ausschließlich Angelegenheit der Soldatenräte und nicht einzelner Personen. Ausschreitungen schädigen das Ansehen der Revolution und sind zur Zeit der Heimkehr unserer Truppen unangebracht.
   Der Kongreß verlangt Abschaffung aller Orden und Ehrenzeichen und des Adels.
5. Die Soldaten wählen ihre Führer selbst. Frühere Offiziere, die das Vertrauen der Mehrheit ihres Truppenteils genießen, dürfen wiedergewählt werden.
6. Offiziere und militärischen Verwaltungsbehörden und Beamte im Offiziersrange sind im Interesse der Demobilisation in ihren Stellungen zu belassen, wenn sie erklären, nichts gegen die Revolution zu unternehmen.
7. Die Abschaffung des stehenden Heeres und die Errichtung der Volkswehr sind zu beschleunigen.
8. Vorstehende Sätze sind Richtlinien. Die endgültigen Ausführungsbestimmungen werden von den 6 Volksbeauftragten unter Kontrolle des Vollzugsrates und im Einvernehmen mit den Soldatenräten von Heer und Marine festgesetzt.

Eingebracht Spalte 140, Abstimmung 190. Angenommen in Ziffer 1 bis 7, Ziffer 8 zurückgezogen. In Ziffer 1 ist hinter „Marine" eingefügt „und Schutztruppen".

*Die Hamburger Punkte aus dem Original-Protokoll* [Bundesarchiv]

Abschaffung des stehenden Heeres und damit der OHL. Nur wenige wissen, dass dies schon bürgerliche Forderungen der Revolution von 1848 waren, aber deswegen nicht über weniger Sprengkraft verfügten: Umgesetzt würde das das Ende des preußischen Militarismus und Imperialismus bedeuten.

Ebert und die SPD-Führung zogen alle Register des Verhinderungsparlamentarismus, indem sie versuchten, einen achten Punkt hinzuzufügen: Diese Forderungen seien nur Richtlinien.[663] Die Ausführungsbestimmungen habe der Rat der Volksbeauftragten zu erlassen. So hätte man alles bequem wieder abbiegen können.

»Doch unter den Augen der für Momente machtlosen Ebert, Landsberg und Scheidemann wurden die Hamburger Punkte – ohne den einschränkenden achten Punkt – angenommen. Es sind auch heute noch revolutionäre Forderungen, die weder in der Nationalen Volksarmee der DDR noch der Bundeswehr verwirklicht wurden.«[664]

Die OHL war außer sich. Hindenburg lehnte in seinem Stübchen in Kassel alles ab. Er selbst, Groener und seine Mannen gaben sich plötzlich als Hüter der Nationalversammlung. Während des Krieges hatten sie jahrelang per faktischer Militärdiktatur regiert, jetzt hatten sie plötzlich demokratische

Kreide gefressen[665] Demokratie in der Armee könne nicht von einer »einseitigen Ständevertretung« beschlossen werden.

Beim turnusmäßigen nächtlichen Telefongespräch ersann Ebert schließlich die entsprechende demokratische Lösung: »Wir müssen versuchen, durch geschickte Behandlung die leidige Angelegenheit aus der Welt zu schaffen.«[666]

Groener fuhr nach Berlin. Am 20. Dezember 1918 marschierte er in vollem Wichs zusammen mit Major von Schleicher in die Reichskanzlei ein. Eine Wache, die sich ihm in den Weg stellte, ließ er ohne Skrupel verhaften.[667]

In der Reichskanzlei sprachen die beiden hohen Militärs erstmal vertraulich mit Ebert und Landsberg. Erst dann durften sich die USPD-Volksbeauftragten dazugesellen, flankiert vom sogenannten Zentralrat, einem reinen SPD-Gremium, das auf dem Kongress als Nachfolgeorgan des Vollzugsrats gewählt worden war. Die USPD hatte – ein Granaten-Fehler – sich der Mitgliedschaft dieses Rates enthalten.

Und Groener längst d'accord mit Ebert trumpfte auf: »Je mehr Sie die Finger davon lassen, sich die Sache entwickeln lassen, uns arbeiten lassen, desto eher wird es in Ordnung kommen.«[668] Nicht ohne Geschick bekämpfte Groener die USPD-Volksbeauftragten mit Lenin: »Übrigens gestalten auch die Russen ihr Heer in alter Weise mit Drill und nicht gewählten Offizieren.«

Und Groener »drohte« tatsächlich mit Rücktritt und sah in dem Fall »allerschwerste Zeiten für unser Volk voraus.« Die Prophetie dieses Satzes ist durchaus eingetreten, aber eben weil die Beschlüsse nie verwirklicht wurden. Doch was war das für eine Gelegenheit: Der Vertreter des Militarismus bot freiwillig das Ende des Militarismus an – und die Volksbeauftragten nahmen den Rücktritt nicht an. »Auch von der OHL sind Fehler gemacht worden«[669], erlaubte sich Haase einzig zu bemerken. Und bewies erneut, was für eine tragische Charge er war.

Nur Emil Barth – der erst spät der Sitzung beiwohnen konnte, weil ihn Ebert nicht unterrichtet hatte[670] – hielt das Fähnlein der USPD hoch und pochte auf die Einhaltung der Beschlüsse. Aber er war in der Minderheit. Dittmann und Haase zeigten sich hier als die größten Versager der Revolution. Und noch 1925 freute sich Groener über das strategische Geschick Eberts. Der habe es »in geschickter Weise verstanden«, das Ganze »auf einen toten Punkt zu bringen«[671].

Der Rat der Volksbeauftragten beschloss – entgegen dem ausdrücklichen Wunsch des Kongresses! – verwässernde »Ausführungsbestimmungen« zu erlassen. Zudem sollten die Hamburger Punkte nun nicht mehr für alle Soldaten, sondern nur noch für das Heimatheer gelten. Damit hatte man die im Aufbau befindlichen Freikorps aus der Schusslinie genommen. Hocherfreut fuhren Groener und von Schleicher ab nach Kassel. Und der Major kommentierte das Ergebnis befriedigt:»Kommission Begräbnis 1. Klasse. Der Tote darf nicht wieder geweckt werden.«[672]

Dank Eberts Gerissenheit, Groeners Bluff und der freiwilligen Unterwerfung der USPD-Führer, war die Chance auf die Zerschlagung einer der terroristischsten militärischen Organisationen vertan: Der des preußisch-deutschen Militarismus. Was jetzt kam, konnte nur blutig werden.

## Gegenwind

Gegen die Matrosen, die weiter brav die Reichskanzlei, das Abgeordnetenhaus, alle Häuser der Reichsbank, das Schloss, den Marstall, aber auch das Café Victoria, das Zentralhotel, das österreichisch-ungarische (!) Konsulat, das *Berliner Tagblatt*, den *Lokalanzeiger*, Ullstein, das Kaiser Friedrich Museum, das Zeughaus und das Alte Museum bewachten, wurde jetzt vermehrt »gehetzt und ihnen das Leben sauer gemacht.«[673] Den Militärs von der OHL war es nicht gelungen mit einem Schlag die Arbeiter- und Soldatenräte und damit die Revolution zu liquidieren. Sie hatten zwar das Kommando Lequis in der Hauptstadt, aber dessen Kampfkraft reichte noch nicht aus, um alles zu drehen. So planten Groener und seine Offiziere schon jetzt die Aufstellung von Freikorps, äußerst rechten und gewalttätigen Freiwilligenverbänden.

Otto Wels (SPD), aber, der nach dem Verjagen von Metternich keine Truppe mehr im Sinne der Kommandantur hatte, verfolgte nun die Linie, die der *Vorwärts* verkündet hatte:»Revolutionäre Truppen« – in Wahrheit konterrevolutionäre, Reste des Kommandos Lequis – waren nun in der Stadt. Die VMD sollte deswegen nach Hause geschickt werden. Und ging sie nicht freiwillig, musste man ihr den Geldhahn zudrehen.

Ursprünglich bekam die VMD ihren Lohn (5 Mark pro Mann und Tag) von der Intendantur des Gardekorps. Aber schon die ersten 300.000 Mark erhielt sie erst auf Druck. Dann weigerte sich das Gardekorps, den Matrosen Geld zu bezahlen. Der Soldatenrat des Reichsmarineamtes war der Überzeugung, dass die Marine für »Verpflegung, Bekleidung und Besoldung« zuständig sei, so der Intendanturrat der Kommandantur Bongard.[674] Tatsächlich existiert ein Brief des Zentralrates der Marine (5er-Rat), dass dafür dort eine neue Verwaltung eingerichtet werden sollte. In Übereinstimmung mit dem 53er-Ausschuss versuchte die VMD sich als selbstständige Einheit dem Reichsmarineamt zu unterstellen.[675] Solche Selbstständigkeit wurde Truppen durchaus bald zugestanden, doch das waren die späteren Freikorps. Mit der VMD wollte man dies nicht. Wels begründete dies – fadenscheinig – damit, dass neben der Stadtkommandantur, dem Polizeipräsidium und dem Kriegsministerium nicht noch eine vierte Kommandobehörde eingeführt werden sollte. Das Kriegsministerium abzuschaffen, kam den Volksbeauftragten wohl immer noch nicht in den Sinn. Dann wäre wenigstens eine – reaktionäre – Kommandobehörde weggewesen. Auch die USPD-Volksbeauftragten zeigten keine Neigung, dies zu fordern. Es scheint, dass das Reichsmarineamt und der 53er-Ausschuss zu revolutionär, bzw. zu demokratisch organisiert waren und deswegen sollten sie auch keine Truppen bekommen. Und deswegen ist über die Marine auch kein Geld geflossen.[676] Daher wandte sich die VMD nun wieder an die Kommandantur, sie hatte anfangs ja auch 65.000 Mark (zu Metternichs Zeiten) gezahlt. Nach Bongard wäre die Kommandantur gar nicht für die VMD zuständig gewesen. Doch das ist falsch. Schon am 20. November hatte sich die VMD mit der Kommandantur geeinigt und sich ihr unterstellt. Das Geld sollte von der Intendantur des Gardekorps kommen und das Reichsmarineamt sollte verständigt werden. Eine klare Abmachung, an der es nichts zu deuten gibt. Sie ist u. a. unterschrieben von Dorrenbach, Radtke, Tost, Wilke, sowie Metternich und Wels.[677] Nachdem aber die Gegenrevolutionäre Wilke, Metternich und Stumm gescheitert und verschwunden waren, konnte sich Wels offensichtlich nicht mehr an das Abgemachte erinnern, bzw. wollte er das nicht mehr.

Der überforderte Stadtkommandant dachte wohl, wenn er den Geldfluss, dessen alle anderen Truppen in der Hauptstadt sich erfreuen konnten, für die VMD stoppen würde, wäre dies ein sicheres Mittel, die Matrosen endlich loszuwerden. Und plötzlich wurde behauptet, sie hätten geplündert. Verleumdungen folgten auf Verleumdungen.

Der Besitz der Hohenzollern wurde vom preußischen Finanzministerium verwaltet. Metternich hatte da ja schon gute Arbeit geleistet und die wichtigsten Schätze für das abgesetzte Herrscherhaus sichern lassen. Neben dem Finanzministerium gab es aber noch das »königliche Hausministerium« unter dem Grafen Eulenburg, das von den Revolutionsregierungen im Reich und in Preußen nicht liquidiert worden war. Das sah jetzt – im Windschat-

ten der Pressekampagne – seine Stunde gekommen. Gestützt auf das sogenannte Tumultgesetz von 1850 hatte es schon im November 1918 begonnen,
Entschädigungsforderungen für die aus der Revolution resultierten Verluste
einzureichen.

Das führte übrigens gut ein Jahr später, am 22. Januar 1920 zum Erfolg.
Der preußische Finanzminister Südekum (SPD), 1914 einer der ersten sozialdemokratischen Kriegsbefürworter, überließ den Hohenzollern acht Schlös-
ser, 83 Villen und Grundstücke, die Herrschaft Schwedt, die Besitzungen in
Oels, Cadinen, Nominten, Urweiler, usw. Sowie viele Haus- und Forstgüter.
Von den Regierungsvertretern vermutlich viel zu gering mit einem Wert von
250 – 300 Millionen Mark geschätzt.[678]

Nach dem 6. Dezember 1918 überschüttete man das Finanzministerium
– in dem außer Südekum auch Hugo Simon und andere überforderte USPD-
Männer saßen – mit einer Flut von Beschwerden. Kommissionen eilten
durch die ehemalige Kaiserresidenz und notierten die Verluste an kaiserlichen
Goldlöffeln. Am 11. Dezember schickte schließlich das Ministerium einen
Mitarbeiter ins Schloss zum Oberkastellan »einem treuen Diener Wilhelms
II.«[679] Dieser vom Oberkastellan gebriefte Mitarbeiter machte sich nun ans
Protokollieren. »Während des Krieges saß er alldeutsch und kriegsbegeistert
in einer Heimatgarnison, blieb im Bürobetrieb hängen und landete zuletzt
in der Nachrichtenabteilung der Obersten Heeresleitung.«[680] Nach Heinig
– auch kein Freund der Matrosen – sah dieser Spitzel oder sollte man sagen
Agent Provocateur »mit individualistische-überheblicher Verachtung« auf
die »in so grob einfachen Formen sich betätigenden Massenbewegung, wie
sie durch die Umwälzung ausgelöst wurde. Sie trieb zum Glauben an ein liberales Kaisertum zurück.«[681] Der Mann war auf der Linie mit Ebert und
somit der Richtige für eine »Denkschrift«, die er nun ausarbeiten durfte.
Heinig: »Damals wurde viel von einer Denkschrift des Finanzministeriums
gesprochen, die den Volksbeauftragten übergeben worden sei und wegen ihres
schwerwiegenden Inhalts im Kabinett entscheidenden Beschlüssen gegenüber
der Volksmarine den Weg gebahnt hätte. Eine solche Denkschrift hat nie existiert. Wohl aber wurde eine Beschwerde über die Matrosen verfasst, die mit
der ganzen Rabulistik ausgestattet war, die im Finanzministerium strichweise
üblich war.«[682] Das Schreiben ging an so revolutionäre Institutionen wie die
preußische Staatsregierung, die Reichsregierung (immer noch mit drei USPD-
Volksbeauftragten versehen), an das Kriegsministerium (Scheüch) und an die
Kommandantur (Wels). Und Heinig weiter: »Völlig verständnislos für die

Psyche der Vorgänge, gleichzeitig ohne jede Fähigkeit, auch ohne Wollen, die Matrosen zu verstehen«, diktierte der Mann der OHL die »Denkschrift«[683].

So machte man sich großen Sorgen: »Noch sind sehr große mobile Werte im Schloss vorhanden, der Krontresor, die Silberkammer, der Weinkeller, die Weißzeugkammer repräsentieren allein einen Wert von 12 Millionen.«[684] Nun die Matrosen tasteten – außer der Weißzeugkammer, die sie als Wäschekammer benutzten – nichts davon an, obwohl sie längst die Schlüssel dazu hatten und dies – im Gegensatz zu der Behauptung in der »Denkschrift« allen Matrosen bekannt war.

Tatsächlich wurden die Plünderungen die geschahen, bevor die Matrosen das Schloss besetzten, in die sie ja Metternich hineingezogen hatte, auch in der Denkschrift mitgerechnet und Heinig weiter: »Zu beachten bleibt außerdem, dass es sich bei verschieden feststehend behaupteten Tatsachen durchaus nicht um beglaubigte Feststellungen, sondern um Gerüchte nach Art der im Felde grob Latrinenparolen genannten Nachrichten handelte.«[685]

Da die Matrosen bald nach Metternichs Verabschiedung auch die gesamte II. Abteilung (800 Mann)[686] aus dem Schloss herausnahmen und nur noch die Leitung, einige Büros und eine Wache sich darin befanden, behauptete die »Denkschrift«, danach habe sich die Lage sogar verschlimmert.

»In Wirklichkeit verhielt es sich gerade umgekehrt. Mit der Räumung des Schlosses durch die zweite Abteilung wurde es wesentlich besser.«

Tatsache war jedoch überhaupt, dass schon ab Mitte November, nach dem Rauswurf der ersten wilden Schlossbesatzung – die mit den Matrosen gar nichts zu tun hatte – durch die VMD, es kaum noch zu größeren Diebstählen kam. Radtke hatte eine Kriminalabteilung aufgebaut, die verhindern sollte, dass Matrosen oder andere im Schloss befindliche Personen Sachen mitgehen ließen. Diese Abteilung hatte gute Arbeit geleistet. Zwar war es immer noch zu kleineren Diebstählen gekommen, aber die sind bei durch den Krieg völlig ausgebrannten Familien und Männern verständlich. Wer aber immer noch im großen Stil stahl, war jemand anderes.

Und so legte Heinig im Untersuchungsausschuss 1919 dar: »Das Wesentliche ist – das kann ich auf Grund meiner Beobachtungen sagen –, dass die Hauptmenge der Werte, die gestohlen wurden, an dem Tage verschwunden ist, als sich die Matrosendivision überhaupt erst bildete; das war in der Zeit der wilden Kommandanten. Die Diebstähle ließen dann sehr rasch nach. Soweit ich beobachten konnte – ich war fast täglich im Schloss –, war die Radtke'sche Zeit diejenige, in der am wenigsten gestohlen wurde. Das war darauf zurückzuführen, dass die Matrosendivision eine eigene Kriminalabteilung einrichtete, bestehend aus sieben Leuten, die nichts weiter zu tun hatten, als Tag und Nacht durch das Schloss zu patrouillieren; die haben auch noch eine ganze Anzahl kleinerer Diebstähle verhütet. Man hat in der Zeit in der Radtke residierte, der Matrosendivision mehr in die Schuhe geschoben, als sie es verdient hat. Sie haben vielleicht erfahren, dass ein Schlossdiener in ganz ungeheuerlicher Weise gestohlen hat, ein Mann [namens Kuhbein] der 18 Jahre im Dienste war, gestohlen im Umfange, wie es ein einzelner sonst hätte gar nicht tun können. Er hat nicht nur Tabakdosen, sondern z. B. auch Feldmarschallstäbe von größtem Werte und sogar riesenhafte Teppiche gestohlen, kurz alles was nur irgendwie erreichbar war. Die Kriminalpolizei hat dann festgestellt, dass er sich eine ganze Wohnung von Sachen zusammengestohlen hat.«[687]

Wie auch immer, die Matrosen wurden beschuldigt. Und Heinig nennt auch den eigentlichen Sinn der »Denkschrift«: »Im Niederschriftenband über die erhobenen Beweise zum Bericht über die Januarunruhen in Berlin betont der Untersuchungsausschuss der Preußischen Landesversammlung ausdrücklich, dass das Reichskabinett [!] das militärische Vorgehen gegen die Matrosen auf Grund des Schreibens des preußischen Finanzministeriums beschlossen habe.« Und entscheidend sei es gewesen, dass »das militärische Vorgehen in der Linie des damaligen Wollens des Finanzministeriums gelegen hat.«[688]

Tatsächlich heißt es im Schreiben: »So bleibt nur eine Möglichkeit: unvermutete Beschlagnahme sämtlicher im Besitz der Matrosen befindlichen Schlüssel und vollständige Entfernung der Matrosenabteilung aus dem Schloss und aus dem Marstall. Doch müsste auch dieser Abschub unvermutet und plötzlich geschehen.«[689]

Das Finanzministerium überlegte sogar »nicht lange vor Weihnachten [...] bestimmten Regierungstruppen Grundrisse und Zimmerkarten des Schlosses auszuhändigen, damit sie einen unvermuteten Überfall auf Matrosenbesatzung mit Erfolg durchführen konnten.«[690]

Ganz klar: Die Matrosen sollten weg und zwar mit Gewalt. Als am 13. Dezember die nächste Löhnung fällig war, gab es schon große Schwierigkeiten.

Radtke schrieb: »10.-18.12. Die Kommandantur macht uns viel zu schaffen; sie will uns die Löhnung für die Mannschaft nicht zahlen, und das Anerkennungsschreiben, das Wels dem Wieczorek gegeben hat, leugnet ersterer und letzterer ist tot. Ob Wels uns dieses nochmals geben wird, ist fraglich. Wir verhandeln täglich, aber Wels ist sehr hartnäckig; kriegen wir kein Geld, ist der Krach da.«[691]

Die Volksbeauftragten verlangten jetzt, die Matrosen sollten das Schloss räumen. Wozu diese auch bereit waren.

Dann wurden Heinig und sein Assistent Horn zu den Matrosen geschickt. Und nun kommt der entscheidende Punkt: Das Finanzministerium wäre sogar mit einer Schlossräumung zufrieden gewesen, die Matrosen ebenfalls. Doch Wels wollte sie auch aus dem Marstall heraushaben und das wäre strategisch für die Matrosen äußerst nachteilig gewesen. Auch der Plünderungsvorwurf zog beim Marstall nicht, denn dort konnte gar nichts geplündert werden, außer vielleicht ein paar wertlosen alten Kutschen. Dorrenbach und mit ihnen die Anführer Radtke, Millewski und Hillebrand wollten dort bleiben. Und das Finanzministerium wollte ihnen das zugestehen. Nur Wels wollte es nicht. Er war versessen darauf, sie sobald als möglich aufzulösen und deswegen sollten sie auch aus dem Marstall verschwinden und zusätzlich auf 600 Mann reduziert werden. Hätte man ihnen aber im Marstall Büroräume zugestanden, wäre der Konflikt gar nicht eskaliert. Dies war auch die Ansicht von Otto Tost.[692]

Wels' Parteigenosse Heinig setzte genau deswegen einen Vertrag mit der VMD auf, der die Räumung des Schlosses vorsah, jedoch erst »sobald ihr im Marstall geeignet weitere Räume zur Verfügung gestellt wären.« Dorrenbach setzte durch, dass vereinbart wurde, »dass keine andere militärische oder zivile Behörde, die nicht schon am 8. November 1918 ihren Sitz im Schloss hatte, in das Schloss einzieht.«

Der Vertrag war also nicht auf die Knebelung der Truppe ausgelegt.

Übrigens geschah bald darauf genau das von den Matrosen befürchtete, die beiden schlimmsten Freikorps, die frühfaschistische Marinebrigade Ehrhardt und die Brigade Loewenfeld zogen im Januar 1919 dort ein, hissten die kaiserliche Kriegsflagge und stahlen im Schloss.[693] Niemand wagte sich zu beschweren.

Heinig aber signierte den Vertrag mit der VMD und brachte ihn zu seinen Chefs, Südekum und Simon. Die aber unterzeichneten noch nicht, denn sie wollten erst Wels fragen. Es war der 18. Dezember 1918. Heinig ging zu Wels – der nach seiner Ansicht fürchterlich aussah, schon da nervlich schwer angeschlagen, kettenrauchend »das Gesicht dunkelrot, die Augen unstet« – und der meinte: »Ihr Plan hat viel für sich, aber jetzt ist's zu spät. Die Matrosen müssen zugleich aus dem Schloss und Marstall heraus.«[694] Heinigs Ackerei war umsonst. Wels wollte den Konflikt. Die Matrosen hatten derweil schon die Sachen im Schloss gepackt. Fischer, beileibe auch kein Freund der Matrosen, sagte im Untersuchungsausschuss aus: »Nun hatte der damalige Stadtkommandant Wels gegen die Matrosen etwas scharf Stellung genommen. [...] Er ging dann wohl in seinem Gefühl etwas zu weit.«[695]

Dorrenbach machte nun jedoch seinerseits einen großen Fehler, er erzählte den Matrosen, der Vertrag sei unterschrieben und steckte das seinem Freund Herzog von der *Republik*. Der publizierte den Vertrag. Dorrenbach hatte offensichtlich die Unterschriften von Südekum und Simon gefälscht.[696] Die Matrosen aber, auch Radtke, glaubten, der Vertrag sei geschlossen.

Radtke schrieb:»19.12. Heute habe ich glücklich mit dem Finanzministerium ein Abkommen getroffen und will das Schloss räumen. Dorrenbach habe ich überzeugen können, und nach langen schweren Auseinandersetzungen hat er sich einverstanden erklärt.«[697]

Am 20. Dezember berichtete Radtke allerdings, dass sich nun doch zwei Parteien in der VMD gebildet hätten: eine, die das Schloss verlassen wollte und eine andere, die bleiben wollte. Beiersdorf bestätigt dies Jahre später. Schon am 18. Dezember habe sich auf einer Versammlung Paul Schulz gegen einen Auszug aus dem Schloss gewandt, aber Dorrenbach habe auf dem Auszug bestanden.[698]

Die Volksbeauftragten wiesen am 21. Dezember an, 80.000 Mark zu zahlen, sobald die VMD das Schloss verlassen und die Schlüssel abgegeben habe.[699] Das Geld sollte bereitgehalten werden. Doch die vorgesehenen Ersatzräume»An der Stichbahn« waren zu klein und lagen im 3. Stock. Und die Ersatzräume in der Französischen Straße 32 waren besetzt. Fischer:»Die Matrosen waren also verhindert, den Vertrag, den sie eingegangen waren, rechtzeitig einzuhalten.«[700] Die Matrosen hatten auch – wie gesagt – im Schloss schon gepackt.[701]

Im Bericht des Untersuchungsausschusses heißt es, dann seien die Räume in der Französischen Straße – nach Aussage Bongards – doch geräumt worden und bereitgestanden. Doch eine Aussage Fischers vom 24. Dezember 1918 belegt:»Leutnant Bongard sagte, die Leute können ja nicht herausgehen, weil die ihnen versprochenen Räume besetzt sind.«[702]

Radtke:»21.-23.12. Wels ist hart wie ein Stein, will das Geld nicht zahlen. Ich laufe von einer Verhandlung in die andere und habe keine Zeit, mich wegen des Umzugs zu kümmern. Die Leute gehen schon alleine zur Kommandantur und verhandeln, und Wels gibt sich auch tatsächlich mit ihnen ab.«[703]

## Weihnachtsbescherung

Laut der Erklärung der Volksmarinedivison, die von Radtke mitverfasst wurde, gab sich Wels in den Verhandlungen noch deutlicher: »Euch aus dem Schloss herauszubekommen ist eine Kleinigkeit. Die Truppen von der Front sind zurückgekehrt. Ich lasse einfach vier Divisionen von allen Seiten anmarschieren und dann werdet ihr schon herauskommen.«[704] Der Stadtkommandant, im Auftrag der SPD-Volksbeauftragten, arbeitete also bewusst – wie auch vom Finanzministerium vorgesehen – auf einen Konflikt hin.

Wels, »der unfähigste Mensch, den ich je gesehen«[705], verweigerte den Matrosen sogar das Geld, obwohl Dorrenbach mit einem Trupp am 23. Dezember 1918 die Schlüssel fürs Schloss in der Reichskanzlei abliefern wollte. Auch eine telefonische Anweisung des Volksbeauftragten Barth – in Anwesenheit der Matrosen – ignorierte er.[706] Er wollte nur auszahlen, wenn Ebert es genehmige. Doch Ebert ließ sich nicht finden.[707]

Dorrenbach, extrem gereizt, wies darauf die Matrosenwache an, die Tore der Reichskanzlei zu schließen und die Telefonleitungen zu unterbrechen, bis man sie ausbezahle.[708] Nach Fischer fand das Telefongespräch Barth/Wels gegen 16 Uhr statt und wurde am Schluss sogar schon gekappt.[709] Barth wiederum gab einige Tage später an, er habe Wels telefonisch aufgefordert, das Geld auszuzahlen. Doch Wels habe verlangt, die Matrosen müssten ihm persönlich die Schlüssel bringen, »obwohl er wusste, wie unbeliebt« er war. Wels habe auf seinem Standpunkt beharrt und Barth dann das Gespräch beendet, was auch logischer klingt. Er forderte daraufhin die Matrosen auf, nach Ebert zu suchen.[710]

Paul Schäfer, damals Mitglied der VMD schreibt in seinen Erinnerungen, dass Dorrenbach Befehl gab, »nachmittags um 3 Uhr die Reichskanzlei zu schließen, niemanden herein oder hinaus zu lassen. Diesen Befehl führten wir prompt durch. Daraufhin große Aufregung in der Reichskanzlei. Man drohte uns, schimpfte und fluchte. Wir aber blieben fest.«[711]

Barth wurde zu Ebert, Landsberg und Scheidemann gebeten, um ihnen »Gesellschaft zu leisten.« Die Tore seien verschlossen, die Telefone gesperrt. Barth war erstaunt und versuchte sofort, ein Amt zu bekommen, was ihm auch gelang, nachdem er die Matrosen am Telefon angeschnauzt hatte.[712] Die Tore der Reichskanzlei wurden nach ca. einer Stunde wieder geöffnet.[713]

»Staatsgefährdenden Charakter«[714] besaß diese Aktion also schwerlich. Den Volksbeauftragten geschah nichts. Auch wurde das Tor bald wieder geöffnet; ja, Ebert hatte sogar Zeit, wohl noch bevor er Barth aufgefordert hatte, ihm Gesellschaft zu leisten, sein »rotes« Telefon zu benutzen und den Kriegsminister zu alarmieren.

Dorrenbach zog jetzt Richtung Kommandantur. Auch Wels war über die Festsetzung der Matrosen informiert worden. Er telefonierte ebenfalls nach Truppen. Als er selbst loswollte, begegnete er Dorrenbach und den Matrosen vor seinem Hauptquartier, dem Kronprinzenpalais. Wels wollte mit Dorrenbach nicht verhandeln. Tat es aber dann doch drinnen. Währenddessen fielen draußen Schüsse.[715]

Franz Beiersdorf, Paul Schulz und Fritz Gast von der VMD waren draußen geblieben.

Die Schüsse fielen gegen 16:30 Uhr. Nach einem Augenzeugenbericht in der Vossischen Zeitung wollten die Matrosen vor der Kommandantur ein Panzerauto anhalten. Als es nicht anhielt, beschossen sie es und das Panzerauto feuerte mit seinen MGs. Der Matrose Bruno Zwicker wurde dabei sofort getötet. Ein anderer, Alexander Heinrich von der 7. Gruppe der 1. Kompanie der VMD wurde schwer verletzt. Es begann eine wilde Schießerei. Die Matrosen legten dann die beiden auf das Vestibül der Oper.[716]

Franz Beiersdorf erzählte die Geschichte 40 Jahre später anders. Max Perlewitz habe feststellen wollen »welcher Fakultät« das Panzerauto angehört habe, das ihnen Unter den Linden entgegenfuhr. Als es auf 10 Meter herangekommen sei, habe es sofort gefeuert. »Max Perlewitz wankt plötzlich, greift mit beiden Armen in die Luft und sinkt lang ausgestreckt zu Boden.« Es wurden Handgraten auf den Panzerwagen geschleudert und er verschwand Richtung Brandenburger Tor. Perlewitz sei einem Kopfschuss durchs Auge erlegen.[717]

Tatsächlich sind sowohl Zwicker als auch Perlewitz unter den Opfern des 23. Dezember 1918 registriert.[718]

Allerdings hatte Pabsts Truppe, die GKSD, von der Universität aus auch gefeuert.[719] Weitere Matrosen-Trupps kamen vor der Kommandantur an und die empörten Blaujacken setzten Wels, seinen Stellvertreter Fischer (SPD) sowie Intendanturrat Bongard fest und nahmen sie mit in den Marstall, bis die Schuldigen an der Ermordung ihrer Kameraden festgestellt würden. Wels erhielt Prügel und Todesdrohungen. Laut Fischer hätte man zu allen dreien gedroht, sie würden standrechtlich verurteilt [!] und erschossen. Man zeigte ihm und Wels die toten Matrosen.[720] »Er traf hauptsächlich den, dessen unklare Haltung in der Frage der Soldzahlung viel zur Emotionalisierung und Radikalisierung der Situation beigetragen hatte.«[721]

Gleichzeitig eilte nun ein größerer Trupp der VMD erneut zur Reichskanzlei. Unterwegs erfuhren sie, dass aus Potsdam Truppen anrückten. Es seien bis zu 3.000 Mann auf dem Weg.[722]

In der Reichskanzlei kam es gleichzeitig zu einem Disput mit dem zweiten Matrosen-Trupp, der groteske Züge trug.[723] Mit Ebert, Landsberg und Scheidemann – die USPD-Volksbeauftragten Haase, Dittmann und Barth waren offensichtlich nicht dabei oder nicht informiert – verhandelten die Matrosen Schult-Bromberg, Peters und Güsten. Von allen dreien ist vorher und nachher nichts überliefert. Merkwürdigerweise war Dorrenbach auch nicht als Diskutant vermerkt.[724]

Man verweigere ihnen die Löhnung. Das bezeichnete Landsberg als Lüge. Ebert als Irrtum. Landsberg wollte zudem wissen, seit wann man für finanzielle Forderungen die Regierung verhafte. Schulz beschwerte sich, dass er am Vortag von Wels verhaftet und acht Stunden festgehalten worden war, Güsten, dass er von Wels und seinen Truppen mit MGs bedroht worden sei und der Stadtkommandant ihm gesagt habe, sie bekämen ihr Geld nicht.

Dann gaben die Matrosen plötzlich an, dass die Anführer dem Auszug zugestimmt hätten, aber viele ihrer Kameraden das Schloss nicht verlassen wollten.

Landsberg reagierte wenig einsichtig: »Dann bekommen Sie auch das Geld nie.«

Und Peters drohte daraufhin: »Dann gibt es Blutvergießen.«

Landsberg: »Dann müssen Sie eben die Regierung übernehmen.«

Ebert: »Sie hätten eine Deputation zu uns schicken sollen und nicht zu Wels.«

Dann versuchte Peters nochmals die Verkleinerung der Truppe auf 600 Mann zur Sprache zu bringen. Das sei aber doch von ihrem Vorsitzenden selbst vorgeschlagen worden, meinte Ebert und Landsberg fügte hinzu, wenn sie die drei gefangenen Beamten nicht freigäben, würde es zu keiner Einigung kommen. Auf Landsbergs Frage, was ihnen das Recht gäbe, Beamte der Regierung zu verhaften, antwortete Schulz: »Unsere Macht.«

Landsberg: »Dann übernehmen Sie die Regierung.«

Und Ebert ergänzte, dass dann der Waffenstillstand aufgehoben würde und die Alliierten einmarschierten.

Jetzt gaben die Matrosen klein bei. Die Zusicherung, dass Wels abgesetzt würde, erhielten sie nicht. Und Ebert meinte, Wels habe so handeln müssen. Dann kam erneut der Plünderungsvorwurf. Auch hier räumten die Matrosen Unregelmäßigkeiten ein. Dies obwohl Heinig sie ja später von größeren

Diebstählen freisprach. Man habe sich bemüht, sie zu beseitigen, so Peters.

Schließlich kapitulierten die Matrosen vor der Professionalität Eberts und Landsbergs, die die toten Kameraden der Matrosen bedauerten und ihnen das Geld versprachen, wenn sie alle Bedingungen erfüllten. Die Matrosen wollten jetzt die drei Gefangenen freilassen, weil sonst die Amerikaner kämen.

Nach Brecht, soll einer der Matrosen Ebert noch gefragt haben: »Warum sind wir betrogen?«[725]

Inzwischen war es 18 Uhr und vor der Reichskanzlei kamen schwerbewaffnete Truppen des Generalkommandos Lequis an. Sie hatten auch Artillerie dabei. Die Matrosen schlossen die Gittertore vor der Reichskanzlei.[726] »Die ganze Umgegend war ein Heerlager geworden.«[727]

Nach einem Bericht der GKSD waren es nur 300 Mann, ein paar MGs und zwei Feldgeschütze. Kerntruppe war die GKSD.[728]

Nach Paul Schäfer, der auch zur Matrosenwache gehörte, waren es drei Geschütze. »Ihre Offiziere drohten, alles in Grund und Boden zu schießen.«[729] Und in seinen Erinnerungen heißt es: »Ein Offizier trat ans geschlossene Tor und verlangte die sofortige Öffnung der Kanzlei, andernfalls würde er schießen lassen.«[730] Schäfer erwiderte, er könne ruhig schießen, sie wüssten jetzt für welche Regierung.

Und tatsächlich wollten die Truppen, wie Groener sich 1925 ausdrückte, »die Matrosen totmachen.«[731] Revolution und Konterrevolution standen sich zum ersten Mal direkt gegenüber. Als Barth vor die Tür trat, um zu beschwichtigen, wurde er von den Lequis-Truppen sofort als Geisel genommen.[732] Doch ein Scharmützel vor bzw. in der Reichskanzlei war nicht im Sinne Eberts. Er sprach zu den sich gegenüberliegenden Soldaten und Matrosen. Der Text der Rede ist erhalten. Ebert erzählte, dass sie kurze Zeit festgehalten wurden und dass die Matrosen dann bereit waren abzuziehen. Das sollten die Lequis-Truppen jetzt auch tun. »Das Haus soll ganz ohne Truppen bleiben. Ich bitte Sie also alles zu tun, um ein Blutvergießen zu vermeiden. Wir haben in diesen Krieg soviel Blut vergossen, dass es einfach Wahnsinn wäre, noch neues Blutvergießen herbeizuführen, dafür doch niemand die Verantwortung übernehmen würde.«[733]

Barth kam frei, die Lequis-Truppen und die VMD gingen auseinander.[734] Später kamen noch die Potsdamer Truppen. Auch sie wurden wieder in ihre Quartiere geschickt. Der Rückzugsbefehl allerdings ist erst von 22:30 Uhr.[735] Niess' Annahme, Ebert habe schon zwischen 18 und 19 Uhr die Truppen zurückgeschickt und Major Harbou von der OHL habe dies verzögert bzw. nicht befolgt,[736] ist daher nicht richtig. Die Reichskanzlei hatte verzögert.

Zurück am Schreibtisch, klingelte das »rote« Telefon Eberts; Groener war am Apparat und erinnerte Ebert an ihre alte Abmachung: »Herr Ebert! Wir haben ein Bündnis geschlossen miteinander. Das Bündnis beruht darauf, dass wir von der geringen Macht, die wir haben, auch wirklich Gebrauch machen.« Ebert beriet sich gegen Mitternacht mit Scheidemann und Landsberg (beide SPD), sowie dem von Oehme herbeigeholten Kriegsminister Scheüch.[737]

In der Zwischenzeit hatten die Matrosen Fischer und Bongard freigelassen[738] und Fischer mitgegeben, er solle den Alarmzustand der Truppen aufheben, dann würden sie Wels ebenfalls freilassen. Fischer behauptete später, er habe den Alarmzustand zurückgenommen, was falsch ist, denn er war inzwischen – wegen Abwesenheit – vom Kriegsminister abgesetzt worden, ein Oberst Schwerk hatte seinen Posten übernommen. Fischer informierte aber niemand über seine Freilassung und versuchte auch nicht weiter von der Kommandantur aus zu verhandeln. Gegen 3 Uhr ging er einfach nach Hause.

Wie sah es im Schloss aus. Am 24. Dezember schreibt Radtke auf, was tags zuvor im Marstall passierte:

»Wels hat viel Schläge gekriegt, ich aber auch und habe trotzdem versucht, dass er in vernünftige Hand kommt. Hätte ich dieses nicht geschafft, wäre Wels eine Leiche. Fischer und Bongard bekam ich schon nach einigen Stunden frei, und mit Wels, der vier Treppen [weiter] saß, ging ich part[erre] und wollte mit ihm durchs Fenster. Dieses hat Fillbrandt [?] bestimmt verraten, und so musste ich unter Lebensgefahr das Weite suchen. Ich schickte verständige Leute nach dem Marstall, die die Matrosen beruhigten, und habe trotz Dorrenbachs Einspruch das Äußerste mit Wels verhindert.«[739]

Spät in der Nacht rief Radtke in der Reichskanzlei an, Oehme nahm den Anruf entgegen, und Radtke gab an, er könne für die Sicherheit von Wels nicht mehr garantieren. Radtke hat später mehrfach bestritten, dies getan zu haben,[740] doch Oehmes Angaben sind nicht zu bezweifeln. Radtke hatte in Panik gemacht.

Jetzt gaben die drei MSPD-Volksbeauftragten, unter dem Vorwand, Wels befreien zu wollen, gegen 3 Uhr die Anweisung, das Schloss und die Matrosen anzugreifen.[741] Eine Verständigung mit seinen Amtskollegen von der USPD unterblieb, denn diese hatten sich bereits nach Hause und zur Ruhe begeben. Da hatte doch einer – im Gegensatz zu seiner Rede kurz vorher – erneut die Verantwortung für »Wahnsinn« und »Blutvergießen« übernommen. Der Befehl wurde nicht protokolliert.[742] Dass Ebert mit der von ihm befohlenen Militäraktion das Leben von Wels gefährdete, kam ihm wohl nicht in den Sinn.

Doch Radtke wollte noch nicht aufgeben, mit einem Kfz fuhr er zu Ledebour nach Steglitz. Ledebour beruhigte erst die Matrosen im Marstall.[743] Radtke schreibt dazu: »Als ich ihn noch in Gefahr wusste, schickte ich zu Ledebour, der hat es geschafft, nur frei wollten sie ihn nicht geben, aber an eine Tötung habe ich nicht mehr geglaubt.«[744]

Nach Leutnant Schulze, Kommandant der Maikäfer, kam Wels in den frühen Morgenstunden frei, aufgrund eines Ehrenwortes von Dorrenbach und dem 5er-Rat der VMD.[745] Dies sagte auch Milewski vom 5er-Rat im Ledebourprozess aus.[746] Und die *Vossische Zeitung* meldete am 24. Dezember, nach einem Hinweis von Eichhorn, die Freilassung von Wels.[747] Ob dies zutrifft ist unklar.

Jedenfalls ging Ledebour noch in der Nacht vom 23. auf den 24. Dezember mit einem kleinen Trupp Matrosen zum Kriegsministerium. Dort erfuhr er, dass der Kriegsminister in der Reichskanzlei sei.

Die Tore der Reichskanzlei waren verschlossen, schließlich hatte man alle Wachen weggeschickt. Doch Ledebour, ein alter Fuchs, kannte sich aus. Er weckte den Pförtner des Auswärtigen Amtes und ging durch die berühmten Gärten hinter der Reichskanzlei. Er stand dann unangemeldet in der Halle und wollte Ebert sprechen. Oehme, der Sekretär Baakes, welcher auch längst zu Hause war, sah plötzlich Ledebour samt Pförtner in seinem Zimmer stehen. Oehme ging sofort zu Ebert hinauf. Doch auf halber Treppe begegnete ihm der Sekretär Eberts, Franz Krüger, der schon vom Pförtner benachrichtigt worden war. »Sagen Sie, dass Ebert nicht mehr im Hause ist.« »Das sagen Sie ihm lieber selber.« Und Krüger log Ledebour an, obwohl Ebert und Kriegsminister Scheüch noch oben saßen.[748] Oehme: »Wenige Minuten der Vermittlung durch Ledebour hätten wahrscheinlich genügt, um den blutigen Zusammenstoß der nächsten Stunden zu vermeiden.«[749]

Dass die von seinem Parteifreund Wels provozierte »Schutzlosigkeit« der Regierung Ebert gerade recht gewesen oder gar bewusst herbeigeführt worden ist – um die gewünschte »Provokation vonseiten der Spartakusleute« (Harbou) zu haben – liegt nahe. Denn auch Scheidemann vertraute ja seinem Tagebuch an, dass sie schon seit Ende November die USPD-Männer aus der Regierung drängen wollten.[750] Tatsächlich sollten die Lequis-Pabst-Truppen jedoch im Auftrag der OHL außer Schloss und Marstall auch den Reichstag, die Haupttelegrafenämter, die Reichsbank, Reichsdruckereien und die Gas- und Elektrizitätswerke besetzen. Eichhorn sollte verhaftet und Wels durch einen Oberst ersetzt werden. Es war der Versuch der Militärs, wieder zu alter bzw. neuer Stärke zu kommen und die gescheiterten Putschversuche vom 6. und 10.

Dezember doch noch erfolgreich zu Ende zu führen.[751] Ein Weihnachtsputsch Richtung Militärdiktatur bzw. Ebert-Diktatur. Nur klappte auch das nicht. Hauptmann Pabst, hatte zwar vor dem Angriff gewarnt[752], zögerte aber nun nicht zu handeln. Als gelte es – gegen einige wenige Matrosen – den verlorenen Krieg doch noch zu gewinnen, postierte er alles was inzwischen herangekarrt war– ca. 900 Mann und sechs Geschütze[753] – rings um den ehemaligen Sitz des Kaisers Wilhelm II.

## Mit Kanonen auf Matrosen

Heiligabend 1918, morgens. Die meisten Matrosen hatte es nach Hause zu ihren Familien in Berlin gezogen, um dort Weihnachten zu feiern. Nur wenige waren im Schloss geblieben. Franz Beiersdorf, damals Matrose und Maschinengewehr-Posten der VMD am Begasbrunnen vor dem Schloss-Portal, wollte wegen einer leichten Verletzung am Finger, noch vom Kampf mit dem Panzerwagen her, ebenfalls losgehen, doch da wurde er aufgehalten.

Drei Kuriere berichteten fast gleichzeitig, dass die Lequis-Truppen Angriffsvorbereitungen trafen. Er und seine Kameraden schleppten rasch zahlreiche Maschinegewehrgurte herbei. Eimer Wasser, auf denen sich eine leichte Eisschicht gebildet hatte, standen zur Kühlung der MGs bereit. Es war noch Nacht und am Brunnen »glimmt hin und wieder eine Zigarette auf.« Paul Schulz hatte ihnen befohlen, sich bei einem Angriff sofort ins Schloss zurückzuziehen und erst zu schießen, wenn die anderen angreifen würden. »Gegen ¾ 8 erscheint eine Patrouille der anrückenden Truppen« und verhandelte mit Dorrenbach. »Ein baumlanger junger Offizier«, überbrachte ein zehnminütiges Ultimatum.[754] Kautabak kauend gab der Matrose Franz König, ein Riese, zur Antwort: »Ihr brugt bloß wat to seggen, gleich schieten wir in die Büx.« (Ihr braucht nur was zu sagen und gleich machen wir uns in die Hosen.)[755]

Das schon allein praktisch nicht annehmbare Ultimatum wurde einhellig abgelehnt.

Daraufhin ließ der kleine Hauptmann Pabst, auf Befehl seines Kommandeurs Generalleutnant von Hofmann, des Generals Lequis, der OHL unter Generalleutnant Groener und der deutschen Sozialdemokratie mit Artillerie auf das kaiserliche Schloss und die darin befindlichen Matrosen feuern. Auf den Feldgeschützen stand in alter Tradition: »Ultima ratio regis – das letzte Mittel des Königs«.

*Beiersdorf am MG vor dem Stadtschloss*

»10,5-cm-Granaten und Gasgranaten schlugen im Namen des Nachfolgers von Ferdinand Lassalle, Wilhelm Liebknecht und August Bebel in das kaiserliche Schloss ein, um Matrosen zu töten, die als einzige den Beschluss des SPD-dominierten Reichsrätekongresses (»Soldaten wählen ihre Führer selbst«) umgesetzt hatten und die eigentlich nur ihr Weihnachtsgeld haben wollten.«[756]

Und niemand empörte sich, dass der hässliche, überdimensionierte, heute als potemkinscher Bau in refeudaler Gesinnung wiedererrichtete barocke Klotz schwer traktiert wurde. Von Kulturbarbarei sprach man erst, als die SED das weitgehend zerstörte Schloss bald nach dem Zweiten Weltkrieg sprengen ließ.

Gustav Block berichtete: »Der Zugführer Fillbrandt und Radtke der Kommandant waren unten. Sie ließen sagen, es solle nicht eher geschossen werden, bis sie den Befehl dazu geben. Diesen Befehl haben wir allerdings nicht abgewartet, sondern sofort das Feuer erwidert.«

Beiersdorf: »Jetzt ballert es von allen Seiten. Ein Stoßtrupp der Regierungstruppen pirscht sich die Französische Straße entlang und versucht, das rote Schloss zu erreichen, um uns von dort aus zu beharken. Ich lasse eine Garbe Schnellfeuer los.« Der Stoßtrupp verliert einen Mann, die Stahlbehelmten müssen sich zurückziehen. »Wütend donnert ihre Artillerie.«[757]

Doch das Kommando Lequis hatte arge Schwierigkeiten, weil »sich der Gegner sehr geschickt und kräftig mit MG verteidigte und das Bresche schießen mit der Feldartillerie«[758] nicht gelang, da sich die Mauern – auch die des Marstalls – für leichte Feldartillerie als zu dick erwiesen.

Gleichwohl war es das erste Mal, dass in einer deutschen Stadt mitten in den Häuserschluchten mit Artillerie und Gas geschossen wurde und das – als Krönung des Ganzen – auf Befehl eines Sozialdemokraten. »Nach drei Fronten mussten wir uns mit Kugelspritzen gegen Minenwerfer und Flachbahngeschütze verteidigen«, berichtete Willi Loew 10 Jahre später.[759]

*Einschlag am Marstall*

Und Gustav Block: »Man schoss mit Haubitzen in den Schlosshof hinein. Das Haupttor zum Lustgarten wurde durch eine geballte Ladung gesprengt. Nach etwa einer halben Stunde wurde der Genosse im Eckzimmer, am MG zur Schlossfreiheit hin, von einer Granate zerschmettert.«[760] Doch den Matrosen gelang, »durch gütliches Zureden und durch Drohungen die im Schlosshof eingedrungen Sturmmannschaften zu bewegen, sich entwaffnen zu lassen. Es waren Potsdamer Gardejäger.«[761]

## Rettung naht vom Proletariat

Aufgeschreckt durch das frühmorgendliche »Weihnachtskonzert« versammelten sich immer mehr Menschen – darunter auch Frauen und Kinder – um das Schloss herum und vermuteten zu Recht die Konterrevolution am Werke. In Eichhorns Polizeipräsidium wurden derweil Arbeiter bewaffnet.[762]

Und Fritz Apelt berichtete: »In den Morgenstunden des 24. Dezember, dem sogenannten Heiligabend, klopfte es heftig an meiner Wohnungstür. Es war mein früherer Kollege Franz, jetziges Mitglied der Volksmarinedivison.

Aufgeregt sagte er mir, dass konterrevolutionäre Truppenteile den Marstall und das Schloss angriffen. Es mochte gegen neun Uhr sein. Schnell zog ich meinen alten Soldatenmantel über, setzte mir den Filzhut auf, steckte mir die Pistole in die Tasche, und wir eilten auf die Straße. Am Lehrter Bahnhof stießen wir auf einen Trupp Arbeiter, die zum Teil mit Gewehren bewaffnet waren. Mit ihnen kamen wir bis Unter den Linden / Ecke Friedrichstraße. Arbeiter vom Wedding waren hier in einem Gefecht mit konterrevolutionären Truppen. Mit einer Gruppe bewaffneter Arbeiter versuchten wir über die Dorotheenstraße, die heutige Clara-Zetkin-Straße [seit 1995 heißt sie wieder Dorotheenstraße], in den Rücken der Soldaten zu kommen, was uns auch gelang. Vom Kastanienwäldchen her hörten wir Geschützfeuer, vor der Universität standen Minenwerfer. Doch von allen Seiten drangen jetzt Arbeiter aus den Betrieben, verstärkt durch Truppen der Republikanischen Soldatenwehr gegen die von den Generälen Lequis und Hofmann[763] befehligten Soldaten vor.«[764]

Ernst Broßat war auch zu Hause in der Elisabethenstraße, hörte die Einschläge und lief zum Schloss. Nach seinen Angaben lagen dort und im Marstall zusammen nur ca. 100 Matrosen. Er machte, gemeinsam mit anderen, »Maschinengewehrnester«, wie er sich ausdrückte »unschädlich«. Dachte aber es sei ein Kampf zwischen Wels-Truppen und der VMD. Dass »der ›Sozialist‹ Ebert versuchen könnte, mit kaiserlichen Truppen, die Revolution niederzuschlagen, wollte uns nicht in den Kopf.« Broßat holte mit fünf anderen ein weißes Bettlaken aus einem Haus in der Poststraße, steckte es auf eine Stange und ging den Geschützbesatzungen an der Singakademie Unter den Linden als Parlamentär entgegen. Sie wollten die Einstellung des Feuers erwirken. Doch sie wurden sogleich durch Maschinengewehrfeuer empfangen. »Drei Kameraden fielen sofort. Ich rettete mich hinter eine Säule am Marstall, wurde aber von den Genossen nicht hereingelassen. Das war auch richtig so.«[765] Die Tore wurden erst geöffnet als eine Feuerpause eintrat.

Max Sassen, ehemaliger Seeflieger, von der dritten Abteilung der VMD, die außerhalb stationiert war: »Nachdem die ersten Granaten auf das Eosandersche Portal abgeschossen waren, kam zu uns, zur dritten Abteilung, ein Bote. Er brachte den Auftrag, dass ein Unter den Linden stehendes Geschütz von uns ausgeschaltet werden sollte.« Sassen zog mit 15 Mann und einem MG los. »Die Geschützbedienung war zwischen Bibliothek und Universität sehr gut gedeckt. Vom Schloss aus war sie praktisch unangreifbar.« Auch für Sassen und seine Matrosen war es sehr schwer heranzukommen, da es in der

Universität vor Pabsts Truppen nur so wimmelte. »Wir warteten den günstigsten Augenblick ab. Als die Burschen gerade wieder zwei Schuss abgegeben hatten, gelang es uns, sie alle mit unserem Maschinengewehr zu erledigen.«[766]

Fritz Zikelsky und seine Deserteure, inzwischen 40 Mann, hatten in der Unions-Brauerei in der Hasenheide übernachtet.

»In wenigen Minuten waren wir abmarschbereit mit unseren Waffen. Zwei leichte MGs schleppten wir mit. Und mit uns eilten hunderte Neuköllner Arbeiter den Matrosen zur Hilfe.« Sie überraschten, von der Gertraudenstraße kommend, die Angriffsschützen durch einen plötzlichen Vorstoß. Die Lequis-Soldaten flüchteten Richtung Molkenmarkt und musste drei Verwundete und einen Toten zurücklassen. Zwischen 10 und 11 Uhr vormittags kämpften sich Zikelsky – der ja wegen Überbesetzung keine Aufnahme in die VMD gefunden hatte – und seine Deserteure über die Sperlinggasse in die Neumanngasse. »Das Maschinengewehr, das uns mit seinem Feuer aufhielt, hatten wir mit Handgranaten zum Schweigen gebracht. Unsere Truppe hatte zwei weitere Verwundete. Hinter uns drängten immer stärker bewaffnete Arbeiter nach.«[767]

Mitglieder der Sicherheitswehr Eichhorns (USPD) und viele SPD-Anhänger stürmten die Absperrungen der Wels'schen Schutzwehr, die nicht wussten, dass die kaiserlichen Truppen im Auftrag der SPD-Regierung han-

*Matrosen verteidigen mit MGs das Schloss, vermutlich nach dem Kampf nachgestellt* [Bundesarchiv 146-1976-067-30A]

delten. Man verstrickte die Geschützbesatzungen in Gespräche und fragte sie, was sie da machten. Zahlreiche Angreifer begannen zu meutern und vertrieben ihre Offiziere.[768] Während sich die wenigen Matrosen (ca. 30[769]) zusammen mit dem kriegserfahrenen Heinrich Dorrenbach in Schloss und Marstall verteidigten, heulten in den Fabriken die Sirenen.[770]

Emil Barth rannte zur Universität, wo Pabst einen provisorischen Gefechtsstand eingerichtet hatte.[771] Barth – der am Bahnhof Wildpark schon einmal die unangenehme Bekanntschaft des Hauptmanns gemacht hatte – brüllte ihn an: »Endlich sind Sie entlarvt!« Pabst aber machte ihm klar, dass sein GKSD »nur im Auftrage der gleichen Regierung, der er auch angehöre« fungiere. Wenn das wahr sei, schrie Barth mit sich überschlagender Stimme, dann seien die drei USPD-Regierungsmitglieder von Ebert betrogen worden. Am Telefon erfuhr Barth, dass dies tatsächlich der Fall war.[772] Pabst frohlockte: »Das aber war der Wendepunkt, den ich so heiß herbeigesehnt hatte.«[773]

Zur gleichen Zeit erlebten die Kanoniere in Eberts Auftrag ihr Waterloo. Das Feuer ihrer Geschütze verstummte. Matrosen mit weißer Fahne wollten mit Pabst verhandeln, doch der versuchte zu bluffen und erzählte ihnen, dass seine Männer »bis zur letzten Patrone schießen und auch keinerlei Rücksicht auf Frauen und Kinder nehmen würden.«[774]

Pabst hatte übrigens an diesem christlichen Friedensfest nicht Weihrauch und Myrrhe mitgebracht, sondern zur Feier Christi Geburt auch chemische Kampfmittel gegen die eigenen Landsleute eingesetzt, vermutlich eine weltweite Premiere. Rudolf Rotheit, ein scharfer Kritiker der Matrosen, stellte fest: »Lange Zeit danach sah man hier noch die grüngelben Spuren von Gasgranaten, obwohl nachträglich bestritten wurde, dass mit solchen geschossen worden sei.«[775] Der Kampf wurde schließlich aufgrund der Volksmassen, der entwaffneten Offiziere und der sich geschickt wehrenden Kulis nicht wieder aufgenommen. 12 Matrosen und 56 Soldaten lagen tot auf dem Pflaster oder im Schloss. Die unbeteiligte 21-jährige Erna Rehtanz, war in ihrer Arbeitsstelle von einer verirrten Kugel getroffen worden.[776] Baudis und Roth nennen folgende Revolutionsopfer des 24. Dezembers 1918: Die Matrosen Max Bachmann, Heinrich Gernandt, Ernst Link, Martin Mau, Arthur Richter, Erwin Tessmer, und ohne Vornamen: Hoericke, Czirson. Ohne Berufsbezeichnung: Emil Krafft, Lüders, sowie Schmidt (Flieger) und Karl Gessner (Sicherheitswehr).[777] Die toten Soldaten der Gegenseite sind nicht aufgeführt.

Heinig der beauftragte Sozialdemokrat des preußischen Finanzministeriums begutachtete am nächsten Tag die Schäden im Schloss, im sogenannten Tapetenzimmer machte er – nicht ohne Zynismus kommentiert – eine grausige Entdeckung: »Spiegelsplitter und Handgranaten, halbleere Maschinengewehrgurte und Blut mischten sich zu einem bösen Bild. Zwei menschliche Gehirne lagen am messingenen Kaminvorsatz, die dazugehörigen Leichen waren schon weggebracht worden. Unseren beiden Matrosen waren durch Kopftreffer die Schädel leergeschossen worden. Idealismus und guter Glaube an auskömmliche Existenz lagen im Mörtelschmutz. Sie sind von der Scheuerfrau mit Besen und Schippe hinausgekehrt worden.«[778]

## Die verpasste Chance

27 Offiziere waren von den Matrosen gefangengenommen und ins Polizeipräsidium Eichhorns gebracht worden. Im Untersuchungsausschuss versuchte der Vertreter des Kriegsministeriums, Major von Hammerstein, der später bei der Inthronisierung Hitlers als Reichskanzler eine unrühmliche Rolle spielte, die spätere »außerordentlich feindliche Stimmung dieser Truppen« gegen die Matrosen, wenig überzeugend durch eine Männerfantasie zu erklären. Sie seien von »Weibern, Kindern und Kriegsbeschädigten« umstellt und »unter groben Misshandlungen« ins Präsidium gebracht worden.[779] Doch statt an ihnen ein Exempel zu statuieren, durften die Offiziere und Unteroffiziere, nachdem Eichhorn sie dort einige Stunden bestens beherbergt hatte, nach Hause in ihre Kasernen.

Die USPD-Abgeordnete Georg Ledebour leitete inzwischen die Verhandlungen. Ein »Abkommen« wurde geschlossen, das die Unterschriften einer illustren Schar der November- und Konterrevolution enthält: Max Cohen, Richard Müller, Brutus Molkenbuhr, Ernst Däumig, Otto Tost, Georg Ledebour, Heinrich Dorrenbach, Fritz Radtke, sowie General Hofmann, Gustav Suppe und Waldemar Pabst.[780]

Später schrieb letzterer: »Es wäre an und für sich ein Leichtes gewesen, mit uns fertig zu werden.« Das Generalkommando Lequis musste abziehen und der Urheber der ganzen Aktion – Otto Wels – den die Matrosen trotz des Angriffs nicht getötet hatten, trat, nervlich angeschlagen, dem »dringenden Rat« seines Arztes folgend, von seinem Posten als Stadtkommandant zurück, wie er in einem Brief »an Herrn Fritz Ebert« schrieb.[781] Sein Stellvertreter, Parteigenosse Anton Fischer, übernahm den Posten, den er noch geschickter

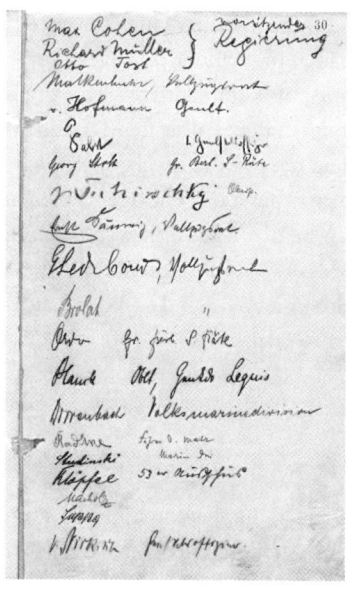

*Die Abmachung mit allen Unterschriften* [SAPMO Bundesarchiv]

auszufüllen gedachte als sein Vorgänger. Ein umfangreiches, gutbesoldetes Spitzel-System wurde von ihm aufgebaut (Grundgage: 15 Mark pro Spitzel und Tag, plus Spesen, sowie 300 Mark pro Information).[782]

Doch zurück zum Heiligen Abend und den Weihnachtstagen. Der mit Hilfe des Vollzugsrates (Richard Müller, Ernst Däumig), der USPD (Ernst Ledebour), des 53er-Ausschusses der Marine (Otto Tost) schlecht verhandelte Kompromiss war von Nachteil für die Matrosen. Sie hätten jetzt ihre Aufstockung auf 5.000 Mann durchsetzen können, stattdessen stimmten sie zu, den Marstall langfristig zu verlassen, und zogen schließlich ins Marinehaus, eine »Zigarrenkiste« wie es Ernst Broßat schilderte.

Auch Richard Müller, Däumig, Tost, Ledebour verkannten die Situation. Die VMD hätte als Basis einer wirklichen Volkswehr fungieren können.

Diese Tage zwischen den Jahren waren die zweite Gelegenheit der Revolution: Die letzten kaiserlichen Truppen zeigten sich machtlos, hätten »fertig gemacht« werden können (Pabst). Und Ebert, Scheidemann und Landsberg hatten sich eine konterrevolutionäre Blöße gegeben.

Die Volksbeauftragten gerieten infolgedessen aneinander. Haase, Dittmann und Barth verlangten von Ebert eine Erklärung für sein Tun. Der log zusammen mit Scheidemann und Landsberg (der gleichzeitig über einen Krieg mit Polen sinnierte) und gab sich unschuldig. Keiner von ihnen wollte mit der tödlichen Kanonade etwas zu tun haben.[783]

Die Öffentlichkeit, bei der die Attacke auf die Matrosen »die größte Empörung hervorgerufen hatte«, erwartete nun, dass die drei Angreifer, die den Militärs ja tatsächlich den Angriffsbefehl gegeben hatten, zurücktreten würden. Selbst Baake, Eberts treuer Adlatus, sah es als schwierig an, die »sozialdemokratischen Volksbeauftragten zu halten.«[784]

Der Volksbeauftragte Haase forderte nun endlich eine Wende in der Militärpolitik. Er tat so, als sei ihm die Zusammenarbeit von Ebert und Genossen

*Auszug aus dem Marstall*

mit der OHL verborgen geblieben. Alles hatte er sicher nicht erfahren, aber die Grundzüge mussten ihm bekannt gewesen sein, schließlich fand sich seine Unterschrift unter dem Erlass zur Wiedereinsetzung der Befehlsgewalt der Offiziere, schließlich hatte er das Abwürgen der Hamburger Punkte gebilligt und letztlich auch von den Telefonaten mit Groener gewusst.

Haase forderte nun eine andere Militärpolitik von Ebert und vergaß dabei, dass er die Zusammenarbeit der SPD mit der OHL selbst wochenlang nicht verhindert hatte. Haase glaubte tatsächlich, den Zentralrat (alles SPD-Mitglieder) auf seiner Seite zu wissen. Doch diese waren stramme Parteisoldaten. Es rächte sich in diesem Fall die Nichtbeteiligung der USPD an dem Gremium. – was wiederum auf die Radikalen in der Partei zurückging.

Dabei hätte sich in diesem Moment für die USPD, die Obleute und Müller, Däumig, Ledebour, Tost und dem 53er-Ausschuss, die Gelegenheit geboten, in Verbindung mit den Matrosen – die sich ja im Konfliktfall auf die Regierung Haase verpflichtet hatten – den drei SPD-Volksbeauftragten den Abschied zu geben, den Vollzugsrat von Groß-Berlin (den es ja noch gab) statt des Zentralrates, der ja nur noch ein müder Abklatsch eines Kontrollgremiums war, als Basisvertretung einzusetzen. Und damit die Macht in der Hauptstadt zu übernehmen. Die im Aufbau befindlichen Freikorps hätten

Schloßkämpfe in Berlin
Aufbahrung der Gefallenen im Schlosse

19

*Nach den Weihnachtskämpfen*

durch die Soldatenräte entmachtet werden, die Nationalversammlung verschoben und die Volkswehr, wie die Sozialisierung durchgesetzt werden können, da sie ja im ganzen Land von den Arbeiterräten gefordert wurde.

Doch stattdessen folgten Haase, Dittmann und Barth einer schon lange von Liebknecht/Luxemburg und den Obleuten erhobenen Forderung und traten aus der Regierung aus. Und dies war wieder ein Fehler. Die USPD war geschickt in eine Falle getappt.[785] Jetzt regierte die SPD-Führung mit Ebert an der Spitze allein. Nach Groeners Ansicht war das etwas, was er »mit einer solchen Geschicklichkeit gemacht hat, die alles, was jemals ein Reichskanzler zuwege gebracht hat, übertraf.«[786]

Die OHL hatte militärisch zwar ein letztes Mal versagt, aber weil die USPD und die Obleute sich nicht trauten mit den Matrosen die Revolution zu Ende zu bringen, hatten die Generäle politisch gewonnen. »Der Beginn einer reinlichen Scheidung«[787] innerhalb der Sozialdemokratie, kommentierte dies Pabst später. Und das bescherte der SPD den »Zwang zur Zusammenarbeit mit der OHL. Nach meiner Ansicht würde solange keine Besserung der Verhältnisse möglich sein, als die vereinte Sozialdemokratie gegen uns stand.«[788]

Das war messerscharf kombiniert. Wie der Erste Weltkrieg nur mit der gesamten SPD geführt werden konnte[789], war gegen eine einige SPD Konterrevolution unmöglich. Revolution aber – und wenn es nur die Forderungen des Reichsrätekongresses nach Zerschlagung des Militarismus und der Sozi-

*Das reine SPD-Kabinett vom 29.12.1918 – Volksbeauftragte Landsberg, Scheidemann, Noske, Ebert, Wissell* [Bundesarchiv 146-1977-074-08]

alisierung gewesen wären, also die Umsetzung des Erfurter Programms der SPD – schien nur ohne die SPD-Oberen möglich.

Der misslungene Versuch, die »Matrosen abzumurksen«[790], die einmalige Gelegenheit die SPD-Oligarchie, die sich auf die Revolution draufgesetzt hatte, vom Thron zu stoßen, blieb ungenutzt.

Ebert erinnerte sich später als Reichspräsident, dies sei für ihn der entscheidende Moment gewesen, »ich erwartete damals jede Nacht erschlagen zu werden.« Nun, das wäre sicherlich falsch und auf dem Niveau gewesen, das die SPD-Führung bald in Zusammenarbeit mit den Freikorps erreichte. Broßat bedauerte es: »Ich habe mich später oft gefragt, ob es nicht richtiger gewesen wäre, am 23. Dezember 1918 den Verrätern der deutschen Revolution den Garaus zu machen, dann hätten sie den Verrat nicht vollenden können. Es ist heute [in den 1950ern] müßig, zu sagen: Wir hätten vielleicht unseren Karl Liebknecht und unsere Rosa Luxemburg behalten. Unsere Rücksichtnahme ihnen gegenüber haben sie schlecht belohnt.«[791]

Es hätte durchaus genügt, Ebert wie seinen Vorgänger im Kanzleramt mit einem Zug in den verdienten Ruhestand nach Baden zu schicken. Was machte aber Radtke? Er gab – ohne Absprache mit den anderen Leitern im fünfköpfigen Führungsgremium – im Verein mit der GKSD eine völlig unnötige Erklärung heraus, die VMD hätte mit den Spartakisten nichts zu tun, was für die Leitung zutraf, jedoch nicht an der Basis für ca. 400-500 der noch 1.800 Bewaffneten. Außerdem erklärten sich beide militärischen Einheiten für die Nationalversammlung und in einer auch heute gern benutzten Floskel »gegen Hetzer von links und rechts.« Die GKSD aber höhnte wahrheitswidrig, sie sei von Anfang an ein Feind der Gegenrevolution gewesen. Klugerweise hatte Pabst diese Erklärung irgendwelche Chargen aus dem dritten Glied unterschreiben lassen und selbst eine Signatur gescheut.[792] Denn die GKSD und ihr Befehlshaber waren nicht nur das Sinnbild, sondern die Konterrevolution schlechthin. Und Kriegsminister Scheüch wollte nicht als Buhmann herhalten so schrieb er am 29. Dezember an die MSPD-Volksbeauftragten, dass es sich bei der »Besprechung des militärischen Eingreifens nicht allein um die Befreiung des Herrn Wels gehandelt hat, sondern auch um die Entfernung von den Matrosen aus Schloss und Marstall.«[793] Dittmann gegenüber gab er sogar zu, dass es der eigentliche Auftrag war, »mit allen militärischen Mitteln den Widerstand der Matrosen zu brechen.«[794]

Einerseits radikalisierte sich die Arbeiterschaft Berlins in Folge der Weihnachtskämpfe, andrerseits rieben sich Groener und seine Offiziere die Hände und freuten sich, »dass Ebert gezwungen war, sein Herz über die Barriere zu werfen und sich der Säuberung Berlins mit der Waffe nicht mehr widersetzte«[795].

Auch wenn sie sich temporär zurückziehen mussten, die OHL hatte ja noch die im Aufbau befindlichen Freikorps, und die – von denen die Arbeiter nichts ahnten – würden sich von keiner Bevölkerung entwaffnen lassen, Sie würden jeden Befehl ausführen, und zwar mit gnadenlosem Hass. Der Bürgerkrieg war jetzt programmiert.

Unter großer Anteilnahme der Bevölkerung, vor allem aber der Arbeiterinnen und Arbeiter, der Soldaten und Blaujacken, wurden die elf toten Matrosen zum Friedhof der Märzgefallenen geleitet. Auf Plakaten sei zu lesen gewesen, andere Quellen sprechen nur von gerufenen Parolen: »Als Matrosenmörder klagen wir an: Ebert, Landsberg, Scheidemann«. Otto Tost hielt eine Ansprache vor dem Schloss, eine Ehrenformation der Franzer, die gut zwei Wochen vorher noch den Vollzugsrat verhaftet hatten, salutierte unter dem Kommando von Spiro und der gab in der *Freiheit* eine Solidaritätserklärung für die Volksmarinedivison ab. Wobei er Wels und die Regierung kritisierte. Die Matrosen seien im Recht gewesen.[796] Ganz im Gegensatz zu den Kieler Soldatenräten, die unter Noskes Drängen sich – ohne den Sachverhalt genau zu kennen – schon am Nachmittag des 24. Dezembers 1918 – von

*Otto Tost spricht bei Beerdigung der Matrosen.*
*Hinten die Franzer-Ehrenkompanie*

Noske formuliert – gegen »die Meuterer« in Berlin und wiederholt nur für die »Regierung Ebert-Scheidemann« – als wären die USPD-Vertreter schon rausgeworfen – aussprachen.[797] Noske schien sie vollkommen in der Hand zu haben und er baute die Eiserne Division auf, eine konterrevolutionäre Truppe von Deck- und Unteroffizieren, während die Marineoffiziere schon ihre Freikorps 1 und 2, Ehrhardt und Loewenfeld zusammenrafften.

## Januar 1919 – der Aufstand mit dem falschen Namen: Spartakus

Fritz Zikelsky, Arbeiter, Soldat vor Verdun, Deserteur aus Neukölln, hatte an Weihnachten mitgekämpft, gegen die, die die Matrosen totmachen wollten. Und er war geflohen, geflohen nicht nur vor dem preußischen Militarismus, sondern auch vor der Verlobten seines gefallenen Bruders, mit der er seine erste Liebesnacht verbracht hatte. »Anna schien untröstlich und weinte. Ich sagte, ich sei ja nicht aus der Welt, ich käme wieder. [...] Dann hatte ich keine Zeit mehr für sie. Eine andere Braut lag in meinem Arm: das Gewehr.«[798] Zikelsky drückte nach den Weihnachtskämpfen die Hände der Matrosen. »Für die nächsten Tage durfte unsere Kampfgruppe im Marstall bleiben. Wir haben mit vielen Matrosen Freundschaft geschlossen. Doch Namen habe ich nicht mehr in Erinnerung. Nur den Matrosen, der Godi genannt wurde. Wo mag er geblieben sein.«[799]

Die VMD hatte immer noch 1.820 Mitglieder, doch sie sollte sich weiter verkleinern. Entscheidend war nicht, dass sie aus dem Schloss ausziehen musste, da waren sowieso nur noch wenige Matrosen, entscheidend war, dass sie den Marstall räumen mussten. Radtke war der Überzeugung, dass Wels die Volksbeauftragten bewusst falsch über die VMD informiert hatte. Und Hillebrand, der nicht so gemäßigt war wie Radtke, war vor dem Untersuchungsausschuss der Überzeugung: »Ich möchte nur betonen, wenn die Geschichte am 23. Dezember nicht passiert wäre, hätten wir auch im Januar und im März keine Unruhen gehabt.«[800] Man könnte dies erweitern: Wären die Hamburger Punkte zur Demokratisierung der Armee und die Sozialisierungsvorgaben zur Demokratisierung der Wirtschaft umgesetzt worden, hätte es keine Aufstände gegeben.

Heinrich Dorrenbach jedoch bekam jetzt Schwierigkeiten mit den gemäßigten Anführern im 5er-Rat. Dass er der Matrosenwache der Reichskanzlei eigenmächtig und ohne Absprache den Befehl gegeben hatte, die Volksbeauftragten kurzzeitig unter Arrest zu setzen, gefiel Radtke und Junge gar nicht. Es kam zu heftigen Auseinandersetzungen. Radtke behauptete gar, unter Druck im Untersuchungsausschuss, Dorrenbach habe ihm gedroht, ihn zu erschießen.[801] Junge erzählte, dass Dorrenbach für drei arbeiten konnte, aber eben »etwas überspannt« gewesen sei und zu Liebknecht tendierte. Und Radtke bezeichnete ihn als »fürchterlich begabt«. Auch wusste Radtke wohl damals nicht, dass der Vertrag mit dem Finanzministerium von Wels – eben weil er die Matrosen aus dem Marstall heraushaben, ja sie überhaupt loswerden wollte – nicht genehmigt worden war und Dorrenbach die Unterschriften gefälscht hatte. Dorrenbachs Position geriet ins Wanken. Gleichzeitig weigerte sich die Hälfte der 800 jungen Jahrgänge, die VMD zu verlassen, wie es die SPD-Volksbeauftragten jetzt als Alleinherrscher wollten. Es gab nun eine eindeutig radikale und eine gemäßigte Fraktion in der VMD. Es kam zu großen Zerreißproben. Die Spaltung drohte.

Gleichzeitig wurde an Silvester 1918/19 die KPD im preußischen Abgeordnetenhaus gegründet. Zikelsky schützte als Mitglied der Wache der VMD die Delegierten im Abgeordnetenhaus. Doch im Innern des Herrenhauses kam es zu großen Spannungen. Rosa Luxemburg hatte die Partei »Sozialistische Partei« nennen wollen, mit Liebknecht für die Beteiligung an den Wahlen zur Nationalversammlung plädiert und den Bremer Linksradikalen zugerufen »Ihr wollt Euch Euren Radikalismus ein bisschen sehr bequem und rasch machen«.[802] Und doch, das Spartakusprogramm, in dem sich Rosa Luxemburg – mit Blick auf die Bolschewiki – gegen jeden Terror wandte, setzte sich durch. Ein zweiter wichtiger Punkt darin: Die Macht sollte erst übernommen werden, wenn die Mehrheit der Arbeiter dafür sei.[803] Somit gab Rosa Luxemburg zu verstehen, dass ein langer, langer Weg vor ihnen lag. Es kam anders. Rosa Luxemburgs und Karl Liebknechts persönlicher Weg war nur noch kurz und führte in den Tod.

»Ich sehe einen zarten blonden Jungen laufen, verfolgt von einer Menschenmenge; sie umringen ihn, er bekommt den ersten Faustschlag. Noch immer läuft der blonde Kopf, das atemlos rote Knabengesicht zwischen Fäusten und Stöcken. Man schreit überall: ›Der junge Liebknecht, Liebknechts Sohn!‹ Jetzt stolpert er, verschwindet unter einer siedenden Menschenmasse. Ich habe den klaren Eindruck, jetzt schlagen sie ihn tot. [...] Plötzlich taucht er wieder auf, blutig, mit zerfetztem Gesicht, aufgedunsen, gestützt und gehalten von Spartakusleuten, die blitzschnell herangelaufen sind und ihn herausholen«[804], vertraute der Garde-Offizier der Reserve Harry Graf Kessler seinem Tagebuch an.

Nun, es war in diesem Fall ein Junge, der fälschlicherweise für Liebknechts Sohn gehalten wurde, so wie 50 Jahre später ein Passant für Rudi Dutschke. Beide Male entgingen sie nur knapp dem lynchenden Mob.

Aber um was für einen Aufstand handelte es sich im Januar 1919 und was war geschehen? Ausgelöst wurde er durch die Entlassung von Emil Eichhorn. Der gehörte zum linken Flügel der USPD und hatte mit den Massen am 9. November das Polizeipräsidium erobert. Qua revolutionärem Recht war er zum Polizeipräsidenten ernannt worden. Die SPD wollte sich bald seiner entledigen, hatte er doch mitgeholfen, die Kanonade auf die Volksmarinedivision zu beenden und dazu Arbeiter bewaffnet.

Eichhorn weigerte sich – die Pistole auf dem Schreibtisch – abzutreten, als ihn Anton Fischer, der Wels als Stadtkommandant abgelöst hatte, dazu aufforderte. Fischer musste mit seinem Nachfolgekandidaten das Polizeipräsidium unverrichteter Dinge wieder verlassen.

Warum löste diese versuchte Ablösung aber so viel Empörung aus? Die USPD hatte doch schon entscheidende Machtpositionen sozusagen freiwillig geräumt.[805] Nun, Eichhorns Entmachtung war, so darf man annehmen, nur der Funke, der den angestauten Frust in kollektiven Zorn umschlagen ließ. Die sozialistisch und sozialdemokratisch gesinnten Massen waren von Ebert und seinen SPD-Mitregenten schwer enttäuscht.

Denn sie hatte zwei wichtige Beschlüsse des Rätekongresses nicht umgesetzt: Die Zerschlagung des Militarismus und die Vergesellschaftung der Schlüsselindustrien. Schon an Weihnachten hörte Graf Kessler einen Sympathisanten der Matrosen rufen:»Die Regierung habe jetzt genug geredet, endlich solle sie mit dem Sozialismus ernst machen.«[806] Stattdessen kam ein anderer Ernst, Eugen Ernst, der von der SPD-Regierung vorgesehene neue Polizeipräsident. Der, so Kessler,»pfeife seine Schutzleute an wie Blücher«.[807] Ernst war ein Opportunist wie aus dem Buche. Gut ein Jahr später passte er sich den rechten Putschisten Kapp, Lüttwitz und Pabst an und blieb als Polizeipräsident im Amt. Nach dem Zweiten Weltkrieg trat er, ohne zu zögern, in die SED ein.

Eichhorn aber weigerte sich 1919 zu gehen und gegen seine drohende Entlassung wurde zu einer Demonstration mobilisiert. Die Leitung der eben aus der Taufe gehobenen KPD hatte am Abend des 4. Januar, so Paul Levi, nicht die Absicht, die Regierung zu übernehmen, da eine derartige Regierung nicht länger»als 14 Tage zu leben gehabt«[808] hätte. Auch auf einer am gleichen Abend stattfindenden Zusammenkunft der Revolutionären Obleute wusste man nicht, wie viele zur Protestaktion am Sonntag, den 5. Januar kommen würden. Auch die Obleute riefen daher nicht zum Sturz der Regierung auf.

Die folgenden Ereignisse gleichen einer revolutionären Achterbahnfahrt.[809]
Am Sonntag, den 5. Januar»staute sich eine dichte Menschenmenge, alle Elektrischen standen.« Vor dem Polizeipräsidium, welches sich noch in Eichhorns Hand befand, sprach Liebknecht.»Er redete wie ein Pastor, mit salbungsvollem Pathos, langsam und gefühlvoll die Worte singend. [...] Am Schluss brüllte alles im Chore ›Hoch‹, rote Fahnen bewegten sich, Tausende von Händen und Hüten flogen auf.«[810] Mehr geschah nicht. Auch die Betriebsvertrauensleute vertagten (noch) die Frage eines sofortigen Regierungsumsturzes

Dazu bei trug Heinrich Dorrenbach, immer noch der faktische Kopf der VMD, der sich, obwohl inzwischen stark an die frischgegründete KPD angelehnt, weigerte, bei einem Umsturz mit den Matrosen der VMD die Regierung zu verhaften.[811]

Doch dann besetzten einige Hundert bewaffnete Demonstranten die verhassten Redaktionen des *Vorwärts*, des *Berliner Tagblattes*, die Verlagshäuser Scherl, Mosse, Ullstein, die Druckerei Büxenstein und das Wolff'sche Telegrafenbüro (WTB), eine schon zu Bismarcks Zeiten regierungsgesponserte Nachrichtenagentur. Militärisch gesehen waren diese spontanen Besetzungen unsinnig. Sie entstanden aus purer Empörung, teils angeführt von Agents Provocateurs. So war bei der Besetzung der Druckerei Büxenstein, ein Mann namens Blau dabei, der die Besatzer auch noch zum Durchhalten aufforderte und dann verschwand.[812] Theodor Grant leitete die Besetzung der Reichsdruckerei und war ein Doppelagent Anton Fischers.[813] Der Kellner Alfred Roland, Mitglied des Roten Soldatenbundes und nach eigenen Angaben in Lohn und Brot von Anton Fischer, soll nach der Aussage des Friseurs Julius Meyer[814] mehrfach zur Besetzung des *Vorwärts* aufgerufen haben, bestritt dies aber.[815] Staatsanwalt Robert Weismann wurde im Untersuchungsausschuss nicht rot, als Rechtsanwalt Kurt Rosenfeld (USPD) ihn fragte, ob Roland ein Spitzel sei und der spätere Staatskommissar für öffentliche Ordnung dies verneinte.[816] Der geistesgestörte Hasso von Tyszka war für Fischer und Wels als Leiter der Kriminalabteilung unterwegs und hatte Liebknecht und Luxemburg im Dezember 1918 kurzzeitig als Geiseln festgesetzt.[817] Er verhaftete Ledebour und Ernst Meyer am 11. Januar 1919 in der Absicht, sie zu ermorden.[818] Schon zuvor war der Matrose Otto Strobel als Spitzel und Antisemit vom Vollzugsrat ausgeschlossen worden.[819] Max Dreger, Abteilungsleiter von Eichhorns Sicherheitswehr war ebenfalls ein Spitzel Fischers, der sich als »Spartakist« an der Erstürmung der Pionierkaserne beteiligte und dann zum Freikorps Reinhard überging. Ross, Trippe, Coler und Kretschmar, die Agenten im Vollzugsrat, wirkten auch weiter mit.

Gleichwohl darf man nicht übersehen, dass vieles im Januaraufstand tatsächlich spontan, ohne Führung und ohne Antreiber geschah.

Rosa Luxemburg hielt sich zu der Zeit in der *Roten Fahne* noch zurück und prophezeite nur, dass Ebert und Scheidemann »ihr Schwert schleifen, um die Revolution zu überrumpeln, zu meucheln.«[820] Beeindruckt von der massiven Beteiligung an den Protesten, verhandelten jedoch Wilhelm Pieck und Liebknecht in der Nacht zum 6. Januar, mit Dorrenbach. Der war jetzt – im Gegensatz zu einem Tag vorher – plötzlich sehr zugänglich für eine militärische Aktion.

Nach seiner revolutionären Tat im Reichsrätekongress, gut 14 Tage zuvor, die zweifellos seine größte war, machte er nun den größten Fehler. Geblendet von der Einigkeit der 17 oder 19 Berliner Truppen in der Frage der Demokratisierung der Armee, geblendet von den bewaffneten Massen auf der Straße, verkündete er, die gesamten Berliner Truppen stünden hinter ihm und würden eine zweite Revolution, die Absetzung der Regierung Ebert-Scheidemann mitmachen, ja durchführen.[821] Völlig unbeachtet ließ Dorrenbach dabei, dass schon kurz nach der Durchsetzung der Hamburger Punkte im

Kongress einige Bataillone und ihr Soldatenrat wieder davon abgefallen waren und vermutlich auf Druck der Offiziere sich von den »Forderungen der Berliner Truppen« distanziert hatten bzw. nichts mehr davon wissen wollten.[822] Dabei hatten sie bei der Versammlung im Speisesaal am 17. Dezember 1918 im Schloss alle vorher zugestimmt. Dorrenbach hätte wissen müssen, dass die Soldatenräte der Garnisonen sich schwankend zeigten. Vermutlich hat ihm aber Spiro von den Franzern angedeutet, dass sie mitmachten[823], auch Grünberg vom VI. Depot der Republikanischen Soldatenwehr war nach Befragung seiner Truppe zur Stelle.[824]

Aber weder die restlichen Berliner Garnisonen, auch nicht Spiro – der erneut die Seiten wechselte – , auch nicht die anderen Depots der Republikanische Soldatenwehr und auch nicht der Hauptteil von Eichhorns Sicherheitswehr – deren Leitungskader, angeführt vom Doppelagenten Max Dreger hinter dem Rücken des Polizeipräsidenten mit Fischer Ende Dezember einen Nichtangriffspakt geschlossen hatten[825], ließen sich zur Beteiligung am Aufstand breitschlagen. Auch der 5er-Rat der VMD war nicht über Dorrenbachs Absichten informiert.

Tatsächlich geschah auch erst einmal nichts. Dorrenbach ließ niemanden verhaften. Ob er überhaupt den Versuch unternahm, ist zweifelhaft.[826] Die zweite Revolution[827] blieb aus.

## Massen ohne Führung

Hunderttausende demonstrierten am 6. Januar 1919 auf den Straßen Berlins. Die Wut war groß über das Agieren der Reichsregierung, wie sie sich jetzt nannte, denn Volksbeauftragte wollten die SPD-Männer nicht mehr sein.

Auch andernorts kam es zu Massenaktionen. Wie in Berlin wurden in Braunschweig, Dortmund, Düsseldorf, Nürnberg, Hamburg, ja in Wolfenbüttel und Delmenhorst Zeitungen, teils Rathäuser und Banken besetzt. In Stuttgart, Leipzig und Dresden kam es zu »Unruhen« und Zusammenstößen mit Militärs.[828] In Düsseldorf streckte der Arbeiter- und Soldatenrat die Hand nach der Macht. Das Ruhrgebiet wählte den Generalstreik. Bremen wurde Räterepublik.

Und die unübersehbaren Massen in Berlin schienen eine zweite Revolution zu verkünden. Kein Putsch einer kleinen Minderheit, sondern der Wille des Proletariats, so glaubten viele, zeigte sich hier. Es agierte kein Bolschewismus, keine von einer Kaderpartei geführte Menge, sondern es war eine ungelenkte Massenbewegung. Aber was sie genau wollte, außer der Beibehaltung Eichhorns als Polizeipräsident, war nicht so ganz klar und an den bewaffneten Zeitungsbesetzungen beteiligten sich nicht Hunderttausende, sondern nur Hunderte. Wie auch immer, die Massen waren unzufrieden mit der sich abzeichnenden reaktionären Politik der Regierung: Keine Sozialisierung, keine Volkswehr, keine Zerschlagung des Militarismus, Kapitalismus und Junkertums.

»Was am Montag sich in Berlin zeigte, war vielleicht die größte proletarische Massentat, die die Geschichte je gesehen hat«,[829] wusste Levi. »Nie seit den großen Tagen der Französischen Revolution hat soviel bei den Straßenkämpfen in einer Stadt für die Menschheit auf dem Spiel gestanden«,[830] schrieb Graf Kessler in sein Tagebuch.

Zum Schutz der Reichskanzlei hatte die Regierung nach Weihnachten statt der VMD eine schwerbewaffnete Abteilung des Freikorps Reinhard, unter ihrem Anführer Unteroffizier Gustav Suppe, genannt die »Suppe-Truppe«, bestimmt. Der hatte getarnt durch Weihnachtsbäume auf dem Balkon der Reichskanzlei in der Wilhelmstraße Maschinengewehre aufstellen lassen. Diese militante Leibwache Eberts[831] – die Käppner unter dem Begriff »entschlossene Republikaner«[832] einzuordnen sucht – sollte bei Angriffen sofort feuern.[833] Zusätzlich hatten die SPD-Oberen ebenfalls ihre Anhänger mobilisiert, die aber gegenüber den Hunderttausenden Empörten in der Minderheit waren und sicherlich bei einem Angriff von Suppes Maschinengewehren in Mitleidenschaft gezogen worden wären.

Sicherheitshalber hatten sich Ebert und sein Oberbefehlshaber des Militärs, Noske, in die Obhut nicht der OHL sondern der befreundeten Gebrüder Sklarz begeben. Sogenannte Kriegsgewinnler, die auch das von dem *Vorwärts*-Redakteur Erich Kuttner gegründete Regiment Reichstag unterstützten.[834]

In dem von kaiserlichen Offizieren(Oberstleutnant Paul Grautoff) kontrollierten Freikorps wirkte auch der Schwiegersohn Scheidemanns, Fritz Henk, der Gerüchte über hohe Lösegelder, angeblich ausgesetzt von Scheidemann auf Liebknechts Kopf, verbreitete.[835] Damit war Liebknecht auch von sozialdemokratischer Seite für vogelfrei erklärt worden. Schon im Dezember hatten tausendfach gedruckte und von Großbürgerrat finanzierte Flugblätter bzw. Plakate zum Mord an ihm aufgefordert, was damals Scheidemann aus Gründen der Pressefreiheit nicht verbieten lassen wollte.

Die meisten Revolutionären Obleute, darunter auch Ledebour und zahlreiche USPD-Mitglieder sowie Pieck und Liebknecht von der wenige Tage alten KPD waren überwältigt von dem Massenzulauf und Dorrenbach als scheinbar bevollmächtigter Vertreter der Führung der VDM beteuerte erneut, die Berliner Truppen würden sich ihnen anschließen.[836] Gegen die Stimmen von Richard Müller[837] und Ernst Däumig und im Bewusstsein einer neuen Massenbewegung, die nicht nur Kaiser und Krieg ablehnte, sondern auch Militarismus und die >schamlos< mit ihr paktierende SPD-Führung, erklärte man kurzerhand die Regierung Ebert-Scheidemann für abgesetzt.

Dies sei, so der Historiker Ottokar Luban 1999, »der Ausfluss einer gewaltigen Massenbewegung der eindeutigen Mehrheit des Berliner Proletariats« gewesen. Diese Beschlüsse besaßen seiner Ansicht nach »genauso wie der Regierungsumsturz am 9./10. November 1918 in Berlin ihre revolutionäre Legitimation.«[838]

Doch die Berliner Truppen bereiteten den Revolutionären und dem 33-köpfigen Revolutionsausschuss – der erst im Polizeipräsidium, dann im Marstall bei der VMD tagte – eine herbe Enttäuschung. Alle Berliner Truppen erklärten sich für neutral. Heinrich Dorrenbachs Versprechen war nicht einzulösen.

Dabei hatten Soldatenräte aus den verschiedensten Garnisonen immer wieder beim Revolutionsausschuss nachfragen wollen, wie sie sich zu verhalten hätten. Aber diese Nachfragen kamen wohl nicht an oder wurden nicht gehört, auf jeden Fall wurden sie nicht beantwortet.

## Die neutrale Division

Als sich Arbeitermassen im Lichthof des Marstalls sammelten und dort Waffen verteilt wurden, stellten sich Milewski und Junge gegen diese Bewaffnung und unterbanden sie. Sie planten sogar Dorrenbach zu verhaften.[839]

Stadtkommandant Fischer, Wels' Nachfolger, der neugierig im Marstall erschienen war, wurde vom Revolutionsausschuss erst einmal festgesetzt und erbat sich zuvorderst ausschlafen zu dürfen.[840] Danach, so behauptete er später, habe ihn Liebknecht für die Aufständischen als Stadtkommandant zu gewinnen gesucht. Doch er habe abgelehnt. Da ließen die Revolutionäre ihn frei und er versuchte in Berlin erst einmal den Widerstand gegen die zweite Revolution zu organisieren. Was ihn erst nicht gelang, denn Milewski gegenüber gab er an, dass seine Truppen, von der Republikanischen Soldatenwehr gegen den Aufstand nicht einschreiten wollten. Doch gegenüber den Volksbeauftragten gab er sich kampffähig und forderte die Erlaubnis, unter den Revolutionären Geiseln nehmen zu dürfen. Landsberg zeigte sich erst distanziert, widersprach aber nicht, als Fischer darauf beharrte. Später haben Fischers Leute dann ja auch Däumig und Ledebour verhaftet und als Geiseln genommen. Beide entkamen nur ganz knapp dem Tod. Als Ledebour (USPD), der sich maßgeblich am Aufstand beteiligt hatte, dann im Mai 1919 des Hochverrats angeklagt wurde, endete der Prozess mit Freispruch. Staatsanwalt Zumbroich, der später beim Kapp-Putsch fünf Tage als Justizminister regierte, musste zugestehen, dass Ledebours Handeln ein revolutionärer Akt in einer revolutionären Situation war.

Doch an jenem 6. Januar 1919 abends kam es für den Revolutionsausschuss, in dem Liebknecht, Ledebour und Pieck saßen erstmal knüppeldick. Die Leitung der VMD, bestehend aus Radtke, Milewski, Grundke, Halves, Schumm und Junge[841] – Dorrenbach hatte sich abgesetzt –, beschloss, dass das Gremium den Marstall zu verlassen habe. Hillebrand war wohl schwankend. Radtke und Milewski waren zudem der Spannung nicht mehr gewachsen und traten zusammen mit Hillebrand von ihren Posten zurück. Walter Junge, ein Gemäßigter, wurde am 8. Januar 1919 von der VMD-Vollversammlung zum neuen Kommandanten gewählt, Robert Grundke zu seinem Stellvertreter.[842]

Jedenfalls musste der Revolutionsausschuss am 6. Januar abends unter Schimpf den Marstall verlassen. Die VMD erklärte sich für neutral.

Da half auch Ledebours Vorwurf nicht, die Berliner Arbeiter hätten sie doch an Weihnachten gerettet und jetzt blieben sie den Dank schuldig.[843]

Sogar Ottokar Luban zeigte sich später enttäuscht, da doch die Volksmarinedivision »in den Weihnachtstagen 1918 nur dank der Hilfe der Berliner Arbeiter einen Angriff der Regierungstruppen erfolgreich abgewehrt«[844] hatte. Nun, sie allein hätte auch nicht weitergeholfen. Tatsächlich hielt sich der radikale Flügel, vermutlich hauptsächlich die jungen Jahrgänge, nicht an die von ihren Führen verkündete Neutralität. Etwa 300 bis 400 Matrosen beteiligten sich, sozusagen eigenverantwortlich und in den Freiwachen – während sie im Dienst immer noch ordentlich die Reichsbank bewachten – an den Kämpfen auf Seite der »Spartakisten«. So besetzten Matrosen den Schlesischen Bahnhof – was strategisch weitaus sinnvoller war als Zeitungsredaktionen zu okkupieren. Hier kämpften, wie später auch im *Vorwärts*-Gebäude, auch Frauen mit. Was zu empörten Darstellungen im Untersuchungsausschuss führte. Zehn Frauen hätten bewaffnet, eine sogar mit Stahlhelm auf dem Kopf, Wache gestanden.[845] Ein ausgemachtes Bedrohungsszenario, das mit großer Härte beseitigt werden musste. Auch begingen die Matrosen dort schlimme Schandtaten, so requirierte einer ein Fahrrad, um Kurierdienste ausführen zu können, was zu einem Strafprozess führte[846], während die Morde der Freikorps im Januar und März keine Richter fanden.[847]

Ein anderer Trupp Matrosen handelte weniger konsequent. Sie wurden mit der von Liebknecht und Scholze entworfenen Absetzungs-Erklärung der Regierung in das Kriegsministerium entsandt. Doch am Tor machte ein Leutnant Hamburger die »Blaujacken« darauf aufmerksam, dass die Unterschrift des Revolutionsausschusses auf dem Dokument fehlte und sie sich diese doch bitte zuerst holen sollten. Der Anführer, Matrose Lemmgen zog ab, ließ seine Blaujacken warten, holte im Marstall erst die Unterschriften ein und verlor dann offensichtlich die Lust am Aufstand, als er von Grundke, hörte, dass die VMD neutral bleibe. Lemmgen ging jetzt heim, statt die Unterschriften beizubringen. Also entfernten sich die Matrosen ebenfalls.[848] Laut *Vorwärts* seien die Matrosen sogar mit der Unterschrift zurückgekommen und Hamburger hätte ihnen das Schriftstück einfach abgenommen und nichts weiter sei passiert. Doch Lemmgen und Hamburger beteuerten vor Gericht, dass diese Darstellung des *Vorwärts* absolut nicht zutreffe. Lemmgen sagte außerdem, er habe das Schriftstück erst Tage später ordnungsgemäß in der Reichskanzlei abgegeben[849] Der *Vorwärts* verbog die Wahrheit gerne.[850] Hamburger wiederum gab an, er hätte das Kriegsministerium übergeben, wenn Lemmgen die Unterschriften gebracht hätte.[851]

Hier rächte sich, dass diese Revolution nie das Kriegsministerium, auch nicht am 9. November 1918, besetzt und weder den Kriegsminister noch seine Offiziere in den Ruhestand geschickt hatte, bevor die SPD-Oberen Ebert, Wels und ihr »Revolutionsausschuss« dortselbst mit ihnen gemeinsame Sache machen konnten.[852] Auch die Aufgabe des Reichstags nach den ersten Tagen der Revolution war ein taktischer Fehler.

Eichhorn hatte sich, seine Absetzung nicht akzeptierend, am 6. Januar mit seiner Sicherheitswehr darunter auch Matrosen, im Polizeipräsidium am Alexanderplatz verschanzt. Bewaffnete Arbeiter griffen an diesem Tag das Proviant-Amt und die Kaserne eines Pionier-Bataillons an.[853] Reichsdruckerei und Eisenbahndirektion wurden besetzt, weitere Bahnhöfe folgten.[854] Einige Besetzungen scheiterten.[855] Am Abend des 6. Januar schoss die Suppe-Truppe des Freikorps Reinhard in eine Menge, die angeblich die Reichskanzlei stürmen wollte. 25 Tote und 50 Verwundete.[856]

Am 7. Januar wurde dem Revolutionsausschuss offiziell die Botschaft übermittelt, dass sich die Berliner Truppen (inkl. der VMD) neutral verhalten würden. Rosa Luxemburg schimpfte, als sie am 14. Januar von den Handlungen des Revolutionsausschusses hörte, und hielt Liebknecht das Absetzungsdokument vor die Nase: »Karl, ist das unser Programm?«

Bis vor 20 Jahren waren Historiker der Auffassung, sie habe von Anfang an dem Januaraufstand kritisch gegenübergestanden, ihn nur nach außen hin in der *Roten Fahne* unterstützt,[857] doch Forschungen von Ottokar Luban haben anderes zu Tage gefördert. Auf Grund der nie vorher dagewesenen Massenbeteiligung schloss sie sich am 7. Januar 1919 dem auch heutzutage immer noch falsch als »Spartakus-Aufstand«[858] bezeichneten Revolutionsversuch an.[859]

»Die Genossen Luxemburg und Jogiches drängten auf eine entschlossene Kampfesführung«, notierte später Wilhelm Pieck.

Also war Liebknecht in der KPD nicht isoliert, wie das der zeitweilige Lebensgefährte Luxemburgs Paul Levi, der die Partei nach deren Tod kurzzeitig führte, später angab. Und nur so erklärt sich auch, warum Rosa Luxemburg in einem ihrer letzten Artikel zum Sturz der Ebert-Scheidemann-Regierung aufrief. Sie vermutete, dass jene dabei seien, »die brutalsten Gewaltmaßnahmen vorzubereiten.«

## Militärs im Mädchenstift

Damit lag sie richtig.

Bereits am frühen Morgen des 6. Januar sollte Generalleutnant von Hofmann und damit praktisch Waldemar Pabst, der Obristen-Hauptmann, der des kranken Hofmanns GKSD eigentlich beherrschte, zum Aufstandsliquidierer ernannt werden. Doch ein anwesender Sozialdemokrat, es ist nicht klar, wer so hellsichtig war und sich der ruhmreichen sozialistischen Tradition der Partei erinnerte, wandte ein, »dass die Arbeiter gegen einen General die größten Bedenken hegen würden«.[860] Da habe, so erinnerte sich Konrad Haenisch, der während des Weltkriegs von links nach rechts in der SPD gerückt war und das Streben Preußens nach Weltmacht mittels Angriffskrieg marxistisch zu begründen versucht hatte, inzwischen Kultusminister in der preußischen Regierung, zu Ebert gesagt: »Ich schlage vor, den Genossen Noske mit unbeschränkter Vollmacht zur Wiederherstellung der Ordnung zu betrauen.«[861] »Unbeschränkte Vollmacht« konnte nur heißen, dass kein Gesetz Noske zurückhalten sollte, seine jetzt folgenden Taten zu bremsen.

Historiker vergessen immer wieder, wie schnell schon zu diesem Zeitpunkt Ebert und Genossen bereit waren, alle Hüllen der »Gewalt sei immer reaktionär-Politik«, fallen zu lassen. Noske wurde praktisch zum Militärdiktator ohne irgendeine Einschränkung ernannt, ihm wurde zugesagt, »alle notwendigen Mittel anzuwenden.« [862] Er ließ sich nicht lumpen und gab seine berühmten Worte zum Besten: »Meinetwegen! Einer muss der Bluthund werden, ich scheue die Verantwortung nicht!«[863] Noske wurde zum Herr über die Freikorps. Die wichtigste Kerntruppe, »die treibende Kraft«[864], war Pabsts GKSD. Der Zivilist Noske, der Korbmacher, der so gerne Uniform getragen hätte, flocht jetzt statt Weiden Pläne für den kompromisslosen Kampf mit Blut und Eisen. Und das gegen die eigenen oder ehemaligen Genossen. Ein früheres Mädchenpensionat, das Luisenstift in Dahlem, wurde dazu auserwählt, Quartier für Noske und seine gepanzerten Freunde zu bieten. General Lüttwitz, früher kaiserlicher General, bald höchster der Reichswehr und kurz darauf oberster Putschist gegen Noske und Ebert schrieb später literaturpreisverdächtig: »Am 6. Januar 1919 wurde mir Noske überstellt. Da er keinen eigenen Stab hatte, arbeitete er mit meinem und so trat er in enge Beziehung mit mir.«[865] Noske, der gelernte Handwerker, ließ verkünden: »Ein Arbeiter steht also an der Spitze der Macht der sozialistischen Republik.«[866] Und wer war nach des Sozialdemokraten Auskunft sein »rührigster Offizier«?[867] Hauptmann Pabst. Rührig wurde gerüstet für die »Stunde der Abrechnung«.

Am Nachmittag des 6. Januar verhandelten sozusagen als Neutrale, Rudolf Breitscheid, Kautsky[868], Dittmann und Luise Zietz (alle USPD) mit denen, die sie während des Krieges aus der Partei geworfen, beschimpft und beleidigt hatten, mit Ebert, Scheidemann und Landsberg. Ziel war die Freigabe der besetzten Zeitungshäuser. Der Volksbeauftragte Ebert, der morgens noch »freudige Verhandlungsbereitschaft«[869] signalisiert und vermutet hatte, von der Revolution, die er so hasste, überrollt zu werden, zeigte sich nun, da er seinen Genossen Noske und die Offiziere in den Freikorps bei der Arbeit wusste, weniger offen für Friedensverhandlungen. Längst zur Gewalt entschlossen war die nicht mehr »reaktionär«, sondern man gab – wie im Weltkrieg ja auch behauptet – vor, »Gewalt lediglich zur Abwehr von Gewalt anzuwenden. [...] Wir werden von der Waffe keinen Gebrauch zum Angriff machen.«[870] Ebert sagte das zu einem Zeitpunkt, als Noske längst plante, auf jeden zu schießen, der der »Truppe vor die Flinte kommt« und das Freikorps des späteren SS-Obergruppenführers Reinhard[871] schon mit MGs in die Menge feuern ließ.[872]

Am 8. Januar beschossen Matrosen der VMD zwar noch die Artillerieunterkünfte der Freikorps[873], aber die Luft war raus aus der Zweiten Revolution.

Planloses Herumwurschteln des Revolutionsausschusses als auch dürftige Vorschläge Rosa Luxemburgs zum Handeln und das rasche Abschwellen der Massenaktionen wirkten demoralisierend. Noske wusste später, was den Revolutionären fehlte: Männer, wie er. Wenn »zielklare Führer« seines Schlages und nicht »Schwadroneure« die »Scharen« angeleitet hätten, hätten solche Kerle »Berlin in der Hand gehabt«[874]. Leo Jogiches und auch Rosa Luxemburg setzten sich nun für einen Rückzug aus den wenigen Tage alten Revolutionsgremien ein.[875] Auch nicht gerade fein.

Karl Radek aber, der sich einen kleinen Geheimdienst aus ehemaligen russischen Kriegsgefangenen geschaffen hatte, die mit Fahrrädern Erkundungsausflüge machten, war schon auf den Noske/Lüttwitz/Pabst'schen Kommandostab in Dahlem aufmerksam geworden.[876] Und Radek, der Sendbote Lenins, entpuppte sich nicht, wie noch jahrzehntelang behauptet wurde, als Antreiber des Aufstandes[877], sondern verkörperte das Gegenteil. Er, den Rosa Luxemburg auf den Tod nicht leiden konnte, forderte entschieden das einzig Richtige: Den Abbruch des seiner Meinung nach nicht – wie im Spartakusprogramm verlangt – von der Mehrheit der Arbeiter getragenen Aufstandes.[878] Paul Levi war der gleichen Meinung. Die einzigen in der KPD-Leitung, die weitermachen wollten, waren Liebknecht und Pieck. Auch Leo Jogiches war für sofortigen Abbruch. Es kam fast zum Bruch in der KPD.

Die Regierung fühlte sich dank der Noske/Pabst'schen Mobilmachung nun legitimiert genug, um aufzuräumen: »Entscheidende Handlungen werden nicht mehr lange auf sich warten lassen. Es muss aber gründliche Arbeit getan werden, (...) Gewalt kann nur mit Gewalt begegnet werden.«[879]

»Ebert meinte mit der zu bekämpfenden Gewalt nicht die Gewalt des Weltkrieges, die die SPD mitgetragen hatte, die unzählige ihrer Wähler und zwei seiner Söhne das Leben gekostet hatte, die Hunderttausende verhungern ließ. Er meinte nicht die Gewalt der Massenmorde deutscher Truppen an der belgischen Zivilbevölkerung im August 1914, die Noske vor Ort gerechtfertigt hatte, er meinte nicht den Pakt mit Groener, den geplanten blutigen Putsch der OHL, den er geduldet hatte, er meinte nicht den Sturm auf das Schloss auf seinen Befehl hin, den er verleugnet hatte, auch nicht die Lynchversuche seiner Anhänger an blonden Knaben, die für Liebknechts Sohn gehalten wurden. Er meinte Luxemburg, Liebknecht und die Hunderttausenden Arbeiter, die ihn aus der Reichskanzlei verjagen wollten.«[880]

Als die »organisierte Gewalt des Volkes« sah er übrigens die antirepublikanischen und demokratiefeindlichen Freikorps. Und er ließ auf Plakaten ganz offen verkünden: »Die Stunde der Abrechnung naht!«[881]

Die Verhandlungen wurden von Regierungsseite eingefroren. Als ein weiteres Druckwerk der SPD-Regierung, ein Flugblatt, das den groß- und kleinbürgerlichen Kriegsfanatismus des Augustes 1914 erneut beschwor, nochmals die Stimmung anheizte: »Zaudert nicht! Stellt Euch sofort, wie ihr es 1914 getan habt.«[882] Und die Achterbahnfahrt ging weiter.

Die Revolutionären Obleute, der Zentralvorstand der USPD, ja sogar Hugo Haase riefen jetzt zu neuen Massenaktionen auf.[883] Auch die KPD-Führung und Rosa Luxemburg schlossen sich erneut an. Aber es war zu spät. Die Massen auf den Straßen hatten zu lange gewartet. »Die Führer (...) fanden nicht den Entschluss zur Tat«, wie die NS-Heeresgeschichtsschreibung später bedauernd feststellte. Die Massen wollten keinen Krieg, wie ihn sich Ernst Jünger gern von ihnen gewünscht hatte. Es fehlte seiner Meinung nach »der Wille zur Macht.«[884]

Um die Verwirrung – allerdings nur links – perfekt zu machen, gab es nun noch auch noch eine dritte Bewegung. Die Arbeiter der AEG, der Schwartzkopff-Werke und Hunderttausende aus anderen Großbetrieben forderten: »Bildet eine Regierung aus allen drei revolutionären Parteien« und »verständigt Euch, wenn nicht mit, dann gegen Eure Führer.« Das war gut gemeint, aber reichlich naiv. Ebert und Genossen hatten den Willen zur Macht und sie würden sich diese – von links jedenfalls – nicht mehr streitig machen lassen. Außerdem lehnten Rosa Luxemburg und Genossen die »Einigungsbewegung« gleichfalls ab.

Der SPD-Führung wäre es ein Leichtes gewesen, den Aufstand zu beenden, die USPD-Verhandler hatten die Zeitungsbesetzungen fast beendet und hätten auch den *Vorwärts* freibekommen. Doch das war jetzt nicht mehr gewünscht.

Die SPD-Oligarchie spürte ihre Macht wollte nun ein Exempel gegen die »Räuber« des *Vorwärts* statuieren, die den »Vorwärtsraub« durch die Parteirechten von 1916 zu revidieren glaubten. Für Ebert und Noske kam »die Stunde der Abrechnung« – endlich.


## Angriff und Mord im Auftrag der Regierung

Beinahe hätte es die VMD als erste mit der Abrechnung erwischt. Reinhard, Kommandeur des Garderegiments zu Fuß, neben Pabst einer der brutalsten, ließ nach der NS-Darstellung am 16. Januar 1919, die im Lehrter Bahnhof gelagerte III. Einheit der VMD entwaffnen. Und zwar ausgerechnet durch die von Noske schon in Kiel aufgestellte konterrevolutionäre Marine-Unteroffiziersbrigade von Roden (»Eiserne Division«). Roden ließ die Ausstellungshallen umstellen und fuhr Artillerie und Minenwerfer auf. Die Matrosen wollten Hilfe von der VMD-Einheit im Marstall holen. Doch Reinhard alarmierte sein Freikorps zusätzlich und führte die Entwaffnung durch.[885] Jetzt wandten sich die Matrosen an Noske. Da sie belegen konnten, dass sie zur Republikanischen Schutztruppe gehörten und nicht in die Kämpfe eingegriffen hatten, verhinderte Noske deren vollständige Entwaffnung erlaubte es auch der III. Abteilung, sich wieder zu bewaffnen. Reinhard behauptet allerdings, man habe ihnen pro Mann nur ein Gewehr und eine Patrone gegeben. Es wäre einer »der am schwersten auszuführenden Befehle«, seines Lebens gewesen.[886] Juden umzubringen war ihm dann später als SS-Obergruppenführer sicherlich leichter gefallen.

Wie auch immer. Ein letztes Mal entgingen die Matrosen einem Frontal-Angriff. Doch mussten sie wohl sehen, dass ihnen, die sie nun mal der Dorn im Auge des Militarismus waren, immer mehr ins Fadenkreuz rückten.

Längst im Fadenkreuz waren Rosa Luxemburg und Karl Liebknecht, sie wurden von einer Bürgerwehr in Wilmersdorf in ihrem Versteck in der Mannheimer Straße aufgestöbert und Waldemar Pabst zugeführt, der inzwischen im Eden-Hotel mitten in der Stadt residierte. Dieser ließ die beiden Gefangenen ermorden, nachdem Noske den Doppelmord abgenickt (nicht befohlen) hatte. Liebknecht wurde in den Tiergarten gefahren und nach einer markierten Panne von Horst von Pflugk-Harttung, Heinrich Stiege, Ulrich von Ritgen und Rudolf Liepmann »auf der Flucht« erschossen. Luxemburg, wie Liebknecht von Kolbenschlägen des Jägers Runge traktiert, blutend in ein Auto geworfen und da vom Marineleutnant Hermann Souchon, dem Neffen des Ex-Gouverneurs von Kiel, erschossen. Man warf ihre Leiche in den Landwehrkanal. Die Revolution war geköpft.[887]

Blenden wir kurz zurück: Schon am 9. Januar berichtete die *Freiheit*, dass Regierungstruppen um den Reichstag, am Brandenburger Tor und Unter den Linden ohne jeden Grund in Menschenansammlungen gefeuert hätten.[888]

Und fünf Tage vor dem Doppelmord an Liebknecht und Luxemburg hatten die Regierungstruppen »abgerechnet«.

Am 10. Januar war das von bewaffneten Proleten besetzte Rathaus Spandau mit Artillerie beschossen worden. Wie am Heiligen Abend feuerten die Regierungstruppen mitten in Berlin mit Feldhaubitzen, mit Minenwerfern und Panzern. Dies forderte nicht nur zahlreiche Opfer unter den Aufständischen, sondern hatte auch traumatische Wirkung. Das Entsetzen war groß.[889]

63 Gefangene wurden abgeführt und misshandelt (darunter acht Frauen), der Vorsitzende des Spandauer Arbeiterrates Robert Pieser außerhalb des Kampfplatzes von hinten erschossen.[890] Auf dem Transport in LKWs ermordeten die Soldaten am 17. Januar 1919 dann noch die Gefangenen Hermann Merks, Richard Jordan, Max von Lojewski (SPD) und Felix Milkert.[891]

Die Besatzer des Schlesischen Bahnhofs, darunter auch die Matrosen der VMD, die sich zum Kampf entschlossen hatten, sowie die oben erwähnten zehn bewaffneten Frauen konnten nach heftigem Beschuss fliehen.[892]

Fritz Zikelsky, der die Kämpfe in Frankreich, inklusive der »Blutpumpe« Verdun (Falkenhayn, Chef der OHL nannte es Ermattungsstrategie) mitgemacht hatte, der desertiert war und keine Aufnahme in die VMD gefunden hatte, beteiligte sich am 6. Januar an der Besetzung des *Vorwärts* und wurde dort »stürmisch begrüßt«[893]. Man habe in kürzester Zeit eine schlagkräftige militärische Organisation aufgebaut. Der Anführer ihrer Kompanie hieß Vierow. Der kampferprobte Zikelsky legte sogar Schützengräben »bis zum Patentamt« an und gab Unerfahrenen, auch Frauen, Unterricht in der Bedienung eines MGs. Eichhorn kam vorbei und am 8. Januar Liebknecht. »Wir sahen ihn alle zum letzten Mal. Unseren Karl Liebknecht.« Am Abend des gleichen Tages ging Zikelsky zusammen mit 120 Mann zum Scherl-Haus, wo die *Rote Fahne* gedruckt wurde, das auch schon einem ersten Angriff der Freikorps ausgesetzt war. Der konnte von Zikelsky und seinen Leuten abgewehrt werden, drei Gefangene wurden in den Keller gesperrt. Nach kurzer Rückkehr, wo ihnen Hilde Steinbrink aus Neukölln Kaffee kochte und Brote machte [!], brachen sie mit 30 Freiwilligen zum Mosse-Haus auf. Hier war die Stimmung unter den älteren schon gedrückt. Zwei Angriffe am 11. Januar waren abgewehrt worden, als die Jüngeren den Älteren widersprachen, sie wollten sich nicht gefangen geben, weil sie zurecht erwarteten, ermordet zu werden. Den Heldentod zu sterben, hatte auch keiner Lust. So beschlossen Zikelsky und zehn weitere Jungs aus Neukölln, sich »die Kräfte [zu] erhalten für bessere Gelegenheiten.«[894] Sie entwischten über Hinterhöfe und versteckten ihre Waffen unter Gerümpel: »Wir gingen einzeln und in Abständen und markierten geängstigte Bürger.«[895] Der Trick funktionierte. Sie mussten allerdings zwei Tote im Haus zurücklassen. Und zwei Sanitäter, mit Rotkreuzbinden, die auf der Straße davor Verwundete bergen wollten, wurden von Regierungssoldaten in Geiselhaft genommen, einer totgeschlagen, der andere schwer verwundet.[896]

Mit Ausnahme des *Vorwärts* waren in der Nacht vom 10. auf den 11. Januar 1919 alle Gebäude »entsetzt«. Aber »der Einsatz politischer Gewalt«

hatte »ein neues Niveau erreicht.«[897] Und die erste Krönung stand noch bevor.

Das Regiment Potsdam des Majors Franz von Stephani, Teil des Freikorps Reinhard, griff – mit dem Mandat Noskes[898] – die Besatzung des *Vorwärts* an. Man schrieb den 11. Januar 1919.[899] Das Gros der Besetzer erkannte erst jetzt, dass ein Kampf auf Leben und Tod begann.[900] Wobei der Tod hauptsächlich auf ihrer Seite seiner Arbeit nachgehen sollte. Viele Unbewaffnete, auch Rotkreuzschwestern, befanden sich im Haus, das einst eine stolz gegen Preußenherrschaft, Junker und Militärkaste kämpfende Zeitung beherbergt hatte. Diese Zeiten waren seit mehr als zwei Jahren vorbei und den Besatzern gelang es nicht, sie mit der Herausgabe eines roten *Vorwärts* wiederaufleben zu lassen.

Sie glaubten bis zuletzt, ein Zug von Hunderttausenden Arbeitern aus den Schwartzkopffwerken, die nach Einheit gerufen hatten, würde sie befreien.[901] Doch Einheit herrschte nur zwischen der Führung der SPD und den Militärs. Und die Sozialdemokraten waren sogar noch schärfer: Von Stephani sagte im Untersuchungsausschuss aus, Brutus Molkenbuhr (SPD), Eberts Doppelagent im Fake-Ausschuss und im Vollzugsrat, habe Verhandlungen mit der *Vorwärts*-Besatzung abgelehnt. »Das wäre nicht mehr möglich, es wäre nur möglich, das Gebäude mit Waffengewalt zu nehmen.«[902] Die Wahl der Waffen fiel wieder auf die Artillerie, die ohne Rücksicht auf die angrenzenden Häuser und Bewohner eingesetzt wurde. »Und so sauste Granate auf Granate im Steilschuss auf das Vorwärtsgebäude.«[903] Mit von der Partie war als junger 18-jähriger Leutnant der spätere Nationalsozialist Henning von Tresckow, 1943 Freund der Schaffung toter Zonen in der Sowjetunion und gleichzeitig Verschwörer gegen Hitler.[904]

»Wir hatten bald mehrere Tote und Verletzte, ohne dass wir einen Schützen sahen,«[905] beschrieb einer der Besatzer, Karl Retzlaw, später ihre aussichtslose Lage. Dichter, luftraubender Staub umhüllte sie. Gasleitungen barsten und fingen Feuer. Panik brach aus.

Erst zwei und dann fünf weitere Männer, Karl Grubusch (Beruf unbekannt, 28), Walter Heise (Beruf unbekannt, 24), der Kutscher Erich Kluge (23), der Werkzeugmacher Arthur Schöttler (25), der Schlosser Paul Wackermann (29), der Redakteur Wolfgang Fernbach (29) sowie der gelernte Klempner und Dichter Walter Möller (30), die unbewaffnet, nur mit weißer Fahne bestückt, unterhandeln wollten, wurden nach einem Spießrutenlauf durch Hundepeitschen und Gewehrkolben ohne Standrecht in der Garde-Dragoner-Kaserne an die Wand gestellt. »Die Gefangenen wurden dann erschossen. Das Kommando ›Feuer‹ erfolgte. [...] Die Wirkung war so furchtbar, dass das Gehirn der Leute auf der Erde lag, als ob man in einem Schlächterladen Brägen kauft«[906], berichtete der Soldat Wilhelm Helms (im Januar SPD, dann USPD) 1919 im Untersuchungsausschuss. Um ihn unglaubwürdig zu machen, wurde im Ausschuss auch sein Strafregister verlesen und anheimgestellt, dass er geistig gestört sei.[907] Doch auch ein anderer Zeuge, Hans Stettin, Soldatenrat beim Garde-Dragoner-Regiment[908] hatte die brutalen Morde in seiner Kaserne gesehen: »Erschossen wurde zunächst der eine, der ein Russe sein sollte. Die anderen Leute wurden nachher an diesem Opfer vorbeigeführt, und es wurde ihnen zu verstehen gegeben, dass ihnen dasselbe Los bevorstehe. Der erste Mann wurde stehend erschossen; zwei oder drei Mann sind im Liegen erschossen worden, und zwar durch mehrere Kugeln, so dass die Gesichtshälften vollständig zerstört waren. Eine Leiche lag rechts am Pulverkasten, von deren Gesicht war nur noch ein kleiner Teil vorhanden. Man hatte wahllos darauflosgeschlagen.«[909]

Stettin macht auch klar, dass es keine standrechtlichen Erschießungen waren, da der Belagerungszustand gar nicht ausgerufen worden war. Außerdem sah selbst das preußische Standrecht keinesfalls sofortige Erschießungen vor.

Möller und Fernbach hatten nie eine Waffe benutzt. Möller wurde erst mit dem Bajonett erstochen, dann zerfetzten ihm Schüsse den Unterkiefer und trennten sein Ohr ab. So sah ihn seine Frau später liegen.[910] Schöttlers »Schädel war zertrümmert, das Gehirn heraus.«[911]

Alle Toten wurden ausgeraubt. Ein von den *Vorwärts*-Besetzern gefangen genommener Offizier der Regierungstruppen, dem die Aufständischen nichts getan hatten, bedankte sich mit Handschlag bei ihnen. Dafür bekam er von Seinesgleichen Prügel.[912] Hilde Steinbrink (die vermutlich von Zikelsky ausgebildet, am MG gekämpft hatte) wurde für Rosa Luxemburg gehalten. Man verhöhnte sie mit »Hoch lebe die Rosa!«, misshandelte sie und versprach ihr, »wir werden dich aufreißen und dich teilen«[913] Dann zwang Graf Kuno von Westarp die junge Frau, die Leichen der Ermordeten anzusehen.

Anschließend wurde sie ebenfalls an die Wand gestellt. Erst als der *Vorwärts*-Redakteur Friedrich Stampfer (SPD) Stephani bat, Steinbrink nicht zu erschießen, schritt der ein.[914] Stampfer hatte allerdings nichts gegen die Erschießung der *Vorwärts*-Parlamentäre unternommen. Er bestritt sogar, ihre stundenlang herumliegenden Leichen gesehen zu haben. Dafür textete er kurz darauf im *Vorwärts*, »Spartakus« habe mit Fanatismus »das gemeine Verbrechen mit seiner Flagge [ge]deckt.«[915] Die Flagge, mit der Stampfer die Verbrechen seiner uniformierten Kameraden deckte, war jedenfalls blutgetränkt.

Die dreihundert Übriggebliebenen (darunter die Rotkreuzschwestern) machten ebenfalls Bekanntschaft mit Artilleriepeitschen (die bei Lafetten zum Antreiben der Pferde benutzt werden) und Gewehrkolben, mussten sich an die Wand neben die Ermordeten stellen, dort stundenlang ausharren und entgingen nur knapp der vorgesehenen Ermordung.

Vor dem Untersuchungsausschuss der preußischen Landesversammlung, den der Hindenburg-Bewunderer Heilmann (SPD), der noch 1917 den Parlamentarismus von rechts abgelehnt hatte[916] – stellvertretend leitete, behaupteten Stephani, der füsilierte Fernbach habe eine Waffe getragen und Graf Westarp, es seien Dum-Dum-Geschosse im *Vorwärts* gefunden worden.[917] Eine Schutzbehauptung, die deutsche Truppen schon in Belgien gegen die Zivilbevölkerung vorgebracht hatten. Graf Westarp, ebenfalls an der Erstürmung beteiligt, sagte dagegen im Ledebourprozess aus, dass die Parlamentäre unbewaffnet gewesen seien.[918]

Schon hier kursierte das Gerücht von einem außergewöhnlichen Schießbefehl. Stephani gab an, die Volksbeauftragten hätten ihm diesen Befehl gegeben. Scheidemann widersprach. Es darf angenommen werden, dass zu diesem Zeitpunkt ein solcher Befehl von der SPD-Regierung noch nicht erteilt worden ist.

Heilmann versuchte im Untersuchungsausschuss gleichwohl die Sache als legal und von oben gedeckt, wie im März, darzustellen.[919]

Stephani wurde von keiner Justiz belangt. Ein Strafantrag von Fernbachs Vater auf Mord ignorierte das zuständige Kriegsgericht der GKSD. Auch nach Aufhebung der Militärgerichtsbarkeit weigerte sich Staatsanwalt Ortmann (Landgericht II), Stephani anzuklagen. Zivilklagen der Eltern der Opfer verloren sich im Orkus der Justizbürokratie. Stephani wirkte im Mai 1919 in München weiter und beteiligte sich an der Zerschlagung der Räterepublik.[920] Später ernannte man den Offizier mit jüdischen Wurzeln zum »Ehrenarier« des 1933 gleichgeschalteten Frontkämpferbundes »Stahlhelm« und noch später durfte er sogar SA-Obergruppenführer werden.[921]

Als letzte Bastion wurde am 12. Januar vom Garde-Füsilier-Regiment und anderen Resten kaiserlicher Truppen (Maikäfer), das Eichhorn'sche Polizeipräsidium eingenommen. Mittels einem halben Dutzend Geschützen geriet die »Rote Burg« am Alexanderplatz unter Dauerbeschuss. »Das Artillerie- und Minenwerferfeuer hatte gute Wirkung in dem Ziegelsteinbau.«[922] Fünf Parlamentäre, darunter der Kommandant Braun, die verhandeln wollten, wurden, man konnte jetzt schon sagen ›wie üblich‹, auf der Stelle erschossen. Als sich die Besatzung dann ergab, bekamen weitere fünf von ihnen noch vor der Alexanderkaserne den Fangschuss. Ein 16-jähriger rief im Hof »Hoch Liebknecht«. Per Kolbenschlag brachte man ihn zum Schweigen. Auch hier fanden sich eine Wand und Soldaten, die ihn ohne langes Federlesen erschossen. Ein weiterer Gefangener »der sich Äußerungen dagegen erlaubte« wurde auch sofort abgeknallt. Noch lange lag das Gehirn des 16-jährigen neben seiner Mütze auf dem Hof.[923] Insgesamt 11 Gefangene verloren so ihr Leben. Auch bei der Rückeroberung der Druckerei Büxenstein führten die Regierungssoldaten Gefangene aus dem Haus und erschossen sie sofort. Das Straßenpflaster sei von Toten belegt gewesen. Ein Matrose, der auf der Straße ohne Papiere aufgegriffen wurde, kam umstandslos an die Wand und wurde füsiliert.[924] Dabei galt nicht einmal der Belagerungszustand und nicht einmal das preußische Standrecht. Alles geschah ohne juristische Sühne und unter den Augen der SPD-Regierung.

200 Tote, hauptsächlich unter den Aufständischen und unter Passanten und Unschuldigen, waren das Ergebnis des Januaraufstandes »Der Ebert-Groener-Pakt war jetzt mit Blut besiegelt«[925], urteilt der junge Historiker Marc Jones.

Erst jetzt, als schon fast alles von den Freikorps Reinhard, Stephani und Reichstag »erledigt« war, marschierten Noske und Pabst an der Spitze eines Truppenkörpers im Gleichschritt in die Stadt ein. Eine besonders demokratische Art von Ehrenschutz war dabei Praxis. Wenn einer der Passanten »gehässige oder beleidigende Äußerungen« machte, so wurde dieses »Früchtchen [...] im Augenblick aus der Menge herausgegriffen und nach einigen kräftigen Maulschellen gezwungen [...] mitzumarschieren.«[926]

Aus Vorsicht (am Alexanderplatz wurde noch gekämpft) kehrten die Truppen nach der »Parade« wieder in ihre Stellungen vor der Stadt zurück.[927] Erst am 13. Januar 1919 wurde die Hauptstadt nach Pabsts systematischem Plan, als wäre man eben in Paris einmarschiert, Planquadrat für Planquadrat, besetzt.[928]

Und doch waren die Offiziere enttäuscht über den relativ schwachen Widerstand der »allzu bescheidenen« Revolutionäre (so Ernst Jünger). Nirgendwo kam es mehr zu »ernsten Gefechten«.[929] Für die Presse aber malte man das Bild eines fantastischen militärischen »Spartakusaufstandes«, das sich bis in unsere Tage gehalten hat. Dabei wirkte dieser chaotische Aufstand und seine brutale Liquidierung auf die Arbeiterbewegung traumatisierend.

## Herbst im Frühling – März 1919

»Die Verschlechterung der wirtschaftlichen Situation, Hunger, hohe Arbeitslosigkeit, die Antihaltung der SPD-dominierten Regierung gegenüber den Räten, ihre Passivität bei der versprochenen Sozialisierung und insbesondere die blutige Militärpolitik (Freikorps) führten in den industriellen Zentren des Reiches zu Massenstreiks.«[930]

Zentren waren das Ruhrgebiet, Mitteldeutschland und Oberschlesien. Dies geschah hauptsächlich spontan, ging also von den Arbeitermassen selbst aus und viele enttäuschte SPD-Anhänger waren jetzt dabei.

Diese Bewegung kann hier nicht im Detail wiedergegeben werden.

Nur soviel: Durch den Austritt der USPD aus der Regierung in Berlin als Folge der Weihnachtskämpfe und aufgrund der äußerst gewalttätigen Niederschlagung des Januaraufstandes durch Noskes Freikorpstruppen entstand im ganzen Ruhrgebiet Anfang Februar eine gigantische Streikwelle.[931] Es gab syndikalistische Versuche einer umfassenden Betriebs-Autonomie und Selbstverwaltung, weil eine Verstaatlichung von oben ausgeblieben war. Sozusagen ein wirtschaftliches Parallelmodell zu den Volkswehren. Doch nach Hinhalten, Verwässern, Verhandeln folgte auch dort der Einmarsch von Freikorps und Reichswehreinheiten. Ähnliche Abläufe gab es in Leipzig, Weimar, Jena, Gotha und Dresden, teilweise auch weil die dort starke USPD sich selbst entleibte und die Räte nicht in die Landesverfassung aufnahm. Die Räterepublik Bremen gar wurde von Noskes Truppen zusammengeschossen, obwohl sie eine ehrenvolle Selbstauflösung angeboten hatte.

Ein letzter großer Streik im Ruhrgebiet im März 1919 ging ebenfalls unter. Scheidemann hatte seinen Parteifreund Carl Severing geschickt, der zum Reichskommissar ernannt worden war und sich auf Watter und seine Freikorpstruppen stützte.[932] »Mit Zuckerbrot (Verbesserung der Lebensmittelversorgung, 7-Stunden-Schicht) und Peitsche (Freikorps) sowie großem Verhandlungsgeschick erreichte er am 23. April den Streikabbruch. Severing – ein Parteirechter – hatte im Reichsrätekongress noch den Antrag auf Sozialisierung gestellt, der ja auch mit großer Mehrheit angenommen worden war.«[933] Severing zeigte nun sein wahres Gesicht: Nicht Sozialisierung war jetzt sein Ansinnen, sondern die Zerschlagung der Basisdemokratie.

Alle diese Streiks und Aufstände waren unkoordiniert und liefen oft nacheinander oder parallel ab, ohne sich gegenseitig zu stützen. Die Gründung von Volkswehren wurde dabei grundsätzlich vernachlässigt und kam nur selten vor, wie in Halle.

Doch was geschah in Berlin und was geschah jetzt mit der VMD?

Die VMD wurde in die republikanische Schutzwehr eingegliedert. Fischer als Stadtkommandant abgesetzt und auf einen unwichtigen Assistentenposten geschoben: »Ich bin jetzt Laufbursche bei Noske.« Unterfeldwebel Albert Klawunde aus Potsdam dagegen ernannte man zum neuen Stadtkommandanten. Aber die Kommandantur war praktisch – als zu milde – von den Militärs unter Noske kaltgestellt.

Das hinderte Fischer nicht daran, jetzt Überlegungen anzustellen, die Seiten zu wechseln. So sagte er zu Filbrandt von der Führung der VMD, der ihn als »Mantelträger«, also Opportunisten bezeichnete, sie, die Matrosen, müssten jetzt zu ihm stehen. Er wolle jetzt gegen die Regierung vorgehen.[934]

Spiro, von den Franzern, dagegen, der am 6. Dezember zu putschen versucht hatte; war danach erst auf die Seiten der Matrosen gewechselt, hatte sich im Januarkampf aber nicht für neutral erklärt, sondern erneut eine Wende vollzogen, diesmal für die SPD-Regierung, und den Aufstand bekämpft. Das heißt, die Volksmarinedivision war faktisch isoliert bzw. geriet zwischen die Fronten. Die alten Militärs, Groener, Freikorps Reinhard und andere Offiziere, ganz besonders der »Kreuzbube der Konterrevolution«, Waldemar Pabst hatten sie längst im Visier. Hinzu kam, dass auch durch die VMD eine Spaltung ging. Die radikalen, meist Jüngeren waren gegen die Regierung, die anderen – insbesondere die neue Führung unter Junge und Grundke – wollten sich heraushalten, hatten aber weder die Autorität von Dorrenbach oder Radtke. Zudem hatte man sie jetzt stark verkleinert, aus dem Marstall herausbefohlen und im Marinehaus am Märkischen Ufer unweit der Jannowitzbrücke eingepfercht. Der Niedergang der revolutionären Truppe war programmiert.

Gleichwohl machten beide Teile, die radikaleren, wie die gemäßigten Matrosen, brav ihre Wachdienste, auch vor der Reichsbank. Nur die Reichskanzlei wurde längst von der Suppe-Truppe, dem Unteroffiziersfreikorps bewacht, das sich Reinhard unterstellt hatte, dessen Truppe wiederum in Pabsts GKSD eingegliedert worden war.

Und schon liefen die Matrosen in die nächste Falle.

Am 3. März 1919 hatte Noske, da er Streik erwartete, schon das Generalkommando Lüttwitz, die militärische Zentrale aller Freikorps, alarmiert. Gut bezahlte Agents Provocateurs der Propagandaabteilung der GKSD, inszenierten parallel dazu Plünderungen.[935] Mit dabei der später von Eugen Ernst und Wolfgang Heine zum Leutnant der Sicherheitspolizei beförderte

*Einzug ins Marinehaus* [Landesarchiv Berlin]

Jogisches-[936] und Dorrenbach-Killer, Tamschick[937] Dieser Erfüllungsgehilfe der Regierung war auch Mitglied der Fliegenden Kraftfahrstaffel Kessel der GKSD. Soldaten der GKSD zerstörten zudem die Druckerei der *Roten Fahne* und warfen Handgranaten in die Druckmaschinen.[938] Die Pressefreiheit muss eben manchmal explodieren.

Eichhorn war nach den Januarkämpfen nach Braunschweig geflohen, da er sich mit dem Tode bedroht sah. Die übriggebliebenen Eichhorn'schen Sicherheitsmannschaften, die sich seit Januar gegen ihre Auflösung gewehrt hatten, mussten am 1. März 1919, das Polizeipräsidium räumen. »Sie marschierten unter Musik ab, erklärten jedoch dabei, dass sie demnächst wiederkehren und das Polizeidienstgebäude dann nicht mehr aus der Hand geben würden.«[939]

Da sie, so der Bericht, zum Roten Soldatenbund und zur VMD gute Beziehungen gehabt hätten bzw. in der Republikanischen Soldatenwehr aufgenommen worden wären, wäre diese radikalisiert worden. Jedenfalls gab es im Polizeipräsidium keine revolutionäre Truppe mehr, vor denen etwa die Bewohner des Scheunenviertels Respekt gehabt hätten.

In der Nacht vom 2. auf den 3. März wurde eine Streife des 16. Polizeireviers von »Matrosen und Zivilisten umringt« und entwaffnet.[940]

Am 3. März kam es zu ersten Plünderungen. Jedoch waren hier keine Matrosen dabei. Im Gegenteil, wie gleich zu zeigen sein wird. Am Nachmittag wurden weiter Polizisten überfallen, verprügelt und entwaffnet. Und das erste Revier, das 46. Polizeirevier gestürmt, Waffen entwendet. Die anwesende Republikanische Soldatenwehr habe nichts dagegen unternommen[941] Diese ersten Ausschreitungen bzw. Kämpfe gaben der Regierung Scheidemann wiederum die Möglichkeit, den preußischen Belagerungszustand (vom 4. Juni 1851) zu verhängen und Noske erneut zum Oberbefehlshaber in den Marken zu ernennen. Außerordentliche Kriegsgerichte sollten in »beschleunigten Verfahren« aburteilen. Die Angriffe gegen die Staatsmacht steigerten sich. Insgesamt wurden am Abend des 3. März zwischen 32 und 37 Polizeireviere angegriffen.[942] Otto Richter, der Ex-Leiter von Eichhorns Sicherheitswehr, erinnerte sich später, dass Spitzel Arbeiter zum Angriff auf Polizeireviere aufgefordert hätten[943], was er aber verhindert habe. Tatsache ist aber auch, dass nicht nur Provokateure zum Kampf riefen. Gegen den Willen der Streikleitung[944], der SPD- und USPD-Räte sowie ausdrücklich auch der KPD[945] wollten sich selbständig handelnde Arbeiter Waffen verschaffen. »Ich war bei der Erstürmung der Polizeireviere in der Frankfurter Allee dabei. [...] Das ging ohne Widerstand vor sich. Wir kamen und es wurden uns die Waffen übergeben«[946], berichtete Alfred Walter. Dass diese Männer »konterrevolutionäre Kräfte« waren, wie eine Publikation im Militärverlag der DDR mutmaßte[947], trifft wohl nicht zu.

Dass es aber alles »Spartakisten«[948] waren – ein Kampfbegriff der vom Untersuchungsausschuss und von den Militärs für alle aufrührerischen und rebellischen Arbeiter, Arbeiterinnen, aber auch für die widerspenstigen Bewohner des Scheunenviertels benutzt wurde –, ist auch nicht zutreffend.

Jedenfalls wurden ca. 1.000 Waffen (Karabiner und Pistolen) sowie 50.000 Schuss Munition erbeutet.

Abends, gegen 17 Uhr griffen hauptsächlich Matrosen, vermutlich aus den sich selbst organisierenden jüngeren Jahrgängen der VMD, eine 20 Mann starke Regierungstruppe an. Ein Soldat kam zu Tode. Auch beim Angriff auf das 1. Polizeirevier in der Nacht in Lichtenberg durch »Matrosen, Feldgraue und Zivilisten« wurden zwei Polizisten erschossen.[949]

In derselben Nacht kam es rund um den Alexanderplatz, sowie in den nördlichen und östlichen Stadtteilen zu ausgiebigen Plünderungen, an denen sich wiederum keine Matrosen beteiligten, sondern vermutlich auch Provokateure. Große Sachwerte wurden gestohlen.

## Bürgerkrieg

Am gleichen Tag gab Noske dem Generalkommando Lüttwitz den Einmarschbefehl nach Berlin. Der schon am 19. Januar vom Generalkommando Lüttwitz und dem »Kreuzbuben der Konterrevolution« ausgearbeiteten geheime »Pharusplan« ließ rund 32.000 Soldaten samt Tanks, Flugzeugen, Kanonen, MGs, Minen- und Flammenwerfern in Marsch setzen. Das Gros von ca. 28.000 Mann stellte dabei Pabsts GKSD, inzwischen zum Korps angewachsen (mit der Mannschaftsstärke dreier Divisionen)[950]. Damit waren diese Truppen etwa fünfmal so stark wie die gesamten Freikorps im Januaraufstand, die Major Hammerstein mit höchstens 6.000 angab.

Trotz Versammlungsverbot hatten sich wieder Massen versammelt. Ohne lange zu zögern, schoss das Militär am Bülowplatz in die unbewaffnete Menge. 15 Menschen starben.[951]

Auch am Alexanderplatz kamen wieder große Massen zusammen, darunter auch Matrosen. Doch jetzt rückten Noskes Truppen massiv mit »Geschützen und Tanks« an, forderten die Menge auf, den Platz zu räumen, schossen erst in die Luft und dann in die Menschenmasse hinein. »Vier bis fünf Leute stürzten getroffen zu Boden«.[952] Mehrfach wurde jetzt, Opfer fordernd, in die Menge geschossen, die nicht weichen wollte.

Reste des Augusta-Regiments und die deutsche Schutz-Division (also Kolonialtruppen), Infanterie mit Maschinengewehren, Kavallerie, Artillerie besetzten nun das Polizeipräsidium. Doch die Menge hielt den letzten mit Maschinengewehren und Handgranaten beladenen Wagen an und erbeutete ihn. Er sei dem »Marinehause, in welchem die Volksmarinedivision untergebracht war, zugeführt« worden. Verhandlungen über die Herausgabe »blieben ohne Erfolg.«[953]

Gleichfalls am 5. März sollten Matrosen der VMD, darunter auch Broßat, auftragsgemäß als Regierungstruppe eingegliedert in die Republikanische Soldatenwehr, den Alexanderplatz »säubern«. Auch der Bericht des Untersuchungsausschusses kommt nicht umhin, dies zu bestätigen.[954] Aus dem bisher geschilderten folgt, dass ein Teil der Matrosen sich zu Überfällen auf Regierungstruppen und auch auf Polizeireviere hinreißen ließ, jedoch nicht plünderte. Dass aber ein anderer Teil, der durchaus nicht gemäßigt war, Beispiel Ernst Broßat, ordnungsgemäß gegen Plünderer vorging und sie auch festnahm. Broßat berichtet: »Eine unserer Straßenpatrouillen war dienstlich im Polizeipräsidium auf dem Alexanderplatz gewesen.« Doch plötzlich wurden sie, beim Verlassen, entgegen »ehrenwörtlicher Zusicherung«[955]

vom Freikorps Lützow, das auch zu Pabsts GKSD gehörte, aus dem Polizeipräsidium heraus beschossen. Der Patrouillenführer starb noch »im Hof des Polizeipräsidiums. Dies schlug dem Fass den Boden aus. Unsere Kameraden erwiderten das Feuer und zogen sich kämpfend zurück. Ins Marinehaus zurückgekehrt erstatteten sie Bericht. Nun gab es kein Halten mehr. Alles gütige Zureden half nichts. Das vergossene Blut forderte Sühne. Hier zeigte sich sofort ein sehr starker Mangel bei der Truppe. Es fehlte die starke Hand. Jeder handelte individuell. Die erregten Kameraden setzen sich in Bewegung und begannen mit dem Angriff aufs Polizeipräsidium. Es war verständlich, aber falsch. Was man gewollt hatte, war erreicht.«[956] Sogar Anton Fischer bestätigte später den Hergang.[957]

Die Provokation war perfekt.[958] Der Angriff geschah allerdings erst in der Nacht, folgt man dem Bericht des Innenministeriums an den Untersuchungsausschuss.[959]

Ein Teil der Matrosen griff zusammen mit ca. 80 bewaffneten Zivilisten, vermutlich Arbeitern, das Depot des Polizeipräsidiums in der Magazinstraße an, in dem Artillerie der Regierungstruppen untergebracht war. Offensichtlich wollten sie das Lied »Spartakus hat nur Infanterie« Lügen strafen. Es gab unter den Angreifern 17 Tote und Verwundete. Die Verteidiger hatten drei Tote und zwei Verwundete.

Es wurden aber auch Matrosen gefangen und ins Polizeipräsidium verbracht.

Ebenfalls in der Nacht vom 5. auf den 6. März besetzten die Matrosen Positionen am Warenhaus Tietz, in der Königstraße und in der Panoramastraße. An der Jannowitzbrücke und der Waisenbrücke stellten sie Maschinengewehre auf. Barrikaden wurden errichtet. Teile der Gardetruppen fielen von ihrem Regierungsauftrag ab und schlossen sich den Matrosen an.[960]

Richard Schneider, damals Mitglied der VMD, berichtet, dass sie sich mit Handgranaten unter den Jacken in eine Noske-Geschützbatterie gemischt und diese zur Aufgabe gezwungen hätten. Die Besatzung sei geflohen. Eine der Kanonen, über die die Matrosen nun verfügten[961], wurde neu postiert: »Wir bekamen die Aufgabe das Polizeipräsidium zu stürmen und unsere Leute herauszuholen. Da ich Kenntnisse als Marineartillerist hatte, wurde ich mit eingesetzt. Wir sollten die ganze Aktion mit einem Geschütz decken. Wir bezogen Stellung Magazin – Ecke Dirksenstraße. Der Boden wurde aufgerissen, um uns einigermaßen Deckung zu verschaffen.«[962] Gegen Mitternacht begann der Angriff auf das Polizeipräsidium. Der erste Schuss schlug in die Hausvogtei ein. Doch Scharfschützen der Regierungstruppen töteten mehrere Matrosen der Geschützbesatzung durch Kopfschüsse und verletzten einen schwer mit einem Bauchschuss. Schneider, als Kleinster musste vorrobben, den Schwerverletzten greifen und wurde dann samt dem Getroffenen an den Beinen zurückgezogen. »Ich drückte ihm dann die Eingeweide in die Wunde und hielt sie solange zu, bis wir eine Sanitäterin heranholen konnten.«[963] Ob er gerettet werden konnte, ist nicht berichtet. Nach Schneider konnten aber einige der Gefangenen aus dem Polizeipräsidium mittels MG-Einsatz befreit werden.[964]

Ein Teil der wütenden Matrosen – nach Broßat 40 Mann[965] – pirschte von den U-Bahnschächten und dem U-Bahnhof »Börse« aus, an das Polizeipräsidium heran. Sie »sprengten mit geballten Ladungen die Eisentore« des Präsidiums, stürmten hinein und wurden »von den gut verschanzten Weißen bis zum letzten Mann niedergemacht.«[966]

Der Bericht des Innenministeriums bestätigt dies, behauptet aber gleichzeitig die Zahl der Angreifer habe mehrere tausend Mann betragen. Erst jetzt seien »erhebliche Verstärkungen« der Regierungstruppen herangeführt worden. Die feuerten nun aus allen Rohren auf die Häuser um den Alexanderplatz, da sich »Spartakisten« und Matrosen dort festgesetzt hätten. Durch den massiven Artilleriebeschuss der Regierungstruppen wurden die Gebäude dann »teilweise arg zugerichtet« und solange beschossen, bis die Aufständischen »zum Schweigen gebracht« worden seien.[967]

Auch das Polizeipräsidium hatte arg gelitten. Der Kampf forderte zahlreiche Opfer, hauptsächlich bei den Angreifern auf das Präsidium. 150 Mann der Republikanischen Soldatenwehr (vermutlich darunter auch Matrosen) wurden festgesetzt. Was mit ihnen geschah, darüber schweigt der Bericht. Die Regierungstruppen griffen jetzt auch den Marstall an, wo sich die Republikanische Schutztruppe befand, die ja ebenfalls gespalten war. Ob hier noch Matrosen dabei waren, ließ sich nicht feststellen. Aber die letzte Bastion der Matrosen, die »Zigarrenkiste« (Broßat) kam jetzt in den Fokus der Freikorps.

Und so heißt es im Bericht des Untersuchungsausschusses: »Auch beim Marinehaus wurde bald ganze Arbeit gemacht.« Die Matrosen hatten das Gelände um das Haus in der Wallstraße, beim Märkischen Museum und an der Waisenbrücken mit »Ballen Zeitungspapier und Drahtverhauen« gesichert und sich dahinter verschanzt. Am 6. März erfolgte der Regierungsangriff, der von vier Flugzeugen unterstützt wurde. »Diese belegten das Marinehaus mit Maschinengewehrfeuer und Bomben. Mehrere Treffer richteten arge Zerstörung in und am Gebäude an und ließen es die Besatzung geraten erscheinen, das Feld zu räumen.«[968]

*Märzkämpfe in Berlin. Barrikaden aus Zeitungspapierballen vor dem Marinehaus* [Stadtmuseum Berlin]

Erich Herzog war einer der Matrosen, die das Feld räumten: »Da jeder Widerstand nutzlos war, versuchte sich jeder in Sicherheit zu bringen. Eine Abteilung der VMD schob noch Wache in der Reichsbank. Da ich weiter meinen Bruder dort wusste, schlug ich mich nach dorthin durch.«

Es war auch das erste Mal, dass in Deutschlands Hauptstadt Flugzeuge mit Maschinengewehrfeuer und Bomben Häuser angriffen. Es waren dies keine englischen, französischen oder amerikanischen, sondern deutsche Piloten, die offensichtlich auch ohne Rücksicht auf die Zivilbevölkerung vorgingen. Tatsächlich wurden bei diesen Sturzkampfeinsätzen auch unbeteiligte Hauptstadt-Bewohner getötet.[969] Dies lange vor dem Zweiten Weltkrieg und auch noch durch »eigene« Soldaten. Der preußische Kriegsminister hatte am 8. November 1918 noch einen solchen Einsatz verboten, Noske im März 1919 nicht.

Mangels Einigkeit der drei Arbeiterparteien brach der Generalstreik am 8. März zusammen, doch die Straßenkämpfe gingen weiter. Arbeiter aus den Schwartzkopff-Werken, von Knorr-Bremse und auch »Belegschaften der Spandauer Werke, Riebe-Weißensee, AEG-Hennigsdorf und Daimler-Marienfelde«[970] beteiligten sich. Doch »die Verstärkung, die wir bekamen, war zu gering. In der Arbeiterschaft war die Schockwirkung von der Januar-Niederlage noch nicht überall überwunden«, berichtet Karl Maletzki, damals Metallarbeiter-Lehrling.[971] Die Schätzungen über die an den Kämpfen seitens der Aufständischen beteiligten »Matrosen, Zivilleute und Leute in

*Das Marinehaus nach dem Angriff der Freikorps*

Uniform«[972] gehen weit auseinander. Von 300 sprach Oberbürgermeister Ziethen, von bis 15.000 die NS-Geschichtsschreibung (Wirren). Die tatsächliche Zahl dürfte sich im unteren vierstelligen Bereich bewegen.

Broßat schätzte – zu hoch – 50.000 Mann Regierungstruppen gegen 6.000 revolutionäre Arbeiter »unter Führung der Roten-Volks-Marine-Division, die selbst nur 800 Mann stark war.«[973]

Am 6. März kämpften wohl auch bewaffnete Frauen im Marstall mit und es wurden welche mit Gewehren am Alexanderplatz gefangengenommen. Dass man sie misshandelte, davon ist auszugehen, ob man sie wenigstens am Leben ließ, darüber schweigt sich das »Generalstabswerk« von 1940 aus.[974] Der Schießbefehl war jedenfalls zu diesem Zeitpunkt noch nicht ergangen. Otto Richter, ehemaliger Leiter von Eichhorns Sicherheitswehr berichtet von einer weiblichen Kämpferin: »Richters Frau versorgte die Kämpfenden mit Kaffee. Auch sie schoss eifrig auf die Angreifer.« Richter schildert seine Frau, die aus dem Kaukasus stammte, als eine tüchtige Reiterin, die auch mit der Waffe gut umgehen konnte.[975] Kleinere Gruppen von Matrosen der VMD und bewaffnete Arbeiter zogen sich jetzt weiter nach Lichtenberg zurück.

## Die Vorbereitung des Massenmordes

Wie nach einem Drehbuch folgte der nächste Schlag des »Kreuz-Buben« der Konterrevolution. Pabst und seinem Propagandachef Grabowsky – einem Mann, der aus einer bürgerlich-nationalistischen jüdischen Familie stammte und wegen dieser ›Abstammung‹ von Pabst immer gebeten wurde keine Uniform zu tragen, – war es gelungen, Wolffs Telegrafenbüro (WTB) und dadurch fast die gesamte Presse mittels bewusster Fehlinformationen zu beeinflussen. Dazu hatten Grabowsky und sein Kommandeur die GKSD in 18 »Kriminalkommissionen« aufgeteilt, die Spitzelberichte lieferten und gezielte Falschinformationen verbreiteten.

Also glaubte die bürgerliche Öffentlichkeit, von den rechten, konservativen bis zu den liberalen Blättern[976] und selbstverständlich auch der *Vorwärts*, also glaubte Noske am 9. März die Gräuelmärchen von der Erstürmung des Polizeipräsidiums in Lichtenberg. Ausgangspunkt war eine bewusste Fälschung der GKSD: »Sämtliche Bewohner, mit Ausnahme des Sohnes des Polizeipräsidenten, auf viehische Weise niedergemacht.«[977]

Die *B.Z. am Mittag* versicherte, dass diese Nachricht von zwei militärischen Stellen gekommen sei. Man habe das aber immer noch nicht drucken wollen. Die Ausgabe sei schon im Satz gewesen, da sei eine Meldung des Regierungsrats im Preußischen Staatsministerium, Georg von Doyé, hereingekommen. Einem Mann, der gute Beziehungen zu Pabsts GKSD hatte und später sogar im Untersuchungsausschuss zu den Januarunruhen seine ›Wahrheit‹ verbreiten half. Der forderte nun die Hereinnahme der Meldung.[978] Die GKSD selbst bestätigte zudem die Meldung erneut auf Nachfrage.[979]

Die Zahl der Opfer steigerte sich dann von Blatt zu Blatt. Erst waren es 57 (*Berliner Tageblatt*), dann »sechzig Polizeibeamte und einige Dutzend Regierungsbeamte« (*Vorwärts*)[980], dann 150 (*Vossische Zeitung*), schließlich sogar 200. Die Unwahrheit – von Pabst und Doyé verbreitet.

Tatsächlich war am 8. März 1919 bei den Kämpfen um das Polizeirevier Lichtenberg auf Regierungsseite (nicht bei den Angreifern) nur ein einziger Mann ums Leben gekommen. Der Lichtenberger Polizeipräsident dagegen vermeldete, dass seine Leute bei diesem Kampf »hintereinander 3 Spartakusleute«[981] abgeschossen hätten. Ansonsten konnten alle Beamten über die Wohnung Salmuths fliehen. Nur einer, die Arbeiterfrauen nannten ihn »Schweinebacke«, wurde nach den Aussagen des Polizeipräsidenten erschossen[982], dem Matrosen Franz Beiersdorf zufolge[983], wurden dem Mann von den Frauen mit Markttaschen, Teppichklopfern und Handfegern so schwere Verletzungen beigebracht, dass er starb. Ein einziger Polizist kam also außerhalb der Kämpfe zu Tode.[984]

## Schießbefehl und Massenmord

»Erst die Sozialisten abschießen, köpfen und unschädlich machen – wenn nötig per Blutbad – und dann den Krieg nach außen!«[985] Das hatte Kaiser Wilhelm II. in seinem Silvesterbrief 1905 vorgeschlagen.

1907 versuchte die preußische Militärkaste in geheimen Weisungen, des Kaisers Ideen juristisch auszuformulieren. Was sollte bei einem proletarischen Aufstand geschehen? Ganz einfach: »Alle Rädelsführer oder wer mit der Waffe in der Hand gefangen wird, ist dem Tode verfallen.«[986]

Ein Exemplar der »Vorschrift«, die noch keine Gesetzeskraft hatte, geriet in die Hände von Sozialdemokraten. Noske brachte den Erlass im Februar 1911 im Reichstag zur Sprache: »Wir haben nie daran gezweifelt, dass die Machthaber in Preußen oder in Deutschland bereit seien, ihre Herrschaft über die Volksmassen unter allen Umständen auch schließlich mit brutalster Gewalt und Waffenanwendung aufrecht zu erhalten.«[987]

Aufgehetzt durch die Lichtenberger Gräuelmärchen vom 9. März 1919 setzte nun ausgerechnet dieser Gustav Noske um, was er acht Jahre vorher noch zu Recht angeprangert hatte. Denn Pabst legte nun Noske genau einen solchen Befehl vor[988], einen Befehl, der über alles, was sich je ein Monarch innerhalb Deutschlands geleistet hatte, hinausging, der vom preußischen Belagerungszustand von 1851, nicht gedeckt, ja der schlicht und einfach ungesetzlich war: »Jede Person, die mit Waffen in der Hand gegen Regierungstruppen kämpfend angetroffen wird, ist sofort zu erschießen.«[989]

Noske erklärte später in der Nationalversammlung, er habe zuerst »versucht, mit dem Belagerungszustand und mit Kriegsgerichten« auszukommen, »sehr gegen mein Gefühl!«[990] Was doch heißt, dass er geradezu auf einen solchen Vorschlag Pabsts gewartet hatte.

Der Befehl hatte eine mörderische Wirkung, denn es wurden faktisch die für den Belagerungszustand vorgesehenen außerordentlichen Kriegsgerichte außer Kraft gesetzt. Es gab, genau wie bei den Verbrechen des Kaiserreichs, beispielsweise dem Völkermord an den Hereros oder den Massakern in Belgien, *gar kein* Gericht. Haase (USPD) sagte dazu in der Nationalversammlung: »Es ist kein Standrecht. Es ist überhaupt kein Recht.«[991] Was Justizminister Heine bestätigte.[992]

Das, was nun geschah, waren aber keine standrechtlichen Erschießungen[993], da das preußische Standrecht Regeln hatte (Verhandlung, Richter, Verteidiger, Bestätigung durch eine höhere Instanz frühestens nach 24 Stunden), die hier nirgends eingehalten wurden. Pabsts Befehl zufolge wurde die eigene revoltierende Bevölkerung als Franktireurs, als Freischärler betrachtet[994] und somit zum Abschuss freigegeben. Doch die »Auslegung« ging noch weiter, praktisch jeder Regierungssoldat konnte jeden zum Verdächtigen erklärten »ohne gerichtliches Verfahren«[995] willkürlich erschießen. Noske wusste, dass das rechtswidrig war: »Ich lasse mich auf juristische Tüfteleien nicht ein!« Die Begründung dafür: »Not kennt kein Gebot«[996]. Damit sind die schwersten Bürgerkriegsverbrechen vom behaupteten Zwang der Kriegsräson gedeckt. Noske stellte sich außerhalb jeden Rechts: »Da gelten Paragraphen nichts, sondern da zählt nur der Erfolg.«[997]

Der Befehl war eine Lizenz zum Morden. Noske unterschrieb ihn am 9. März 1919. Pabst selbst hatte für seine GKSD noch Verschärfungen parat: »Alle mit der Waffe in der Hand gefangenen sind sofort an die Mauer zu stellen, desgl[eichen] die Bewohner von Häusern, aus denen geschossen wird und in denen Waffen gefunden werden.«[998] Im Unterschied zu Noskes Version fehlt der Einschub »kämpfend.« Das heißt, der Besitz von Waffen genügte für eine Erschießung. Bewohner, die in Verdacht standen, dass aus ihren Häusern geschossen wurde, konnten getötet werden, egal, ob dort Waffen gefunden wurden oder nicht. Jones liegt falsch, wenn er diese verschärften Befehle als bloße Ausführungsbestimmungen bezeichnet.[999]

Schon 1919 hatte Paul Levi festgestellt, dass man »die Geschichte der ›Häuser, aus denen geschossen wird‹« aus Belgien bereits kannte – als die deutsche Armee dort im August 1914 einmarschiert war. »Tausende von Häusern sind dort eingeäschert worden, zu Unrecht. Tausende von Menschen erschossen worden, zu Unrecht. [...] Der Fluch der Welt hat dieses Verfahren dem deutschen Militarismus eingetragen. Was er damals in Belgien verbrach, hat er jetzt in Berlin wiederholt.«[1000] Mit dem Unterschied, dass der Befehl jetzt von einem SPD-Reichswehrminister verkündet wurde. Es herrschte totale Rechtlosigkeit.

Einen Tag später, am 10. März, verhandelten Paul Wegmann (USPD), Fritz Brolat und ein Soldatenrat namens Schmidt (beide SPD!), vom Vollzugsrat mit Noske. Sie belegten ihm, nachdem sie selbst die Verhältnisse in Lichtenberg in Augenschein genommen hatten, dass nur ein einziger Polizist im Kampf erschossen, ein anderer schwer verwundet und dann gestorben sei.[1001] Noske wusste also spätestens nach 25 Stunden, dass die Gräuelmärchen nicht stimmen konnten. Trotzdem wollte er sich auf nichts einlassen. Dass er den Schießbefehl gegeben hatte, sagte er den Verhandlern nicht (und nahm ihn auch nicht zurück). Am 11. März gab es nochmals Verhandlungen der drei mit Noske. Die Lichtenberger Kämpfer seien zu einem sofortigen Waffenstillstand bereit, wenn eine »Sicherheitswehr« aus allen Parteien aufgestellt würde. Auch eine Abordnung des konservativen Bürgermeisters Oskar Ziethen traf mit einem Brief von ihm ein. Ziethen bat mit Rücksicht auf die Zivilbevölkerung um Einstellung der Kämpfe und verbürgte sich und für die Aufstellung der Sicherheitswehr.[1002] Noske antwortete wie eh und je. Es gäbe »überhaupt keine Bedingungen, nur eine bedingungslose Übergabe«.

In der Folge wurden nach Noskes eigenen Angaben 1.200, nach anderen bis zu 2.000 Menschen[1003], darunter Jugendliche, Frauen und Kinder wegen Bagatellen, die gar nichts mehr mit dem Schießbefehl zu tun hatten, ermordet. Es war, so Jones 2017 mit irischer Klarheit, das ›Gründungsmassaker‹ der Weimarer Republik.[1004]

## Gasthaus des Todes

Die Kämpfe verlagerten sich immer weiter nach Lichtenberg. Am 12. März hatte man den Stadtteil völlig durch weit überlegene Freikorpstruppen abgeriegelt. »Am Vortage war der Brückenkopf Warschauer Brücke gefallen. Tagelang tobte der Kampf. Immer wieder wurden die Soldaten zurückgeschlagen, und die Arbeiter und Matrosen behielten die Oberhand. Frauen und Jugendliche aus den Arbeiterbezirken Lichtenberg und Friedrichhain schleppten ständig neue Munition heran.«[1005]

Angebliche Gräultaten der Aufständischen wurden in einem Bericht des preußischen Innenministeriums vorgebracht, in dem Georg von Doyé maßgeblich wirkte.[1006] Doyé hatte schon das Gerücht von den 60 gelynchten Polizeibeamten zusammen mit der GKSD verbreitet und sollte sich später am Kapp-Putsch beteiligen. Als der frisch ernannte preußische Kriegsminister Walther Reinhardt, Scheüchs ehemaliger Adlatus, im preußischen Landtag davon berichtete, waren die auf wenige Fälle von Misshandlungen von Regierungssoldaten zusammengeschnurrt, kein Vergleich zu dem, was Adolph Hoffmann (USPD) an Taten der Freikorps in der Sitzung drei Tage zuvor aufgelistet hatte.[1007] Auf 1.200 offizielle Tote aufseiten der Bevölkerung und der Kämpfer, kamen 70, meist im Kampf getötete Regierungssoldaten. Das sind Verhältnisse wie sie später im Vernichtungskrieg der deutschen Wehrmacht in der Sowjetunion gegen »Partisanen« Praxis wurden.

Die letzten kämpfende Reste der VMD versteckten, als sie einsahen, dass der Kampf aussichtslos war, ihre Waffen. So berichtet Richard Schneider: »Bei der Auflösung der Volksmarinedivision vergruben wir unsere Waffen am Köllnischen Park zwischen Märkischem Museum und dem Marinehaus. Einzeln gingen wir auseinander.«[1008]

Gleichwohl wurden zahlreiche von ihnen gefangengenommen, misshandelt oder gleich umgebracht.

Beiersdorf, Albert Gast und andere Matrosen flüchteten in einen Hausgang. Eine Frau im Treppenhaus erzählte ihnen von einem Matrosen, den sie an der Brücke erschossen hätten. Gast sprach es aus, dass sie gegen die Übermacht verloren seien. Die Frau sah nach, ob die Luft rein war, und rief dann die Blaujacken heraus.

Beiersdorf, der unweit seines Elternhauses, in der Gürtelstraße 39 kämpfte, versteckte sich in der Wohnung seiner Mutter und zog Zivilkleider an. Viele Matrosen hatten aber keine[1009] und wurden deswegen verhaftet oder gleich erschossen. »Marine-Uniformstücke bedeuteten jetzt den Tod.«[1010] Die Waffen konnten Beierdorf Freunde mit einem getarnten Handwerkswagen verschwinden lassen. Trotzdem wurde Beierdorf in der Wohnung verhaftet und auf die Straße getrieben, vorbei an toten oder misshandelten Matrosen und Arbeitern. Er landete im Gasthof »Schwarzer Adler«. Dort hatten sich Offiziere hinter weißen Tischdecken versammelt. Auch die Gebrüder Gast und der Matrose namens Godi, den Zikelsky auch getroffen haben wollte, waren ihnen nicht entkommen. Eine Frau wurde jetzt den Offizieren vorgeführt: »›Zeigen Sie, wem Sie Kaffee gebracht haben.‹ Die Frau dreht sich um. Sie ist leichenblass, denn sie steht im Angesicht des Todes. Stumm blickt die Frau auf uns. Da peitschen draußen plötzlich Schüsse, eine ganze Salve. Sie werden den Infanteristen erschossen haben, denke ich. Die Frau schüttelt, am ganzen Leib zitternd, den Kopf, wendet sich wieder den Offizieren zu und sagt mit leiser Stimme: ›Ich kenne keinen einzigen von diesen Männern‹. ›Das dachte ich mir, du rotes Aas‹, fährt der Offizier sie an. [...] ›Nehmt sie mal nach hinten‹, ruft er drei Söldnern zu. Sie schleppen die Frau zum Tanzsaal hin und unter dem Klatschen der Peitsche und dem Wimmern der Unglücklichen wird unser tapferer ›Godi‹, der bärenstarke Altonaer Matrose, noch immer schwer gefesselt, nach vorn gebracht. ›Ihr feiges Gesindel‹, ruft er. ›Ihr wagt Euch an Frauen heran, ihr schändet und quält sie. Lumpengesindel seid...‹ Er kann den Satz nicht mehr vollenden, denn schon schlagen zugleich vier, fünf und sechs Noskiden zugleich auf ihn ein. [...] Dann ist ›Godi‹, unser guter Gottlieb, von der Meute überwältigt. Nun schleppen sie ihn hinaus,

*Ermordete Aufständische, März 1919*

dabei krachen Kolben auf seinem Rücken nieder. Wieder peitschen draußen Schüsse. Dann kommen die Noske-Söldner zurück. ›Erledigt‹, ruft der Leutnant seinen Kumpanen am Tisch zu.«[1011]

An die Wand des Friedhofes in der Möllendorfstraße gestellt – ohne Standrecht – wurden auch die beiden Matrosen, die Gebrüder Fritz und Albert Gast, 28 und 21 Jahre alt, der Arbeiter Julian Kuklinski (35), der Arbeiter Rudolf Lebede (18) und der 16-jährige Hausdiener Georg Pormann, der verdächtigt wurde, den Matrosen den MG-Gurt gehalten zu haben.[1012] Auch Gustav Schnick, Karl Friedrich und weitere vier Matrosen, darunter Erich Renk, sind hier exekutiert, bzw. ermordet worden. Beiersdorf will aus dem Kuhstall des Wirtschaftshofes des »Schwarzen Adlers«, in den er nachts gesperrt war, entkommen sein.[1013]

Die Regierungstruppen hatten inzwischen mit Artillerie, Minenwerfern und Flammenwerfern ganze Straßenzüge verwüstet. Den Flugzeugeinsatz, der auch Zivilisten tötete, haben wir schon vermerkt.

»Wochenlang spült die Spree Leichen ans Ufer.«[1014] Ein bis dahin beispielloser Terror gegen die Zivilbevölkerung Berlins. Graf Kessler wurde schlecht »vor Ekel und Empörung. Dostojewskis Totenhaus ist übertroffen.«[1015]

Noske rechtfertigte seinen Schießbefehl 1922 auch vor Gericht – als Zeuge. In einem Prozess gegen zwei Angehörige des Freikorps Lützow,

*Die Mord-Mauer heute*

die 1919 einen Rentner und einen weiteren Zivilisten erschossen hatten, machte der ehemalige Reichswehrminister klar, dass der Befehl »doch richtig war.«[1016] Noske kannte auch Pabsts Befehlsverschärfungen und hatte sie zugelassen. Für den Historiker Joachim Käppner zeichnet sich hier »schon klar faschistisches Denken ab«.[1017] Und Noskes Aussage führte dazu, dass die Angeklagten noch am selben Tag vom Mordvorwurf freigesprochen wurden.[1018] Schon im März 1919 war es im Kabinett zu grotesken Dialogen gekommen, als Pabsts verschärfter Schießbefehl – erst aufgrund seiner Aufdeckung durch die *Freiheit*[1019] – kurz behandelt wurde. Landsberg wollte wissen, ob tatsächlich daraufhin Leute auf Verdacht erschossen worden seien. Noske gab sich unwissend. Er sicherte aber »Nachforschung« zu. Landsberg riet Noske, künftig »sich derartige Befehle vorher zeigen zu lassen, was dieser zusagte.«[1020] Punkt aus. Nichts wurde untersucht. Das war der Umgang der SPD-Führung/Regierung mit hundertfachem Mord und dem, der ihn befohlen hatte.

Der Befehl des Duos Noske/Pabst zur Gefangenentötung ohne Standrecht ist ein Meilenstein in der Einführung des Terrors und der Genese des Faschismus. Er hatte Vorbildfunktion für spätere Befehle Hitlers.[1021] »Noskes Erschießungsbefehl reiht sich so als unwürdiges Glied in eine Kette (prä-)

faschistischer deutscher Gewaltpolitik ein«[1022], schreibt Otmar Jung in den Militärgeschichtlichen Mitteilungen des Militärgeschichtlichen Forschungsamtes Freiburg. Und der renommierte Historiker Christian Streit: »Gerade die Freikorpskämpfe (...) erscheinen in vielem als Vorbild für den Ostkrieg. Nicht nur das ›politische Soldatentum‹ entstand damals, auch die Ausrottung des Bolschewismus – durch mehr oder weniger verfahrenslose Liquidierung aller ergriffenen Kommunisten und angeblichen Kommunisten.«[1023] Nicht ohne Grund bezeichnete Hitler 1933 Noske als »Eiche unter diesen sozialdemokratischen Pflanzen«.[1024] Unterschrieben hat den Terror-Befehl Noske, verteidigt hat ihn die ganze SPD-Führung und die Fraktion. Als Noske ihn in der Nationalversammlung vortrug, vermerkte das Protokoll bei der SPD und rechts »stürmischen Beifall«.[1025]

»Noske hat heute in Weimar [...] seinen Sieg über den inneren Feind verkündet; sehr widerwärtig!«[1026], notierte Graf Kessler.

Ebert stand hier in nichts zurück. So meinte er kurz nach den Märzmassakern und kurz vor der blutigen Zerschlagung der Münchner Räterepublik im April 1919 zum militärischen Zugreifen: »Dass je rascher und durchgreifender dieses erfolgt, umso weniger Widerstand und Blutvergießen zu erwarten ist, hat schon die Erfahrung an anderen Stellen gelehrt.«[1027] Diesen Grundsatz hatte Ebert nicht nur von Noske, sondern von seinem späteren Nachfolger Hindenburg übernommen, der gesagt hatte, dass »der grausamste Krieg, der kürzeste sei.«[1028] Konsequent hieß es 24 Jahre später: »Totaler Krieg ist kürzester Krieg.«[1029] Der Historiker Peter Keller schließt sich 2014 dieser Methode an, indem er die Massaker der Freikorps im »Reichsgebiet« als »Strategie der kontrollierten militärischen Abschreckung, durch die Gewaltanwendung möglichst vollständig vermieden werden sollte«,[1030] bezeichnet und damit von den Füßen auf den Kopf stellt. Doyé, hatte es in seinem Bericht anders – richtig herum – formuliert: »Um unnötige Verluste zu vermeiden, gingen die Truppen bei stärkerem Widerstande, namentlich an den Barrikaden, mit Artillerie und Minenwerfern vor. Auf diese Weise gelang es, die Kommunisten [!] überall zu schlagen und ihnen schwere Verluste beizubringen, während die Verluste der Regierungstruppen unbedeutend waren.«[1031]

Graf Kessler sah das anders: »Alle geistig und ethisch anständigen Menschen müssen einer so leichtsinnig und frech mit dem Leben ihrer Mitbürger spielenden Regierung den Rücken kehren. Die letzten acht Tage haben durch ihre Schuld, durch ihr leichtfertiges Lügen und Blutvergießen, einen in Jahrzehnten nicht wieder zu heilenden Riss in das deutsche Volk gebracht.«[1032] Eine wahrhaft prophetische Notiz.

## Massaker

Noskes Befehl hatte schon einigen Matrosen nach den Kämpfen das Leben gekostet. Doch es kam noch schlimmer. Am 10. März 1919 wurde die Volksmarinedivision aufgelöst und ihre Mitglieder ließ man für vogelfrei erklären. Die *Freiheit* (am 10. März war sie und die Druckerei der *Republik* aufgrund einer Noske'schen Anordnung militärisch besetzt gewesen und konnte so nicht erscheinen) brachte am 11. März eine kurze Meldung:
»Die ›Volksmarine-Division‹ unter Kriegsrecht – Amtlich wird bekanntgegeben: ›Die Volksmarine-Division ist aufgelöst. Jeder frühere Angehörige der Volksmarine-Division, der noch mit der Waffe in der Hand betroffen wird, wird nach Kriegsrecht behandelt.‹«[1033] Direkt darüber war Noskes Schießbefehl vom 9. November 1919 abgedruckt, der immerhin noch das Wort »kämpfend« vor »angetroffen« eingefügt hatte. Und »Kriegsrecht« war völlig unbestimmt. Damit war nicht der im Vergleich zu Noskes Schießbefehl relativ humane preußische Belagerungszustand gemeint, sondern die völlige Rechtlosigkeit nach dem Grundsatz »Not kennt kein Gebot«. Ein Zustand, der es erlaubte, dass jeder Verdächtige, ob kämpfend oder nicht, ob Waffe in der Hand oder nicht, ob über der Schulter oder in der Wohnung, ob mit Ausweis oder nicht, »abgemurkst« (Groener) werden konnte. Die Mitglieder der VMD waren somit zum Abschuss freigegeben.

Herzog, der sich zur Reichsbank durchgeschlagen hatte, erzählt: »Keiner dort wollte glauben, dass die VMD aufgelöst war.« Dann erschien die GKSD und entwaffnete die Matrosen. »Bei der Gelegenheit hielt der anwesende Reichsbankpräsident Havenstein eine Rede an die Kameraden der Wache, worin er betonte, dass solange die Matrosen in der Reichsbank Wache gingen, sei nicht das Geringste passiert und er sei sehr mit ihnen zufrieden gewesen.«[1034] Jeder erhielt als Gratifikation 100 Mark aus der Privatschatulle des Reichsbankpräsidenten und – das war weit wichtiger – einen Ausweis, der ihm freies Geleit zusicherte.

Die Matrosen wurden per Zeitungsannoncen[1035] in eine Falle gelockt, sie könnten in der Französischen Straße 32, wo sich Schreibstuben der VMD befanden, ihre Löhnung abholen. Doch dort erwartete sie eine böse Überraschung.

Willi Ferbitz, 23 Jahre alt, ledig, Schneider von Beruf, war mit seinem Vater, einem Milchhändler Mitglied der VMD gewesen. Er hatte erfahren, dass der Löhnungsappell in der 32 nicht ganz koscher ablaufen würde und seinen Vater angerufen: »Papa gehe nicht nach der Französischen Straße, Ich bin hier in der Bendlerstraße (wo die GKSD und der Reichswehrminister saßen) und habe von einem Befehl von Noske gehört, dass dort Matrosen erschossen werden sollen.« Er gehe aber trotzdem hin. Ferbitz junior hatte in der Bekleidungskammer der VMD gearbeitet, war wie sein Vater, nie im Außendienst gewesen, hatte nie mitgekämpft und auch niemals eine Waffe getragen. Beide Männer hatten, »als die Volksmarinedivision sich gegen die Regierung wandte, ihren Austritt erklärt.« Außerdem sei er, so berichtete Willi frohgemut durchs Telefon dem Papa, mit Leutnant Fischer von der Kommandantur bekannt. Da könne ihn schon gar nichts passieren. Vater Ferbitz: »Das war das letzte, was ich von meinem Sohn gehört habe.«

Herzog: »Ich machte mich mit meinem Bruder auf den Weg, da keine Straßenbahn fuhr, zu Fuß. Unterwegs kamen mir Bedenken und ich äußerte zu meinem Bruder, wenn ich dort Freischärler sehe, gehe ich nicht in das Haus.« Doch vor dem Haus stand ein Zivilist, der ihnen den Weg wies. Und an der Tür zum Hof wieder ein Zivilist.

Ähnlich arglos betraten viele Matrosen an diesem Tag das Haus in der Französischen Straße. Kamen sie an den sich harmlos gebenden Zivilisten vorbei und gingen sie eine Treppe hoch, erwartete sie im ersten Stock ein Hinterhalt. Plötzlich ertönte: »Hände hoch!« Herzog erkannte jetzt auf den plötzlich auftauchenden Soldaten am Rockärmel ein »R«. Es waren Männer des Freikorps Reinhard.[1036] Sie empfingen die Matrosen mit gezogenen Waffen. Hugo Lewin berichtete: »Fünf bis sechs Pistolen starrten uns entgegen.« Die meisten Matrosen glaubten an einen Scherz. »Ich wurde aber gleich durch einen Stoss ins Genick belehrt.«[1037] Es war blutiger Ernst. Angeführt wurden die Freikorpssoldaten von einem einarmigen Oberleutnant namens Otto Marloh. In Zivil gekleidet, als der Zahlmeister Lietzau der VMD getarnt,[1038] ließ er die ankommenden Matrosen, einen nach dem anderen entwaffnen (so sie überhaupt Waffen dabeihatten) und in einen Raum ohne Tageslicht, die »Dunkelkammer«[1039] sperren. Die wenigen, die Waffen bei sich getragen hatten, verfügten über Waffenscheine der Kommandantur. Doch Marloh interessierte das nicht. Er akzeptierte willkürlich nur sogenannte Noske-Ausweise.[1040] Proteste der Matrosen hatten Kolbenstöße zur Folge und waren, wie Lewin weiter berichtete, begleitet von Kommentaren wie: »Halten Sie's Maul, wir wissen was wir von der Volksmarinedivision zu halten haben.«[1041] Vor den Raum platzierte Marloh ein Maschinengewehr samt Besatzung und brüllte: »1. Kein Wort wird gesprochen, 2. Keine Bewegung wird gemacht. Jeder Versuch diese Befehle nicht zu befolgen wird als Meuterei betrachtet.«[1042] Herzog: »Hier standen wir eingepökelt wie die Heringe, mit erhobenen Händen, ca. 3 Stunden.«[1043]

Den Auftrag für die Aktion hatte der spätere SS-General und jetzige Oberst Wilhelm Reinhard über seinen Adjutanten Oberleutnant Eugen von Kessel,[1044] ebenfalls ein späterer Nazi, Marloh erteilt. Reinhard berief sich dabei auf einen Befehl von General Walther von Lüttwitz, dem Oberkommandierenden der Regierungstruppen, der die Kasse der VMD haben wollte und der später so schön schrieb, er habe den zivilen Oberbefehlshaber Noske »seinem Stab unterstellt.«

In kurzer Zeit waren in der Französischen Straße über 250 ahnungslose Matrosen gefangen. Marloh, dem im Weltkrieg eine Handgrate den Arm abgerissen hatte, dem zudem durch einen »Schädelschuss«[1045] 13 Knochensplitter ins Gehirn gedrungen waren und der »in einer momentanen geistigen Störung« auch schon mal einen Leutnant der eigenen Truppe im Schützengraben gewürgt hatte[1046], geriet nun in Panik, da nur 50 Soldaten unter seinem Befehl standen. Er fürchtete von den kampferprobten Matrosen überrumpelt zu werden. Doch die Matrosen, von denen einige bei ihrer Gefangennahme Widerstand geleistet hatten, wussten von dem MG vor der Tür, machten daher keinen Ausbruchsversuch und dachten auch nicht an das, was jetzt kommen sollte. Marloh bat um Verstärkung. Reinhard ließ ihm mehrfach ausrichten, er habe keine Verstärkung und er solle so viele Matrosen wie möglich erschießen, mindestens 150.[1047] Daraufhin zögerte Marloh keinen Moment, und nahm faktisch in Noskes Namen eine Selektion an den für vogelfrei erklärten ehemaligen Regierungstruppen vor. Und er wandte dabei folgende Kriterien an: Wer intelligent aussah, wurde von ihm als Rädelsführer betrachtet, und wer z.B. eine Taschenuhr dabei hatte oder einen sauberen Anzug an, war ein Plünderer. Ein Merkmal genügte, um erschossen zu werden. Selbstverständlich wurde auch nicht gefragt, ob sich derjenige am Aufstand beteiligt hatte oder nicht. Das spielte keine Rolle, todeswürdig war jedes Mitglied der VMD. Marloh musste nur irgendwie auf die Zahl 150 kommen. Während der Selektion »hatte er eine Parabellum-Pistole unter seinen Armstumpf geklemmt.«[1048] Broßat, einer der Überlebenden, berichtet weiter:»Marloh ließ alle Festgenommenen an sich vorbeiführen; jeder musste vor ihm stehen bleiben, und dann kommandierte er: ›Links – rechts, links – rechts!‹ ›Links‹ bedeutete: ab zum Erschießen. Damit wurde jeder zweite Mann zum Erschießen verurteilt. Auch ich hatte das zweifelhafte Vergnügen, nach links abgehen zu müssen. Nun, ich war mein ganzes Leben bisher am linken Flügel marschiert, weshalb sollte es nun zum Schluss anders sein?«[1049]

Zwar war die ganze Französische Straße aufgrund eines Marloh-Befehls abgesperrt, aber verzweifelte Angehörige der Matrosen hatten mitbekommen, was passieren sollte. Sie holten den Hauptmann Gentner, der die Reichsbankwache befehligte und für den die Matrosen bis zu diesem Tag als Unterabteilung der Republikanischen Soldatenwehr brav Wache geschoben hatten. Gentner drang zu Marloh vor und protestierte. Jetzt wurden diejenigen von den Selektierten aus der Dunkelkammer geholt, die Ausweise der Reichsbankwache hatten. Das waren ca. die Hälfte der 150. Vorher waren diese Ausweise gar nicht beachtet worden. Broßat hatte Glück. Er hatte der Reichsbankbesatzung angehört. Auch Erich Herzog und sein Bruder wurden jetzt durch ihre Reichsbankausweise gerettet.[1050]

Marloh wollte die restlichen 70 bis 80 jetzt erschießen lassen. Unteroffizier Albert Klawunde, der kurzzeitige Nachfolger Fischers und jetzige Stadtkommandant, kam auch vorbei, die Matrosen zeigten sich erleichtert, sie hätten doch Kommandantur-Ausweise und außerdem nichts gemacht. Doch Klawunde kümmerte das wenig, er wies zwar Marloh (angeblich) daraufhin, dass er keine Erschießung vornehmen dürfe, als dieser ihm aber mitteilte, dass Standrecht herrsche (was ja, wie wir wissen schon gar nicht zum sofortigen Töten ohne Verhandlung berechtigte), ließ der Marloh gewähren und berichtete Noske am selben Tag noch vom kurzen bzw. keinem Prozess, was diesen unberührt ließ.[1051] Gentner aber protestierte nochmals, drang nicht durch, oder setzte sich nicht genug ein. »Es ist schade, Herr Hauptmann, dass Sie gekommen sind, sonst hätte ich die Schweinehunde alle erschießen lassen,«[1052] bedauerte Marloh Gentners Einsatz und selektierte nochmals. Er suchte 32 Matrosen aus. Darunter waren auch die Gebrüder Bruno und Hugo Lewin.

Die 32 wurden dann, gegen den Protest Gentners, in den Hof der Französischen Straße 32 getrieben. Darunter war auch Max Kutzner, der zur Reichsbankwache gehört hatte und den Marloh trotzdem in den Tod schickte, sowie der echte Zahlmeister der VMD, Herbert Lietzau, der Befehl gehabt hatte, immer bewaffnet zu sein, damit ihm die Löhnung nicht gestohlen würde. Kaum waren die Männer auf dem Hof, krachte eine Salve. Hugo Lewin berichtete: »Wir rissen die Hände in die Höhe und beteuerten unsere Unschuld, da setzte Schnellfeuer ein.« Ein im Fenster postiertes MG ratterte unter der Anleitung des von Marloh bestimmten Leutnant Penther der dies »herzlich gern«[1053] (so er selbst im Prozess 1919) befahl.[1054] »Die Schusswirkung war furchtbar. Vielen Leuten wurde die Schädeldecke völlig abgerissen. Die Gehirnmasse spritzte umher, Leichen und Verwundete fielen übereinander.«[1055]

Herzog oben in der Dunkelkammer: »Die Schreie der Verwundeten gellten uns in die Ohren und wir mussten tatenlos zusehen, wie man unsere Kameraden mordete.«[1056]

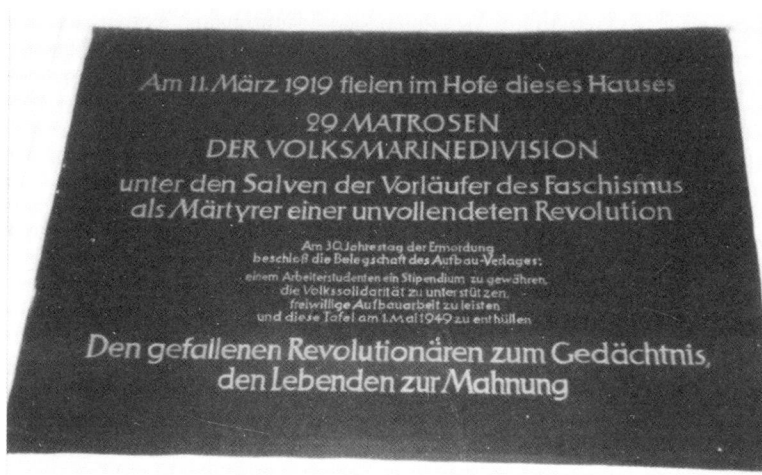

*Gedenktafel am Durchlass der Französischen Straße 32.*
*Die Tafel verschwand spurlos.*

Hugo Lewin war aber noch nicht tot: »Ich bekam einen Schuss in den Unterarm, fiel nach vorn, wurde besinnungslos.« Als er wieder aufwachte, hörte er Stimmen: »Der da lebt noch! Der da. Der zweite lebt noch.« Und danach krachte jedes Mal ein Schuss. Lewin stellte sich tot. Es kamen Offiziere und höhnten: »Seht euch nur die Halunken an, wie gut die angezogen sind! Man muss ihnen die Stiefel ausziehen.« Das geschah, nicht nur das, den Toten wurde alles abgenommen, Ringe, Geld, Zigaretten, alles was ihnen Marloh noch nicht gestohlen hatte.

Und Broßat berichtet: »Nach diesem Massenmord wurden wir übrigen mit hocherhobenen Händen auf die Straße getrieben. Dabei wurde uns befohlen, bei Betreten des Hofes den Kopf nach links zu drehen. Ich wagte aber doch einen Blick nach rechts. Auf einem Haufen lagen unsere Kameraden blutüberströmt an der Wand.« [1057]

Lewin aber blieb zwei Stunden regungslos liegen. Da kam ein einzelner Leutnant. Lewin sprang auf, fiel auf die Knie und bat um Gnade. Der Leutnant erschrak und rannte totenbleich davon. Im Leichenhaufen sah Lewin jetzt seinen Bruder liegen. Er schleppte sich in die Wohnung des Pförtners. Wieder kamen Offiziere, wollten ihn auf den Hof stoßen und umbringen, doch Lewin widersetzte sich, schrie, bekam mit dem Revolver auf den Mund geschlagen. Schließlich verschwanden die Offiziere wieder. Der Pförtner holte einen Oberstabsarzt, der den Angeschossenen verband. Ein Unteroffizier namens Erwin Franke kam und wollte sich den »überlebenden Spartakisten« ansehen, er nahm Lewin noch die Geldbörse weg. »Können Sie schweigen«, fragte jetzt der Pförtner. Lewin nickte. Der Pförtner rief einen Krankenwagen, der den Matrosen nach Moabit brachte. Dort kam er aber nicht auf die Krankenstation, sondern wurde Oberst Reinhard vorgeführt. Vor dem gab Lewin an, dass er der Deutschen Demokratischen Partei (eine der Parteien der Weimarer Koalition) angehöre. Reinhard antwortete: »Dann müssen wir den Mann wohl erschießen.« Das geschah aber nicht, sondern Lewin wurde ins Gefängnis geworfen, besser gezwängt, wo 7-8 Leute sich eine Zelle teilten.

Vater Ferbitz aber sah seinen Sohn erst im Leichenschauhaus wieder: »Er sah aus als sei er von wilden Bestien zerrissen worden [...] Ein Auge war ihm ausgeschlagen, die Zähne eingeschlagen. Er lag ganz zusammengekrümmt in einer Rolle. Sein Haar war völlig weiß geworden.« Und dann schrie Vater Ferbitz in den Gerichtssaal: »Ich bin kein Verbrecher und ich habe meinen Sohn anständig erzogen; nicht er war ein Mörder, sondern die anderen waren Mörder, sogar Raubmörder.«[1058]

Die Ermordung seines Bruders traumatisierte Hugo Lewin für sein ganzes Leben.[1059] Vater Ferbitz wird es nicht anders gegangen sein, ebenso wie den Verwandten der anderen 28 Toten.


## Der Marloh-Prozess

»In der Französischen Straße 32 wurde gestern die Kassenverwaltung der Volksmarinedivision von Regierungstruppen besetzt. Dort wurden 18.000 Mark beschlagnahmt.« Die früheren Mitglieder der VMD, die dort ihr Geld abholen wollten, seien festgesetzt worden. »Die Gefangenen trugen teilweise noch Waffen. Infolgedessen [!] kam es bei der Verhaftung zu tätlichem Widerstand. Die Mannschaften der Regierungstruppen ließen sich von ihren Führern [!] kaum vor Übergriffen zurückhalten, da die Erbitterung durch die Vorgänge der letzten Tage naturgemäß [!] sehr angewachsen war. Es wurde Munition, darunter Dum-Dum-Geschosse beschlagnahmt. Von den 250 Gefangenen mussten 24 auf der Stelle standrechtlich erschossen werden.« Einzig richtig an diesem Artikel vom 12. März 1919, unter der Überschrift »Kämpfe in der Französischen Straße« im *Berliner Tageblatt*, ist die Tatsache der Beschlagnahmung der Löhne (wie von Lüttwitz beabsichtigt). Trotzdem will es dem Schreiber nicht so recht gelingen, zu belegen, warum 24 Menschen (in Wahrheit 30) umgebracht werden mussten. Die Lüge von den Dum-Dum-Geschossen, die praktisch immer wieder bemüht wurde, zog schon langsam nicht mehr und der Begriff Standrecht taugte ohne Stand und Recht auch nicht.

Da die *Rote Fahne* verboten war, war die einzige Zeitung, die sich um Aufklärung bemühte, die *Freiheit*. Und deren Recherchen machten einen Prozess unumgänglich. Gegen den Widerstand Noskes. Und wieder sorgte man dafür, dass der Prozess sein rechtes Ende finden würde.

Das Kriegsgericht der Reichswehrbrigade III, der Nachfolgebehörde der GKSD, die schon die Verfolgung der Luxemburg/Liebknechtmörder verhindert hatte, kam nun zum Einsatz. Wieder vertrauten die »Rechtssozialisten« Noske und Genossen ihrem Militär. Der Vorsitzende Kriegsgerichtsrat hatte den schönen Namen Welt. Seine illustren Beisitzer trugen auch den grauen Rock: Kriegsgerichtsrat Süfferth, Kriegberichtsrat Beck, Sergeant Adler und Gefreiter Weigelt. Als Hilfsrichter fungierten ein Leutnant Schneider, Sergeant Schmidt und Gefreiter Esch. Verteidiger Marlohs war Rechtsanwalt Grünspach, der schon im Luxemburg-Liebknecht-Prozess die Mörder erfolgreich vertreten und einem der Täter Schweigegeld übergeben hatte. Später sollte Grünspach Major Pabst ebenso erfolgreich wegen des Kapp-Putsches verteidigen.[1060] Als Zeugen fungierten die Helfershelfer der GKSD, Staatsanwalt Weismann und Staatsanwalt Zumbroich, der schon als Ankläger versucht hatte – allerdings vor einem Zivilgericht – Georg Ledebour hinter Schloss und Riegel zu bringen. Dies war ihm allerdings ebenso misslungen, wie später der frühfaschistische Kapp-Putsch (vier Monate nach dem Marloh-Prozess), an dem Zumbroich sich aufseiten der Putschisten als »Justizminister« (für fünf Tage) beteiligte. Natürlich ohne Folgen für ihn.

Die Gerechtigkeit konnte also in jenem Dezember 1919 ihren üblichen Lauf nehmen. Was allerdings den Prozess spannend machte, war das öffentliche Interesse, das er hervorrief. Und dass er erneut (nach den Morden an Liebknecht und Luxemburg) Einblick in die Justiz der Konterrevolution gab, in die präfaschistische Stimmung jener Tage und wie der Massenmord an (vermeintlich) linken Soldaten von den Chefetagen der Sozialdemokratie einfach weggewischt wurde.

Zunächst wurden die Heldentaten Marlohs im Weltkrieg referiert und welche Körperteile er sich hatte fürs Vaterland wegsprengen lassen bzw. was alles an Splittern in sein Gehirn eindrang, wie oft er vom Pferd gefallen war und welche Eiterbeulen sich in seinem Kopf bildeten. Dann fragte der Richter als erstes (um zu beweisen, wer hier eigentlich auf die Anklagebank gehörte) den Angeklagten: »Ist Ihnen bekannt gewesen, dass Angehörige der Reichswehr [!] von Mitgliedern der VMD misshandelt worden sind?« Damit spielte er auf die Weihnachtskämpfe an, als mehr als zwei Dutzend Offiziere (des kaiserlichen Kommandos Lequis) in die Hände der Matrosen gefallen, ins Eichhorn'sche Polizeipräsidium gebracht, von dem bestens versorgt und dann wieder freigelassen worden waren. Und Marloh, bei dessen Antworten man meinte, »stets das Aneinanderklappen von Hacken zu hören« (so der Berichterstatter der liberalen *Vossischen Zeitung*), nahm den zugespielten Ball gerne auf: »Dafür habe ich Beweis.« Womit schon die erste Rechtfertigung für den Massenmord bei der Hand war. Dann erzählte Marloh, dass ihm sowohl der Noske/Pabst'sche Schießbefehl als auch der verschärftere Pabst'sche bekannt gewesen seien und er sie angewandt habe. Natürlich wurden im Laufe des Prozesses weder diese rechtswidrigen Befehle auch nur einen Hauch von in Frage gestellt, noch berücksichtigt, dass die meisten Matrosen keine Waffe bei sich getragen hatten, also nicht »mit der Waffe kämpfend« angetroffen worden waren und dass die wenigen Bewaffneten gültige Waffenscheine mitführten. Auch Marlohs völlig absurde Selektion (24 Jahre später würde er »Zigeuner« selektieren) wurde keiner Kritik unterzogen und letztlich auch nicht die Ermordung der Matrosen. In der Verhandlung wurde klar, dass Marloh der lange Arm von Oberst Reinhard war, dessen Freikorps nicht nur Lüttwitz sondern zuerst der GKSD unterstand. Interessant ist dabei, dass Marloh sich auf Befehle Reinhards berief, der dies vor Gericht auch offen zugab, wie sein Adlatus Eugen von Kessel, der die Befehle weitergeben hatte. Gleichwohl hatten sie Marloh vor der Verhandlung dazu gedrängt, seine Aussage dahingehend abzuändern, dass er solche Befehle nicht erhalten habe. Diese zweite Aussage genügte ihnen aber auch nicht und so spannten sie Staatsanwalt Zumbroich ein, der mit Marloh eine passende dritte Aussage zurechtzimmerte und in die Maschine diktierte, verbunden mit dem Versprechen an Marloh, ihm würde daraufhin garantiert nichts passieren. All dies wurde vor Gericht offen zugegeben. »Ein Hurenhaus geriet in Brand. Schnell sprangen, um zu helfen und zu retten, zwei Dutzend Mönche aus den Betten. Wo waren die? Die waren bei der Hand«[1061], kommentierte Kurt Tucholsky. Und weiter berichtete er:

> »›Der Oberst‹, sagt ein junger Leutnant aus, ›wusste auch nicht, was er mit den vielen Gefangenen anfangen sollte‹. Und ließ sie infolge mangelnder Unterbringungsmöglichkeit also erschießen? Ich war dabei, als diese viehisch rohe Äußerung vorgebracht wurde – Reinhard saß auf der Zeugenbank, und kein Muskel zuckte in seinem Gesicht.«[1062]

Still wurde es als Vater Ferbitz von der Warnung seines Sohnes und dem Wiedersehen im Leichenschauhaus berichtete und die Mordanklage in den

Gerichtssaal rief. Noch stiller schien es, als Hugo Lewin der liberale Demokrat erzählte, dass er und sein Bruder ihren Austritt aus der VMD erklärt hatten, weil sie ihnen zu radikal geworden sei, und wie er dann seinen Gang nach
Golgatha schilderte, wie er sich totgestellt hatte, plötzlich, als lebender Toter,
den in den Hof kommenden Leutnant in die Flucht schlug und seinen Bruder blutüberströmt im Leichenhaufen fand. Und wie er schließlich durch das
Mitleid eines Pförtners nach Moabit kam, wo ihm Reinhard versprach, dass
er auch erschossen werde. Als dieser Satz im Gerichtssaal fiel, war es vorbei
mit der Stille und die Witwen der Ermordeten brachen in lautes Schluchzen
aus. Da schrie der vorsitzende Kriegsgerichtsrat Welt: »Das ist eine Unver-
schämtheit, hier ist doch kein Theater.«[1063]

Marloh war nach der Tat aus Berlin geflohen und mit umfangreichen
Geldmitteln versorgt worden, man hatte ihm gar ein Rittergut versprochen.[1064] Auch ein Pfarrer namens Rump war bei der Hand und leistete Marloh nicht nur geistigen Beistand. Kessel hatte dem einarmigen Massenmörder
vorgeschlagen, alle Schuld auf sich zu nehmen, da in Kürze mit einer Diktatur
Noskes zu rechnen sei und man ja dann »verhandeln« könne.[1065] Schließlich
hatten beide Kontakt zu Hauptmann Pabst, der seit längerem erst mit Waffen
und dann in der Nationalen Vereinigung für eine Diktatur Noskes rüstete
und übrigens auch Marlohs Flucht mit betrieb.

Noske, der den Reichstag damit belog, er habe sich vor den Marloh-Mor-
den »geschaudert«[1066], hatte Pabst gegenüber geäußert, dass »aus vater-
ländischen Gründen« der Prozess »besser nicht stattfinde«[1067], was Noske
auch später zugab: Er habe ihn »im Staatsinteresse für unerwünscht« gehalten.[1068] Im Staatsinteresse kann man ein Massaker mit 30 Toten schon mal
durchgehen lassen. Das schon zur Gewohnheit gewordene Militär-Prozess-
Theater ließ das Massaker wie erwartet ungesühnt.

Marloh, »die grauenhafte Karikatur des preußischen Militarismus«[1069],
notierte der Ex-Gardeoffizier Graf Kessler, wurde vom 30-fachen Totschlag
freigesprochen. Die Begründung ist auch lesenswert. Es dürfe nicht vom
grünen Tisch aus geurteilt werden. Welche Farbe sollte der Tisch stattdessen
haben? Vielleicht rot, wie »der Asphalt der noch vom Bürgerblut getränkt
war«[1070]? Welches Blut meinte der Richter? Das der 1.200 Bürger, die ermordet worden waren, oder das der 70 toten Freikorpsbürger in Uniform, oder
das der Bürger, die durch den Einsatz von Artillerie, Panzern, Minen- und
Flammenwerfern oder Flugzeugen von ihren eignen Landsleuten umgebracht
worden waren? Jedenfalls diente dieses fantasierte Bürgerblut, das angeblich
die »Spartakisten« vergossen hätten, schlicht dazu, zu begründen, warum

man einen 30-fachen Mörder einfach freisprach. Und die liberale *Vossische Zeitung* sah auch Gutes in Marlohs Wirken: »So schrecklich jener Vorgang [!] ist, ein Gutes hat er doch bewerkstelligt, nämlich das vollständige Verschwinden der Volksmarinedivison seit jenem Tage.« Wir drehen mal um, dann könnte doch das massenhaft vergossene Proletarierblut dafür herhalten, eine größere Anzahl von Freikorpsmännern einfach an die Wand zu stellen und abzuknallen. Wahrlich liberales Gedankengut.

Höhepunkt allerdings waren Noskes Ausführungen in einem Interview: Eins solche Tat könne nur in einer blutgeschwängerten Atmosphäre geschehen. »Der Münchner Geiselmord, die Tötung der christlichen Gesellen und die Berliner Matrosenerschießungen sind Folgen der verbrecherischen Bestrebungen in einem Lande, in dem Bürgern jede politische Freiheit garantiert ist, die Revolution durch blutigen Bürgerkrieg voranzutreiben.«[1071] Man muss eine Weile nachdenken um den Satz zu verstehen. Die Ermordung der 21 Gesellen in München und die der Matrosen in Berlin durch Freikorps waren eine direkte Folge von Noskes Schießbefehl. Das heißt, die blutgeschwängerte Atmosphäre wurde im Wesentlichen von Noske produziert. Besser kann man sich eigentlich gar nicht entlarven.

Die Hinterbliebenen der Ermordeten bekamen keine Rente, da Marlohs Morden in Folge des Noske/Pabst'schen Schießbefehls »ein Akt der Strafverfolgung«[1072] war. Der Anstifter Reinhard blieb ohne jede Strafverfolgung. Kessel musste nicht lange wegen Meineids einsitzen, er wurde bald amnestiert, da er als Führer der Kraftfahrstaffel Kessel ein »hochverräterisches Unternehmen abzuwehren« gehabt hatte[1073].

Alle drei wurden Nationalsozialisten. Reinhard trat schon 1927 der NSDAP bei, kam 1933 zur SA und 1935 zur SS, wo er es bis zum SS-General (Obergruppenführer) brachte. Nach dem Krieg wurde er nicht belangt und gründete den 1945 von den Alliierten verbotenen Kyffhäuserbund 1952 neu. Marloh trat 1930 in die NSDAP ein, schloss sich auch der SA an und wurde Stabsführer. 1934 brachte er es zum Leiter des Celler Zuchthauses. Und 1942/43 sorgte er als Landrat von Wittgenstein für die Deportation von 134 »Zigeunern«, die Hälfte davon Kinder, nach Auschwitz. Nur neun überlebten. Trotz Verurteilung nach 1945 musste er seine Strafe nicht antreten und starb 1964 unbehelligt.[1074] Eugen von Kessel, »ein Verbrecher, wie er sonst nur in Hintertreppenromanen vorkommt«[1075], beteiligte sich 1920 am Kapp-Putsch, nahm auch – unverfolgt – an Feme-Morden teil, wurde NS-Parteimitglied und arbeitete für die Gestapo.

## Neue imperiale Kriegspläne

Die Matrosen waren tot oder traumatisiert. Wie die Arbeiter. Aber es gab immer noch Reste von Soldaten- und Arbeiter/Betriebsräten. Das Proletariat war noch nicht geschlagen. Doch was machten die Militärs. Groener gab wenige Tage nach den Märzkämpfen auf einer Besprechung aller Armeekorps und Armeeoberkommandos am 22. März 1919, eine Lagebeurteilung.[1076]

Wichtig seien Truppen, »die zu jeder Verwendung zu gebrauchen« seien. Bei den Räten müsse man zwei Sorten zu unterscheiden:

1. Die Soldatenräte, die zu beseitigen seien, da sie die Disziplin – und damit den Militarismus mag man hinzufügen – störten. Man solle Noskes Rat befolgen: »Schmeißt sie einfach raus!« Groener fügte hinzu, notfalls mit Waffengewalt.

2. Die Arbeiterräte wären nur gefährlich, wenn die Sozialisierung auf alle Betriebe ausgedehnt würde, weil dann der Unternehmer lahmgelegt sei. Groener konnte also sich mit einer ständischen Lösung, einem Volkswirtschaftsrat (nach Bismarck'scher Planung) abfinden, im Gegensatz zu den Sozialdemokraten, die sowieso übertrieben »in ständiger Furcht vor den Massen« lägen und ihnen daher ständig Zugeständnisse machten. Dabei war es gerade andersherum: Die Führung der SPD machte keine Zugeständnisse, sondern wurde terroristisch, weil sie Angst vor den Massen hatte.

Groener trat jetzt offen für die Entwaffnung des Proletariats und neuerdings für eine Bewaffnung des Bürgertums ein. Wo er doch wenige Monate zuvor sämtliche Bewaffnung von Zivilisten mit dem Tode bestrafen wollte. Die Angst vor den proletarischen Massen schien auch bei ihm präsent. Für Streikende solle es keine Lebensmittel geben. Er empfahl außerdem das Studium der Geschichte der Arbeiterbewegung und insbesondere »der Mittel ihrer Bekämpfung«. Ihm war ganz klar, dass die Marine die Revolution ausgelöst hatte. Aber Volkswehren waren ihm aus gutem Grund ein rotes Tuch. Das seien Räuberbanden. Und dann kam das ganze Konzept, einer durchmilitarisierten Gesellschaft, das Pabst längst ausgearbeitet hatte[1077], zum Tragen: ein neues Millionenheer.

»Es waren jedoch die Alliierten, die mit ihrem Verbot der Freikorps und paramilitärischen Organisationen, der Bürgerwehren, Zeitfreiwilligenverbände, der geplanten Wehrbauern und der Beschränkung des Heeres einen frühen neuen durchmilitarisierten deutschen Staat tatsächlich vorläufig ver-

*Zinnfiguren der VMD aus den USA*

hinderten. Denn die SPD-Regierung bzw. die Weimarer Koalition hatte nach der Zerschlagung der Räte nichts gegen diesen von den alten Militärs (u.a. von Pabst) geplanten durchmilitarisierten Staat einzuwenden.«[1078]

Ohne Versailles hätte ein autoritäres, militarisiertes, ja faschisiertes Deutschland mit einer Million Waffenträgern, kasernierter Polizei (Sipo), Einwohnerwehren, Zeitfreiwilligenverbänden, Technischer Nothilfe, Wehrbauern (Freiwilligendank), die alle den Segen der Arbeiterbürokratie gehabt hätten, schon viel früher sein Unwesen getrieben.[1079] Dies wird in der Forschung fast gar nicht gewürdigt.

Und schon kurz nach der Novemberrevolution wurde die Wiederaufrüstung Deutschlands von den Militärs und Rüstungsmanagern minutiös geplant. Angefangen mit Groener 1919[1080] und weiterentwickelt durch Seeckt, strebte man schon lange vor Hitler, aber mit identischen Plänen, eine 2,8 bis 3 Millionen Mann starke Wehrmacht, mit 102 Divisionen (36 Grenz-, 63 Infanterie- und 5 Kavalleriedivisionen)[1081] an und versuchte daher, die Rüstungskontrollbestimmungen des Versailler Vertrages zu unterlaufen.

Die Volkswehrbewegung der Novemberrevolution, die im Ansatz entstehenden Volkswehren und als einzige wirklich gut funktionierende Basiswehr, die Volksmarinedivision mit denen von ihr entwickelten »Hamburger Punkten«, wären der Hebel gewesen um den verhängnisvollsten Militarismus der Geschichte, den preußisch-deutschen zu zerschlagen. Die deutsche Sozialdemokratie hat es nicht zugelassen. Ein Makel der ihr immer anhängen wird.

*Matrosendenkmal im Friedhof der Märzgefallenen, Berlin*

## Fazit

Die VMD war die einzig wirklich demokratische Truppe in der Geschichte Deutschlands. Sie bestand im Wesentlichen nicht aus Spartakisten und schon gar nicht aus Bolschewisten. Viele waren Anhänger der Regierung Ebert-Haase und der Nationalversammlung. Jedoch war der Anteil der Radikalen, derjenigen, die dem linken Flügel der USPD bzw. den Revolutionären Obleuten nahestanden, in der VMD größer als in der Berliner Arbeiterschaft insgesamt. Erst nachdem man sie für konterrevolutionäre Aktionen missbrauchen wollte, radikalisierten sich auch die der SPD nahestehenden Anführer und plädierten zusammen mit Dorrenbach einstimmig für die USPD-Volksbeauftragten. Die Hamburger Punkte gehen wesentlich auf die VMD und vor allem den Einsatz von Heinrich Dorrenbach zurück. Gleichzeitig war die VMD – als funktionierendes »Paradebeispiel« einer realen Volkswehr – der Stachel im Fleisch der alten Militärs und zunehmend auch der SPD-Führung.

Deshalb wollte sie die für die Konterrevolution untaugliche VMD loswerden und inszenierte in Person von Otto Wels einen Konflikt um das Schloss. Die Auseinandersetzung eskalierte, trotz Versprechungen Eberts und unter dem Vorwand der Befreiung von Wels, ließen die SPD-Volksbeauftragten auf Druck des Kriegsministers und der OHL, mit denen sie von Anfang an paktierten, die Matrosen angreifen, »tot machen«, wie sich Groener ausdrückte. Doch die Truppe, die sich aus den Aufständischen von Kiel, den Küstenstätten sowie Berliner Matrosen zusammensetzte und somit von Anfang an Ziel der Konterrevolution war, widerstand dem ersten Racheakt des alten kaiserlichen Militärs. Dies auch, da ihnen seitens der Arbeiter, Eichhorns Sicherheitswehr und der Bevölkerung Berlins Schutz zuteilwurde.

Doch sie nutzten diesen militärischen und moralischen Sieg genauso wenig wie die USPD, die sich beleidigt aus dem Rat der Volksbeauftragten, wie zuvor schon aus dem Zentralrat, zurückzog. Sogar eine gemeinsame Erklärung der VMD (von Radtke allein unterschrieben) mit der GKSD (von Pabst nicht signiert) erfolgte. Ein Tiefpunkt in der Geschichte der Roten Matrosen, eine zeitweise Unterordnung, die ihnen aber nicht weiterhalf. Sie waren das militärische Ziel derer, die die Uhr zurückdrehen wollten, bzw. bald eine »neue Zeit«, die 14 Jahre später begann, auszurufen trachteten.

Als es schließlich zum Januaraufstand kam, war die VMD zerrissen wie die Arbeiterbewegung insgesamt. Dorrenbach hatte nach einigem Zögern, die Situation völlig falsch eingeschätzt und die Beteiligung der Berliner Truppen am Aufstand zugesagt. Dies befeuerte die Vorstellung von einer zweiten

Revolution, war aber eine Fehleinschätzung der Situation. Die Berliner Garnisonen und die VMD erklärten sich für neutral und Dorrenbach hatte keinen Rückhalt mehr in der Truppe. Die VMD überlebte so den Ansturm und die Massaker der Freikorps – erst einmal.

Doch ca. 400 der 1.800, vielleicht auch einige mehr, machten eigenverantwortlich, teils in ihren Freiwachen mit beim Januaraufstand und zögerten nicht in den Dienstzeiten gleichzeitig die Reichsbank zu bewachen. Doch beim zweiten Aufstand im März, dem ein Generalstreik voranging, liefen sie wieder in mehrere Fallen. Erst schlossen sich einzelne Matrosen den provozierten Überfällen auf Polizeireviere und Regierungstruppen an, dann ließen sich ordnungsgemäß agierende VMD-Trupps, die als Teil der Republikanischen Soldatenwehr, am Alexanderplatz Plünderer festnahmen, durch Schüsse zum Überlaufen auf die Seite der gegen die Regierung agierenden bewaffneten Kämpfer provozieren. Schließlich gerieten auch regierungstreue Matrosen in der Französischen Straße ins Erschießungsfeuer des Massenmörders Otto Marloh. Die Rache der alten Militärs, jetzt schon profaschistisch formiert, war gnadenlos und von der Regierungs-SPD abgesegnet, die VMD war Geschichte und an ihrer eigenen Humanität gescheitert.

Gleichwohl ist die VMD – trotz aller internen Querelen – eine demokratische Miliz gewesen, die die Basis einer demokratischen Volkswehr hätte bilden können, mit den Hamburger Punkten Revolutionäres inszenierte und die auch heute noch Vorbildcharakter hat. Es darf gehofft werden, dass sie nicht Geschichte bleibt.

# Anhang

## Karte von Berlin 1918/19

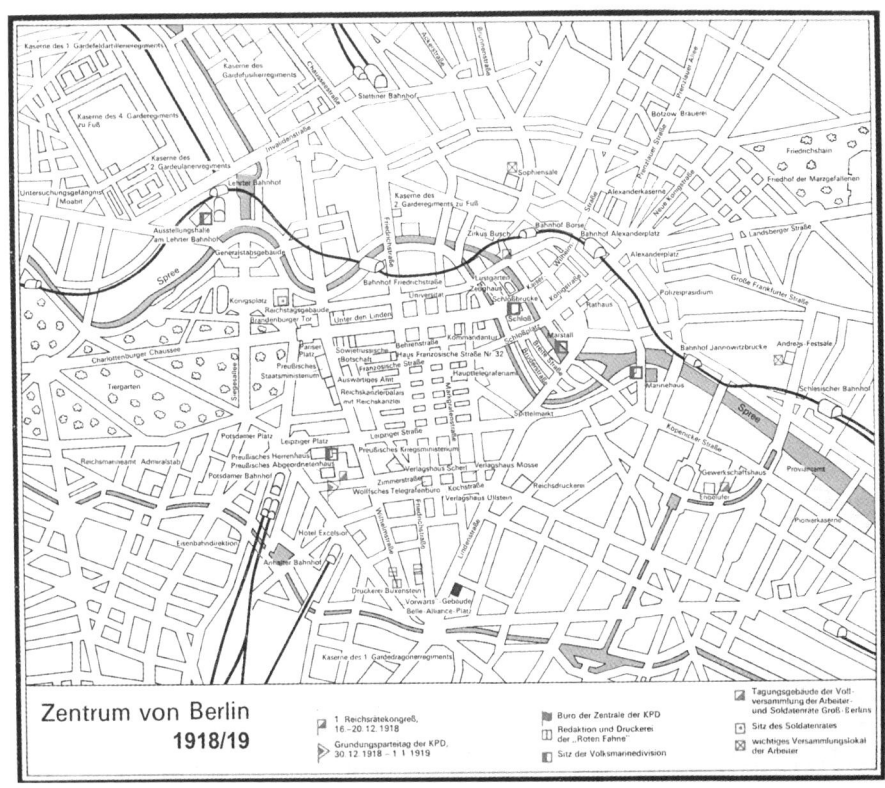

**Zentrum von Berlin 1918/19**

## Kommandanten der VMD

| | |
|---|---|
| Paul Wieczorek | 11. November – 14. November 1918 |
| Otto Tost | 14. November – 23. November 1918 |
| Wilke | 23. November – 25. November 1918 (?) |
| Obermaat Schmidt | 25. November (?) – 26. November 1918 |
| Graf Wolf-Metternich | 26. November – 8. Dezember 1918 |
| Fritz Radtke | 8. Dezember – 8. Januar 1918 |
| Junge/Markiewicz | 8. Januar 1918 – 11. März 1919 |

# Liste der Getöteten der Volksmarinedivision (VMD), November 1918 – März 1919

1. Paul Wieczorek, Marineflieger
   14.11.1918, ermordet
2. Ernst Link, Matrose
   23.12.1918, vor Kommandantur erschossen
3. Max Perlewitz, Matrose
   23.12.1918, vor Kommandantur erschossen
4. Bruno Zwicker,
   23.12.1918, vor Kommandantur erschossen
5. Heinrich Gernandt, Matrose
   24.12.1918, Opfer Weihnachtskämpfe
6. Max Bachmann, Matrose
   24.12.1918, Opfer Weihnachtskämpfe
7. Czirson, Matrose
   24.12.1918, Opfer Weihnachtskämpfe
8. Karl Gessner, Sicherheitswehr
   24.12.1918, Opfer Weihnachtskämpfe
9. Hoericke, Matrose
   24.12.1918, Opfer Weihnachtskämpfe
10. Emil Krafft, Matrose
    24.12.1918, Opfer Weihnachtskämpfe
11. Lüders
    24.12.1918, Opfer Weihnachtskämpfe
12. Martin Mau, Matrose
    24.12.1918, Opfer Weihnachtskämpfe
13. Arthur Richter, Matrose
    24.12.1918, Opfer Weihnachtskämpfe
14. Schmidt, Flieger
    24.12.1918, Opfer Weihnachtskämpfe
15. Erwin Tessmer, Matrose
    24.12.1918, Opfer Weihnachtskämpfe
16. Bruno Puhlmann, Matrose
    6.1.1919, Opfer Januarkämpfe
17. Lothar Brandis, Matrose
    7.1.1919, Opfer Januarkämpfe

18. Unbekannter Matrose
    12.1.1919, auf Straße erschossen
19. Otto Banneberg, Kellner
    11.3.1919, ermordet in der Französischen Straße 32
20. Theodor Biertümpel, Schlosser
    11.3.1919, ermordet in der Französischen Straße 32
21. Jakob Bonczyk, Arbeiter
    11.3.1919, ermordet in der Französischen Straße 32
22. Paul Brand, Kaufmann
    11.3.1919, ermordet in der Französischen Straße 32
23. Ernst Bursian, Arbeiter
    11.3.1919, ermordet in der Französischen Straße 32
24. Kurt Dehn, Handlungsgehilfe
    11.3.1919, ermordet in der Französischen Straße 32
25. Otto Deubert, Arbeiter
    11.3.1919, ermordet in der Französischen Straße 32
26. Willi Ferbitz, Schneider
    11.3.1919, ermordet in der Französischen Straße 32
27. Kurt Fröbel, Arbeiter
    11.3.1919, ermordet in der Französischen Straße 32
28. Robert Göppe, Portier
    11.3.1919, ermordet in der Französischen Straße 32
29. Baruch Handwohl, Sattler
    11.3.1919, ermordet in der Französischen Straße 32
30. Walter Harder, Feuerwehrmann
    11.3.1919, ermordet in der Französischen Straße 32
31. Alfred Hintze, Schlosser
    11.3.1919, ermordet in der Französischen Straße 32
32. Anton Hintze, Kaufmann
    11.3.1919, ermordet in der Französischen Straße 32
33. Hermann Hinze, Arbeiter
    11.3.1919, ermordet in der Französischen Straße 32
34. Walter Jacobowsky, Zahlmeister VMD
    11.3.1919, ermordet in der Französischen Straße 32
35. Willy Kuhle, Müller
    11.3.1919, ermordet in der Französischen Straße 32
36. Max Kutzner, Schmied
    11.3.1919, ermordet in der Französischen Straße 32

37. Bruno Lewin, Hufschmied
11.3.1919, ermordet in der Französischen Straße 32
38. Martin Lewitz, Kaufmann
11.3.1919, ermordet in der Französischen Straße 32
39. Herbert Lietzau, Zahlmeister VMD
11.3.1919, ermordet in der Französischen Straße 32
40. Max Masztolerz, Postschaffner
11.3.1919, ermordet in der Französischen Straße 32
41. Ernst Mörbe, Gürtner
11.3.1919, ermordet in der Französischen Straße 32
42. Karl Pebantz, Maschinenformer
11.3.1919, ermordet in der Französischen Straße 32
43. Paul Rösner, Bierfahrer
11.3.1919, ermordet in der Französischen Straße 32
44. Siegfried Schulz, Telefonist
11.3.1919, ermordet in der Französischen Straße 32
45. Paul Ulbrich, Bäcker
11.3.1919, ermordet in der Französischen Straße 32
46. Werner Weber, Maschinenbauer
11.3.1919, ermordet in der Französischen Straße 32
47. Karl Zieske, Arbeiter
11.3.1919, ermordet in der Französischen Straße 32
48. Gustav Zühlsdorf
11.3.1919, ermordet in der Französischen Straße 32
49. Fritz Gast, Arbeiter
12.3.1919, ermordet in der Möllendorfstraße
50. Albert Gast, Arbeiter
12.3.1919, ermordet in der Möllendorfstraße
51. Erich Renk, Matrose
12.3.1919, ermordet in der Möllendorfstraße
52. Unbekannter Matrose
12.3.1919, ermordet in der Möllendorfstraße
53. Unbekannter Matrose
12.3.1919, ermordet in der Möllendorfstraße
54. Unbekannter Matrose
12.3.1919, ermordet in der Möllendorfstraße

In den Januar- und vor allem in den Märzkämpfen 1919 kamen vermutlich noch wesentlich mehr Angehörige der VMD ums Leben. Ihre Namen sind derzeit nicht feststellbar. Die Opfer des Massakers in der Französischen Straße wurden in der Regel mit ihrem erlernten Beruf bezeichnet.

Die Namen sind den Arbeiten von Dieter Baudis und Hermann Roth, Berliner Opfer der Novemberrevolution 1918/19 und Das Massaker in der Französischen Straße, in: Neues Deutschland, 15.3.1969, sowie der Freiheit entnommen.

## Die wichtigsten Personen

### Karl Artelt
Geb. 1890, Metallarbeiter, führend bei der Matrosenrevolte im Nov 1918 in Kiel, erster Vorsitzender eines Arbeiter- und Soldatenrates in der Geschichte Deutschlands, dann Parteisekretär der KPD, 1921 inhaftiert, nach 1933 mehrfach in Haft. Nach 1945 Parteisekretär der KPD und dann der SED.

### Karl Baier
Geb. 1887, Modelltischler, Matrose, Revolutionär in Cuxhaven, schickte revolutionäre Matrosen zur VMD nach Berlin. Mitglied des 53er-Ausschusses, KPD, Rote Hilfe, 1929 Ausschluss aus der KPD, 1933 verhaftet, Zuchthaus, nach Entlassung illegaler Widerstand, 1945 Bürgermeister, KPD, SED, 1951 ausgeschlossen, 1952 revidiert, 1960 Pension.

### Emil Barth
Geb. 1879, Klempner, SPD, USPD, Kriegsgegner, Mitglied der Revolutionären Obleute, einer der Organisatoren der Revolution, im November 1918 Volksbeauftragter und Mitglied der Regierung, Rücktritt Weihnachten 1918, danach Ausschluss aus den Obleuten und Rückzug ins Private.

### Gustav Bauer
Geb. 1870, rechter SPD-Politiker und Gewerkschafter, Kriegsbefürworter, 1919 und 1921 Minister, 1919 Reichskanzler bis März 1920.

### Hans Beckers
Geb. 1892, Wortführer der Matrosen 1917 auf der Kaiserlichen Flotte, später Pazifist.

Franz Beiersdorf
Geb. 1895, Drucker, 1914 Einberufung zur Marine, 1916 drei Monate Festungshaft, 1917 Spartakusgruppe, Kurier, Verhaftung, Flucht auf Transport, erneut verhaftet. Befreiung in der Novemberrevolution, Mitglied in der VMD, beteiligt an den Weihnachtskämpfen, dem Januaraufstand und den Märzkämpfen, lebte nach dem Zweiten Weltkrieg in der DDR.

Friedrich Brettschneider
Geb. 1881, entweder Kapitänleutnant oder Korvettenkapitän, Antisemit und im November 1918 Mörder des ersten Kommandanten der VMD, Paul Wieczorek, nach seiner Tat erschlagen.

Ernst Broßat
Geb. 1894, Fischer, Matrose, am Matrosenaufstand im Nov 1918 beteiligt, Mitglied der VMD, zählte zum radikalen Flügel, KPD, später SED.

Cläre Casper-Derfert
Geb. 1894, einzige Frau im Vorstand der Revolutionären Obleute, Revolutionärin, Gewerkschafterin, lebte nach dem Zweiten Weltkrieg in der DDR.

Hans Coler
Geb. 1887, Ingenieur, 1918 Oberleutnant im Kaiser Franz Garde-Grenadier-Regiment Nr. 2 (Franzer), Doppelagent: 1918 Mitglied im Vollzugsrat und Vorsitzender in Eberts Ausschuss im Kriegsministerium, am 6. Dezember 1918 maßgebliche Beteiligung am Putsch gegen die Arbeiter- und Soldatenräte und der Verhaftung des Vollzugsrates, weiter im Vollzugsrat mit seinem Stab tätig.

Ernst Däumig
Geb. 1866, Journalist SPD, 1916 als Redakteur des Vorwärts aufgrund seiner Burgfriedenskritik entlassen, USPD, Revolutionäre Obleute, Militärexperte und Rätetheoretiker, 1920 KPD, 1921 Austritt.

Wilhelm Dittmann
Geb. 1874, SPD, dann USPD, Kontaktmann der rebellischen Matrosen 1917, Volksbeauftragter vom November bis Weihnachten 1918, 1922 wieder SPD, 1933 Emigration. 1951 Rückkehr nach Westdeutschland, schrieb wichtige Memoiren.

Heinrich Dorrenbach
Geb. 1888, Gymnasiast, kaufmännischer Sekretär, SPD, freiwillige Meldung
1914, Eisernes Kreuz II., schwere Verwundung, USPD, einer der Gründer
der VMD, radikaler Revolutionär, Initiator der Hamburger Punkte, Anhänger der Spartakusgruppe, nach dem Januaraufstand verfolgt, mehrfach verhaftet und befreit, im Mai 1919 vom Kriminalbeamten Tamschick ermordet.

Friedrich Ebert
Geb. 1871, Sattler, Gastwirt, SPD, Parteivorsitzender seit 1913, Im November 1918 Volksbeauftragter, Februar 1919 Reichspräsident bis 1925.

Emil Eichhorn
Geb. 1863, SPD, 1903 im Reichstag, USPD, Burgfriedensgegner, Sommer 1918, Leiter des Berliner Büros der sowjetischen Nachrichtenagentur
ROSTA, ab November 1918 Polizeipräsident von Berlin, im Januar 1919 von
der SPD-Regierung abgesetzt, Auslöser der Januarkämpfe (falsch: »Spartakusaufstand«). Flucht nach Braunschweig, 1919/20 Reichstag, immun. Am
Ende von Wahlperioden untergetaucht, da nicht mehr immun. Zeuge im Untersuchungsausschuss 1919 (freies Geleit durch Noske), 1920 KPD.

Eugen Ernst
Geb. 1864, Buchdrucker, Gewerkschafter, SPD, Burgfriedenanhänger, 1918
preuß. Innenminister, 1919 nach dem Januaraufstand Nachfolger von Eichhorn als Polizeipräsident von Berlin, 1920 Polizeipräsident in Breslau, 1946
SED.

Matthias Erzberger
Geb. 1875, Volksschullehrer, Zentrum, Annexionist, dann Friedensaktivist,
musste 1918 (im Auftrag der OHL) den Waffenstillstand unterschreiben,
1919 Finanzminister, ermordet 1921.

Fillbrandt
Geb. ?, einer der Zugführer der VMD, wohl SPD-nah, verteidigte am
24.12.1918 führend das Schloss, weiteres nicht bekannt.

Anton Fischer
Geb. 1873, Franziskanermönch, SPD, Leutnant, Verwundung, ab November
1918 Stellvertreter des Stadtkommandanten Otto Wels. Aufbau eines Spitzel-

systems, vom 27.12.1918 bis zum 18.1.1919 Nachfolger von Otto Wels, dann im Stab Noske, Zeuge im Untersuchungsausschuss zum Januaraufstand 1919, 1922 Autobiografie, danach nicht mehr in Erscheinung getreten.

### Fritz Gast
Geb. 1890, Arbeiter, Mitglied der VMD, beteiligt an den revolutionären Kämpfen, ermordet im März 1919, Bruder von Albert Gast, geb. 1897, ebenfalls Arbeiter, Mitglied der VMD und revolutionärer Kämpfer, ermordet im März 1919.

### Paul Göhre
Geb. 1864, Theologe, dann SPD, freiwillig im Ersten Weltkrieg, Leutnant, 1918 Unterstaatssekretär und Beisitzer im Kriegsministerium, 1919 Staatssekretär in Preußen.

### Wilhelm Groener
Geb. 1867, Generalleutnant, Nachfolger Ludendorffs bei der OHL, Bündnispartner Eberts, Konterrevolutionär, 1920 Versuch der Remilitarisierung Deutschlands, Planungen eines Revancheheeres. 1920 – 1923 Verkehrsminister, 1932 Reichswehrminister, 1933 entlassen.

### Karl Grünberg
Geb. 1881, Schriftsteller, 1911 SPD, Mitglied der Republikanischen Soldatenwehr, Volkswehranhänger. 1919 Anschluss seiner Abteilung an den Januaraufstand, ab November 1918 USPD, 1920 KPD, Mitbegründer des Bundes der proletarischen Schriftsteller, 1933 Verbrennung seiner Werke durch das NS-Regime, zeitweise KZ, ab 1945 Schriftsteller in der SBZ bzw. DDR.

### Robert Grundke
Geb. 1892, Landarbeiter, Steinmetzlehrling, Matrose, gemäßigtes Mitglied der VMD, ab Januar 1918 stellvertretender Kommandant.

### Hugo Haase
Geb. 1863, SPD, 1911 Vorsitzender mit Bebel, 1913 Vorsitzender mit Ebert, 1916 Fraktionsausschluss, 1917 USPD, November 1918 Volksbeauftragter bis Weinachten, 1919 ermordet.

Hans von Haeften

Geb. 1870, Oberst, 1916 Chef der Abteilung Abwehr des Auswärtigen Amtes (AA) – 1918 der Verbindungsmann der OHL zur Reichskanzlei, Vorgesetzter von Colin Ross, der ihn ständig über den Vollzugsrat informierte. Entwickelte im November 1918 einen Plan zur Zerschlagung der Arbeiter- und Soldatenräte mittels der Heimkehr der Fronttruppen, plus Aufbau einer Militärdiktatur.

Karl Halves

Geb. ?, Leiter der Personalabteilung der VMD, Zeuge im Untersuchungsausschuss zu den Januarkämpfen 1919.

Ernst Heilmann

Geb. 1881, SPD, ursprünglich Feind des Parlaments, Chefredakteur Volksstimme, kriegsbegeisterter Annexionist, freiwillige Meldung 1914, Kopfschuss, Verlust eines Auges, 1919 einer der Vorsitzenden im Untersuchungsausschuss zu den Januarkämpfen, Fraktionsvorsitzender im Preußischen Landtag, 1933 verhaftet, zahlreiche KZs, 1940 ermordet.

Kurt Heinig,

Geb. 1886, Lithografengehilfe, Journalist, SPD, Beauftragter des preußischen Finanzministeriums und Kontaktmann zum Hausministerium der Hohenzollern, verhandelte mit der VMD im Schloss. Zeuge im Untersuchungsausschuss zu den Januarunruhen 1919.

Adolf Hillebrand

Geb. 1884, Mechaniker, 1903 Heeresdienst in Kiel, dann Heizer, wieder Mechaniker, als Gewerkschafter bei Siemens entlassen, 1916 Einberufung (1. Werftdivision Kiel), erneut Heizer, dann wieder Mechaniker auf der *Wik* und am Flugplatz Kiel, Vorbereitung der Revolution, ab 7.11.1918, Berlin, 11.11. 1918, Eintritt in VMD, Leiter Postbüro, 5.12.1918 Stellvertretender Kommandeur, 5er-Ausschuss, Verteidiger des Schlosses am 24.12.18, Austritt aus VMD am 8.1.1919. Weiteres Schicksal unbekannt.

Werner Hirsch

Geb. 1899, 1917 USPD, Spartakusbund, Freund von Hugo Haase, Verhaftung wegen Kriegsgegnerschaft, Kriegsdienst bei der Marine in Kiel, Arbeiter- und Soldatenrat in Hamburg, Organisator der Matrosen für die VMD in Cuxhaven, KPD, VKPD, 1921 Austritt aus KPD. Redakteur der Roten Fahne, Sekretär Thälmanns. 1930 Haft, 1933 Haft, Folter, KZ, nach Haftentlassung Emigration nach Moskau, 1936 verhaftet, vermutlich 1941 ermordet.

Leo Jogiches
Geb. 1867, Revolutionär, Kritiker der Bolschewiki, langjähriger Lebensgefährte Rosa Luxemburgs, nach ihrem und Liebknechts Tod kurzzeitig Führer der KPD. Nachdem er die Täter des Doppelmordes an Liebknecht und Luxemburg im Februar 1919 in der Roten Fahne genannt hatte, Verhaftung und Ermordung.

Walter Junge
Geb. 1889, Arbeiter in Maschinenfabriken, 1910 1. Matrosen-Division in Kiel, dann auf dem Kreuzer *Dresden,* 1914 Kriegsdienst auf verschiedenen Kreuzern, Teilnahme an Skagerrak-Schlacht 1916, am 11.11.1918, Organisation der Sicherheitswehr der Reichskanzlei, am 23.12.1918 Konflikt mit Dorrenbach, am 8.1.1919 zum Kommandanten der VMD gewählt.

Albin Köbis
Geb. 1892, Matrose, wie Reichpietsch und Beckers maßgeblich an den Widersetzlichkeiten der Matrosen 1917 beteiligt und zum Tode verurteilt, hingerichtet 1917.

Fritz Kretschmar
Geb. ?, Doppelagent: Mitglied in Eberts Ausschuss im Kriegsministerium und auch 2. Vorsitzender des Berliner Soldatenrates. Am 6. Dezember 1918 Beteiligung am Putsch gegen die Arbeiter- und Soldatenräte.

Otto Landsberg
Geb. 1869, Rechtsanwalt, SPD, im November 1918 Volksbeauftragter, 1920 Botschafter in Belgien, 1933 Emigration nach Belgien und Holland.

Georg Ledebour
Geb. 1850, Kaufmann, Journalist, SPD, USPD, linker Flügel, beteiligt sich 1919 am Januaraufstand, verhaftet, vor Gericht freigesprochen, nach Auflösung der USPD, SAP, 1933 Emigration.

## Carl Legien
Geb. 1863, Drechsler, SPD, rechter Gewerkschafter, Burgfriedenspolitiker, Betreiber des Abkommens mit dem Großkapital November 1918 (Stinnes-Legien-Abkommen).

## Paul Levi
Geb. 1883, Rechtsanwalt, SPD, USPD, KPD, zeitweise Lebenspartner von Rosa Luxemburg, nach ihrem, Liebknechts und Jogiches' Tod, Parteiführer der KPD, 1921 Ausschluss wegen Kritik an der Putschtaktik, 1922 wieder in der SPD, Selbstmord im Fieberrausch 1930.

## Hugo Lewin,
Geb. ?, Mitglied der VMD und der Deutschen Demokratischen Partei (DDP), überlebte das Massaker in der Französischen Straße im März 1919 im Gegensatz zu seinem Bruder Bruno, weiter mit dem Tode bedroht, Gefängnis, im Dezember 1919 Zeuge im Marloh-Prozess.

## Karl Liebknecht
Geb. 1871, Sohn von Parteigründer Wilhelm Liebknecht, Kriegsgegner und Revolutionär, SPD, USPD, Spartakusbund, im Zuchthaus wegen Kriegsgegnerschaft, im Oktober 1918 entlassen, einer der Organisatoren der Novemberevolution, 1918/19 KPD, ermordet 1919.

## Carl Richard Linke
Geb. 1894, Matrose, der wie Stumpf Tagebuch führte. Das Tagebuch ist bislang unveröffentlicht.

## Rosa Luxemburg
Geb. 1871, bedeutende sozialistische Theoretikerin und Revolutionärin, eine der faszinierendsten Frauen des 20. Jahrhunderts, SPD, USPD, Spartakusbund, Kriegsgegnerin und vielfach eingesperrt, scharfe Kritikerin der SPD und der Bolschewiki, 1918/19 KPD, ermordet 1919.

## Markus Markiewicz
Geb. 1880, Arbeiter in Frankreich, dann England USA, Rückkehr nach Deutschland, Militärdienst, Fensterputzer bei Mosse, 1914 freiwillig zum 1. Garderegiment zu Fuß, schwere Verwundung, SPD-nah, besetzte am 9.11.1918 das Reichsmarineamt, danach einfacher Soldat bei der VMD.

Otto Marloh
Geb. 1893, Leutnant, 1914 Weltkrieg, schwere Verwundung, Januar 1919 Freikorps Reinhardt, im März 1919 Mörder der 30 Matrosen in der Französischen Straße, 1925 im paramilitärischen Stahlhelm, 1930 NSDAP, 1934 Leiter Zuchthaus Celle, 1942 Landrat in Wittgenstein, 1943 Deportation von »Zigeunermischlingen« nach Auschwitz, 1945 verhaftet, 1949 verurteilt, kein Haftantritt wegen Krankheit, frei bis zu seinem Tod.

Ernst Meyer
Geb. 1897, Intellektueller, SPD, 1913 Vorwärts-Redakteur, als Burgfriedenskritiker, entlassen, USPD, Spartakusbund, KPD, zeitweilig Vorsitzender.

Emil Milewski
Geb. 1888, Waise, Eisengießer, Matrosendivision Kiel, dann Cuxhaven. Einer der fünf kollektiven Leiter der VMD, SPD-nahe. Im Januar Widerspruch zu Dorrenbach und Rücktritt von der Leitung der VMD.

Brutus Molkenbuhr
Geb. 1881, Schriftsetzer, SPD, 1914 Soldat, Doppelagent: 1918 im Vollzugsrat, nach Beerfeldes Ausscheiden 2. Vorsitzender, ebenfalls Mitglied in Eberts Ausschuss im Kriegsministerium, setzte sich im Januaraufstand für die Erstürmung des besetzten Vorwärts ein, ohne vorher zu verhandeln. Zeuge im Untersuchungsausschuss zu den Januarunruhen 1919. Volkswehranhänger.

Richard Müller
Geb. 1880, Dreher, USPD, Kopf der Revolutionären Obleute, im November 1918 Vorsitzender des Vollzugsrates, Rätetheoretiker, Autor eines Standardwerkes über die Revolution, in der Weimarer Republik Unternehmer.

Gustav Noske
Geb. 1868, Korbmacher, rechter SPD-Politiker, Ende 1918 Volksbeauftragter für Heer und Marine, im Januar 1919 Oberbefehlshaber der Regierungstruppen, danach Reichswehrminister, 1920 Oberpräsident von Hannover.

Waldemar Pabst
Geb. 1888, Kadettenanstalt, 1914 Hauptmann, ab 1918 faktischer Kommandeur der GKSD, Umwandlung in Freikorps, Initiator der Morde an Luxemburg und Liebknecht, März 1919 Initiator von Noskes Schießbefehl, Juni

1919 Putschversuch: Ziel Diktatur Noskes. Nach Scheitern Aufbau der Nationalen Vereinigung, Vorbereitung/Beteiligung am Kapp-Putsch, März 1920 Flucht nach Innsbruck, Aufbau der österreichischen Heimatwehr, Stabschef, 1931 wieder im Deutschen Reich, 1939 Wehrwirtschaftsführer, dann Waffenhändler in der Schweiz, 1955 Rückkehr in die BRD, weiter Waffenhändler bis zu seinem Tod.

Wilhelm Pieck
Geb. 1876, Tischler, 1896 SPD, Gegner der Burgfriedenspolitik, Kriegsgericht und Flucht 1917, Mitglied des Spartakusbundes, Mitbegründer der KPD, Teilnahme am Januaraufstand 1919, mit Luxemburg und Liebknecht verhaftet, unter ungeklärten Umständen freigelassen, 1928 Reichstagsmitglied, 1933 Exil, 1935 Moskau, übersteht den Großen Terror, 1945 Rückkehr mit Gruppe Ulbricht nach Ostberlin, 1946 Parteivorsitz SED, 1949 Präsident der DDR.

Lothar Popp
Geb. 1887, Arbeiter, Kleinhändler, Bonbonverkäufer, USPD und führendes Mitglied des Arbeiter- und Soldatenrates im November 1918 in Kiel, danach wieder Straßenhändler. 1933 Emigration, 1949 Rückkehr nach Westdeutschland.

Fritz Radtke
Geb. 1884, Schlosser, Heizer, Matrose, Flugzeugobermaat, gemäßigter Revolutionär, Mitbegründer und später Kommandant der VMD.

Bernhard Rausch
Geb. ?, Redakteur der Kieler Nachrichten, SPD. Schrieb eine Broschüre zum Matrosenaufstand.

Max Reichpietsch
Geb. 1894, Matrose, maßgeblich an den Widersetzlichkeiten der Matrosen 1917 beteiligt. Zum Tode verurteilt, hingerichtet 1917.

Wilhelm Reinhard
Geb.1869, Kommandeur des 4. Garderegiments zu Fuß, Anführer des nach ihm benannten Freikorps Reinhard. An der Niederschlagung des Januar- und Märzaufstandes maßgeblich beteiligt, das Freikorps wurde in die Reichswehr

übernommen, 1927 NSDAP, 1933 SA-Führer, 1935 SS, 1941 SS-General (Obergruppenführer), nach dem Zweiten Weltkrieg unbehelligt.

## Walther Reinhardt

Geb. 1872, Mitarbeiter Scheüchs, sein Nachfolger, letzter Preußischer Kriegsminister. Liquidierte durch Ausführungsbestimmungen die Hamburger Punkte. Gegner der Annahme des Versailler Vertrages und Polens. Einziger hoher Offizier, der beim Kapp-Putsch auf Ehrhardts Truppe schießen wollte.

## Colin Ross

Geb. 1885, Journalist, Oberleutnant, Doppelagent: Mitglied des Geheimdienstes (Amt Abwehr) des Auswärtigen Amtes, Mitglied im Vollzugsrat des Arbeiter- und Soldatenrates, Putschist am 6. Dezember 1918 gegen den Vollzugsrat und für Diktatur, Informant der OHL, 1919 Emigration nach Lateinamerika, 1921 Rückkehr, 1941 NSDAP, 1945 Selbstmord.

## Willy Sachse

Geb. 1896, Feinmechaniker, Oberheizer, Schriftsteller, USPD, VKPD, KPD, KPO, maßgeblich an den Widersetzlichkeiten der Matrosen 1917 beteiligt und zweimal zum Tode verurteilt (1917 und 1944), ermordet 1944.

## Carl Friedrich Scheer

Geb. 1863, Admiral, Flottenführer der kaiserlichen Flotte, Verfechter des uneingeschränkten U-Boot-Krieges, betrieb 1917 die Todesurteile für die rebellischen Matrosen, 1918 Chef der Seekriegsleitung, gab im Oktober den Flottenbefehl gegen England, der zur Matrosenrevolte führte.

## Philipp Scheidemann

Geb. 1865, Schriftsetzer, SPD-Politiker, Fraktionsvorsitzender, im November 1918 Volksbeauftragter, 1919 Ministerpräsident des Deutschen Reiches (faktisch Reichskanzler). Rücktritt im Juni 1919 aufgrund des Versailler Vertrages. 1920-1925 Oberbürgermeister von Kassel, 1933 Emigration.

## Heinrich Scheüch

Geb. 1864, Anfang Oktober 1918 Preußischer Kriegsminister, zuständig für das Heimatheer, im November 1918 im Amt gelassen, unterstützte Eberts und Wels' gegenrevolutionäre Politik.

Max Schmidt
Geb. 1878, Arbeiter, Schiffsjunge, 1895 Matrose auf einer Millionärsluxusjacht, 1897 Kreuzer Prinzess Wilhelm, 1899 Kaiserjacht Hohenzollern, 1906 Straßenbahnfahrer in Berlin, SPD, 1914 1. Seewehrabteilung Kiel, dann Flandernfront bis 1918, Antikriegsagitation, Desertion, am 11.11.1918 Mitglied der VMD, nach den Weihnachtskämpfen leitend in Kommissionen der VMD.

Bogislav von Selchow
Geb. 1877, Korvettenkapitän, Antisemit, 1914 Bataillonskommandeur in Flandern, 1917 im Admiralsstab der Marine, 1918 Presseabteilung des Reichsmarineamtes, 1919 Anführer eines Studentenfreikorps mit dem er in Mechtersheim während des Kapp-Putsches 15 Arbeiter umbringen ließ, freigesprochen, in der NS-Zeit Ehrensenator der Uni Marburg.

Heinrich Sklarz
Geb. 1875, Kaufmann, 1914 militärischer Nachrichtendienst, Kriegsprofiteur, 1917 Begleiter Lenins im von der OHL organisierten Zug durch Deutschland, Kontakte zu rechten Lensch-Cunow-Gruppe in der SPD (Sozialimperialisten), im Winter 1918 im Polizeipräsidium tätig, Gastgeber von Ebert im Januaraufstand, Unterstützer des Freikorps Sozialdemokratischer Helferdienst/Reichstag, 1919/20 in eine Korruptions-Affäre mit der Reichsregierung verwickelt.

Oskar Steinhäuser
Geb. ?, Leutnant der Reserve, ließ seine Einheit am 3. November 1918 in Kiel auf die revoltierenden Matrosen schießen und wurde selbst dabei verletzt.

Franz von Stephani
Geb. 1876, Major, 1918 Führer des Freikorps Potsdam, das den besetzten Vorwärts im Januar 1919 mit Artillerie beschießen ließ, verantwortlich für die Morde an den sieben Vorwärtsparlamentären. Ende der 20er Jahre Ehrenarier im paramilitärischen Stahlhelm, 1933 NSDAP, dann SA-Führer.

Ferdinand Freiherr von Stumm
Geb. 1880, Geheimer Legationsrat, Dirigent der Nachrichtenabteilung (der für Propaganda und Presse zuständige Geheimdienst) des Auswärtigen Amtes, Mitglied einer Stahlmagnaten-Dynastie im Saarland, einer der reichsten

Familien des Deutschen Reiches. Konterrevolutionär, zentrale Figur des Putschversuches vom 6. Dezember 1918. Danach Flucht nach Holland.

### Richard Stumpf

Geb. 1892, Zinngießer, konservativer Matrose, führte Tagebuch über sein Leben auf der Kaiserlichen Flotte. Chronist der Gründe des Matrosenaufstands. In der DDR inhaftiert.

### Spiro

Geb. ?, Unteroffizier, Anführer des Kaiser Franz Garde-Grenadier-Regiment Nr. 2 (Franzer), November 1918 Soldatenrat, Putschist vom 6. 12. 1918 gegen den Vollzugsrat, den er verhaften ließ. Anhänger einer Diktatur Ebert. Nach dem Scheitern des Putsches Wechsel zur USPD, Unterstützer der VMD als Anführer der Franzer. Im Januaraufstand 1919 wieder auf Seiten der SPD-Regierung.

### Otto Tost

Geb.1883, Eisendreher, Matrose, SPD, USPD, Gewerkschafter, Obmann diverser Metallbetriebe, Januar 1918 Mitglied der Streikleitung, 1918 kurzzeitig Kommandant der VMD, maßgeblich im 53er-Ausschuss der Marine (Zentralrat) tätig. Verhandelt während der Weihnachtskämpfe, mit den Angreifern, 1922 Rückkehr zur SPD, 1939/40 KZ Sachsenhausen, 1946 SED, 1947 FDGB.

### Willy Trauselt

Geb. ?, Bergmann, Matrose, Aufständischer im November 1918, Mitglied der VMD, später KPD, SED, 1953 Bürgermeister von Wachau.

### Eduard Walz

Geb. 1895, Pionieroberleutnant, Mitglied der Revolutionäre des 9. 11. 1918, verriet am 3. November, bei seiner Verhaftung die Revolutionspläne, 2. Vorsitzender des Vollzugsrates, nach Bekanntwerden seines Verrates, Ausschluss aus dem Vollzugsrat. Antiquar, Lektor, 1933 Emigration.

### Otto Wels

Geb. 1873, Tapezierer, SPD, Gewerkschafter, im SPD-Vorstand, Burgfriedensanhänger, am 9.11.1918, Stadtkommandant von Berlin, Zusammenarbeit mit Kriegsminister Scheüch, Organisator der Soldatenräte, nach Graf

Metternichs Abgang, Gegner der VMD, zentrale Konfliktfigur der Weihnachtsauseinandersetzungen mit der VMD. Danach Rücktritt, 1919 Parteivorsitzender der SPD, 1933 Rede gegen das Ermächtigungsgesetz und Zustimmung zum außenpolitischen Programm Hitlers. Danach Emigration.

Paul Wieczorek
Geb.1885, Metallarbeiter, Obermaat, Marineflieger, Revolutionär, SPD-nah, Mitbegründer und erster Kommandant der VMD. Am 13. November 1918 ermordet.

Graf Hermann Wolf-Metternich
Geb. 1887, Oberleutnant der Reserve, Schlossbesitzer, im Mai 1918 im Geheimdienst des Auswärtigen Amtes tätig, einer der Mitbegründer der VMD, versuchte sie im Auftrag seines Chefs im AA zu nutzen, nach dem misslungenen Versuch, die VMD konterrevolutionär einzusetzen, Flucht nach Holland und Rechtfertigung gegenüber seinen adligen Freunden.

Luise Zietz
Geb. 1865, Weberin, Dienstmädchen, Tabakarbeiterin, SPD, 1908 Parteivorstand, 1917 Mitbegründerin der USPD, im gleichen Jahr Kontakt zu den rebellischen Matrosen. Beliebte Agitatorin.

Fritz Zikelsky
Geb. 1896, Arbeiter, im Ersten Weltkrieg Deserteur, 1918 illegal in Berlin, schließt sich einer Gruppe von Deserteuren an, sympathisierte mit der VMD. Dorrenbach nimmt ihn nicht auf, wegen Zugangssperre, beteiligt sich am Januaraufstand.

# Anmerkungen

1 Beckers, Zum Tode verurteilt; Beckers schenkte Dittmann auch ein Exemplar seines Buches und bezeichnete ihn in der Widmung als den »Entdecker meiner erschossenen Freunde«, Dittmann, Erinnerungen, Bd. 3, S.935.

2 Zitiert nach Winzen, Bülow, S.359 und Röhl, Wilhelm II, S. 459.

3 Geiss, Katastrophe, S. 269; Krumeich, 1914, S. 36. Frankreichspezialist Krumeich macht hier den britischen Lordkanzler Haldane zum Regierungschef.

4 Zitiert nach Fischer, Illusionen, S. 233.

5 Herwig, Elitekorps, S. 24ff. Auch Epkenhans, Dreizack, in: Flotte schläft, S. 39. Epkenhans hat sich nach dem Erscheinen des »aufsehenerregenden Bestsellers« (Epkenhans) von Christopher Clark, Die Schlafwandler, München 2013, vom Kritiker der deutsche Flotten- und Weltmachtpolitik zum Schüler Clarks gewandelt, denn seiner Ansicht nach »haben wir alle viel von Christopher Clark gelernt.« (Epkenhans in der FAZ vom 17.7.2017). Zur Kritik an Clark siehe Klaus Gietinger/Winfried Wolf, Der Seelentröster, Stuttgart 2017.

6 Britische Historiker und der Ausbruch des Ersten Weltkrieges, in: Michalka, Weltkrieg, S. 943.

7 Zum Vorkriegsimperialismus dieser drei Mächte, siehe Mommsen, Imperialismus, S. 39 – 109, 163 – 178.

8 Bülow vor dem Reichstag am 6. Dezember 1897, www.reichstagsprotokolle.de (Dezember 2014) 1897/98,1, S. 60; siehe auch Winzen, Bülow, S. 198.

9 Nach wie vor maßgebend: Berghahn, Tirpitz-Plan, S. 192ff., sowie: Berghahn, Des Kaisers Flotte, in: Röhl/Müller-Luckner (Hrsg.), Kaiser Wilhelms II., S. 171ff.

10 Hale zitiert nach Röhl, Wilhelm II., S. 667.

11 Röhl, Wilhelm II., S. 668.

12 Röhl, Wilhelm II., S. 669.

13 »Der rassisch rein und unvermischt gebliebene Germane des amerikanischen Kontinents ist zum Herrn desselben aufgestiegen; er wird der Herr so lange bleiben, so lange nicht auch er der Blutschande zum Opfer fällt.« Hitler, Kampf, S. 313f.

14 Röhl, Wilhelm II., S. 670f.

15 Roosevelt zitiert nach Röhl, Wilhelm II., S. 671.

16 Röhl, Wilhelm II., S. 670ff.

17 Winzen, Bülow, S. 378.

18 Weber, Der Nationalstaat, in Mommsen/Aldenhoff (Hrsg.): Max-Weber-Gesamtausgabe, Band I/4, S. 571.

19 Mehr davon in Gietinger/Wolf, Schlafwandler, S. 129 – 130.

20 In der DDR trug eine Verkehrshochschule seinen Namen.

21 List, Die nationalen Handelssysteme, in: Opitz, Europastrategien des deutschen Kapitals, S. 48, 51, 53. Das Zitat S. 54.

22 Claß, Denkschrift, in: Opitz, Europastrategien, S. 226 – 266.

23 Wette, Militarismus, S. 74.

24 Wette, Militarismus, S. 75.

25 Beckers, Zum Tode verurteilt, S. 11.

26 Luxemburg, Die neue Armee, in: Luxemburg, Bd. 2, S. 526. Der Artikel ist überdies gegen Jean Jaurès' »Militarismus« und seine Milizvorstellungen gerichtet.

27 Winkler, Geschichte des Westens, S. 1003f.

28 Sozialistenkongress 1907, Protokoll, S. 64ff, 102; siehe auch Luxemburg, Änderungsanträge, in: Luxemburg, Bd. 2, S. 235f.

29 August Bebel im Reichstag am 7. März 1904, www.reichstagsprotokolle.de, 1903/05,2, S. 1588.

30 Gustav Noske im Reichstag, am 25. April 1907, www.reichstagsprotokolle.de, 1907/09,2, S. 1098.

31 Text von Moszkowski, Lustige Blätter 1907, wiederabgedruckt in: Das System Noske. Eine politische und satirische Abrechnung. www.deutsche-revolution.de

32 Noske, Erlebtes, S. 30.

33 Liebknecht, Reden und Schriften, Bd.1, S. 456.

34 Luxemburg, Armee, in: Luxemburg, Bd. 3, S. 527.

35 Luxemburg, Diskussionsbeitrag, in: Luxemburg, Bd.3, S.177.

36 Noch vor Bebels Tod billigte die SPD-Fraktion erstmals eine Finanzierung der Aufrüstung des Kaiserreichs aus direkten Steuern, um der SPD im Bürgertum Anerkennung als staatstragende Partei zu verschaffen.

37 Luxemburg, Rede zur Steuerfrage, in: Luxemburg, Bd.3, S. 341.

38 Noske, Erlebtes, S. 27.

39 Erinnerungen Baier, SAPMO, BArch Berlin, SGY 30/34, Bl. 2f.

40 Lange, Schießbefehl, S. 18.

41 Gietinger, November 1918, S. 40.

42 Lange, Schießbefehl, S. 22.

43 Kocka, Klassengesellschaft, S. 14ff und 67ff.

44 Luxemburg, Junius, GW Bd. 4, S.51.

45 Lange, Schießbefehl, S. 23.

46 Herwig, Elitekorps, S. 59-84.

47 Herwig, Elitekorps, S. 41.

48 Herwig, Elitekorps, S. 110 – 124.

49 Schon im März 1915 quält den Matrosen Stumpf die Langeweile, gefolgt von vielfach befohlenem Aus- und Einpacken des KleidersackeS. Tagebuch Stumpf, WUA, Bd. 10/II, S. 46.

50 Beckers, Zum Tode verurteilt, S. 19.

51 Erinnerungen Trausel, SAPMO, Barch Berlin, SGY 30/633, Bl. 1.

52 Tagebuch Stumpf, WUA, Bd. 10/II, S. 63.

53 Tagebuch Stumpf, WUA, Bd. 10/II, S. 81.

54 Pistor am 18.1.1917, zitiert nach Dittmann, Marinejustizmorde, S. 19. Auch WUA, Bd. 9/1, S. 18f. Dittmanns Buch ist die Druckfassung einer sechsstündigen Rede, die er am 22. und 23.1.1926 im Untersuchungsausschuss des Reichstages hielt, der die »Ursachen des Deutschen Zusammenbruchs im Jahre 1918« (WUA, Bd. 9/I) klären sollte und für die er 25.000 Aktenseiten aus 47 Prozessen durchgearbeitet hatte. In der Marathonrede zitierte er häufig aus den Akten und Briefen. Auch in seinen Erinnerungen, Bd. 3, S. 903 – 927 zitiert er aus dieser Rede. Die von ihm durchgesehenen Akten sind nur noch bruchstückhaft erhalten. Im BArch Berlin, R 1501/112474, R 43/13951 und R 43/1395, sowie BArch MA, Freiburg, RM 8/1032, RM 20/112, RM 47/140, sowie in den Nachlässen N 170/2 u. 6, N 235/138 und N 597/190. Siehe dazu auch den Anhang.

55 Erinnerungen Broßat, SAPMO, BArch Berlin, SGY 30/104, Bl. 6.

56 WUA, Bd. 10/I, S. 45.

57 Dittmann, Marinejustizmorde, S. 26 – 29.

58 Broßat 1946, S. 17.

59 Beckers, Zum Tode verurteilt, S. 13, 15, 16, 17.

60 Erinnerungen Broßat, SAPMO, BArch Berlin, SGY 30/104, Bl. 7. Von Broßat gibt es mehrere Texte. Die Erinnerungen wurden redigiert und teils um einige radikale Stellen gekürzt veröffentlich in: Vorwärts und nicht vergessen, Berlin (Ost) 1958, S. 319 -335. Außerdem gibt es noch ein Büchlein, das er für seine Kinder 1946 in Tübingen verfasst hat, das sich teils mit den Erinnerungen überschneidet. Das ist hier online veröffentlicht http://www.ubbo-emmius-gesellschaft.de/Bro%DFat.pdf (Dank an Hans-Geerd Wendt). Zitiert wird hier in der Regel das Originaltyposkript seiner Erinnerungen und das Büchlein (1946).

61 Broßat, 1946, S. 17.

62 Beckers, Zum Tode verurteilt, S. 23

63 Plaschka, Rebellen, Bd. II, S. 110 – 134.

64 Tagebuch Stumpf, WUA, Bd. 10/II, S. 138.

65 Linke-Manuskript, S. 192, Marineschule Mürwig, zitiert nach Huck, Getreues Bild, in: Flotte schläft, S. 23.

66 Beckers, Zum Tode verurteilt, S. 76.

67 Plaschka, Rebellen, Bd. II, S. 130; Regulski, Lieber erschossen, S. 47 – 51.

68 Beckers, Zum Tode verurteilt, S. 24f., Regulski, Lieber erschossen, S. 51f.

69 Beckers, Zum Tode verurteilt, S.21, 33.

70 Geheimes Fernschreiben der Marinestation der Ostsee an Chefkabstabamt, in: BArch-MA, RM 31-2388, Bl. 230. Einem weiteren Ausstand von 1.500 Arbeitern der Howaldtwerke und 4.000 der Germaniawerft, mit Forderungen nach besserer Essenversorgung am 27.3.1917, folgte ein Masseneindrang in Brotläden, der Brot gegen Geld, aber ohne Karten erzwang. Fernschreiben an das Reichsmarineamt, Bl.313.

71 Zu den Biografien von Artelt und Popp: Artelt/Popp, Ursprung, S. 11; Artelt, Mit der roten Fahne, in: Vorwärts nicht vergessen, S. 89f., Siehe auch: Kuhl (Hrsg.), Interviews von Volker Ullrich mit Lothar Popp, 1970, 1972, sowie Interview Dirk Dähnhardt mit Lothar Popp, 1975, http://www.kurkuhl.de/docs/interviews_popp_ullrich_daehnhardt.pdf, und Lothar Popp, Anführer des Kieler Matrosenaufstands 1918, im Streitgespräch mit einem 68er, http://www.kurkuhl.de/docs/popp.pdf; sowie ausführliche Biografie Artelt: http://www.kurkuhl.de/de/novrev/artelt_cv.html und Popp: http://www.kurkuhl.de/de/novrev/popp_cv.html; Dähnhardt, Kiel, S. 35, 56.; Rackwitz, Kiel 1918, S. 38 – 41.

72 Dittmann, Marinejustizmorde, S. 21; Herwig, Elitekorps, S. 166.

73 Aussage Haase am 12.11.1917, in der Voruntersuchungssache Luise Zietz, BArch MA, RM 47/140, Bl. 19.

74 Aussage Sens, am 20.11.1917, in der Voruntersuchungssache Luise Zietz, BArch MA, RM 47/140, Bl.156.

75 Interview Krone, Seekadett 1917, im Dok-Film »Augenzeugen berichten über die Marineunruhen 1917/18« von Wolfgang Semmelroth und Claus-Ferdinand Siegfried (Regie), WDR 1986.

76 Interview Krone, Seekadett 1917, ebenda.

77 Brief des Zentrumsabgeordneten Dr. Pfleger an den Staatssekretär von Capelle, vom 28.7.1917, beglaubigte Abschrift in: BArch MA, RM 8/1032, Bl. 100f., zit. auch bei Dittmann, Marinejustizmorde, S. 16.

78 Beckers, Zum Tode verurteilt, S. 21f.

79 Beckers, Zum Tode verurteilt, S. 22.

80 Siehe zu Adams auch WUA, Bd. 9/I, S.56f. und Regulski, Lieber erschossen, S.119, 169, 225f. und 280.

81 Dittmann, Marinejustizmorde, S. 48f. mit Kriminalprotokollauszügen.

82 Reichpietsch protestierte später gegen das gegen ihn verhängte Todesurteil und gab an, die Worte »aufbrecht die Fesseln« nicht gesagt »oder sonst den Gedanken der Gewalt vertreten habe«. BArch MA, RM 8/1032, Bl. 174R.

83 WUA, Bd. 9/I, S. 58f.

84 Auszug aus dem Urteil gegen den Matrosen Paul Calmus, v. 10.10.1917, zitiert bei Dittmann, Marinejustizmorde, S. 53. Auch in BArch Berlin, R 1501/112474, zit. nach Regulski, Lieber erschossen, S. 280.

85 Dittmann, Marinejustizmorde, S.52f.

86 Bleck-Schlombach, Volksmarine, S. 42.

87 Schon am 6.6.1917 war es auf der Prinzregent Luitpold zu einer Art Hungerstreik gekommen, das Dörrgemüse wurde nicht abgeholt, am 19.7.1917 wurden die Steckrüben nicht abgeholt. Dittmann, Erinnerungen, Bd. 3, S.904f.

88 Beckers, Zum Tode verurteilt, S. 31.

89 Beckers, Zum Tode verurteilt, S. 39; nach Dittmann, geschah dies einen Tag früher und es waren 140 Matrosen. Dittmann, Erinnerungen, Bd. 3, S.905.

90 Beckers, Zum Tode verurteilt, S. 39.

91 Beckers, Zum Tode verurteilt, S. 34.

92 BArch MA, RM 8/1032, Bl. 31.

93 Beckers, Zum Tode verurteilt, S. 36

94 Das folgende nach Beckers, Zum Tode verurteilt, S. 34 – 38.

95 Beckers, Zum Tode verurteilt, S. 39

96 Beckers, Zum Tode verurteilt, S. 47

97 Faksimile abgebildet in: Rosentreter/Westphal, Hölle, zwischen S. 224 und 225. Wieder abgebildet bei Regulski, Lieber erschossen, S. 195. Eine Originalquelle dazu ließ sich bislang im Bundesarchiv nicht finden.

98 Ebenda. Die Begegnung Capelle/Ebert wird auch von Semmroth, Marinejustiz, in: Flotte schläft, S. 84 erwähnt, freilich ohne die Forderung von Ebert an Capelle »auf jede Weise Front [zu] machen« und auch ohne Erwähnung des Parteivorsitzenden Spitzeldiensts, die USPD betreffend.

99 Aussagen Beckers und Weber im Untersuchungsausschuss, WUA, Bd. 9/II, S. 282 und 301f.; der Heizer Adomeit (Mitglied der SPD), der später freigesprochen wurde, schrieb an das Gericht, dass Angaben im Protokoll stünden, die er »nicht gemacht habe und die mit der Wahrheit nicht übereinstimmen.« Zitiert nach Dittmann, Marinejustizmorde, S. 44.

100 Abschrift Verhörprotokolle Sachse durch Dobring, BArch MA, RM 8/1032, Bl. 8 – 13 u. Bl. 21 – 25.

101 Abschrift Verhörprotokoll Reichpietsch durch Dobring, BArch MA, RM 8/1032, Bl. 26f.

102 Abschrift Verhörprotokoll Beckers durch Dobring, BArch MA, RM 8/1032, Bl. 29-31.

103 Abschrift Verhörprotokoll Köbis durch Dobring, BArch MA, RM 8/1032, Bl. 46 – 48.

104 Dittmann, Erinnerungen, Bd. 3, S. 1410, Anm. 20.

105 Zit. nach Dittmann, Marinejustizmorde, S. 62f.; auch in Dittmann, Erinnerungen, Bd. 3, S. 912.

106 Allerdings war dies kein Standgericht wie etwa bei behauptet. Die Verwirrung über diesen Begriff ist unter deutschen Historikern weit verbreitet.

107 »Ganz geheim«, beglaubigte Abschrift des Urteils in BArch MA, RM 8/1032, Bl. 152 – 160. Gerade mal 17 Seiten benötigte das Gericht für fünf Todesurteile und zusammen 47 Jahre Zuchthaus für vier Männer: Fischer, Bräuner, Bieber und Linke. Das Urteil wurde später auf 6 Jahre reduziert, Huck, Getreues Bild, in: Flotte schläft, S. 23.

108 Aufruf »Folgt ihrem Beispiel«, in: BArch-MA, N 253-138, Nachlass Tirpitz, Bl. 169ff. Auch zitiert bei Regulski, Lieber erschossen, S. 238, dem ich den Hinweis auf den Nachlass Tirpitz verdanke.

109 Kurt Maetzig nutzt dies in seinem Spielfilm »Das Lied der Matrosen«, DDR 1957, zu folgender Dramaturgie: Erst weigern sich zweimal Marineangehörige auf ihre Kameraden zu schießen, erst eine Heereseinheit (mit Stahlhelmen) in Köln-Wahn führt die Exekution auS. Der DDR-Film ist bisher der einzige deutsche Film, der die Erschießung von Köbis und Reichpietsch zeigt.

110 Tagebuch Stumpf, WUA, Bd. 10/II, S. 255f.

111 Tagebuch Stumpf, WUA, Bd. 10/II, S. 119

112 Tagebuch Stumpf, WUA, Bd. 10/II, S. 256.

113 Dähnhardt, Kiel, S. 35

114 Handschriftliche Erinnerungen Weber, SAPMO, BArch Berlin, SGY 30/661, Bl. 3

115 Tagebuch Stumpf, in: WUA, 4. Reihe, 10/2, S. 256f.

116 Siehe auch: Kachulle (Hrsg.), Pöhlands im Krieg; Ullrich, Plättner.

117 Ausnahmen: Oertzen, Räte und Kolb, Arbeiterräte.

118 Dies zuletzt bei Jones, Gewalt, beispielhaft: S. 84, 105, 133, 143, 235, 277, 283.

119 Siehe Luban, Spartakus, Obleute, in: Luban, Luxemburgs Demokratiekonzept, S. 127 – 171; Hoffrogge, Müller; Lange, Schießbefehl; Weipert, Zweite Revolution.

120 Laschitza, Liebknechts, S. 302f.

121 Siehe auch: Luban, Spartakusgruppe, Obleute, S. 130 – 137, in: Luban, Luxemburgs Demokratiekonzept; Hoffrogge, Müller, S. 38 – 41; Richard Müller, Novemberrevolution, Neuausgabe 2011, S. 78 – 81.

122 Luban, Spartakusgruppe, Obleute, S. 133f., in: Luban, Luxemburgs Demokratiekonzept.

123 Ein Beispiel zitiert bei Oertzen, Betriebsräte, S. 63.

124 Hoffrogge, Müller, S. 58.

125 Das Folgende nach: Hoffrogge, Müller, S.44ff. und Luban, Spartakusgruppe, Obleute, S. 138ff.

126 Luban, Spartakusgruppe, Obleute, S. 141.

127 Gietinger/ Roth, Massaker, in: Sozial.Geschichte, 3 (2007), S. 83. Am Beispiel der Hamburger Linksradikalen: Ullrich, Ex Oriente Lux, in: Linne / Wohlleben (Hrsg.), Patient Geschichte, S. 80-99; Lindau, Novemberrevolution in Hamburg, in: Vorwärts nicht vergessen, S. 255.

128 Rintelen, Bauer, S. 145.

129 Dittmann Erinnerungen, Bd.II, S. 527 – 534

130 Hoffrogge, Müller, S. 56.

131 Gietinger, November 1918, S47; Matern, Einleitung, in: Engel/Holz/Materna, ASR 1, S. XXI, Anm. 49.

132 Amtliche Urkunden zur Vorgeschichte des Waffenstillstandes 1918, Berlin 1928, S. 123, zitiert nach Berthold/Neef, Militarismus, S. 20.

133 Luban, Spartakusgruppe, Obleute, S. 116f. Und für das Nachfolgende: S. 163 – 171.

134 Hoffrogge, Müller, S. 67.

135 Aussage Groener im Dolchstoßprozess, in: Herzfeld, Sozialdemokratie, S. 373.

136 Gietinger, November 1918, S. 49.

137 Erinnerungen Schäfer, SAPMO, BArch Berlin, SGY 30/547, Bl. 44f.

138 Martha Globig, Weiße, in: Vorwärts nicht vergessen, S. 303.

139 Gietinger, November 1918, S. 50.

140 Erinnerungen Zikelsky, SAPMO BArch Berlin, SKY 30/709, Bl. 119f.; Zikelsky schrieb über sein Leben in Krieg und Revolution auch ein Buch, das die zitierten Passagen leicht redigiert von Eduard Zak, enthält, Zikelsky, Gewehr in meiner Hand, S. 152f.

141 Quellenbasierte Gesamtdarstellungen zu Kiel: neuerdings Rackwitz, Kiel 1918; ein Klassiker: Dähnhardt, Kiel, S. 48 – 116; Umstritten aber präzise: Schmidt, Heimatheer, S. 41ff. und aus DDR-Sicht, sehr informativ: Rosentreter, Blaujacken, S. 5 – 64.

142 Der ganze Brief, der ursprünglich in der Bergischen Arbeiterstimme erschien, ist zitiert in: Freiheit, Nr. 11, vom 21.11.1918, MA; Gekürzt auch in Rausch, Springquell, S. 11; Rosentreter, Blaujacken, 18f.; siehe auch Dähnhardt, Kiel, S. 53f.

143 Zeisler, Aufstand Flotte, S. 37.

144 Deist, Seekriegsleitung, S. 357.

145 Zitate bei Wilhelm Deist, Die Politik der Seekriegsleitung und die Rebellion der Flotte, Ende Oktober 1918, in: VjHZ, H4, 1966, S. 353 und Dähnhardt, Kiel, S. 51.

146 Zitat Kapitän zur See Michaelis, nach Deist, Seekriegsleitung, Ebenda.

147 Die Aussagen in: Dittmann, Marinejustizmorde. S. 94ff., 96f., 98.

148 Neu, Flotte, S.58ff., hier S. 59.

149 Bleeck-Schlombach, Volksmarine, S. 42.

150 Dähnhardt, Kiel, S. 53.

151 Tagebuch Stumpf, in: WUA, 4. Reihe, 10/2, S. 301.

152 Tagebuch Stumpf, in: WUA, 4. Reihe, 10/2, S. 302.

153 Volkmann, Revolution, S.17; Zeisler, Aufstand, S. 41; Rosentreter, Blaujacken, S. 19.

154 Stumpf, ebenda.

155 48 bei Lübcke, Rekonstruktion, in: Stunde der Matrosen, S.98.

156 Zeisler, Aufstand, Ebenda.

157 Selchow zitiert nach Schmidt, Heimatheer, S. 58.

158 Rackwitz, Kiel 1918, S. 36ff.

159 Lübcke, Rekonstruktion, in: Stunde der Matrosen, S. 98. Das Buch zitiert hauptsächlich Sekundärliteratur und enthält diverse Fehler.

160 Ankündigungstelegramm an Ostseestation: Der zweite Generalstabsoffizier käme »zu wichtiger Besprechung« in: BArch MA, RM 31/2373, Bl. 8.

161 Nach einem Beitrag/Bericht von Konteradmiral Küsel (nach 1933 geschrieben), Küsel war im November 1918 Chef des Stabes der Marinestation der Ostsee in Kiel, BArch MA, RM 8/1026, Bl. 15. Siehe auch Rackwitz, Kiel 1918, S. 34.

162 Dähnhardt, Kiel, S. 54.

163 Küsel, BArch MA, RM 8/1026, Bl. 15.

164 Rausch, Springquell, S. 12.

165 Küsel, BArch MA, RM 8/1026, Bl. 16.

166 Alles nach Küsel, BArch MA, RM 8/1026, Bl. 17. Küsel spricht doppelt gemoppelt von »Zensurverbot«.

167 Artelt/Popp, Ursprung, S. 10.

168 Nach Artelt/Popp, Ursprung, sollen allein auf der Markgraf 100 Matrosen verhaftet worden sein, Ebenda.

169 Bericht Gäbler, Kommissariat 5, vom 2.11.1918, BArch MA, RM 31/2373, Bl. 9.

170 Artelt/Popp, Ursprung, S. 11.

171 Rausch, Springquell, S. 12.

172 Kriegstagebuch der Kommandantur Kiel v. 2.11.1918, BArch MA, RM 31/2373, Bl.68.

173 Der gesamte Abschnitt nach Küsel, BArch MA, RM 8/1026, Bl. 19f. Zu den Spitzeln aus den Schiffen, Dähnhardt, Kiel, S. 57. Zur Anzahl der Patronen, Rausch, Springquell, S. 13.

174 Popp/Artelt, Ursprung, S. 10.

175 Rackwitz, Kiel 1918, S. 54.

176 Bericht Hager, »gesehen, gez. Gäbler« vom 2.11.1918, BArch MA RM 8/2373, Bl. 11.

177 Bericht Hager, BArch MA RM 8/2373, Bl. 12.

178 Bericht Hager, BArch MA RM 8/2373, Bl. 12f.

179 Bericht Hager, BArch MA RM 8/2373, Bl. 13.

180 Kriegstagebuch der Kommandantur Kiel v. 2.11.1918, BArch MA, RM 31/2373, Bl.68.

181 Rackwitz, Kiel 1918, S. 58; Rausch, Springquell, S. 13; Kriegstagebuch der Kommandantur Kiel v. 3.11.1918, BArch MA, RM 31/2373, Bl. 69.

182 Nach dem Kriegstagebuch der Kommandantur Kiel v. 3.11.1918, BArch MA, RM 31/2373, Bl. 69 hielt Eckart die Rede und nicht Heine.

183 Rausch, Springquell, S. 13. Rackwitz, Kiel 1918, S. 276, Anm. 53, verwechselt hier die Schrift von Popp/Artelt, Ursprung, S. 12 mit der von Rausch, Springquell, S. 13.

184 Rausch, ebenda.

185 Küsel (nach 1933) legt die Sache auf den Samstag (2.11.), nennt auch Heine als Redner und bestreitet, entgegen dem Tagebuch der Kommandantur die Befehlsverweigerung. Anselm (bei ihm Axhelm) bezeichnet er als »Haupthetzer im Seebataillon«, Küsel, BArch MA, RM 8/1026, Bl. 20; siehe auch Rackwitz, Kiel 1918, S. 59.

186 Küsel, BArch MA, RM 8/1026, Bl. 23f.; Kriegstagebuch der Kommandantur Kiel v. 3.11.1918, BArch MA, RM 31/2373, Bl. 69.

187 Küsel, BArch MA, RM 8/1026, Bl. 24.

188 Kriegstagebuch der Kommandantur Kiel v. 3.11.1918, BArch MA, RM 31/2373, Bl. 70.

189 Küsel, BArch MA, RM 8/1026, Bl. 25.

190 Beglaubigte Abschrift Fernschreiben an Marineamt Berlin, Seekriegsleitung, Marinekabinett und Admiralsstab, BArch MA, RM 31/2373, Bl. 16R; auch zitiert bei Küsel, BArch MA, RM 8/1026, Bl. 25.

191 Amtliche Urkunden zur Vorgeschichte des Waffenstillstandes 1918, Berlin 1928, S. 123, zitiert nach Berthold/Neef, Militarismus, S. 20.

192 »Um 3 Uhr 30 nachmittags bis 3 Uhr 50, ist folgender Fernspruch an alle Dienststellen in Kiel zu geben: ›Lauter Stadtalarm befohlen, Verausgabung von Munition unterbleibt‹ Gouvernement, BArch MA, RM 31/2373, Bl. 25.

193 Küsel, BArch MA, RM 8/1026, Bl. 26 (Hervorh. im Original).

194 Popp/Artelt, Ursprung, S. 12.

195 Bericht Kriminal-Wachtmeister Wischmann und Kriminal-Schutzmann Prochnow, vom 4.11.1918, Kriminalkommissariat 5, BArch MA, RM 31/2373, Bl. 18.

196 Handschriftlich formuliertes Fernschreiben der Ostseestation, rot »Sofort!« mit der Unterschrifft Souchons, BArch MA, RM 31/2388, Bl.540; Abschrift auf Schreibmaschine getippt BArch MA, RM 31/2373, Bl. 26.

197 Bericht Bruhn, zitiert nach Küsel, BArch MA, RM 8/1026, Bl. 28.

198 Küsel, BArch MA, RM 8/1026, Bl. 29.

199 Erinnerungen Trauselt, SAPMO, BArch Berlin, SGY 30/633, Bl.2.

200 Handschriftliches Fernschreiben Souchon, BArch MA, RM 31/2388, Bl.540R; Abschrift auf Schreibmaschine getippt BArch MA, RM 31/2373, Bl. 26.

201 Bericht Wischmann und Prochnow, vom 4.11.1918, BArch MA, RM 31/2373, Bl. 18R.

202 Protokoll Steinhäuser, auch die folgenden Zitate, vom 31.12.1918, BArch MA, RM 31/2373, Bl. 23 – 24.

203 Steinhäuser war Vorbild für die negative Hauptfigur von Josef Roths unvollendeten Roman Das Spinnennetz (1923), verfilmt 1989 von Bernhard Wicki.

204 Nach Rausch, Springquell, waren es 8 Tote, S. 14; Dähnhardt, Kiel, S. 66. Zwei starben einige Tage später. Es waren wohl 10 insgesamt.

205 Tauselt will auch Maschinegewehre gehört haben, doch das trifft wohl nicht zu., Erinnerungen Trauselt, SAPMO, BArch Berlin, SGY 30/633, Bl.2.

206 Auf der Homepage von Klaus Kuhl gibt es noch diverse Erinnerungen anderer Zeitzeugen zum Kieler Aufstand. http://www.kurkuhl.de/de/novrev/zeitzeugen.html

207 Popp/Artelt, Ursprung, S. 14.

208 Küsel, BArch MA, RM 8/1026, Bl. 30.

209 Küsel, BArch MA, RM 8/1026, Bl. 29R.

210 Handschriftliches Fernschreiben Souchon, BArch MA, RM 31/2388, Bl.540R; Abschrift auf Schreibmaschine getippt, BArch MA, RM 31/2373, Bl. 26.

211 Zitiert nach Dähnhardt, Kiel, S. 68.

212 Popp/Artelt, Ursprung, S. 14.

213 Festungstelegraph der Kieler Hafenbefestigungen, Angenommen 5 Uhr 25 n[achmittags], RM 31/2373, Bl. 32 – 36.

214 Festungstelegraph der Kieler Hafenbefestigungen, Angenommen 2 Uhr 10 n[achmittags], RM 31/2373, Bl. 28.

215 Festungstelegraph der Kieler Hafenbefestigungen, Angenommen [unleserlich vmtl. 4 Uhr nachmittags], RM 31/2373, Bl. 29f.

216 Kriegstagebuch der Ostseestation vom 4.11., BArch MA/2373, Bl. 72.

217 Artelt, Mit der roten Fahne, in: Vorwärts nicht vergessen, S. 94f.; Dähnhardt, Kiel, S. 71.

218 Küsel, BArch MA, RM 8/1026, Bl. 37.

219 Kriegstagebuch der Ostseestation vom 4.11., BArch MA/2373, Bl. 72.

220 Artelt/Popp, Ursprung, S. 16. Siehe auch: Kuhl (Hrsg.), Interviews von Volker Ullrich mit Lothar Popp, 1970, 1972, sowie Interview Dirk Dähnhardt mit Lothar Popp, 1975, http://www.kurkuhl.de/docs/interviews_popp_ullrich_daehnhardt.pdf, und Lothar Popp – Führer des Kieler Matrosenaufstands 1918 im Streitgespräch mit einem 68er, http://www.kurkuhl.de/docs/popp.pdf

221 Popp/Artelt, Ursprung, S. 15. Bisher konnten im Reich nur Männer über 25 wählen. Im Königreich Preußen, das flächenmäßig fast 2/3 des Reiches ausmachte, gab es für den Landtag kein allgemeines und gleiches Wahlrecht.

222 Beglaubigte Abschrift Telegramm Souchon vom 5.11.1918, an die üblichen Stellen, BArch MA, RM 31/2372, Bl. 54

223 Alles nach Küsel, BArch MA, RM 8/1026, Bl. 34 – 36, hier S. 36.

224 Schmidt, Heimatheer, S. 51.

225 Erinnerungen Trauselt, SAPMO, BArch Berlin, SGY 30/633, Bl. 2.

226 Telegramm Souchon vom 4.11.1918, BArch MA, RM 31/2373, Bl. 231.

227 Popp/Artelt, Ursprung, S. 17.

228 Küsel, BArch MA, RM 8/1026, Bl. 40.

229 Erinnerungen Schäfer, SAPMO, BArch Berlin, SGY 30/547, Bl. 47.

230 So es der Spitzel von der Versammlung am 2.11.1918 korrekt wiedergegeben hatte. Bericht Hager, BArch MA RM 8/2373, Bl. 12f.

231 Huber, Verfassungsgeschichte, Bd. 5, S. 655.

232 Noske, Kapp, S. 11.

233 Noske war Anhänger des sogenannten Septemberprogramms von Bethmann Hollweg, das Annexionen in Belgien und Frankreich vorsah und die Nachbarn Deutschlands als Vasallenstaaten behandeln wollte. Wette, Noske, S. 187.

234 Erinnerungen Schäfer, SAPMO, BArch Berlin, SGY 30/547, Bl. 47.

235 Nach dem ausführlichen Protokoll der Sitzung von 21 Uhr bis 0 Uhr 15, BArch MA, RM 31/2373, Bl. 40 – 50, hier Bl. 40f. Im Weiteren nach dem Protokoll.

236 Dähnhardt, Kiel, S. 86.

237 Alles nach dem Protokoll der Sitzung, BArch MA, RM 31/2373, Bl.44.

238 Protokoll der Sitzung, BArch MA, RM 31/2373, Bl.43f.

239 Ebenda, Bl.45

240 Ebenda Bl.46

241 Ebenda Bl. 47f. Die Drohung mit England beweist, dass Noske die Ausbreitung der Revolte verhindern wollte, was Wette noch nicht belegt sah, Wette, Noske, S.

242 Dähnhardt, Kiel, S. 93.

243 Dähnhardt, Kiel, S. 87.

244 Popp/Artelt, Ursprung, S. 21f.

245 Popp/Artelt, Ursprung, S. 23.

246 Rackwitz, Kiel 1918, S. 99.

247 Noske, Kapp, S. 17f.; Rackwitz, S. 115; Dähnhardt, Kiel, S. 100ff.

248 Dähnhardt, Kiel, S. 105, Rackwitz, Kiel 1918, S. 121f. In seinem Rechtfertigungsbuch erwähnt er das Telefonat, aber nicht, dass er eine Rückeroberung aufgrund der hohen Anzahl Bewaffneter in Kiel strikt abgelehnt hatte. Noske, Kapp, S. 19.

249 Quellen I/2, Nr. 121a, S. 547ff.; Dähnhardt, Kiel, S. 105.

250 Quellen I/2, Nr. 127, S. 509ff.

251 Noske, Kapp, S. 24.

252 Noske, Kapp, S. 25f.

253 Rackwitz, Kiel 1918, S. 129ff.; Dähnhardt, Kiel, S. 11f1f.

254 Handschriftlicher Entwurf, BArch MA, RM 8/1024, Bl. 21 und Bericht Flug Obermaat Gossrau oder Goßrau, vom 12.11.1918, ebenda Bl. 27f., Noskes Aufregung Bl.30; nach Dähnhardt, Kiel, S.114, Anm. 504, war es der Soldatenrat Holtenau, der dies vorschlug, was aber aus dem Dokument nicht hervorgeht.

255 BArch MA, RM 31/2394, Tagesbefehle vom 15., 18., 26.11.1918, Bl. 22, 26R,, 62; Rackwitz, Kiel 1918, S. 168; Wette, Noske, S. 228.

256 BArch MA, RM 31/2394, Tagesbefehl vom 17.11.1918, Bl. 32.

257 Rackwitz, Kiel 1918, S. 173.

258 Wie die Marinebrigade Loewenfeld entstand, BArch MA, RM 135/45, ab Bl. 107; sowie Marinebrigaden I – III, BArch MA, RM 135/2.

259 Dähnhardt, Kiel, 150f.

260 Anfang 1919 war es vorbei mit der Macht des Soldatenrates und im Juni 1919 wurde er endgültig aufgelöst. Rackwitz, Kiel 1918, 185f.

261 Popp hat wohl nie ganz begriffen, welche Macht sie damals hatten, und verwies in späteren Interviews mit Klaus Kuhl immer auf die Nationalversammlung, die den Soldatenräten den Rest gegeben habe. Siehe Kuhl (Hrsg.), Interviews von Volker Ullrich mit Lothar Popp, 1970, 1972, sowie Interview Dirk Dähnhardt mit Lothar Popp, 1975, http://www.kurkuhl.de/docs/interviews_popp_ullrich_daehnhardt.pdf, und Lothar Popp – Führer des Kieler Matrosenaufstands 1918 im Streitgespräch mit einem 68er, http://www.kurkuhl.de/docs/popp.pdf.

262 Zeisler, Aufstand, S. 83f.

263 Reichsamt des Innern, Meldestelle, Übersicht über Unruhen, BArch MA, RM 12 – 20, Bl. 14 – 28; Kinzler, Sturmvögel, in: Stunde der Matrosen, S. 141 – 149; Rosentreter, Blaujacken, S. 104 – 110; Schmidt, Heimatheer, S. 90 – 108; Dähnhardt, Kiel, S. 108 – 111; Kluge, Soldatenräte. S. 48 – 52 und 57 – 82; Hortzschansky et al. (Hrsg.), Illustrierte Geschichte, S. 89 – 139; Zeisler, Aufstand, S. 65 – 86; Neu, Bewegung, S. 74-77.

264 Im Kieler Jubiläumsband »1918 – Die Stunde der Matrosen«, wird im Aufsatz »Sturmvögel der Revolution« von einem Rechercheprojekt in 95 Stadtarchiven zur Ausbreitung der Revolution berichtet. Mit relativ dürftigem Ergebnis, meist wurde Sekundärliteratur zitiert und dies auch noch unvollständig, wie man bei näherem Hinsehen konstatieren muss, Kinzler, Sturmvögel, in: Stunde der Matrosen, S. 141. Danke an Frau Kinzler für die Übersendung des (spärlichen) Rücklaufes aus Cuxhaven. Im Stadtarchiv Cuxhaven findet sich faktisch nichts zur Volksmarinedivision. Dank an Herrn Friedrich Gleiß für die Auskunft.

265 Kluge, Soldatenräte, S. 69.

266 Kluge, Soldatenräte, S. 48.

267 Reichsamt des Innern, Meldestelle, Übersicht über Unruhen, abgeschlossen am 9.11.1918, 11 Uhr vormittags, BArch MA, RM 12/20, Bl. 18.

268 Reichsamt des Innern, ebenda, Bl. 19.

269 In Cattaro an der Adria hatte es schon Ende Januar 1918 einen Matrosenaufstand in der österreichischen Flotte gegeben, der allerdings misslang. Vier Matrosen, Franz Rasch, Anton Grabar, Jerko Sizgoric und Marte Brnicevic, wurden hingerichtet. Plaschka, Rebellen, Bd. II, S. 155 – 278; Wolf, Matrosen von Cattaro, Theaterstück.

270 Der Matrosenrat, München an das Reichsmarineamt Berlin, 22.11.1918, BArch MA, RM 12/20, Bl. 48.

271 Zeisler, Aufstand, S. 71, 73, 77, 82,

272 Neuland, Matrosen von Frankfurt, S. 25.

273 Neuland, Matrosen von Frankfurt, S. 36.

274 Hortzschansky et al. (Hrsg.), Illustrierte Geschichte, S. 186f.

275 Kinzler, Sturmvögel, in: Stunde der Matrosen, S. 144f.

276 Ich halte mich hier an das Originaltyposkript seiner Erinnerungen (BArch SAPMO Berlin, SGY 30/34), das redigiert und um einige radikale Stellen gekürzt, 1958 in dem

Sammelband »Vorwärts und nicht vergessen« unter dem Titel »Kreuzer Augsburg wird unter roter Flagge von Cuxhaven nach Hamburg geschickt« erschien. Baier, Cuxhaven, in: Vorwärts nicht vergessen, S. 104 – 138.

277 Baier, Erinnerungen, BArch SAPMO Berlin, SGY 30/34, Bl. 17.

278 Baier, Erinnerungen, BArch SAPMO Berlin, SGY 30/34, Bl. 19. Im gedruckten Text ist »fanatisch« durch »freudig« ersetzt, Baier, Cuxhaven, in: Vorwärts nicht vergessen, S. 118.

279 Zeisler, Aufstand, S. 80.

280 Dies und das Folgende nach Baier, Erinnerungen, BArch SAPMO Berlin, SGY 30/34, Bl. 18 – 32.

281 Baier, Erinnerungen, BArch SAPMO Berlin, SGY 30/34, Bl.30; Baier, Cuxhaven, in: Vorwärts nicht vergessen, S. 127.

282 Der Einsatz eines Luftschiffes scheiterte am fehlenden Luftschiffer.

283 Beschwerdebrief, in: BArch MA, RM 8/1012, Bl. 20 – 27.

284 Aufruf der Regierung vom 4.11.1918, in: Berthold/Neef, Militarismus, S. 123.

285 Max von Baden, Erinnerungen, S. 591, 591ff. für das ganze Treffen.

286 Aussage Groener im Dolchstoßprozess, in: Herzfeld, Sozialdemokratie, S. 380.

287 Max von Baden, Erinnerungen, S. 592.

288 Aussage Groener im Dolchstoßprozess, in: Herzfeld, Sozialdemokratie, S. 380f.

289 Berthold/Neef, Militarismus, S.126.

290 Pieck, Erinnerungen, in: Vorwärts und nicht vergessen, S. 34f.; Rosentreter, Blaujacken, S. 104.

291 Luban, Spartakusgruppe, Obleute, S. 165ff.

292 Schmidt, Heimatheer, S. 227 und 236.

293 »Ganz Geheim! Persönliche Erfahrungen über Vorgänge in der Zeit vom 1. Bis 9. November 1918«, undatiert, von Kapitänleutnant Stammer, BArch MA, Rm 8/1012, Bl. 182f.; Leicht abweichend, (5.11.18), Volkmann, Marxismus, S. 227f. Siehe auch Schmidt, Heimatheer, S.92, noch mit den alten Signaturen als Quelle (BA-MA, RM 8/4077). Es ist im Übrigen ein Unding, dass Archive ständig ihre Signaturen ändern.

294 Kaleu Stammer, BArch MA, RM 8/1012, Bl. 182f.

295 Zitiert nach Schmidt, Heimatheer, S. 97.

296 Regierung Max von Baden (Quellen I/2, S. 624.)

297 Diverse Angaben bei Schmidt, Heimatheer, S. 101 und Anm. 530.

298 Reichsamt des Innern, Meldestelle, Übersicht über Unruhen, Abgeschlossen am 9.11.1918, 11 Uhr vormittags, BArch MA, RM 12 – 20, Bl. 12.

299 Erinnerungen Broßat, SAPMO-BArch, SGY 30/104, Bl. 3.

300 Schmidt, Heimatheer, S. 204ff.

301 Schmitt, Johannisthal, S.74.

302 Defert, Heute ist Revolution, in: Vorwärts nicht vergessen, S. 298ff.

303 Luban, Novemberrevolution in Berlin, http://www.rosa-luxemburg-forschung.de/html/publikationen.html, S. 4.

304 Dies und das Folgende nach Schmitt, Johannisthal, S. 70 – 79.

305 Erinnerungen Hans Pfeiffer, SAPMO, BArch Berlin, SGY 30/491, Bl. 12f.

306 Schmitt, Johannisthal, S. 76. Für das Folgende S. 76 – 79.

307 Engel, Aufzeichnungen Radtke, Einleitung, in: Jahrbuch zur Geschichte der Erforschung der Arbeiterbewegung, 2008, H III, S. 74; Bleeck-Schlombach, Volksmarine in Berlin, S. 12.

308 Tägliche Rundschau nach Schmitt, Johannisthal, S. 76.

309 Schmitt, Johannisthal, S. 77.

310 Schmitt, Johannisthal, S. 78.

311 Rosentreter, Blaujacken, S. 258, S. 59.

312 Luban, Spartakusgruppe, Obleute, S. 167ff.

313 Miller, Bürde, S. 81; Kolb, Arbeiterräte, S. 65 und 115; Winkler, Stabilisierung, S. 42f.; Siehe auch Luban, Novemberrevolution in Berlin, S. 21, 23.

314 Käppner, Aufstand, S. 185f.

315 Winkler, Stabilisierung, S. 45ff.; Diese Fake-News entdeckt hat Luban, Geschichtsbild, ohne Paginierung, http://www.workerscontrol.net/de/authors/das-geschichtsbild-der-deutschen-novemberrevolution-1918-bei-eberhard-kolb-susanne-miller-he#footnote-231-11-backlink

316 Luban, Geschichtsbild, ohne Paginierung; Reichstagsfraktion Sozialdemokratie 1898 bis 1918, zweiter Teil, bearb. von Matthias/Pikart, S. 518 f., S. 520 (Zitat: Notizen Giebel); Richard Müller, Novemberrevolution, S. 24, S. 230;

317 Machtan, Kaisersturz, S. 198.

318 Erinnerungen Nettball, SAPMO BArch, SGY 30/460, Bl. 25 – 27.

319 Baudis/Roth, Revolutionsopfer, S. 78 und 112 – 114.

320 Bleeck-Schlombach, Volksmarine in Berlin, S. 30f.

321 Bleeck-Schlombach, Volksmarine in Berlin, S. 26.

322 Kessler, Tagebuch, Bd. 6, S. 626.

323 Broßat, Mit der Volksmarinedivision, in: Vorwärts nicht vergessen, S. 320.

324 Erinnerungen Trauselt, SAPMO, BArch Berlin, SGY 30/633, Bl. 3.

325 Rosentreter, Blaujacken, S. 123f.

326 Alboldt, Tragödie Marine, Gutachten WUA 10/I, S. 154f.

327 Bleeck-Schlombach, Volksmarine in Berlin, S. 59.

328 Machtan, Kaisersturz, S. 191.

329 Jäckh, Der goldene Pflug, S.448f., siehe auch Machtan, Kaisersturz, S.151; Mühlhausen, Ebert 2006, S. 98.

330 Schiffer, Liberalismus, S.74 und Holtzendorff, Bericht an Ballin vom 31.10.1918, in. StA Hamburg 621-1/95, 1580, Bd. 20, zitiert nach Machtan, Kaisersturz, S. 151 u. 318, Anm. 223.

331 Erinnerungen Schiffer, in: BAK, N 1191/1, Zitiert nach Machtan, Kaisersturz, S.154 u. 318, Anm. 228.

332 Machtan, Kaisersturz, S. 146.

333 Machtan, Kaisersturz, S. 252.

334 Payer, Bethmann Hollweg bis Ebert, S. 97, zitiert nach Machtan, Kaisersturz, S. 256.

335 Machtan, Kaisersturz, S. 256.

336 Haußmann zitiert nach Machtan, Kaisersturz, S. 257

337 Ebert nach Mühlhausen, Ebert, 2006, S. 100.

338 Max von Baden, Erinnerungen, S. 567.

339 Rosentreter, Blaujacken, S. 119.

340 Scheidemann, Memoiren II, S.310.

341 Machtan, Kaisersturz, S. 262.

342 Payer, zitiert nach Machtan, Kaisersturz, S. 262.

343 Aussage Ledebour, im Ledebour-Prozess, S. 33.

344 Broßat, Mit der Volksmarinedivision, in: Vorwärts nicht vergessen, S. 320.

345 Aufzeichnungen Böhm, Adjutant, S. 65; auch Hermann Müller, S. 145. Allerdings waren die am 12. März 1919 in Lichtenberg getöteten Matrosen-Brüder Fritz und Albert Gast beide Arbeiter.

346 Wrobel, Volksmarinedivision, S. 21.

347 Rosentreter, Blaujacken, S. 126.

348 »Eindrücke vom 8. Bis 10. November 1918«, Vortrag von Walther Reinhard (ca. 1928), Hauptstaatsarchiv Stuttgart, NL Reinhardt, M 660/034 Bü 14, Bild 139. Für die folgenden Zitate, Bild 139 – 141.

349 Reinhardt, 8. -10. November, Hauptstaatsarchiv Stuttgart, NL Reinhardt, M 660/034 Bü 14, Bild 140.

350 Aufzeichnungen Böhm, Adjutant, S. 60.

351 Aufzeichnungen Böhm, Adjutant, S. 61f.

352 Aufzeichnungen Böhm, Adjutant, S. 62.

353 Reinhardt, 8. -10. November, Hauptstaatsarchiv Stuttgart, NL Reinhardt, M 660/034 Bü 14, Bild 140.

354 Aufzeichnungen Böhm, Adjutant, S. 62.

355 Reinhardt, 8. -10. November, Hauptstaatsarchiv Stuttgart, NL Reinhardt, M 660/034 Bü 14, Bild 141.

356 Reinhardt, 8. -10. November, Hauptstaatsarchiv Stuttgart, NL Reinhardt, M 660/034 Bü 14, Bild 141.

357 Siehe auch Matern, Einleitung, S. XXIIff., Engel/Holz/Materna, ASR 1, ; Kluge, Soldatenräte, S.87 – 94. Hoffrogge, Müller, S. 74ff., Richard Müller, Novemberrevolution, S.32ff., Gesamtausgabe, S. 261ff., Drabkin, Novemberrevolution, S. 159ff.

358 Wieland, Beerfelde, in: Wette (Hrsg.), Pazifistische Offiziere, S. 147 – 167, hier S. 156.

359 Wieland, Paasche, in: Wette (Hrsg.), Pazifistische Offiziere, S. 168 – 179, hier S. 177.

360 Kluge, Soldatenräte, S. 87.

361 Schmidt, Heimatheer, S. 408.

362 Schmidt, Heimatheer, S. 389.

363 Handschriftliche Notizen von Reinhardt (ca. 1921) für einen Vortrag, Nachlass Reinhardt, Hauptstaatsarchiv Stuttgart, NL Reinhardt, M 660/034 Bü 30, Bild 114.

364 Brief Nasse, (kaiserlich durchgestrichen) Deutsche Gesandtschaft, an Reinhardt, Bern, den 29.1.1919, Nachlass Reinhardt, Hauptstaatsarchiv Stuttgart, NL Reinhardt, M 660/034 Bü 15, Bild 10.

365 Reinhardt, 8. -10. November, Nachlass Reinhardt, Hauptstaatsarchiv Stuttgart, NL Reinhardt, M 660/034 Bü 14, Bild 142.

366 Die Vollmacht Scheüchs mit den Namen von Wi[e]czorek, Potthoff, Esche, Schröder und im Nachlass Reinhardt, Hauptstaatsarchiv Stuttgart, NL Reinhardt, M 660/034 Bü 15, Bild 9.

367 Reinhardt, 8.-10. November, Nachlass Reinhardt, Hauptstaatsarchiv Stuttgart, NL Reinhardt, M 660/034 Bü 14, Bild 143.

368 1921 sprach Reinhardt davon, dass Wieczorek »eine zunächst gute Marine-Matrosenabteilung in der Alexanderkaserne« zusammengebracht habe. Handschriftliche Notizen von Reinhardt (ca. 1921) für einen Vortrag, Nachlass Reinhardt, Hauptstaatsarchiv Stuttgart, NL Reinhardt, M 660/034 Bü 30, Bild 113.

369 Reinhardt, 8.-10. November, Nachlass Reinhardt, Hauptstaatsarchiv Stuttgart, NL Reinhardt, M 660/034 Bü 14, Bild 143.

370 Engel, Aufzeichnungen Radtke, in: Jahrbuch zur Geschichte der Erforschung der Arbeiterbewegung, 2008, H III, S. 74 – 85.

371 Reinhardt, 8.-10. November, Nachlass Reinhardt, Hauptstaatsarchiv Stuttgart, NL Reinhardt, M 660/034 Bü 14, Bild 143.

372 Handschriftliche Notizen von Reinhardt (ca. 1921) für einen Vortrag, Nachlass Reinhardt, Hauptstaatsarchiv Stuttgart, NL Reinhardt, M 660/034 Bü 30, Bild 113.

373 Schmidt, Heimatheer, S. 421, Anm. 753.

374 Reprint eines Flugblattes unbekannter Herkunft im Museum Treptow-Köpenick. Ich danke Brigitte Hadyk vom Museum für die Kopie.

375 Brief Bolz vom 15.11.1918, zitiert nach Raberg, Bolz, S. 41.

376 Kaetzler, zitiert nach Niess, Revolution, S. 153.

377 Brecht, Nähe, S. 192.

378 Müller-Franken, Novemberrevolution, S. 69.

379 Engel/Holz/Materna, ASR 1, Dok. 12, S. 19ff., auch für das Folgende.

380 Brief Bauer an Löbe, vom 12.11.1918, BArch Berlin, Nachlass Löbe N 2178, Bd. 4; sowie Bericht Boehm über Gespräch mit Ebert am 30.1.1925 über den 10. November, Institut für Zeitgeschichte München, ED 87; beides vollständig zitiert bei: Schmidt/Hürten, Entstehung des Kabinetts der Volksbeauftragten, in Hist. Jahrbuch, Jg. 99, 1979, S. 260 – 265.

381 Ross, Die ersten Tage der Revolution, in: Das Tagebuch, 1, Jg, 1920, S. 214.

382 Einstimmig angenommene Resolution im Zirkus-Busch, Dok. 13, in: Engel/Holz/Materna, ASR 1, S. 25.

383 Brief Bauer an Löbe, vom 12.11.1918, BArch Berlin, Nachlass Löbe N 2178, Bd. 4; vollständig zitiert bei: Schmidt/Hürten, Entstehung des Kabinetts der Volksbeauftragten, in Hist. Jahrbuch, Jg. 99, 1979, S. 264.

384 Aufzeichnungen Böhm, Adjutant, S. 67f.

385 Kessler, Tagebuch, Bd. 6, S. 650.

386 Aufzeichnungen Böhm, Nachlass Böhm, BArch MA, N 951/2, Bl.63, dieses Zitat ist in der Edition des Böhm'schen Tagebuchs von Hürten/Meyer nicht enthalten.

387 Der Aufruf Eberts und die Namen Hans Coler, Aug. Dibbern, Christ, K. Finzel, Richard Hebner, Curt Sagelt, Fritz Kretschmar(nicht Kretschmer), Brutus Molkenbuhr, Oskar Schäfer, Erich Schulz, Friedrich Trippes, Hugo Wels, Gerhard Wilken, Hans Wolf und sind dokumentiert bei Richard Müller, Novemberrevolution, Neuausgabe 2011, S. 450. Siehe auch Tagebuch Bergh, S. 44ff.; Engel/Holz/Materna, ASR 1, XIV, Anm. 4.

388 Richard Müller, Novemberrevolution, Neuausgabe 2011, S.255 und 450; siehe auch Wrobel, Volksmarinedivision, S. 6.

389 Schmidt, Heimatheer, S. 412ff.; siehe auch Aufzeichnungen Böhm, Adjutant, S. 69f.

390 Engel/Holz/Materna, ASR 1, Dok. 85, S. 336.

391 Zu Ross siehe Baumunk, Colin Ross, Magisterarbeit, zu seinem Tod S. 134.

392 Engel/Holz/Materna, ASR 1, Dok. 118, S. 634 und Dok. 119, S. 639.

393 Niess, Revolution, S. 39; Richard Müller, Novemberrevolution, S. 27, Gesamtausgabe, S. 255.

394 Ernennungsurkunde von Scheüch und dem SPD-Beigeordneten Göhre, bei Richard Müller, Novemberrevolution, Nachdruck 2011, S. 452.

395 Volkmann, Archivrat im Reichsarchiv schreibt, dies sei sogar schon in der Nacht vom 9. Auf den 10. November geschehen, Volkmann, Revolution, S. 68.

396 Groener, Kreuzverhör im Dolchstoßprozess, in: Herzfeld, Sozialdemokratie, S. 384.

397 Groener, Lebenserinnerungen, zitiert nach Berthold/Neef, Militarismus, S. 422f.

398 Groener, Ebenda., S.418.

399 Nachlass Haeften, BArch MA, N 35-7, Bl.111.

400 Nachlass Haeften, BArch MA, N 35-7, Bl.111f.

401 Aussage Scheidemann im Dolchstoßprozess, in: Herzfeld, Sozialdemokratie, S. 340; Könnemann, Truppeneinmarsch am 10.12.1918, in: ZfG, Bd.16 (1968), 12, S. 1592.

402 Müller-Franken, Novemberrevolution, S. 172.

403 Mühlhausen, Ebert 1999, S. 158; Mühlhausen, Ebert 2006, S. 110f.

404 Witt, Ebert, S. 101f.

405 Hürten, Kapp-Putsch, S. 10f. spricht von »Allianz« und »Gleichsinnigkeit der Ziele.«

406 Huber, Verfassungsgeschichte, Bd. 5, S. 810.

407 Wehler, Gesellschaftsgeschichte, Bd. 3, S. 216f.

408 Guth, Loyalitätskonflikt, S. 44f.

409 Guth, Ebenda, S. 47 bzw. Anm. 131

410 Kolb, Arbeiterräte, S. 121.

411 Siehe auch Nachlass Haeften, BArch MA, N 35-7, Bl.111f.

412 Dittmann, Erinnerungen, Bd. 2, S. 585, Dittmann wusste offensichtlich wie Haase und Barth von den täglichen Telefonaten Eberts mit Groener. Aussage Dittmann im Ledebour-Prozess, in: Ledebour-Prozess, S. 554.

413 Scheüch zitiert nach Aufzeichnungen Böhm, Adjutant, S. 73.

414 Bergh, Tagebuch, S. 45.

415 Karcz, Schilderung des Vorgangs in der Nacht vom 12. zum 13. November1918, Anlage 5, in Nachlass Böhm, BArch MA, N 951/2, Bl. 182f. Böhm selbst erzählt das Ereignis eine Nacht früher. Karcz gab knapp 5 Jahre später eine stark davon abweichende Darstellung. Schon diese ist etwas wirr. Die zweite Darstellung handschriftlich in: Nachlass Scheüch, BArch MA, N23/1.

416 Oberstleutnant van den Bergh aus dem Kriegsministerium erhöhte in seinem Tagebuch auf 20 Mann in einem Lastauto. Bergh notierte auch, dass Beerfelde sein alter Hörsaal-Kamerad aus der Kriegsakademie gewesen sei, jetzt aber zu den Spartakisten gehöre. Eine andere Zugehörigkeit links von der SPD kannten diese Offiziere offensichtlich nicht. Bergh, Tagebuch, S. 45.

417 Aufzeichnungen Böhm, ebenda, S. 73.

418 Rotheit, Berliner Schloß, S. 26.

419 Notarielle beglaubigte Abschrift eines Berichtes von Metternich vom 3.10.1919, Chef der Heeresarchive in Potsdam, Rechtfertigung und Denkschrift, in: BArch MA, RH 18/v. 411, Bl. 66.

420 Notariell beglaubigte Abschrift Brief Stumm vom 16. 1.1922, in: Rechtfertigung Metternich, BArch MA, RH 18/v. 411, Bl. 45.

421 Notariell beglaubigte Abschrift des Ausweises, überschrieben »Auswärtiges Amt«, im Original mit Eberts Unterschrift, in: Rechtfertigung Metternich, BArch MA, RH 18/v. 411, Bl. 48.

422 Dies und das Folgende nach Bleeck-Schlombach, Volksmarine in Berlin, S. 12; Rotheit, Berliner Schloß, S. 23 – 26; siehe auch Wrobel, Volksmarinedivision, S. 22f.; Rosentreter, Blaujacken, S. 138f.

423 Nach der späteren Erklärung der Volksmarinedivision waren es im Polizeipräsidium bereits 600 Matrosen. Dies beschreibt wohl eher den Zustand ein paar Tage später, Erklärung der Volksmarinedivision, zuerst erschienen in der »Republik« vom 29.12.1918.

Nach Angaben Radtkes im Untersuchungsausschuss 1919 wurde diese Erklärung vom sogenannten Fünferausschuss: Heinrich Dorrenbach, Fritz Radtke, Adolf Hillebrand, Emil Milewski und Wilhelm Friedrich Rädel abgefasst und das Dokumentenmaterial dazu der »Republik« übergeben. Aussage Radtke, Untersuchungsausschuss 4121 B, S. 7999. Hier wird sie zitiert nach Dok. IX, in: Richard Müller, Novemberrevolution, Neuausgabe 2011, S. 496. Der genaue Ablauf dieses Gründungstages ist nicht mehr ganz klärbar, da sich Bleeck-Schlombach, Rotheit und die Erklärung der Volksmarinedivision in einigen Details, betreffend des Zusammentreffens der Matrosen am 11. November widersprechen.

424 Rotheit, Berliner Schloß, S. 26f.; Erklärung der Volksmarinedivision, vom 29.12.1918, zit. nach Dok. IX, in: Richard Müller, Novemberrevolution, Neuausgabe 2011, S. 496.

425 Erklärung der Volksmarinedivision ebenda S. 496; Rotheit, Berliner Schloß, S. 23; Wrobel, Volksmarinedivision, S. 24.

426 Typoskript Metternich mit eigenhändiger Unterschrift, vom 25.11.1938, in: Rechtfertigung Metternich, BArch MA, RH 18/v. 411, Bl. 2.

427 Engel/Holtz/Materna, ASR I, Dok. 83, S. 310.

428 Notariell beglaubigte Abschrift einer Berichtes Metternichs vom 3.11.1919, in: Rechtfertigung Metternich, BArch MA, RH 18/v. 411, Bl. 66.

429 Wrobel, Volksmarinedivision, S. 25.

430 Rosentreter, Blaujacken, S. 140; In der Erklärung der VMD werden für den Tag schon 2100 Mitglieder genannt, das dürfte der Mannschaftsstand erst Tage später gewesen sein. Erklärung der Volksmarinedivision, vom 29.12.1918, zit. nach Dok. IX, in: Richard Müller, Novemberrevolution, Neuausgabe 2011, S. 496.

431 Heinig, Hohenzollern, S. 80.

432 Erklärung der Volksmarinedivision, vom 29.12.1918, zit. nach Dok. IX, in: Richard Müller, Novemberrevolution, Neuausgabe 2011, S. 497. Siehe auch: Engel, Aufzeichnungen Radtke, der die gleichen Zahlen nennt, in: Jahrbuch Arbeiterbewegung, Sept. 2009, S. 78.

433 Text des Scheines abgedruckt in der Erklärung der Volksmarinedivision, vom 29.12.1918, zit. nach Dok. IX, in: Richard Müller, Novemberrevolution, Neuausgabe 2011, S. 497.

434 Engel, Aufzeichnungen Radtke, in: Jahrbuch Arbeiterbewegung, Sept. 2009, S. 79f.

435 Engel, Aufzeichnungen Radtke, in: Jahrbuch Arbeiterbewegung, Sept. 2009, S. 78.

436 Notariell beglaubigte Abschrift eines Ermächtigungs-Briefes von Otto Wels vom 12.11.1918, in: Rechtfertigung Metternich, BArch MA, RH 18/v. 411, Bl. 49.

437 Typoskript Metternich mit eigenhändiger Unterschrift, vom 25.11.1938, in: Rechtfertigung Metternich, BArch MA, RH 18/v. 411, Bl. 2.

438 Typoskript Metternich mit eigenhändiger Unterschrift, vom 25.11.1938, in: Rechtfertigung Metternich, BArch MA, RH 18/v. 411, Bl. 2.

439 Heinig, Hohenzollern, S. 82.

440 Krieger, Schloß, S. 28.

441 Siehe dazu weiter unten die Ausführungen von Kurt Heinig.

442 Schreiben des Finanzministeriums an die Preußische Staatsregierung vom 12.12.1918, BArch Berlin, R 43/2508e, Volksmarinedivision, Bl. 7.

443 Freiheit, Nr. 75, vom 27.12.1918, MA.

444 Dieses und das vorige Zitat aus der notariell beglaubigten Abschrift eines Briefes von Stumm aus »Neuenkirchen-Saar, den 16. Januar 1922, Herrenhaus«. Der Beglaubiger

hat schlecht abgeschrieben, es muss heißen »Neunkirchen-Saar«, in: Rechtfertigung Metternich, BArch MA, RH 18/v. 411, Bl. 45f.

445 Notariell beglaubigte Abschrift eines Briefes von Solf, vom 17.11.1919, in: Rechtfertigung Metternich, BArch MA, RH 18/v. 411, Bl. 41.

446 Erklärung der Volksmarinedivision, vom 29.12.1918, zit. nach Dok. IX, in: Richard Müller, Novemberrevolution, Neuausgabe 2011, S. 497; Rotheit, Berliner Schloß, S. 30f.

447 Wieland, Beerfelde, in: Wette (Hrsg.), Pazifistische Offiziere, erwähnt diese Ausweis-Episode nicht.

448 Erklärung der Volksmarinedivision, vom 29.12.1918, zit. nach Dok. IX, in: Richard Müller, Novemberrevolution, Neuausgabe 2011, S. 497.

449 Engel, Aufzeichnungen Radtke, in: Jahrbuch Arbeiterbewegung, Sept. 2009, S. 80.

450 Erklärung der Volksmarinedivision, ebenda, S. 497.

451 Notariell beglaubigte Abschrift der Vollmacht vom 13. 11.1918, im Original mit den Unterschriften von Ebert, Haase, Dittmann, Scheidemann, Landsberg und Barth, in: Rechtfertigung Metternich, BArch MA, RH 18/v. 411, Bl. 51. Im Datum ist in der Abschrift fälschlicherweise 1919 statt 1918 angegeben.

452 Dies und das Folgende nach Rotheit, Berliner Schloß, S. 32ff.

453 Erklärung der Volksmarinedivision, vom 29.12.1918, zit. nach Dok. IX, in: Richard Müller, Novemberrevolution, Neuausgabe 2011, S. 498.

454 Rotheit, Berliner Schloß, S. 34.

455 Vossische Zeitung, Nr. 599, vom 23.11.1918, MA. Ich danke Jörn Schütrumpf für den Hinweis.

456 Im Original »Schäßberg«.

457 Erklärung der Volksmarinedivision, vom 29.12.1918, zit. nach Dok. IX, in: Richard Müller, Novemberrevolution, Neuausgabe 2011, S. 498.

458 Typoskript einer Artikelserie Grünbergs für die Rote Front (November 1928 – Januar 1929), in: Erinnerungen Grünberg, SAPMO BArch Berlin, SGY 30/769, Bl. 134 – 160, hier Bl. 134.

459 Engel/Holz/Materna, ASR 1, Dok. 26, S. 44.

460 Richard Müller, Novemberrevolution, Neuausgabe 2011, S. 362f.

461 Engel/Holz/Materna, ASR 1, Dok. 30, S. 47 – 52.

462 Rede Ross am 13.11.1918 im Vollzugsrat, Engel/Holz/Materna, ASR 1, Dok. 30, S. 48f.

463 Engel/Holz/Materna, ASR 1, Dok. 33, S. 55.

464 Siehe dazu Richard Müllers Verteidigungsrede im Reichsrätekongress, Protokoll Kongress Arbeiter- und Soldatenräte, S. 7 – 14.

465 Datum 12.11.1918, Unterschrift im Original von Wels, Zit. nach Noske, Kiel, S. 47f.

466 Telegramm Reichs-Marineamt Berlin, vom 13.11.1918, in: BArch MA, RM 20/12, Bl. 11.

467 Engel, Aufzeichnungen Radtke, Anm.: 22, in: Jahrbuch Arbeiterbewegung, Sept. 2009, S. 79.

468 Hirsch, Geschichte der Volksmarinedivision, in: Rote Fahne, Nr. 302, 3. Beilage vom 23.12.1928.

469 Engel, Aufzeichnungen Radtke, Anm.: 22, in: Jahrbuch Arbeiterbewegung, Sept. 2009, S. 79.

470 Aussage Halves vor dem Untersuchungsausschuss 1919, 4121 B, S. 8005.

471 Baier, Erinnerungen, BArch SAPMO Berlin, SGY 30/34, Bl. 32ff. auch für das Folgende.

472 Baier, Erinnerungen, BArch SAPMO Berlin, SGY 30/34, Bl. 33.

473 Hirsch, Geschichte der Volksmarinedivision, in: Rote Fahne, Nr. 302, 3. Beilage vom 23.12.1928.

474 Baier, Erinnerungen, BArch SAPMO Berlin, SGY 30/34, Bl. 33.

475 Hirsch, Geschichte der Volksmarinedivision, in: Rote Fahne, Nr. 302, 3. Beilage vom 23.12.1928.

476 Hirsch, Geschichte der Volksmarinedivision, in: Rote Fahne, Nr. 302, 3. Beilage vom 23.12.1928.

477 Rotheit, Berliner Schloß, S. 34.

478 Rotheit, ebenda, S. 35.

479 Zitiert nach Freiheit, Nr. 3, vom 16.11.1918, MA.

480 Freiheit, Nr. 3 vom 16.11.1918, MA.

481 Rotheit, Berliner Schloß, S. 35.

482 Das und die folgenden Zitate nach Herwig, Elitekorps, S. 79 – 82.

483 Selchow zitiert nach Schmidt, Heimatheer, S. 58.

484 Die beiden Zitate nach Ullrich, Kaiserreich, in: Die Zeit Geschichte, 22.11.2010 Nr. 04; siehe auch Wette, Wehrmacht, S. 51.

485 Ich folge hier Rotheit, Berliner Schloß, S. 35ff.

486 Krieger, Schloß, S. 17f.

487 Wrobel, Volksmarinedivision, S. 33, Hinweis in Anm. 51.

488 Rosentreter, Blaujacken, S. 147.

489 Freiheit, Nr. 3, vom 16.11.1918, MA.

490 Freiheit, Nr. 3, vom 16.11.1918, MA.

491 Richard Müller, Novemberrevolution, Neuausgabe 2011, S. 414; Wrobel, Volksmarinedivision, S.34; Rosentreter, Blaujacken, S. 148.

492 Der gleichen Ansicht: Langer, Flamme, S. 175.

493 Wortbeitrag Wegmann, Engel/Holz/Materna, ASR 1, S. 397.

494 Bericht Strobel, Engel/Holz/Materna, ASR 1, S. 310.

495 Richard Müller, Novemberrevolution, Neuausgabe 2011, S. 414.

496 Lebenslauf/Erinnerungen Otto Tost, SAPMO im BArch Berlin, SGY 30/630, Bl. 2 von insgesamt 3.

497 Krieger, Schloß, S. 18.

498 Engel, Aufzeichnungen Radtke, in: Jahrbuch Arbeiterbewegung, Sept. 2009, S. 78.

499 9. Aktenstück, Organisatorische Grundlage der Volksmarinedivision, vom 20.11.1918, in: Untersuchungsausschuss 1919, 4121C, S. 8103.

500 Oehme, Damals, S. 181.

501 Engel, Aufzeichnungen Radtke, in: Jahrbuch Arbeiterbewegung, Sept. 2009, S. 78.

502 Wrobel, Volksmarinedivision, S. 37.

503 Alle Zitate aus der Aussage von Halves vor dem Untersuchungsausschuss 1919, 4121 B, S. 8005.

504 Erinnerungen Schneider, SAPMO, BArch Berlin, SGY 30/718, Bl. 2.

505 Engel, Aufzeichnungen Radtke, in: Jahrbuch Arbeiterbewegung, Sept. 2009, S. 81.

506 Heinig, Hohenzollern, S. 80f.

507 Wrobel, Volksmarinedivision, S. 37.

508 Freiheit, Nr. 60, vom 17.12.1918, AA.

509 Vorwärts, Nr. 345a, vom 16.12.1918, AA.

510 Feststellung des Vorsitzenden, Untersuchungsausschuss 1919, 4121 B, S. 8004.

511 Krieger, Schloß, S. 17.

512 Noske, Kiel, S. 65.

513 Daten nach Baudis und Roth, Das Massaker in der Französischen Straße, in: Neues Deutschland, 15.3.1969, S. 14; vgl. auch: Rosentreter, Blaujacken im Novembersturm, S.221ff.

514 Daten nach Baudis und Roth, Berliner Opfer der Novemberrevolution 1918/19.

515 Wrobel, Volksmarinedivision, S. 39.

516 Auch Krieger, Schloß, S. 18, sprach von »Spaltung«; Bernstein aber, der die Matrosen gar nicht mochte, sah bolschewismusfürchtig »willige Aufnahme der spartakistischen Schlagworte auch bei den Matrosen.« Wo es nur um die Umsetzung der demokratischen Volkswehr ging, Bernstein, Revolution, S. 151.

517 Derselben Ansicht Wrobel, Volksmarinedivision, S. 39.

518 Alle Zitate und Feststellungen nach der Aussage von Halves vor dem Untersuchungsausschuss 1919, 4121 B, S. 8005f, hier 8006.

519 Broßat 1946, S. 15.

520 Broßat, Erinnerungen, SAPMO-BArch, SGY 30/104, Bl. 12; ähnlich in Broßat, Mit der Volksmarinedivision, in: Vorwärts nicht vergessen, S. 328.

521 Tost wird im Register des Protokolls des Rätekongresse als SPD-Mitglied geführt, Protokoll Kongress Arbeiter- und Soldatenräte, 213, von einer Wortmeldung gegen die Nationalversammlung findet sich im Protokoll nichtS. Tost gibt in seinem Lebenslauf an, er sei USPD-Mitglied und im Kongress gegen die Nationalversammlung, gewesen, Lebenslauf/Erinnerungen Otto Tost, SAPMO im BArch Berlin, SGY 30/630, Bl. 1f.

522 Das und die vorigen Zitate aus Tosts Aufruf in der Freiheit, Nr. 11, vom 21.11.1918, MA; teils auch im BT, Nr. 594, vom 20.11.1918.

523 Hirsch, Geschichte der Volksmarinedivision, in: Rote Fahne, Nr. 302, 3. Beilage vom 23.12.1928.

524 Redebeiträge Wegmann und Herrmann Müller, in: Engel/Holz/Materna, ASR 1, Dok. 83, S. 310f.

525 Engel, Aufzeichnungen Radtke, in: Jahrbuch Arbeiterbewegung, Sept. 2009, S. 81.

526 Freiheit, Nr. 30, vom 1.12.1918, MA.

527 Auch für das vorige, Fischer, Revolutionskommandantur, S. 9; siehe auch Typoskript einer Artikelserie Grünbergs für die Rote Front (November 1928 – Januar 1929), in: Erinnerungen Grünberg, SAPMO BArch Berlin, SGY 30/769, Bl. 134 – 160, hier Bl. 136.

528 Grünberg, Ebenda, S. 137.

529 Eichhorn, Im Polizeipräsidium, S. 22.

530 Prozess Scheidemann/Prinz: LAB A Rep. 358-01-2072.

531 Staatsanwaltliche Vernehmung Eichhorns, vom 16.2.1920 u. a., Landesarchiv Berlin, LAB, A Rep. 358-01, 433, Mikrofilm ohne Paginierung.

532 Eichhorn, Im Polizeipräsidium, S. 22

533 Richard Müller, Novemberrevolution, Neuausgabe 2011, S. 415.

534 Kessler, Tagebuch, Bd. 6, S. 704.

535 Heinig, Hohenzollern, S. 80.

536 Miller/Ritter (Hrsg.), Deutsche Revolution, Dok. 5, S. 101f. Der Erlass findet sich merkwürdigerweise nicht in der Edition der Regierung der Volksbeauftragten (RDVB).

537 Noske, Kiel, S. 47f.

538 Rosentreter, Blaujacken, S. 158.

539 Brief des 53er-Ausschusses an die Reichskanzlei vom 27.11.1918, Zentralrat der Marine, BArch Berlin, R 43/2508d, Bl. 2; Freiheit, Nr. 14, vom 22.11.1918, AA; Rote Fahne vom 6.12.1918.

540 Geschäftsverkehr mit dem Beauftragten des 53er-Ausschusses, BArch MA, RM 20 -12, Bl. 44-45.

541 Wrobel, Volksmarinedivision, S. 45.

542 Brief des 53er-Ausschusses unterschrieben von Reitz, Wengora, Waldau, vom 27.11.1918 an Baake, Zentralrat der Marine, BArch Berlin, R 43/2508d, Bl. 6

543 Brief Baakes an den 53er-Ausschuss vom 27.11.1918, Zentralrat der Marine, BArch Berlin, R 43/2508d, Bl. 1.

544 Brief Haases an den 53er-Ausschuss vom 13.12.1918, Zentralrat der Marine, BArch Berlin, R 43/2508d, Bl. 7

545 Baier, Erinnerungen, BArch SAPMO Berlin, SGY 30/34, Bl. 35.

546 Baier, Erinnerungen, BArch SAPMO Berlin, SGY 30/34, Bl. 39 – 42.

547 Programm des 53er-Rates, bei Richard Müller, Novemberrevolution, Neuausgabe 2011, S. 416f. und Faksimile bei Wrobel, Volksmarinedivison, S. 46f.; Rosentreter, Blaujacken, S. 159.

548 Brief des Soldatenrates der Marine an die Reichsregierung vom 11.12.1918, Zentralrat der Marine, BArch Berlin, R 43/2508d, Bl. 9f.

549 Typoskript einer Artikelserie Grünbergs für die Rote Front (November 1928 – Januar 1929), in: Erinnerungen Grünberg, SAPMO BArch Berlin, SGY 30/769, Bl. 134 – 160, hier Bl. 131.

550 Brief des 53er-Ausschusses an »den Genossen Scheidemann«, u. a. mit der Unterschrift Tosts, vom 24.11.1918, Zentralrat der Marine, BArch Berlin, R 43/2508d, Bl. 4 und Antwortschreiben von Scheidemann vom 25.11.1918, Bl. 5

551 Rosentreter, Blaujacken, S. 156.

552 Denkschrift des 53er Rates, nach dem 18.11.1918, Zentralrat der Marine, BArch Berlin, R 43/2508d, Bl. 21R.

553 Protokoll Kongress Arbeiter- und Soldatenräte, S. 91. Er reagierte damit auf Tost, S. 66, der wiederum auf Noske antwortete, S. 95.

554 Denkschrift des 53er Rates, nach dem 18.11.1918, Zentralrat der Marine, BArch Berlin, R 43/2508d, Bl. 19-22, hier Bl. 21.

555 Brief von Manns vom Dezember 1918 (ohne Tagesangabe, aber nach dem 19.12.) an Ebert, Zentralrat der Marine, BArch Berlin, R 43/2508d, Bl. 16 und 16R.

556 Brief von Kapitän Brünighaus an Otto Landsberg vom 19.12.1918, Zentralrat der Marine, BArch Berlin, R 43/2508d, Bl. 17, 17a.

557 Protestresolutionen aus Wilhelmshaven, Kiel und Cuxhaven, Zentralrat der Marine, BArch Berlin, R 43/2508d, Bl. 30.

558 Brief Ritter von Mann an Reichsregierung vom 20.12.1918, Zentralrat der Marine, BArch Berlin, R 43/2508d, Bl. 28 und 28R.

559 Brief Reichsregierung an Reichsmarineamt vom 8.1.1919, Zentralrat der Marine, BArch Berlin, R 43/2508d, Bl. 23.

560 Käppner, Aufstand, S. 324.

561 Heinig, Hohenzollern, S. 82.

562 Diese und die nachfolgenden Zitate sind aus einem Bericht von Haeftens, der überschrieben ist »Der Versuch zu einer Gegenrevolution November/Dezember 1918« und sich in seinem Nachlass befindet, BArch MA, Nachlass Haeften, N 35/7, Bl. 126 – 131.

563 Brecht, Nähe, S. 239.

564 Nach Kluge, Soldatenräte, S. 224, war Metternich mit ihm verwandt. Dafür fand sich kein Beleg. Andere Autoren sehen Metternich als Neffen des ehemaligen kaiserlichen Botschafters Metternich an. Er war aber tatsächlich ein Großneffe. Für die genealogische Recherche danke ich Roland Geiger.

565 Kessler, Tagebuch, Bd. 6, S. 639.

566 Bericht des Polizeipräsidenten Eichhorn vom 9.12.1918, BArch Berlin, R 43/2010, Bl. 135 – 140, hier Bl. 135; auch abgedruckt bei Richard Müller, Novemberrevolution, Neuausgabe 2011, S. 493-495.

567 Zuschrift von Gräber an die Rote Fahne, Rote Fahne, Nr. 24. 9.12.1918.

568 Brecht schreibt sie hätten es nicht ernst genommen, aber eine Notiz zu Ebert geschickt, der sie vielleicht nicht gelesen habe, Brecht, Nähe, 222.

569 Die Vereinbarung ist abgedruckt bei Eichhorn, Im Polizeipräsidium, S. 30f.

570 Vorwärts, Nr. 366a, 7.12.1918, AA; siehe auch Kluge, Soldatenräte, S. 227.

571 Freiheit, Nr. 41, vom 7.12.1918, MA

572 Metternich wiederum will Rheinbaden und Matuschka gewarnt haben vor dem Putsch und er habe deswegen mit den Matrosen nur an der Huldigung teilgenommen.

573 Erinnerungen von Rheinbaben, S. 6, es existiert nur ein Auszug, den die Witwe Rheinbabens dem politischen Archiv des heutigen Deutschen Außenministeriums zur Verfügung stellte. Ich danke Martin Kröger für die Überlassung der Auszüge.

574 Notariell beglaubigte Abschrift eines Briefes von Riepenhausen an den Offiziersvertrauensrat der I. Abt. d. Art. Regiments Nr. 10 der Reichswehrbrigade 10, vom 31.5.1920, In: Rechtfertigung Metternich, BArch MA, RH 18/v. 411, Bl. 38.

575 Protokoll der Hauptausschusssitzung der VMD vom 7.12.1918, vollständig abgedruckt bei Rotheit Schloß, S. 59 – 62, hier S. 61.

576 Freiheit, Nr. 41, vom 7.12.1918, MA.

577 Broßat, Erinnerungen, SAPMO-BArch, SGY 30/104, Bl. 9; ähnlich in Broßat, Mit der Volksmarinedivision, in: Vorwärts nicht vergessen, S. 322.

578 Freiheit, Nr. 41, vom 7.12.1918, MA.

579 Kluge, nach privaten Aufzeichnungen von Metternich, die nicht identisch sind mit seiner Rechtfertigungsschrift, Kluge, Soldatenräte, S. 437, Anm. 114.

580 Engel, Aufzeichnungen Radtke, in: Jahrbuch Arbeiterbewegung, Sept. 2009, S. 82.

581 Typoskript Metternich mit eigenhändiger Unterschrift, vom 25.11.1938, in: Rechtfertigung Metternich, BArch MA, RH 18/v. 411, Bl. 4.

582 Kessler, Tagebuch, Bd. 6, S. 698f.

583 Bericht des Polizeipräsidenten Eichhorn vom 9.12.1918, BArch Berlin, R 43/2010, Bl. 135 – 140; auch abgedruckt bei Richard Müller, Novemberrevolution, Neuausgabe 2011, S. 493-495.

584 Brecht, Nähe, S. 224.

585 Alle Zitate aus der gemeinsamen Sitzung von Vollzugsrat und Volksbeauftragten vom 7.12.1918, Engel/Holz/Materna, ASR 1, S. 624 – 628.

586 »Versuch einer Gegenrevolution«, BArch MA, Nachlass Haeften, N 35/7, Bl. 128f. Siehe auch RDVB, Bd. 1, S. 316ff.; Berthold/Neef, Militarismus, Dokument 120, S. 293; Guth, Loyalitätskonflikt, S. 60.

587 Aussage Groener im Dolchstoßprozess, in: Herzfeld, Sozialdemokratie, S. 386.

588 Wirren, S. 28; Text auch bei Berthold/Neef, Militarismus, S. 282f., Miller/Ritter, Dokumente, S. 137f.; Kluge, Soldatenräte, S. 234.

589 Kluge, Soldatenräte, S. 235.

590 Bericht Major Harbou: »Herr Ebert und Unterstaatssekretär Baake schienen entschlossen, auf die Vorschläge einzugehen.« BArch-MA, Nachlass Schleicher N 42/11, Bl. 2528; auch Abgedruckt bei Könnemann, Truppeneinmarsch, S. 1604f. und als Dokument 69 in: RDVB, Bd. 2, S. 27.

591 BArch-MA, Nachlass Schleicher N 42/11, Bl. 2-7; auch Abgedruckt bei Könnemann, Truppeneinmarsch, S.1600ff., hier 1602.

592 Guth, Loyalitätskonflikt, S. 60.

593 Guth, Ebenda.

594 Bericht Major von Harbou, BArch-MA, Nachlass Schleicher, N 42/11, Bl. 2528.

595 Mühlhausen, Ebert 2006, S. 132.

596 Pyta, Hindenburg, S. 386.

597 Engel/Holz/Materna, ASR 1, S. 631f.; Richard Müller, Novemberrevolution, S. 165ff.; Gesamtausgabe, S. 390ff.; Drabkin, Novemberrevolution, S. 333ff.

598 Bericht Major von Harbou, BArch-MA, Nachlass Schleicher N 42/11, Bl. 2528

599 Brief Hindenburgs an Ebert vom 8.12.1918, Berthold/Neef, Militarismus, S. 269ff.

600 Gietinger, November 1918, S. 80.

601 Bericht Heyne, siehe Engel/Holz/Materna, ASR 1, S. 632f., S. 640ff. und S. 198.

602 Könnemann, Truppeneinmarsch, S. 1596.

603 Eichhorn, Im Polizeipräsidium, S. 36.

604 Bericht Leutnant Fischer, 7. Aktenstück, Untersuchungsausschuss 1919, 4121C, S. 8100 – 8103, hier, S. 8102.

605 Bericht Fischer, In: Aktenstück 7, Untersuchungsausschuss 1919, 4121 C, S. 8102.

606 Eichhorn, Im Polizeipräsidium, S. 38.

607 Bericht Fischer, In: Aktenstück 7, Untersuchungsausschuss 1919, 4121 C, S. 8102f.

608 Barth, Werkstatt, S. 84; Könnemann, Truppeneinmarsch, S. 1595f.; Guth, Loyalitätskonflikt, S. 66.

609 Vorwärts vom 11.4.1918.

610 Nach Witt, Ebert 1987, S. 103; auch zitiert bei Mühlhausen, Ebert 1999, S. 156.

611 Telegramm-Entwurf Groeners, 9.12.1918, Nachlass Schleicher BArch-MA, N 42/11, Bl. 11, auch abgedruckt in Könnemann, Truppeneinmarsch 1603f.; Berthold/Neef, Militarismus, Dokument 108, S. 276.

612 Ebenda; auch abgedruckt bei Kluge, Soldatenräte, S. 237. Sowie Tagebucheintragung Groeners vom 9.12.1918: BArch-MA, N 46/25, H 1, Bl. 17.

613 Pabst, Memoiren, S. 24, Nachlass Pabst, BArch-MA, N 620/2.

614 Pabst, Memoiren, S. 23f., Nachlass Pabst, BArch-MA, N 620/2; Wirren, S. 32, Kluge, Soldatenräte, S. 237f.

615 Luxemburg, Um den Vollzugsrat, in: Luxemburg, GW, Bd. 4, S.440.

616 Gietinger, November 1918, S. 82.

617 Telegramm des Rates der Volksbeauftragten an die OHL, 9.12.1918, Berthold/Neef, Militarismus, S.281.

618 Lüttwitz, Kampf, S. 33.

619 Wirren, S. 35.

620 Noske, Kiel, S. 72.

621 Jones, Gewalt, S. 215f.

622 Jones, Gewalt, S. 120, 125, 215ff., 236, 246, 256, 263 allerdings mit falscher Interpretation, 287f., 333f.; Lange, Schießbefehl, S. 104f., 110ff., 132, 137, 140f., 146; Niess, Revolution, S. 218ff., 261ff., 321ff., 396ff.; sowie grundsätzlich: Gietinger, Konterrevolutionär, S. 25 – 230.

623 Aufzeichnungen Böhm, Adjutant, S. 101.

624 Dieses und folgende Zitate nach Ebert, Schriften, Bd. 2, S. 127 – 130.

625 Schleicher, Brief an einen unbekannten Empfänger, 1.12.1918, Nachlass Schleicher, BArch-MA, N 42/11, Bl. 2 – 7, abgedruckt bei Könnemann, Truppeneinmarsch, S. 1602 und in: Haffner u.a., Zwecklegenden, S. 79.

626 Pabst, Memoiren, S. 34, Nachlass Pabst, BArch-MA, N 620/2; Lüttwitz, Kampf, S. 18.

627 Gietinger, November 1918, S. 85.

628 Groener, Lebenserinnerungen, S. 474.

629 Thaer, Generalstabsdienst, S. 280f.

630 Lüttwitz, Kampf, S. 18.

631 Vorwärts, Nr.339, 10.12.1918, MA.

632 Engel, Aufzeichnungen Radtke, in: Jahrbuch Arbeiterbewegung, Sept. 2009, S. 82f.

633 Walter Wimmer, Ein Blatt aus Scheidemanns Tagebuch, in: Beiträge zur Geschichte der deutschen Arbeiterbewegung 1959/2, S. 368-371. Siehe auch Wette, Noske, S. 286, Anm. 116.

634 Protokoll Leitungssitzung VMD vom 12.12.1918, In: Aktenstück 14, Untersuchungsausschuss 1919, 4121 C, S. 8108f.

635 Protokoll Leitungssitzung VMD vom 12.12.1918, ebd.

636 Aussagen Junge, Radtke und Halves im Untersuchungsausschuss 1919, 4121 C, S. 8004, 8007, 8008f.

637 Rotheit, Schloß, S. 66.

638 Einladung vom 19.12.1918, BArch Berlin, R 43/2508e, Volksmarinerat und Volksmarinedivision, Bl. 23.

639 Rotheit, Schloß, S. 66.

640 Erinnerungen Grünberg, SAPMO BArch Berlin, SGY 30/769, Bl. 82; Rotheit, Schloß, S. 66.

641 Wrobel, Volksmarine, S. 81.

642 »Revolutions-Soldaten. Volksmarine-Sicherheitswehr-Republikanische Soldatenwehr«, Typoskript einer Artikelserie Grünbergs für die Rote Front (November 1928 – Januar 1929), in: Erinnerungen Grünberg, SAPMO BArch Berlin, SGY 30/769, Bl. 134 – 160, hier Bl. 146..

643 Erinnerungen Grünberg, SAPMO BArch Berlin, SGY 30/769, Bl. 82.

644 Abgedruckt in Rote Fahne vom 17.12.1918.

645 Handschriftlicher Brief ohne Adresse (vermutlich aber an die Regierung), vom 8.12.1918, mit der Unterschrift von Radtke, Dorrenbach, Hillebrand und Milewski. BArch BA, R 43/2508e, Volksmarinedivision, Bl. 17 – 18.

646 Aufstellung der VMD über die Personalstärke und die Wachverteilung vom 12.12.1918, in: BArch Berlin, R 43/2508e, Volksmarinedivision, Bl. 3.

647 Fischer, Revolutionskommandantur, S. 38.

648 Darunter auch die Republikanische Schutztruppe, zu der Grünberg gehörte und die Sicherheitswehr Eichhorns, Erinnerungen Grünberg, SAPMO BArch Berlin, SGY 30/769, Bl. 82.

649 Wrobel, Volksmarinedivision, S. 82.

650 Erinnerungen Grünberg, SAPMO BArch Berlin, SGY 30/769, Bl. 85, die Forderungen auf Bl. 84.

651 Erinnerungen Grünberg, Ebenda.

652 Im Abgeordetenhaus wollte Brecht 39 Soldatenräte gesehen haben, Brecht, Nähe, S. 225.

653 Engel/Holtz/Materna, ASR I, Dok. 118, S. 634.

654 Protokoll Kongress Arbeiter- und Soldatenräte, S. 71.

655 Zur Soziologie der Mitglieder siehe: Roß, Räteparlamentarismus.

656 Roß, Räteparlamentarismus, S. 338.

657 Protokoll Kongress Arbeiter- und Soldatenräte, S. 33ff., hier 35; Niess, Revolution, S. 234ff.

658 Im Protokoll sind es 17 Regimenter, Protokoll des Kongress Arbeiter- und Soldatenräte, S. 61ff.

659 Volkmann, Revolution, S. 141.

660 Nach: Protokoll Kongress Arbeiter- und Soldatenräte, S. 63f. Auch die folgenden Zitate und die davor.

661 Erinnerungen Grünberg, SAPMO BArch Berlin, SGY 30/769, Bl. 86.

662 Jones, Gewalt, übersieht die Hamburger Punkte, S. 112 – 114.

663 Protokoll Kongress Arbeiter- und Soldatenräte, S. 65.

664 Gietinger, November 1918, S.89.

665 Hürten, Kapp-Putsch, S.12f., behauptet, die Nationalversammlung sei das Einigungsinstrument von SPD-Führung und Armee gewesen. Was nicht zutrifft. Die OHL wollte eine Diktatur von Ebert und Noske.

666 Volkmann, Revolution, S. 146.

667 Volkmann, Ebenda, S. 149.

668 RDVB, Bd. 2, S.12, die übrigen Zitate, Ebenda, S. 3 –15.

669 RDVB, Bd. 2, Ebenda, S. 9.

670 Barth, Werkstatt, S. 93; Volkmann, Revolution, S. 150.

671 Kreuzverhör Groeners im Dolchstoßprozess, in: Herzfeld, Sozialdemokratie, S. 391.

672 Deist (Hrsg.): Militär und Innenpolitik 1918 1920, Dokument 12, S.32.

673 Barth, Werkstatt, S. 98f.

674 Aussage Bongard im Untersuchungsausschuss 1919, 4121 B, S. 7752.

675 Bericht des Untersuchungsausschusses 1919, 4121 A, S. 7676.

676 Brief vom Zentralrat der Marine, an den Volksmarinerat von Groß-Berlin (d.i. die VMD), vom 11.12.1918, Dokument 10, Urkundenband Untersuchungsausschuss 1919, 4121 C, S. 8103f.

677 Organisatorische Grundlage der VMD, Dokument 9, Urkundenband Untersuchungsausschuss 1919, 4121C, S. 8103.

678 10 Jahre SPD, S. 62.

679 Wrobel, Volksmarinedivision, S. 73.

680 Heinig, Hohenzollern, S. 85

681 Heinig, Hohenzollern, S. 86.

682 Heinig, Hohenzollern, S. 85f., auch das folgende Zitat.

683 Brief Finanzminister Albert Südekum (SPD) und Hugo Simon (USPD) an Preußische Staatsregierung vom 11. 12.1918, mit eigenhändigen Unterschriften und Anlage 1,»Denkschrift« in: BArch Berlin, R 43/2508e, Volksmarinedivision, Bl. 7 – 9 und 10-13; auch in: Dokument 10, Urkundenband Untersuchungsausschuss 1919, 4121 C, S. 8104 – 8107; sowie: Heinig, Hohenzollern, S. 86 – 89. Sowohl im Urkundenband, als auch bei Heinig wird nur Simon als Unterzeichner angegeben.

684 Brief Südekum/Simon in BArch Berlin, R 43/2508e, Volksmarinedivision, Bl. 8RS, zitiert auch bei Heinig, Hohenzollern S. 88.

685 Heinig, Hohenzollern, S. 89.

686 Aufstellung der VMD über die Personalstärke und die Wachverteilung vom 12.12.1918, in: BArch Berlin, R 43/2508e, Volksmarinedivision, Bl. 3.

687 Aussage Heinig im Untersuchungsausschuss 1919, 4121 B, S. 8033.

688 Heinig, Hohenzollern, S.89f.; Heinig meint vermutlich im Niederschriftenband des Untersuchungsausschusses 1919, 4121 B, die Seiten 7752 – 7758.

689 Brief Südekum/Simon in BArch Berlin, R 43/2508e, Volksmarinedivision, Bl. 8RS, zitiert auch bei Heinig, Hohenzollern S. 88.

690 Heinig, Hohenzollern, S. 90.

691 Engel, Aufzeichnungen Radtke, in: Jahrbuch Arbeiterbewegung, Sept. 2009, S. 83.

692 Tost, in Freiheit, Nr.75, vom 25.12.1918, MA.

693 Heinig, Hohenzollern, S. 127 – 130.

694 Heinig, Hohenzollern, S. 95. Siehe auch Bericht des Untersuchungsausschusses 1919, 4121A, S. 7677.

695 Aussage Anton Fischer vor dem Untersuchungsausschuss 1919, 4121 B, S. 7477.

696 Aussage Heinig vor dem Untersuchungsausschuss 1919, 4121b, S. 8034.

697 Engel, Aufzeichnungen Radtke, in: Jahrbuch Arbeiterbewegung, Sept. 2009, S. 83.

698 Beiersdorf, zitiert bei Wrobel, Der Sieg der Matrosen, S. 43.

699 Anweisung der »Reichsregierung«, eigenhändig unterschrieben von Ebert, Scheidemann, Landsberg, Haase, Dittmann und Barth, BArch Berlin, R 43/2508e, Volksmarinedivision, Bl. 14.

700 Aussage Anton Fischer vor dem Untersuchungsausschuss 1919, 4121 B, S. 7478.

701 Bericht des Untersuchungsausschusses 1919, 4121A, S. 7678.

702 Aussage Fischer vom 24.12.1918, Typoskript mit handschriftlichen Bemerkungen Oehmes, BArch Berlin, R 43/2508e, Volksmarinedivision, Bl. 27, die ganze Aussage Bl. 27-29.

703 Engel, Aufzeichnungen Radtke, in: Jahrbuch Arbeiterbewegung, Sept. 2009, S. 84.

704 Erklärung der Volksmarinedivision, vom 29.12.1918, zit. nach Dok. IX, in: Richard Müller, Novemberrevolution, Neuausgabe 2011, S. 500.

705 Engel, Aufzeichnungen Radtke, in: Jahrbuch Arbeiterbewegung, Sept. 2009, S. 84.

706 Siehe auch zum Ablauf Barth, Werkstatt, S. 97ff, hier S.99f; RDVB Bd. 2, S. 17 – 35.

707 Brecht, Nähe, S. 227.

708 Jones, Gewalt, liegt hier falsch, wenn er behauptet, es seien »Aufständische in das Gebäude eingedrungen«, S. 131, es war die Wache selbst.

709 Aussage Fischer vom 24.12.1918, Typoskript mit handschriftlichen Bemerkungen Oehmes, BArch Berlin, R 43/2508e, Volksmarinedivision, Bl. 27 und 27R.

710 Barth nach Freiheit, Nr. 77, vom 28.12.1918, MA.

711 Erinnerungen Schäfer, SAPMO BArch Berlin, SGY 30/547, Bl. 50.

712 Barth nach Freiheit, Nr. 77, vom 28.12.1918, MA.

713 Oehme, Damals, S. 195.

714 Kluge, Soldatenräte, S. 263.

715 Aussage Fischer vom 24.12.1918, Typoskript mit handschriftlichen Bemerkungen Oehmes, BArch Berlin, R 43/2508e, Volksmarinedivision, Bl. 27R.

716 Vossische Zeitung, Nr. 356, 24.12.1918, MA.

717 Beiersdorf, zitiert bei Wrobel, Der Sieg der Matrosen, S. 43. Siehe auch Erklärung der Volksmarinedivision, vom 29.12.1918, zit. nach Dok. IX, in: Richard Müller, Novemberrevolution, Neuausgabe 2011, S. 502; sowie RDVB, Bd. 2, S. 21, Anm. 1.

718 Ernst Link ist wohl der Schwerverletzte, der dann auch noch starb, Baudis/Roth, Opfer der Novemberrevolution, S. 122f.

719 Kriegstagebuch der GKSD, 23.12.1918, Bl.139, Nachlass Pabst, SAPMO-BArch, NY 4035/1.

720 Aussage Fischer vom 24.12.1918, Typoskript mit handschriftlichen Bemerkungen Oehmes, BArch Berlin, R 43/2508e, Volksmarinedivision, Bl. 27R; siehe auch Hirsch, Geschichte der Volksmarinedivision, in: Rote Fahne, Nr. 302, 3. Beilage vom 23.12.1928.

721 Kluge, Soldatenräte, S. 264.

722 Siehe die Telefonnotiz über einen Anruf KlawundeS. Der Nachfolger Heynes, der den Aufmarsch der OHL am 10. Dezember bekannt gemacht hatte und dann entfernt worden war. Kalbunde also, bot tatsächlich 3.000 Soldaten aus Potsdam an, R 43/2508e, Volksmarinedivision, Bl. 44.

723 Das Protokoll stammt von Walther Oehme, dem Sekretär von Unterstaatssekretär Kurt Baake (SPD), BArch Berlin, R 43/2508e, Volksmarinedivision, Bl. 42 – 43R.

724 Nach Oehme kam er am Schluss noch dazu, Oehme, Damals, S. 195.

725 Brecht, Nähe, S. 502ff.

726 Aktennotiz vmtl. von Oehme, vom 23.12.1918, BArch Berlin, R 43/2508e, Volksmarinedivision, Bl. 25.

727 Erinnerungen Schäfer, SAPMO BArch Berlin, SGY 30/547, Bl. 50.

728 Bericht über den 23./24.12.18, GKSD, Ia, 25.12.1818, Bristol-Hotel, Bl. 1, BArch-MA, N 620/2.

729 Schäfer nach Wrobel, Sieg der Matrosen, S. 46. Die Schäfer'sche Erzählung hier, weicht von seinen Erinnerungen ab und ist schärfer formuliert.

730 Erinnerungen Schäfer, SAPMO BArch Berlin, SGY 30/547, Bl. 50.

731 Kreuzverhör Groeners im Dolchstoßprozess, in: Herzfeld, Sozialdemokratie, S. 387f.; Tagebucheintragung Groener, 23.12.1918, BArch-MA, N 46/25, H 1, Bl. 26.

732 Erklärung der Volksmarinedivision, vom 29.12.1918, zit. nach Dok. IX, in: Richard Müller, Novemberrevolution, Neuausgabe 2011, S. 503.

733 Redetext vom 23.12.1918, BArch Berlin, R 43/2508e, Volksmarinedivision, Bl. 36.

734 Befehl der Regierung, BArch Berlin, R 43/2508e, Volksmarinedivision, Bl. 46.

735 Befehl der Regierung, BArch Berlin, R 43/2508e, Volksmarinedivision, Bl. 37.

736 Niess, Revolution, S. 257.

737 Oehme in Freiheit Nr. 631 vom 29.12.1919, AA; siehe auch Oehme, Damals, S. 202.

738 Schmidt der Befehlshaber der Gardefüsiliere (Maikäfer) hat im Untersuchungsausschuss 1919 behauptet, er habe mit der Drohung der Stürmung des Marstalls die Herausgabe der beiden erwirkt. Doch das trifft nicht zu. Wels war das Hassobjekt der Matrosen.

739 Engel, Aufzeichnungen Radtke, in: Jahrbuch Arbeiterbewegung, Sept. 2009, S. 84.

740 Brief von Haase, Dittmann und Barth, BArch Berlin, R 43/2508e, Volksmarinedivision, Bl. 65; Freiheit, UA; Käppner glaubt Radtke, 1918, S. 346; Gietinger fälschlicherweise auch, November 1918, S. 96.

741 Schon um 22 Uhr 20 hatte der Kriegsminister alle Truppen dem Kommando Lequis unterstellt. BArch Berlin, R 43/2508e, Volksmarinedivision, Bl.39.

742 Oehme, Damals, S. 205.

743 Aussagen Ledebour, Radtke im Ledebourprozess, S. 40, 291.

744 Radtke berichtet auch man habe ihm in der Reichskanzlei versprochen am nächsten Tag weiterzuverhandeln. Engel, Aufzeichnungen Radtke, in: Jahrbuch Arbeiterbewegung, Sept. 2009, S. 84.

745 Aussage Schulze, Untersuchungsausschuss 1919 4121 B, S. 8015.

746 Aussage Milewski, Ledebourprozess, S. 203.

747 Vossische Zeitung, Nr. 656, vom 24.12.1918, MA.

748 Oehme in Freiheit Nr. 631 vom 29.12.1919, AA; Oehme, Damals, S. 207.

749 Oehme, Damals, S. 207; siehe auch Erklärung der Volksmarinedivision, vom 29.12.1918, zit. nach Dok. IX, in: Richard Müller, Novemberrevolution, Neuausgabe 2011, S. 503.

750 Walter Wimmer, Ein Blatt aus Scheidemanns Tagebuch, in: Beiträge zur Geschichte der deutschen Arbeiterbewegung 1959/2, S. 368-371. Siehe auch Wette, Noske, S. 286, Anm. 116.

751 Befehl in Wirren, S. 38f.

752 Pabst, Memoiren, S. 40, Nachlass Pabst, BArch-MA, N 620/2; Wirren S. 38.

753 Zitate nach: Bericht über den 23./24.12.18, Bl. 1f., Nachlass Pabst, BArch-MA, N 620/2.

754 Nach Radtkes Aussage im Ledebourprozess, war er 18 Jahre alt, Ledebourprozess, S. 293.

755 In seinen Erinnerungen lässt Beiersdorf die Weihnachtskämpfe aus, SAPMO BArch Berlin, SGY 30/59 (redigiert und umgeschrieben gedruckt als Wir roten Matrosen, in: 1918 – Erinnerungen von Veteranen der Gewerkschaftsbewegung, Berlin (Ost) 1958, S. 286 – S. 340), so ist man auf ein Interview durch Kurt Wrobel angewiesen: Beiersdorf, auch das nachfolgende Zitat, nach Wrobel, Sieg der Matrosen, S. 49f..

756 Gietinger, November 1918, S. 98

757 Beiersdorf, nach Wrobel, Sieg der Matrosen, S. 50f.

758 Bericht über den 23./24.12.18, Bl. 1f., Nachlass Pabst, BArch-MA, N 620/2.

759 Willi Loew, in Die Rote Front, Nr. 41, Dezember 1928, zit. nach Wrobel, Sieg der Matrosen, S. 51.

760 Gustav Block, nach Wrobel, Sieg der Matrosen, S. 51.

761 Heinig, Hohenzollern, S. 98f.

762 Untersuchungsausschuss 1919, 4121 B, S. 7705.

763 Im Original Leqid und Hoffmann.

764 Erinnerungen Apelt, SAPMO BArch Berlin, SGY 30/20, Bl. 482.

765 Broßat, Mit der Volksmarinedivision, in: Vorwärts nicht vergessen, S. 325f.

766 Max Sassen, nach Wrobel, Sieg der Matrosen, S. 53.

767 Erinnerungen Zikelsky, SAPMO BArch Berlin, SKY 30/709, Bl.126; redigiert, Zikelsky, Gewehr in meiner Hand, S. 160f.

768 Bericht über den 23./24.12.18, Bl. 4, Nachlass Pabst, BArch-MA, N 620/2.

769 Block, nach Wrobel, Sieg der Matrosen, S. 51; ebenso Heinig, Hohenzollern, S. 99.

770 Pabst, Memoiren, S. 46, Nachlass Pabst, BArch-MA, N 620/2.

771 Folgendes nach Pabst, Memoiren, S. 47f., Nachlass Pabst, BArch-MA, N 620/2. Siehe auch Pabst, Spartakus, S. 35 und Volkmann, Revolution, S. 161.

772 Nach Barth, telefonierte er mit dem Kriegsminister, RDVB, Bd. 2, S. 31.

773 Pabst, Memoiren S. 43f., Nachlass Pabst, BArch-MA, N 620/2.

774 Pabst, Memoiren S. 43f., Nachlass Pabst, BArch-MA, N 620/2; Niess schreibt, Wirren, S. 40ff. folgend, die Matrosen im Schloss hätten schon kapituliert, Niess, Revolution, 265f.. Das traf nur für einen Außenflügel zu, auch die weiße Fahne am Marstall diente dazu Frauen und Kinder herauszulassen, Rotheit, Berliner Schloß, S.88f.; Wrobel, Volksmarinedivision, S. 98ff.

775 Rotheit, Berliner Schloß, S. 88. Die Freiheit stellte dies ebenfalls fest, Freiheit, Nr. 75, vom 27.12.1918, MA; auch Haase gab dies in einer Regierungssitzung zu Protokoll, RDVB, Bd. 2, S. 100.

776 Freiheit, Nr. 74, vom 25.12.1918, MA.

777 Dieter Baudis und Hermann Roth, Berliner Opfer der Novemberrevolution 1918/19, S. 122 – 125.

778 Heinig, Hohenzollern, S. 98.

779 Statement Hammerstein, Untersuchungsausschuss 1919, 4121 B, S. 7760.

780 Das Abkommen, in: BArch Berlin, R 43/2508e, Volksmarinedivision, Text Bl. 29 und die Unterschriften Bl. 30; Text auch bei Oehme, Damals, S. 211; Faksimile auch bei: Hortzschansky u.a., Illustrierte Geschichte Novemberrevolution, S. 256.

781 Rücktrittsschreiben Wels vom 28.12.1918, BArch Berlin, R 43/2510, Militärangelegenheiten, Bl. 250.

782 Auflistung eines Anwalts im Prozess Scheidemann/Prinz: LAB A Rep. 358-01, Nr. 2072, Bd. 3, Bl. 67-75.

783 Dittmann, Erinnerungen, Bd. 2, S. 608. Teilweise abgedruckt bei RDVB, Bd. 2, Dokument 70, S. 30f.

784 Oehme, Damals, S. 212.

785 Gleicher Ansicht: Niess, Revolution, S. 279.

786 Kreuzverhör Groeners im Dolchstoßprozess, in: Herzfeld, Sozialdemokratie, S. 390.

787 Pabst, Memoiren, S. 43, Nachlass Pabst, BArch-MA, N 620/2.

788 Pabst, Memoiren, S. 48, Nachlass Pabst, BArch-MA, N 620/2.

789 Wie Groener es 1916 ausdrückte: Gegen die Arbeiter sei der Krieg nicht zu gewinnen, Deist, Militär und Innenpolitik, Nr. 98, S. 513.

790 Kreuzverhör Groeners im Dolchstoßprozess, in: Herzfeld, Sozialdemokratie, S. 387.

791 Broßat, Erinnerungen, SAPMO-BArch, SGY 30/104, Bl. 11; ähnlich Broßat 1946, S. 20; die Passage fehlt in der gedruckten Fassung der Erinnerungen, die auch sonst stark abweicht: Broßat, Mit der Volksmarinedivision, in: Vorwärts nicht vergessen, S. 325 – 327.

792 Gemeinschaftliche Erklärung von GKSD und VMD, vom 31.12.1918, BArch Berlin, R 43/2508e, Volksmarinedivision, Bl. 71.

793 Zitiert in Aufzeichnungen Böhm, Adjutant, S. 125, Anm.: 561.

794 Dittmann in Freiheit Nr. 631 vom 29.12.1919, AA.

795 Groener, Lebenserinnerungen, zitiert nach Berthold/Neef, Militarismus, S. 428.

796 Erklärung Spiro für die »Franzer«, in: Freiheit, Nr. 75, vom 27.12.1918, MA.

797 Telefonische Mitteilung von Noske, vom 24.12.1918, 18:30, BArch Berlin, R 43/2508e, Volksmarinedivision, Bl. 58.

798 Zikelsky, Gewehr in meiner Hand, S. 151, die Passage fehlt in seinen Erinnerungen.

799 Erinnerungen Zikelsky, SAPMO Barch Berlin, SGY 30/709, Bl. 127. Die letzten beiden Sätze fehlen im Buch, Zikelsky, Gewehr in meiner Hand, S. 161.

800 Hillebrand im Untersuchungsausschuss 1919, 4121 B, S. 8011.

801 Aussagen Radtke und Junge im Untersuchungsausschuss 1919, 4121 B, S. 8001 -8007, auch für das Folgende.

802 Rede Luxemburg auf dem Gründungsparteitag, GW, Bd. 4, S. 479.

803 Luxemburg, Was will der Spartakusbund, GW, Bd. 4, S. 443 und 448.

804 Kessler, Tagebuch, Bd. 7, S. 79f.

805 Auch Barth fragte sich das, Barth, Werkstatt, S. 131.

806 Kessler, Tagebuch, Bd. 6, S. 705.

807 Kessler, Tagebuch, Bd. 7, S. 119.

808 Levi, in: Die Rote Fahne vom 14.1.1920, zitiert nach Luban, Luxemburg und Januaraufstand, in: IWK, 2 (1999), S.178.

809 Neuere Forschungen Ottokar Lubans (Mitglied der Historischen Kommission der SPD) haben Licht in Details des Ablaufs gebracht. Luban, Luxemburg und Januaraufstand, in: IWK, 2 (1999), S. 176 – 207.

810 Kessler, Tagebuch, Bd. 7, S. 77.

811 Luban, KPD im Januaraufstand, in: Luban, Luxemburgs Demokratiekonzept, S. 75.

812 Untersuchungsausschuss 1919, 4121 B, S. 7700.

813 Untersuchungsausschuss 1919, 4121 B, S. 7690f.

814 Aussage Meyer im Untersuchungsausschuss 1919, 4121 b, S.7855.

815 Untersuchungsausschuss 1919, 4121 A, S. 7686; Richard Müller, Novemberrevolution, Neuausgabe 2011, S. 554f., Roland hatte beste Beziehungen zur Polizei und zu den Staatsanwälten Robert Weismann und Karl Zumbroich. Er stahl auch Schreibmaschinen aus der Druckerei und brachte sie zum Roten Soldatenbund, der sie wieder zurückgab. Aussage Fröhlich vom Roten Soldatenbund im Ledebourprozess, S. 169 – 171.

816 Frage Rosenfeld und Antwort Weismann, im Untersuchungsausschuss 1919, 4121 b, S.7855f.

817 Gietinger, Leiche, S. 160, Anm. 57.

818 Aussage eines Zeugen namens Schneider, der auf Antrag des Verteidigers von Ledebour, Kurt Rosenfeld vorgeladen werden sollte. Dem Antrag wurde nicht stattgegeben, Ledebourprozess, S. 628f., 634.

819 Engel/Holz/Materna, ASRI, S. 811 – 813, 827, 836f.; siehe auch Richard Müller, Novemberrevolution, Neuausgabe 2011, S. 280.

820 Luxemburg, Was machen die Führer?, GW, Bd. 4, S. 516.

821 Aussage Ledebour im Ledebourprozess, S. 52; Luban, KPD im Januaraufstand, in: Luban, Luxemburgs Demokratiekonzept, S. 77. Jones, Gewalt, S. 380, Anm. 38., irrt, wenn er schreibt, die VMD habe sich am 12. Dezember für den linken Flügel der USPD, den er »Spartakisten« nennt, entschieden. Sie waren für eine Regierung Haase, der nun wirklich weder auf dem linken Flügel stand, noch Spartakist war.

822 Protokoll Kongress Arbeiter- und Soldatenräte, S. 187f.

823 Bericht des Untersuchungsausschusses 1919, 4121 A, S. 7677.

824 Grünberg fragte seine Leute ob sie für die neue Arbeiterregierung seien und die Männer hätten es bejaht und sich nach links gestellt, Erinnerungen Grünberg, SAPMO, BArch Berlin, SGY 30/769, Bl. 109; siehe auch Aussage Grünberg im Untersuchungsausschuss 1919, 4121 B, S. 7790 -7799.

825 Aussage Fischer im Ledebourprozess, S. 489 – 491.

826 Luban, KPD im Januaraufstand, in: Luban, Luxemburgs Demokratiekonzept, S. 77, nach einem Manuskript von Pieck aus dem Jahr 1920, S. 114f.

827 Luban, Luxemburg – Bolschewistin, in: Weber/Jahn/Bayerlein, Jahrbuch Kommunismusforschung 2000/2001, S. 415.

828 Illustrierte Geschichte Revolution 1929, S. 281f.

829 Levi, Ledebour u.a., zitiert nach Luban, Luxemburg und Januaraufstand, IWK, 2 (1999), S. 183.

830 Kessler, Tagebücher, S. 91.

831 Wirren, S. 59f.

832 Käppner, Aufstand, S. 282.

833 Reinhard, Wehen, S. 37.

834 Siehe hierzu BArch, R 43 I 1239, sowie LAB, Rep. 358-01, Nr.408-410, 433.

835 Siehe Urteil im Prozess Scheidemann/Prinz, LAB Rep. 358-01, Nr. 2072, Bd.3, Bl.150-177.

836 Richard Müller, Novemberrevolution, Neuausgabe 2011, S. 544f.

837 Er trug in der SPD-Führung den Spitznamen Leichen-Müller, weil er mal gesagt hatte:»Der Weg zur Nationalversammlung führt nur über meine Leiche.«

838 Luban, Luxemburg und Januaraufstand, 184f., IWK, 2 (1999).

839 Aussage Grundke im Ledebourprozess, S. 295.

840 Der Abschnitt nach den Aussagen von Fischer, Molkenbuhr im Untersuchungsausschuss 4121 B, S. 7737 – 7742, S. 7774

841 Bericht des Untersuchungsausschusses 1919, 4121 A, S. 7689.

842 Bleeck-Schlombach, Volksmarine in Berlin, S. 39 und 46.

843 Aussage Molkenbuhr, Untersuchungsausschuss 1919, 4121 B, S. 7775.

844 Luban, KPD im Januaraufstand, S. 82.

845 Untersuchungsausschuss 1919, 4121 b, S. 7701

846 Landesarchiv, LAB A Rep. 358-01/494. Weitere Verfolgungen nach dem Januaraufstand: A Rep. 358-1/483; 484; 487; 492; 495; 2001/1,2; 2028/1,2.

847 So kam der mehrfach Mörder Max Markus (oder Markus) ohen Strafe davon: Landesarchiv Berlin, LAB Rep. 358-01/2027.

848 Aussage Lemmgen und Hamburger im Ledebour-Prozess, S. 298-307 und S. 331-336.

849 Aussage Lemmgen im Ledebour-Prozess, S. 300, Aussage Hamburger, S. 333.

850 Vorwärts, Nr. 23, vom 14.1.1919 (nur eine Ausgabe an dem Tag).

851 Aussage Hamburger im Ledebour-Prozess, S. 333.

852 Nach NS-Darstellung waren Matrosen am 6. Januar ins Kriegsministerium eingedrungen und erst am 10. Januar vom Regiment Reinhard wieder abgewehrt worden. Das dürfte nicht zutreffen, Wirren, S.60.

853 Wirren, S. 60; Richard Müller, Novemberrevolution, Neuausgabe 2011, S. 555 – 559.

854 Illustrierte Geschichte Revolution, 1929, S. 281.

855 Wirren, S. 59ff.

856 Wirren, S. 60

857 So auch 2017 noch Niess, Revolution, S. 301, 307, 310.

858 So immer noch in Wikipedia (Abgerufen am 24.6.2017)

859 So der von Luban entdeckte Bericht Wilhelm Piecks, der zu DDR-Zeiten, um die Rolle der KPD zu beschönigen, nur verstümmelt veröffentlicht wurde. Daraus stammt auch das folgende Zitat.

860 Noske, Kiel, S. 68.

861 Konrad Haenisch, Erinnerungen an Fritz Ebert. Beilage zur Frankfurter Zeitung vom März 1925, abgedruckt in: Haffner u. a., Zwecklegenden, S. 163 – 180, hier S. 175.

862 Original der Ernennungsurkunde Noskes in SAPMO-BArch, Nachlass Noske, NL 56/3, Bl. 39.

863 Noske, Kiel, S. 68.

864 Wirren, S. 47; siehe auch Volkmann, Revolution, S. 159.

865 Lüttwitz, Erklärungen zum Kapp-Unternehmen, Nachlass Luetgebrune, BArch, N 1150/27, S. 3.

866 Aufruf Noskes, Faksimile in: Illustrierte Geschichte Revolution, 1929, S. 276.

867 Aussage Canaris, 19.6.1925, vor dem Untersuchungsrichter des Staatsgerichtshofes, BStU, MfS, HA IX/11, Bl. 222.

868 Bernstein, Revolution, S. 196.

869 Dittmann, Erinnerungen, Bd. 2, S. 639.

870 Die Vermittlungsaktion, in: Freiheit, Nr. 13, vom 8.1.1919, MA; Aussage Dittmann in: Ledebour-Prozess, S. 569 – 588.; Zentralrat, 223f.; sowie Dittmann, Erinnerungen, Bd. 2, S. 639.

871 Sowohl Hürten, Revolution und Kapp-Putsch, als auch Huber, Verfassungsgeschichte, verschweigen diese spätere Karriere Reinhards.

872 Reinhard, Wehen, S. 66; Reinhard, in: Roden (Hrsg.), Soldaten, S. 37.

873 Wirren, S. 61

874 Noske, Kiel, S. 69.

875 Luban, Luxemburg und Januaraufstand, IWK, 2 (1999), S. 190.

876 Radek, Kleine Erinnerungen, in: Radek, S. 137.

877 So falsch behauptet im Bericht des preußischen Innenministeriums im Untersuchungsausschuss 1919, 4121 D, S. 8177 – 8180.

878 Brief Radeks vom 9.1. 1919, in: Illustrierte Geschichte Revolution, 1929, S. 282; siehe auch Schüddekopf, Radek, S. 138.

879 Aufruf der Reichsregierung vom 8.1.1919, RDVB, Bd. 2, Miller/Ritter, Dokumente, S.184.

880 Gietinger, November 1918, S. 119.

881 Ebenda, S.185.

882 Zitiert in Freiheit, Nr. 15, vom 9.1.1919, MA; Zum Januaraufstand siehe auch den kürzlich erschienenen Aufsatz von Bernhard Sauer, »Spartakusaufstand« – Legende und Wirklichkeit, in: Vom »Kriegssozialismus«, S. 95 -148.

883 Luban, Demokratische Sozialistin, (IWK) 2 (1999), S. 191, Sauer, »Spartakusaufstand«, S. 113.

884 Ernst Jünger, Vorwort; in: Jünger (Hrsg.), Kampf, S. 7. Jünger meint hier die Rote Ruhrarmee, die im März 1920 als Abwehrreaktion auf den Kapp-Putsch entstanden war.

885 Reinhard, Wehen, S. 83 – 86; Wirren, S. 71f.

886 Rienhard, Wehen, S. 85.

887 Detailliert geschildert in: Gietinger, Leiche und Gietinger, Konterrevolutionär; siehe auch Laschitza/Gietinger (Hrsg.) Luxemburgs Tod und Gietinger, November 1918.

888 Freiheit, 9.1.1919; Jones, Gewalt, S. 182f.

889 Jones, Gewalt, S. 181.

890 Illustrierte Geschichte Revolution, 1929, 286.

891 Landesarchiv Berlin, LAB358-01, Nr. 2029, 4 Bde.; Gumbel, Mord, S. 14;

892 Rasmus, Januarkämpfe in Berlin, S.39f.

893 Das Folgende nach Erinnerungen Zikelsky, SAPMO, BArch Berlin, SGY 30/709, Bl. 128 – 130; redigiert und leicht geglättet gedruckt als Zikelsky, Gewehr in meiner Hand, S. 164 -166.

894 Erinnerungen Zikelsky, SAPMO, BArch Berlin, SGY 30/709, Bl. 130; ähnlich Zikelsky, Gewehr in meiner Hand, S. 166

895 Erinnerungen Zikelsky, SAPMO, BArch Berlin, SGY 30/709, Bl. 131.

896 Aussage des Besetzers Appel, Ledebourprozess, S. 179.

897 Jones, Gewalt, S. 211.

898 Stephani, Sturm auf das Vorwärtsgebäude, in: Roden (Hrsg.), Deutsche Soldaten, S. 42; siehe auch Aussage Graf Westarp im Ledebour-Prozess, S. 133.

899 Siehe die Zeugenaussagen Fernbach, von Stephani und Helms, Stettin und Fernbach und von Stephani, Untersuchungsausschuss 1919, 4121 B, S. 7806 – 7812, 7012 – 7820, 7822 – 7829,

900 Retzlaw, Spartakus, S. 118.

901 Retzlaw, Ebenda.

902 Aussage von Stephani im Untersuchungsausschuss 1919, 4121, S. 7724 und 7729

903 Stephani, Sturm, in: Roden (Hrsg.) Deutsche Soldaten, S. 42.

904 Scheurig, Tresckow, S. 20.

905 Retzlaw, Spartakus, S. 118.

906 Aussage des Soldaten Wilhelm Helms, Untersuchungsausschuss 1919, 4121 B, S. 7779 – 7784; siehe auch Jones, Gewalt, S. 195.

907 Untersuchungsausschuss 1919, 4121 B, S. 7819f.

908 Aussage Stettin, Untersuchungsausschuss 1919, 4121 B, S. 7822 – 7827.

909 Aussage Stettin, Untersuchungsausschuss 1919, 4121 B, S. 7823.

910 Nachlass Eichhorn, »Ermordung Fernbachs«, SAPMO-BArch, NY 4131/27, Bl. 122-137; Gumbel, Mord, S. 10; Jones, Gewalt, S. 195f.

911 Die Freiheit vom Februar 1919, zitiert nach, Illustrierte Geschichte Revolution, 1929, S. 289; siehe auch Gumbel, Mord, S. 10.

912 Aussage Stephani, Untersuchungsausschuss 1919, 4121 B, S. 7725f.; Rasmus, Januarkämpfe in Berlin, S. 37f; Jones, Gewalt, S.196.

913 Aussage Steinbrink im Ledebour-Prozess, S. 392 – 399., hier 394.

914 Aussage Stephani, Untersuchungsausschuss 1919, 4121 B, S. 7725; Aussage Helms, Untersuchungsausschuss 1919, 4121 B, S. 7780, 7783.

915 Vorwärts, Nr. 22, 13.1.1919 (nur eine Ausgabe).

916 Heilmann sprach da vom »parlamentarischen Brimborium« und dass das »parlamentarische System« keinen »Nutzeffekt für die breite Masse« habe und warnt vor der »parlamentarischen Regierungsweise« der »westlichen ›Demokratien‹«, Heilmann, Klasseninteresse und parlamentarische Advokatenwirtschaft, in: Die Glocke, H. 21, vom 25. 8.1917. Während Stampfer in obigem Vorwärts-Artikel nur die Einigkeit der Sozialdemokraten sah, wenn die USPD-Männer »überzeugte Anhänger der Demokratie« seien. Vorwärts, Nr. 22, vom 13.1.919.

917 Aussage Stephani, Untersuchungsausschuss 1919, 4121 B, S. 7724ff. und 7829; siehe auch Illustrierte Geschichte Revolution, 1929, S. 290.

918 Aussage Westarp im Ledebour-Prozess, S. 133ff.

919 Stellungnahme Heilmann, der immer nur als »Berichterstatter« im Protokoll erscheint, Untersuchungsausschuss 1919, 4121 B, S. 7007.

920 Nach Gumbel, Mord, S. 10.

921 Der Spiegel, 25/1970, 15.6.1970.

922 Wirren, S. 65.

923 Augenzeugenberichte in Freiheit, Nr. 25, vom 14.1.1919, MA.

924 Augenzeugenberichte eines Eisenbahners und eines Unteroffiziers in Freiheit, Nr. 21 vom 12.1.1919, MA.

925 Jones, Gewalt, S. 211.

926 Kässner, Deckoffizierbewegung, S. 124.

927 Wirren, S. 69.

928 Pabst, Memoiren, S. 86, Nachlass Pabst, BArch-MA, N 620/2; Wirren, S. 64.

929 Wirren, S. 73.

930 Gietinger, November 1918, S. 181; Weipert, Zweite Revolution, S. 77.

931 Lüpke/Kruppa, Revolution im Ruhrgebiet, in: Plener (Hrsg.), Novemberrevolution, S. 109; Kluge, Revolution, S. 85f.

932 Siehe auch Rürup, A.- und S. Räte, Einleitung, S. 29; Lucas, Märzrevolution, Bd. 1, S. 48ff.

933 Gietinger, November 1918, S. 145.

934 Aussage Filbrandt im Dialog mit Ledebour, Ledebourprozess, S. 551f.

935 Zu den Märzkämpfen siehe auch die Berichte in Engel/Holtz/Materna, ASR I, S. 855, auch Cains [d.i. Levi], Noskeblutbad, S., Richard Müller, Novemberrevolution, Neuausgabe 2011, S. 675ff.; Lange, Schießbefehl, S. 75ff.; Weipert, Zweite Revolution, S. 134ff.; Ausführlich auch Jones, Gewalt, S. 237 – 292, mit Hervorhebung persönlicher Schicksale, aber auch einigen Fehlern: Kein »Rädelsführer« forderte den Putsch »nach bolschewistischem Muster« (S. 248), Jogiches war längst nicht mehr der »Geliebte« von Rosa Luxemburg (S. 261) und Pabsts Zusatzbefehl war keine Präzisierung von Noskes Befehl – der ja auch von Pabst stammte, was Jones vergisst (S. 254) – sondern eine Verschärfung (S. 263). Siehe dazu Gietinger, Konterrevolutionär, S. 146 – 166, dort S. 389, das Original von Pabsts Befehl, Faksimile.

936 Die lächerliche staatsanwaltliche Untersuchung zum Tod von Jogisches, in: Landesarchiv Berlin, LAB, A Rep. 358-01/2025.

937 Laut Freiheit, Nr. 242, vom 21.5.1919, MA.

938 Richard Müller, Novemberrevolution, Neuausgabe 2011, S. 675; Illustrierte Geschichte Revolution, 1929, S. 360.

939 Bericht Preußisches Innenministerium, Untersuchungsausschuss 1919, 4121 D, S. 8179.

940 Bericht Preußisches Innenministerium, Untersuchungsausschuss 1919, 4121 D, S. 8180.

941 Der relativ kurz gehaltene Bericht des Preußischen Innenministeriums an den Untersuchungsausschuss von 1919 über die Märzunruhen ist stark parteiisch (von Doyé hatte maßgeblichen Einfluss), polemisch und teilweise falsch. So wird behauptet, dass die Vollversammlung der Großberliner Arbeiter- und Soldatenräte die »Beseitigung der Regierung«, »die Aufhebung der Nationalversammlung« und »die Diktatur des Proletariats« gefordert habe. Alles drei ist falsch. Untersuchungsausschuss 1919, März-Unruhen, 4121D, S. 8179, der ganze Bericht: S. 8176-8191; siehe auch Lange, Schießbefehl, S. 75f.

942 Bericht Preußisches Innenministerium, Untersuchungsausschuss 1919, 4121 D, S. 8180.

943 Erinnerungen Otto Richter, SAPMO-BArch SGY 30/0768/4, Bl. 25.

944 Die Streikleitung wurde von den Ereignissen überrascht, Engel/Holtz/Materna, ASR I, S. 854ff.

945 Wegmann über Levis Forderungen, Engel/Holtz/Materna, ASR I, S. 855, auch Anm. 25; Cains [d.i. Levi], Noskeblutbad, S. 8.

946 Erinnerungen Walter, in Harbauer, Generalstreik und Kämpfe, S. 21; LAB, Rep. 902-02-07, Nr. 107.

947 Dreez/Gessner/Sperling, Bewaffnete Kämpfe, S. 69.

948 Bericht Preußisches Innenministerium, Untersuchungsausschuss 1919, 4121 D, S. 8180, 8181.

949 Bericht Preußisches Innenministerium, Untersuchungsausschuss 1919, 4121 D, S. 8182.

950 Pabst hatte seiner GKSD inzwischen alles unterstellt, was ihr zusätzlich zu unterstellen war. Das Freikorps Reinhard, die Freikorps Lützow, Küntzel, Loeschebrand und Gentner und die 1. Marinebrigade von Roden (Eiserne Brigade). Nach Pabsts Angaben gehörten auch die zahlenmäßig starken Marinebrigaden Ehrhardt (Nr. 2) und Loewenfeld (Nr. 3), sowie ehemalige Kolonialsoldaten des Generals von Lettow-Vorbeck dazu.

951 Kerbs (Hrsg.), Revolution und Fotografie, S. 111.

952 Bericht Preußisches Innenministerium, Untersuchungsausschuss 1919, 4121 D, S. 8183

953 Bericht Preußisches Innenministerium, Untersuchungsausschuss 1919, 4121 D, S. 8183f.

954 Bericht Preußisches Innenministerium, Untersuchungsausschuss 1919, 4121 D, S. 8184.

955 Die Wahrheit über die Haltung der Volksmarinedivision im März (1919). LAB, A Rep 358-01, 433, Bd.2.

956 Broßat 1946, S. 21.

957 Fischer, Revolutionskommandantur, S. 81f.

958 Ähnliches wie Broßat berichtet das ehemalige VMD-Mitglied Herzog SAPMO-BArch SGY 30/291, Bl. 1 und Grünberg, SAPMO-BArch SGY 30/769, Bl. 127; siehe auch Weipert, Zweite Revolution, S. 136f.

959 Bericht Preußisches Innenministerium, Untersuchungsausschuss 1919, 4121 D, S. 8184.

960 Bericht Preußisches Innenministerium, Untersuchungsausschuss 1919, 4121 D, S. 8184.

961 Broßat bestätigt den Artillerieeinsatz, Broßat, Kampf, in: Vorwärts nicht vergessen, S. 329.

962 Erinnerungen Richard Schneider (ca. 1961), SAPMO BArch Berlin, SGY 30/718, Bl. 2.

963 Erinnerungen Richard Schneider, SAPMO BArch Berlin, SGY 30/718, Bl. 2f.

964 Nach Fischer, Abwehrkämpfe, S. 40ff., sollen die Matrosen 10,5 cm Geschütze durch die Untergrundbahn herangeschafft haben und vom Tunnel aus, das Polizeipräsidium beschossen haben [!] Außerdem seien sie schon hier mit Flugzeugen aus 50 Meter Höhe angegriffen worden. Jedoch bezieht Fischer sich auf einen Militärschriftsteller Balk von 1920. Die Geschichte mit den Geschützen klingt extrem unglaubwürdig. Die Matrosen berichten davon nichtS. Grünberg will allerdings auch Flugzeuge gesehen haben, Erinnerungen Grünberg, SAPMO BArch Berlin, SGY 30/769, Bl.129.

965 Broßat 1946, S. 21.

966 Erinnerungen Broßat, SAPMO-BArch SGY 30/104, Bl. 13f.; Broßat, Kampf, in: Vorwärts nicht vergessen, S. 330.

967 Bericht Preußisches Innenministerium, Untersuchungsausschuss 1919, 4121 D, S. 8185.

968 Bericht Preußisches Innenministerium, Untersuchungsausschuss 1919, 4121 D, S. 8185.

969 Jones, Gewalt, S. 237.

970 Wirren, S. 83.

971 Erinnerungen Karl Maletzki, in: Harbauer, Generalstreik und Kämpfe, S. 27; LAB, Rep. 902-02-07, Nr. 107.

972 So Gustav Tremus, Direktor der Städtischen Gas-, Wasser- und Elektrizitätswerke Lichtenberg auf einer Sitzung des Vollzugsrates, 10.3.1919, Engel/Holtz/Materna, ASR III, S. 137.

973 Broßat nimmt irrtümlich an, sie seien unter dem Kommando Klawundes gewesen, was nicht zutreffen kann, denn der war Stadtkommandant und MSPD-Mitglied, Broßat 1946, S. 21.

974 Wirren, S. 88f. Während Freikorps-Frauen wie Eleonore Prochaska, die als Mann verkleidet 1813 gegen Frankreich gekämpft hatte, als »Potsdamer Jungfrau von Orleans« Denkmäler gesetzt wurden, waren revolutionäre »Flintenfrauen« bei den psychotischen Freikorpsmännern äußerst verhasst.

975 Erinnerungen Otto Richter, SAPMO BArch Berlin, SGY 30/ 0768/4.

976 Jones, Gewalt, S. 399, Anm. 4 – 8, listet die Blätter auf.

977 Zitiert nach: Richard Müller, Novemberrevolution, Neuausgabe 2011, S. 683; Jones, Gewalt, S.287, behauptet Pabst hätte in seinen Memoiren zugegeben, die Gräuelgeschichte erfunden zu haben. Das ist falsch, siehe Pabst, Memoiren, BArch-MA, N 620/2, S. 95. Offensichtlich hat Jones doch nicht die ganzen Memoiren gelesen, wie er auf Seite 406, Anm. 49 berichtet.

978 BZ am Mittag v. 14.3.1919, Nr. 56; Cains [d. i Paul Levi], Generalstreik und Noske-Blut-Bad, S. 12f.; Siehe auch Lange, Schießbefehl, S. 140.

979 Haase in der Nationalversammlung, 27.3.1919, S. 846, http://www.reichstagsproto-kolle.de/Blatt2_wv_bsb00000011_00117.html .

980 Der Vorwärts vom 10.3. bezieht sich dabei auf die »Auskunft der Leitung der Regierungstruppen.« Die Horrormeldungen des Vorwärts vom 10.3. – 17.3.1919 (inklusive dem Eingeständnis der Falschmeldung), Faksimile in: Wiegant, »Wer hat uns verraten...«, S. 170 – 176.

981 Erlebnisse Polizei-Präsidenten Freiherr v. Salmuth, 3. – 10. 3.1919, LAB A Pr. Br. Rep. 030 Tit. 95 Nr. 21767, Bl. 7.

982 Salmuth, Ebenda, Bl. 13.

983 Erinnerungen Beiersdorf, in: Harbauer, Generalstreik und Kämpfe, LAB C Rep. 902-02-07 Nr. 107, S. 40.

984 Zählt man die Kämpfe mit, waren es insgesamt fünf Polizisten. Siehe dazu die Recherchen von Lange, Schießbefehl, S. 139f.

985 Röhl, Wilhelm II., S. 459.

986 Der Bissing-Erlass zitiert nach Fricke, Zur Rolle des Militarismus, in: Zeitschrift für Geschichte, H. 6, 1958, S. 1298 – 1310, hier S. 1305, siehe auch Schulte, Die deutsche Armee, S. 535 – 547, hier: 545, Anm. 2; Horne/Kramer, Deutsche Kriegsgreuel, S. 238; Förster, Militarismus, S. 191f.

987 Noske im Reichstag, 24. 2. 1911, S. 4906, http://www.reichstagsprotokolle.de/Blatt_ k12_bsb00003330_00412.html (Juli 2015)

988 Pabst, Memoiren, S. 94, Nachlass Pabst, BArch-MA, N 620/2. Wirren, S. 95; dass der Befehl von Pabst entworfen und Noske vorgelegt wurde, entgeht Jones, Gewalt, S. 254.

989 Noske in der Nationalversammlung am 13.3.1919, S. 742, http://www.reichstagsprotokolle.de/Blatt2_wv_bsb00000011_00013.html ; Abschrift des Befehls in Staatsarchiv München, Staatsanwaltschaft 3082/VI, Bl. 1110. Wortlaut auch abgedruckt bei: Noske, Kiel, S. 109; Richard Müller, Novemberrevolution, Neuausgabe 2011, S. 684.

990 Noske in der Nationalversammlung am 13.3.1919, S. 742, http://www.reichstagsprotokolle.de/Blatt2_wv_bsb00000011_00013.html

991 Haase in der Nationalversammlung, 27.3.1919, S. 848. http://www.reichstagsprotokolle.de/Blatt2_wv_bsb00000011_00114.html.

992 Berliner Putsche, stenografischer Bericht aus der Verfassunggebenden Preußischen Landesversammlung, Rede Heines vom 14.3.1919, S. 14f.

993 Das Missverständnis ergibt sich aus Zeitungsschlagzeilen (Deutsche Zeitung vom 10.3.1919, Nr. 105, nach Jones, Gewalt, S. 399, Anm. 1) und aus späteren Berichten in denen der Noske/Pabst-Schießbefehl als »Verkündung des Standrechtes« tituliert wird, was eindeutig falsch ist.

994 Berliner Tagblatt, Nr. 100, 9.3.1919; Lange, Schießbefehl, S. 145; Jones, Gewalt, S. 251, mit zahlreichen Zeitungsberichten als Quelle (Anm. 59), sowie Gietinger, Konterrevolutionär, S. 146.

995 Haase in der Nationalversammlung, 27.3.1919, S. 848.

996 Noske in der Nationalversammlung, 27.3.1919, S. 853, http://www.reichstagsprotokolle.de/Blatt2_wv_bsb00000011_00124.html

997 Noske, Ebenda, S. 854.

998 Originalbefehl der GKSD vom 10.3.1919, und 11.3.1919 (Matrizenabzug mit der Unterschrift Pabsts), im Nachlass Luetgebrune, BArch, N 1150/63 ohne Paginierung.

999 Jones, Gewalt, S. 263, S. 287f.

1000 Cains [d. i. Levi], Noske-Blutbad, S. 13.

1001 Bericht Wegmann am 12.3.1919 im Vollzugsrat, auch das Folgende, Engel/Holtz/ Materna, ASR III, S. 156ff.

1002 Noske leugnete in der Nationalversammlung den Brief und die Abordnung Ziethens, er habe nur mit ihm telefoniert, 13.3.1919, S. 742, http://www.reichstagsprotokolle.de/ Blatt2_wv_bsb00000011_00013.html

1003 Jung, Noskes Erschießungsbefehl, S. 53 gibt nach ausführlichen Recherchen 1.000 Opfer an. Lange, Schießbefehl, S. 158, tendiert zu mehr als 1.000. Retzlaw, Spartakus, S. 56 zu 2.000, da viele Verwandte aus Angst als Todesursache »Unfalltod« hätten eintragen lassen.

1004 Jones, Gewalt, S. 253.

1005 Erinnerungen Beiersdorf, SAPMO, BArch Berlin, SGY 30/59, S. 26.

1006 Bericht des Preußischen Innenministeriums an den Untersuchungsausschuss 1919, 4121 D, S. 8187 – 8190.

1007 Berliner Putsche, stenografischer Bericht aus der Verfassunggebenden Preußischen Landesversammlung, Rede Reinhard vom 17.3.1919, S. 74-82; Rede Hoffmann vom 14.3.1919, S. 26 – 70; Das Original Redemanuskript von Reinhard, das bürgerliche Zeitungen sofort ausgiebig zitierten, in: Reinhardt, 8. -10. November, Hauptstaatsarchiv Stuttgart, NL Reinhardt, M 660/034 Bü 19, S. 1 -20.

1008 Erinnerungen Schneider, SAPMO, BArch Berlin, SGY 30/718, Bl. 3.

1009 Erinnerungen Schneider, ebenda.

1010 Erinnerungen Beiersdorf, SAPMO-BArch, SGY 30/50, S. 28.

1011 Erinnerungen Beiersdorf, SAPMO-BArch, SGY 30/50, Bl. 32.

1012 Todesurkunden, SAPMO, BArch Berlin, DY 30/67701, Bl. 15 – 20.

1013 Erinnerungen Beiersdorf, SAPMO-BArch, SGY 30/50, Bl. 33 – 35.

1014 Niess, Revolution, S. 369.

1015 Kessler, Tagebuch, Bd. 7, S. 159.

1016 Folgenden Zitate aus dem Artikel »Nachspiel zum Spartakistenaufstand« in einer Tageszeitung aus dem Mosse-Verlag, vmtl. Das Deutsche Tagblatt, vom 17.10.1922, in: Nachlass Luetgebrune, BArch, N 1150/63, letztes Blatt.

1017 Käppner, Aufstand, S. 435.

1018 Käppner, Ebenda.

1019 Die Freiheit, Nr. 130, vom 18.3.1919, AA.

1020 AdR, Kabinett Scheidemann, Dokument 17, S. 67f. http://www.bundesarchiv.de/ aktenreichskanzlei/1919-1933/m11/sch/sch1p/kap1_2/kap2_20/para3_4.html Der hier noch als »in den Akten nicht aufzufinden« angegebene Originalbefehl der GKSD vom 10.3.1919 und 11.3.1919, wurde vom Autor im Nachlass Luetgebrune, BArch, N 1150/63 (Matritzenabzug mit der Unterschrift Pabsts) gefunden. Siehe auch Faksimile in Gietinger, Konterrevolutionär, S. 389.

1021 Jung nennt den Kommissarbefehl, noch ähnlicher ist jedoch der sogenannte Barbarossabefehl, der Morde an der Zivilbevölkerung der juristischen Verfolgung entzog und zwar mit direktem Bezug auf die Novemberrevolution 1918. Siehe dazu Gietinger, Konterrevolutionär, S. 153ff.

1022 Jung, Noskes Erschießungsbefehl, S. 70.

1023 Streit, Wehrmacht und sowjetischen Kriegsgefangenen, S. 58.

1024 Hitler in seiner Sportpalastrede am 2. März 1933, laut Völkischer Beobachter vom 3.3.1933, zitiert nach Wette, Noske, S. 756.

1025 Noske in der Nationalversammlung, 13.3.1919, S. 742, http://www.reichstagsprotokolle.de/Blatt2_wv_bsb00000011_00013.html ; Siehe dazu auch Jones, Gewalt, S. 276 – 292.

1026 Kessler, Tagebuch, Bd. 7, S.185.

1027 Ebert, BArch-Berlin, R 601/617, Bl. 24 und R 43 I/2212, zitiert nach Mühlhausen, Ebert 2006, S.291; siehe auch leicht abweichend: Ursachen und Folgen, Bd. 3, Dokument 607, S. 126.

1028 Cohn in der Nationalversammlung, 5.7.1919, S. 1337, http://www.reichstagsprotokolle.de/Blatt2_wv_bsb00000011_00608.html

1029 Transparent auf der Balustrade des Sportpalasts am 18. Februar 1943.

1030 Keller, Wehrmacht, S. 283.

1031 Bericht des Preußischen Innenministeriums an den Untersuchungsausschuss 1919, 4121 D, S. 8186f.

1032 Kessler, Tagebuch, Bd. 7, S.185.

1033 Auch die Republikanische Soldatenwehr, einzelne hatten mitgekämpft, war aufgelöst worden.

1034 Erinnerungen Herzog SAPMO-BArch SGY 30/291, Bl. 1f.

1035 Nach Herzog z.B. in der Berliner Morgenpost vom 10.3.1919, Herzog SAPMO-BArch Sg Y 30/291, Bl.2.

1036 Erinnerungen Herzog SAPMO-BArch SGY 30/291, Bl. 2.

1037 Zeugenaussage Hugo Lewin im Marloh-Prozess, Berliner Volks-Zeitung, Nr. 582, v. 6.12.1919, MA.

1038 Aussage des Angeklagten Marloh im gleichnamigen Prozess, Vorwärts Nr. 618, v. 3.12.1919, AA.

1039 Zeugenaussage Lewin im Marloh-Prozess, Vossische Zeitung Nr. 620, v. 5.12.1919, AA.

1040 Der Einzige, der einen Noske-Ausweis bei sich gehabt habe, sei auch nicht erschossen worden, so brüstete sich Marloh im Prozess, Vorwärts Nr. 618, v. 3.12.1919, AA.

1041 Aussage Lewin a.a.O.

1042 Aussage Marloh im Prozess, Vossische Zeitung Nr. 616, v. 3.12.1919, AA.

1043 Erinnerungen Herzog SAPMO-BArch SGY 30/291, Bl. 2.

1044 Mitglieder der Spitzelorganisation Kessel waren u. a. Marloh, sowie der Mörder von Jogiches und Dorrenbach, Tamschick. Später Grundstock für die Sicherheitspolizei (Sipo) des Preußischen Justizministers Heine (SPD). BArch-MA, PH 8V/Bd.22, Bl.7; Kessel, Handgranaten, Berlin 1933, S.222; Reinhard, Wehen, S.77.

1045 Aussage Marloh im Prozess, Vossische Zeitung Nr.616, v. 3.12.1919, AA.

1046 So ein medizinisches Gutachten von Dr. Hasenband-Hildesheim, im Marloh-Prozess, Berliner Volks-Zeitung, Nr. 578, v. 4.12.1919, MA.

1047 Vorwärts v. 5.12.1919; Kessel will gar folgenden Reinhard-Befehl überbracht haben: »Die ganze Gesellschaft gehört an die Wand.« Freiheit Nr. 594, v. 7.12.1919 MA; Vossische Zeitung Nr. 618, v. 4.12.1919, AA.

1048 Broßat, Erinnerungen, SAPMO-BArch, SGY 30/104, leicht abweichend abgedruckt in Kampf, in: Vorwärts nicht vergessen, S. 332.

1049 Broßat, Kampf, in: Vorwärts nicht vergessen, S.332.

1050 Erinnerungen Herzog SAPMO-BArch SGY 30/291, Bl. 2.

1051 Vorwärts Nr. 619, vom 4.12.1919, MA.

1052 Aussage Gentner, zitiert vom Gerichtsvorsitzenden Welt, Vorwärts, Nr. 619, ebenda.

1053 Aussage von Penther im Prozess, laut Illustrierte Geschichte Revolution, 1929, S. 369.

1054 Die Opfer- Anzahl wird immer mit 29 angegeben – so auch bei Jones, Gewalt, S. 261f. – tatsächlich waren es 30. Auf 32 wurde geschossen, 2 überlebten. Siehe: Dieter Baudis und Hermann Roth, Das Massaker in der Französischen Straße, in: Neues Deutschland, 15.3.1969, S. 14; vgl. auch: Rosentreter, Blaujacken im Novembersturm, S.221ff.

1055 Aussage am ersten Verhandlungtag (4.12.1919), nach Gumbel, Mord, S. 21.

1056 Erinnerungen Herzog SAPMO-BArch SGY 30/291, Bl. 2.

1057 Broßat, Kampf, in: Vorwärts nicht vergessen, S. 332.

1058 Berliner Volks-Zeitung Nr. 582, v. 6.12.1919, MA.

1059 Das behauptet (ohne Beleg, aber vermutlich zutreffend) Jones, Gewalt, S. 332

1060 Grünspach erlaubte sich später sogar einen Ausreißer, als er Gerge Grosz wegen eines angeblich blasphemischen Zeichnung (Christus mit Gasmaske am Kreuz) vor den verfolgungen der justiz bewahrte.

1061 Ignaz Wrobel, (d.i. Kurt Tucholsky), Der Staatsanwalt mit dem Zeigefinger, in: Die Freiheit, 26.09.1920, Nr. 404, S. 3.

1062 Ignaz Wrobel (d.i. Kurt Tucholsky), Prozess Marloh, in: Die Weltbühne, 18.12.1919, Nr. 52, S. 755. Siehe auch: Tucholsky, GW, Bd. 2, S.225.

1063 Freiheit, Beilage vom 6.12.1919, mit Verhandlungsbericht.

1064 Verhandlungsbericht, Ebd.

1065 Verhandlungsbericht, Ebd.

1066 Noske in der Nationalversammlung, 3.3.1920, S. 4639, http://www.reichstagsprotokolle.de/Blatt2_wv_bsb00000016_00307.html

1067 Abschrift Vernehmung Pabst vom 20.2.1920, Nachlass Luetgebrune, BArch, N 1150/51, S. 1-3. Pabst gab später an Marloh zur Flucht verholfen zu haben, Kadettenreden, Tonband, in: BArch-MA, N 620/56 Nachlass Pabst.

1068 Noske, Erlebtes, S. 95.

1069 Kessler, Tagebuch, Bd. 7, S. 283.

1070 Auch das folgend Zitat aus der Vossischen Zeitung, Nr. 627, vom 9.12.1919, AA.

1071 Vossische Zeitung ebenda.

1072 Gumbel, Mord, S. 22.

1073 Gesetz über die Straffreiheit (Amnestiegesetz) vom 4.8.1920, nach einer nicht zuweisbaren Zeitungsnotiz, in: BArch-MA, PH 8 V/9, Bl. 35.

1074 Wikipedia, abgerufen 31.7.2017.

1075 Kessler, Tagebuch, Bd. 7, S. 283.

1076 Dokumentiert bei Könnemann, Einschätzung der OHL, in: Zeitschrift für Militärgeschichte, H. 1, 1979, S. 61 -71.

1077 Sein 1919 ausgearbeitetes Zeitfreiwilligensystem wurde entgegen den Bestimmungen des Versailler Vertrages unter der Decke tatsächlich weiterentwickelt, wie die Rüstungskontrolleure der Interalliierten Militärkommission (IMKK) 1925 und auch bei ihrem Abzug 1927 bestätigten, Dirks/Janßen, Krieg, S. 19, 34f.; Nuss, Militär, S. 147f., 474.

1078 Gietinger, November 1918, S. 187f.

1079 Siehe dazu Gietinger, Konterrevolutionär, S. 167 – 187, mit zahlreichen Belegen.

1080 Dirks/Janßen, Krieg, S. 46 und S. 282, Anm. 28.

1081 Nuss, Militär, S. 182f., Nuss bezieht sich auf ein Dokument aus dem Jahr von 1925, Nuss ebd. S. 339, Anm. 91 und 92; Dirks/Janßen, Krieg, 2001, S. 11ff.. Das wichtigste Dokument dazu, Nr. II, S 209ff.;

# Quellen und Literatur

## Ungedruckte Quellen

Bundesarchiv Militärarchiv Freiburg (BArch-MA)

BArch-MA, RH 18/v. 411, Denkschrift/Rechtfertigung Hermann Wolff-Metternich

BArch MA, RM 47/140, Voruntersuchungssache Luise Zietz

BArch-MA, PH 8V/9

BArch-MA, PH 8V/22

Online:

BArch-MA, N 46/25 Nachlass Groener

BArch-MA, N 620/2 und 56 Nachlass Pabst

BArch-MA, N 42/11 Nachlass Schleicher

BArch-MA, N 35/7 Nachlass Haeften

BArch MA, N23/1 Nachlass Scheüch,

BArch MA, N 170/2 u. 6, Nachlass Capelle

BArch MA, N 597/190 Nachlass Beermann

BArch-MA, N 253-138 Nachlass Tirpitz

BArch MA, RM 8/1024

BArch-MA, RM 8 /1027 Anlagenband Küsel 1918

BArch-MA, RM 8/1026 Revolte 1918, Küsel

BArch-MA, RM 8/1032 Verhöre und Urteile Köbis 1917

BArch-MA, RM 8/2024 Oberster Soldatenrat

BArch-MA, RM 135/45 Marinebrigade Loewenfeld

BArch-MA, RM 135/2 Marinebrigaden

BArch-MA, RM 8/1012 Marineleitung - Revolution 1918

BArch-MA, RM 8/1032 Marineunruhen

BArch MA, RM 12/20

BArch-MA, RM 20/12 Reichsmarineamt, Matrosenrat, 53er-Ausschuss

BArch-MA, RM 20/112

BArch-MA, RM 31/2373 Berichte Kiel

BArch-MA, RM 31/2388, Ostseestation

BArch MA, RM 31/2394

BArch MA, RM 47/140

Bundesarchiv Berlin (BArch Berlin)

R 3001-3720 Tötung Liebknecht

R 1501/112474

N 951-2, Nachlass Oberst Böhm, Adjutant

R 43 - 2486 – Truppeneinmarsch

R 43-1395 l - Capelle-Ebert

R 43/13951

R 43 I 1239

R 43/2010, Bericht des Polizeipräsidenten Eichhorn vom 9.12.1918

R 43-2500d OHL

R 43-2508d Zentralrat der Marine, 53er-Ausschuss

R 43-2508e Volksmarinedivision

R 43-2510 u. 2511 Militärangelegenheiten

SAPMO-Bundesarchiv Berlin (SAPMO-BArch)

SAPMO-BArch, NY 4131/27, Nachlass Eichhorn

SAPMO-BArch, NY 2111 Nachlass Heine

SAPMO-BArch, NY 56 Nachlass Noske

SAPMO-BArch, NY 4035/1 Teil-Nachlass Pabst, Kriegstagebuch der GKSD

SAPMO-BArch, SGY 30 - 718, Erinnerungen Richard Schneider

SAPMO-BArch, SGY 30 - 541 Erinnerungen Augustin Sandtner

SAPMO-BArch, SGY 30 - 335 Erinnerungen Carl Keuscher

SAPMO-BArch, SGY 30 - 151 Erinnerungen Eckart Paul

SAPMO-BArch, SGY 30 - 291 Erinnerungen Erich Herzog

SAPMO-BArch, SGY 30 - 699 Erinnerungen Erich Wundersee

SAPMO-BArch, SGY 30 - 104 Erinnerungen Ernst Broßat

SAPMO-BArch, SGY 30 - 695 Erinnerungen Ernst Wollweber

SAPMO-BArch, SGY 30 - 59 Erinnerungen Franz Beiersdorf

SAPMO-BArch, SGY 30 - 20 Erinnerungen Fritz Apelt

SAPMO-BArch, SGY 30 - 709 Erinnerungen Fritz Zikelsky

SAPMO-BArch, SGY 30 - 813 Erinnerungen Gustav Jagiello

SAPMO-BArch, SGY 30 - 491 Erinnerungen Hans Peiffer

SAPMO-BArch, SGY 30 - 275 Erinnerungen Heinke Heinks

SAPMO-BArch, SGY 30 - 1835 Erinnerungen Heinz Kraschutzki

SAPMO-BArch, SGY 30 – 29 Erinnerungen Karl Artelt

SAPMO-BArch, SGY 30 – 34 Erinnerungen Karl Baier

SAPMO-BArch, SGY 30 – 769 Erinnerungen Karl Grünberg

SAPMO-BArch, SGY 30 – 460 Erinnerungen Kurt Nettball

SAPMO-BArch, SGY 30 – 630 Erinnerungen Otto Tost

SAPMO-BArch, SGY 30 – 547 Erinnerungen Paul Schäfer

SAPMO-BArch, SGY 30 – 1006 Erinnerungen Richard Haupt

SAPMO-BArch, SGY 30 – 661 Erinnerungen Rudolf Weber

SAPMO-BArch, SGY 30 - 633 Erinnerungen Willy Trauselt

SAPMO-BArch, SGY 30 - 0768/4 Erinnerungen Otto Richter

SAPMO-BArch, SGY 10-3 Überfall am 6.12.18

SAPMO-BArch, DY 30/67701 Gedenkveranstaltungen 1954

Landesarchiv Berlin

LAB A Pr. Br. Rep. 030 Tit. 95 Nr. 21767, Erlebnisse des Polizei-Präsidenten Freiherr v. Salmuth vom 3. – 10. März 1919

LAB Rep. 358-01, Nr. 408-410

LAB, Rep. 358-01, Nr. 433, Bd.2, Die Wahrheit über die Haltung der Volksmarinedivision im März (1919)

LAB Rep. 358-01, Nr. 464

LAB Rep. 358-01, Nr. 2001, 2026, 2027 Bd. I – IX Reichswehrbrigade III

LAB Rep. 358-01, Nr. 2025, Tod Jogiches

LAB Rep. 358-01, Nr. 2029, Tod Merks, Jordan, Lojewski und Milkert

LAB Rep¬. 358-01, Nr. 2072

LAB, Rep. 902-02-07, Nr. 107. Harbauer, Ottomar: Der Generalstreik und die bewaffneten Kämpfe im März 1919 in Berlin. Berliner Arbeiterveteranen berichten

Bundesarchiv Koblenz

BArch, N 1150/26, 27, 51, 63 Nachlass Luetgebrune

Der Bundesbeauftragte für die Unterlagen des Staatssicherheitsdienstes der ehemaligen Deutschen Demokratischen Republik

BStU, MfS, HA IX/11

Staatsarchiv München

Staatsarchiv München, Staatsanwaltschaft 3082/III und VI.

Politisches Archiv AA

Nachlasssplitter Rochus von Rheinbaben

Hauptstaatsarchiv Stuttgart

NL Reinhardt, M 660/034 Bü 14, 15, 19 und 30

Museum Treptow-Köpenick

## Zeitungen (Nov 1918 – Dezember 1919)

Online

Berliner Tagblatt

Berliner Volks-Zeitung

Die Freiheit

Vorwärts

Vossische Zeitung

Die Rote Fahne

-

Die Glocke, H. 21, vom 25. 8.1917.

Der Spiegel, 25/1970, 15.6.1970.

Archiv Klaus Kuhl

Online

Kuhl (Hrsg.), Interviews von Volker Ullrich mit Lothar Popp, 1970, 1972, sowie Interview Dirk Dähnhardt mit Lothar Popp, 1975, http://www.kurkuhl.de/docs/interviews_popp_ullrich_daehnhardt.pdf, und Lothar Popp, Anführer des Kieler Matrosenaufstands 1918, im Streitgespräch mit einem 68er, http://www.kurkuhl.de/docs/popp.pdf; sowie ausführliche Biografie Artelt: http://www.kurkuhl.de/de/novrev/artelt_cv.html und Popp: http://www.kurkuhl.de/de/novrev/popp_cv.html;

## Gedruckte Quellen

Allgemeiner Kongress der Arbeiter- und Soldatenräte, Berlin 16. – 21. Dezember 1918, Stenographische Berichte, Berlin 1919, Reprint Berlin (West) 1975.

Baudis und Roth, Das Massaker in der Französischen Straße, in: Neues Deutschland, 15.3.1969,

Baudis und Roth, Berliner Opfer der Novemberrevolution 1918/19.

1918 – Erinnerungen von Veteranen der Gewerkschaftsbewegung, Berlin (Ost).

Die Berliner Putsche – Standrecht und Belagerungszustand, stenografischer Bericht aus der Verfassunggebenden Preußischen Landesversammlung, Berlin 1919.

Emil Bleeck-Schlombach, Die Volksmarine in Berlin, Berlin 1919.

Engel/Holz/Materna,Groß-Berliner Arbeiter und Soldatenräte in der Revolution 1918/19, Berlin 1993, (ASR I).

Engel/Holz/Materna,Groß-Berliner Arbeiter und Soldatenräte in der Revolution 1918/19, Berlin 1997, (ASR II).

Engel/Holz/Materna, Groß-Berliner Arbeiter und Soldatenräte in der Revolution 1918/19, Berlin 2002, (ASR III).

Gerhard Engel: Aufzeichnungen des Kommandanten der Volksmarinedivision Fritz Radtke. November/Dezember 1918, in: Jahrbuch zur Geschichte der Erforschung der Arbeiterbewegung, 2008, H III.

Lothar Berthold/Helmut Neef, Militarismus und Opportunismus gegen die November-revolution, Berlin (Ost) 1978.

Die Berliner Spartakus-Unruhen im März 1919, Berlin 1919.

Christoph Butterwegge/Heinz-Gerd Hofschen, {Hrsg.] Sozialdemokratie, Krieg und Frieden, Heilbronn 1984.

Wilhelm Deist (Bearb.), Militär und Innenpolitik 1914 - 1918, 2 Bde., Düsseldorf 1970.

Heinz Hürten (Hrsg.), Zwischen Revolution und Kapp Putsch. Militär und Innenpolitik 1918 1920, Düsseldorf 1977.

Heinz Hürten/Georg Meyer (Hrsg.), Adjutant im preußischen Kriegsministerium. Juni 1918-Oktober 1919. Aufzeichnungen des Hauptmann Böhm., Stuttgart 1977.

Anton Golecki (Bearb.), Das Kabinett Bauer 1919/1920 (AdR), Boppard am Rhein 1980, http://www.bundesarchiv.de/aktenreichskanzlei/1919-1933/v1a/bau/bau1p/index.html

Peter Grohmann, Rolf Gühring, Frieder Schmidt, Heinrich Schwing, Udo Winkel [Hrsg.], Internationaler Sozialistenkongress Stuttgart 1907, Berlin 1907 [Reprint], Beiträge zur Geschichte des Sozialismus und der sozialen Bewegungen in Süddeutschland, Bd. 1, Stuttgart 1977.

Günter Riederer [Hrsg.], Harry Graf Kessler, Das Tagebuch, Bd. 6, 1916 – 1918, Stuttgart 2006.

Angela Reinthal [Hrsg.], Harry Graf Kessler, Das Tagebuch, Bd. 7, 1919 -1923, Stuttgart 2007.

Eberhard Kolb/Reinhard Rürup (Bearb.), Der Zentralrat der deutschen sozialistischen Republik, 19. 12. 1918–8. 4. 1919. Vom ersten zum zweiten Rätekongress, Quellen zur Geschichte der Rätebewegung in Deutschland 1918/19, 2 Bde., Leiden 1968.

Annelies Laschitza/Klaus Gietinger [Hrsg.], Rosa Luxemburgs Tod, Dokumente und Kommentare, Leipzig 2010.

Hans Herzfeld, Die deutsche Sozialdemokratie und die Auflösung der nationalen Einheitsfront im Weltkriege, Leipzig 1928.

Bern Langer, Die Flamme der Revolution - Deutschland 1918/19, Münster 2018.

Georg Ledebour, Der Ledebour-Prozess. Gesamtdarstellung des Prozesses gegen Ledebour wegen Aufruhr etc. vor dem Geschworenengericht Berlin - Mitte vom 19. Mai bis 23. Juni 1919.

Herbert Michaelis/Ernst Schraepler (Bearb.), Ursachen und Folgen, Vom deutschen Zusammenbruch 1918 und 1945 bis zur staatlichen Neuordnung Deutschlands in der Gegenwart, Berlin (West) 1958, Bd. I – IV.

Susanne Miller/Heinrich Potthoff (Bearb.; Einl. Erich Matthias), Die Regierung der Volksbeauftragten 1918/19, 2 Bde., Düsseldorf 1969, (RDVB).

Reinhard Opitz (Hrsg.), Europastrategien des deutschen Kapitals 1900—1945, Bonn 1994.

Protokoll über die Verhandlungen des Parteitages der Sozialdemokratischen Partei Deutschlands, 18. – 24. September 1910, Berlin 1910, http://library.fes.de/partei-tage/spd-pt-einl.html

Erich Matthias [Hrsg.], Die Regierung des Prinzen Max von Baden. Quellen I/2, Droste, Düsseldorf 1962.

Gerhard A. Ritter/Susanne Miller (Hrsg.), Die Deutsche Revolution 1918/1919, Dokumente, Frankfurt/Main 1983.

Sammlung der Drucksachen der verfassunggebenden preußischen Landesversammlung, Drucksache Nr. 4121 A-C, Bd. 15, Sp. 7669 – 8191, Berlin 1921 (Dokumente über die Untersuchungen der Januarunruhen 1919 in Berlin, »Untersuchungsausschuss 1919«)

Neuausgabe:

Jörn Schütrumpf [Hrsg.] »Spartakusaufstand« – Der unterschlagene Bericht des Untersuchungsausschusses der verfassunggebenden Preußischen Landesversammlung über die Januar-Unruhen 1919 in Berlin, Berlin 2018, (»Untersuchungsausschuss 1919«).

Hagen Schulze [Bearb.], Das Kabinett Scheidemann 1919 (AdR), Boppard am Rhein 1971, http://www.bundesarchiv.de/aktenreichskanzlei/1919-1933/v1a/sch/sch1p/index.html

Hermann Weber (Hrsg.), Die Gründung der KPD. Protokoll und Materialien des Gründungsparteitages der Kommunistischen Partei Deutschlands 1918/1919, Berlin 1993.

www.reichstagsprotokolle.de

## Literatur

Bodo-Michael Baumunk, Colin Ross - Ein deutscher Revolutionär und Reisender 1885-1945, Berlin 1999/2015.

https://www.colinrossproject.net/fileadmin/user_upload/baumunk_colin-ross-online2015.pdf [Februar 2019]

Hans Beckers, Wie ich zum Tode verurteilt wurde – Die Marinetragödie im Sommer 1917, Frankfurt 1986.

Eduard Bernstein (Hrsg.), Die deutsche Revolution 1918/19. Geschichte der Entstehung und ersten Arbeitsperiode der deutschen Republik, Bonn 1998 (zuerst: Berlin 1921).

Hans-Joachim Bieber, Bürgertum in der Revolution, Hamburg 1992.

Friedrich Boll, Massenbewegungen in Niedersachsen 1906-1920, Bonn 1981.

Arnold Brecht, Aus nächster Nähe. Lebenserinnerungen 1884–1927, Bd. I, Stuttgart 1966.

Ernst Broßat, Erinnerungsbuch, Tübingen 1946

http://www.ubbo-emmius-gesellschaft.de/Bro%DFat.pdf [Februar 2019]

Andreas Burckhardt/Golo Mann [Hrsg.] Max von Baden, Erinnerungen und Dokumente, Stuttgart 1968.

Cains [d. i Paul Levi], Generalstreik und Noske-Blut-Bad in Berlin, Berlin 1919.

Dirk Dähnhardt, Revolution in Kiel. Der Übergang vom Kaiserreich zur Weimarer Republik 1918/19, Neumünster 1978.

Wilhelm Deist, Die Politik der Seekriegsleitung und die Rebellion der Flotte, Ende Oktober 1918, in: Vierteljahreshefte für Zeitgeschichte (VjHZ), H4, 1966.

Deutsches Marinemuseum Wilhelmshaven, Militärhistorisches Museum der Bundeswehr [Hrsg.], Die Flotte schläft im Hafen ein. Kriegsalltag 1914 1918 in Matrosen-Tagebüchern, Dresden 2014.

Carl Dirks/Karl-Heinz Janßen, Der Krieg der Generäle. Hitler als Werkzeug der Wehrmacht, Berlin 1999.

Wilhelm Dittmann, Die Marine-Justiz-Morde von 1917 und die Admiralsrebellion von 1918, Berlin 1926.

Wilhelm Dittmann, Erinnerungen, Bearb. u. Eingl. von Jürgen Rojahn, 3 Bde., Frankfurt/ New York 1995.

Drabkin, Die Novemberrevolution 1918 in Deutschland, Berlin (Ost) 1968.

Dieter Dreetz/Klaus Gessner/Heinz Sperling, Bewaffnete Kämpfe in Deutschland, Berlin (Ost) 1988.

Emil Eichhorn, Meine Tätigkeit im Berliner Polizeipräsidium und mein Anteil an den Januar-Ereignissen, Berlin 1919.

Forschungsanstalt für Kriegs- und Heeresgeschichte (Hrsg.), Die Wirren in der Hauptstadt und im nördlichen Deutschland 1918 - 1920, Berlin 1940 (Wirren).

Gerald D. Feldman/Eberhard Kolb/Reinhard Rürup, Die Massenbewegungen der Arbeiterschaft in Deutschland am Ende des Ersten Weltkrieges (1917-1920), in: Politische Vierteljahresschrift 13 (1972), S. 84-105

Anton Fischer, Die Revolutionskommandantur Berlin, Berlin o. J. [1922].

Kurt Fischer, Die Berliner Abwehrkämpfe 1918/19, Berlin (Ost) 1956.

Friedrich Ebert, Schriften, Aufzeichnungen, Reden, 2 Bde., Dresden 1926.

Stig Förster, Der doppelte Militarismus. Die deutsche Heeresrüstungspolitik zwischen Status-Quo-Sicherung und Aggression 1890—1913, Stuttgart 1985.

Dieter Fricke, Zur Rolle des Militarismus nach Innen in Deutschland vor dem Ersten Weltkrieg, in: Zeitschrift für Geschichte, H. 6, Berlin (Ost) 1958.

Peter Friedemann (Hrsg.): Materialien zum politischen Richtungsstreit in der deutschen Sozialdemokratie 1890–1917, Bd. 1, Frankfurt/M, 1978

Paul Frölich, 10 Jahre Krieg und Bürgerkrieg, Berlin 1924.

Alexander Gallus [Hrsg.], Die vergessene Revolution von 1918/19, Göttingen 2010.

Christian Geinitz, Kriegsfurcht und Kampfbereitschaft: das Augusterlebnis in Freiburg; eine Studie zum Kriegsbeginn 1914, Freiburg 1998.

Imanuel Geiss, Der lange Weg in die Katastrophe. Die Vorgeschichte des Ersten Weltkriegs 1815—1914, München 1991.

Klaus Gietinger, Eine Leiche im Landwehrkanal, Die Ermordung Rosa Luxemburgs, Hamburg 2009.

Klaus Gietinger, Der Konterrevolutionär. Waldemar Pabst – Eine deutsche Karriere, Hamburg 2008.

Klaus Gietinger/ Karl Heinz Roth, Die Massaker der deutschen Gegenrevolution, in: Sozial.Geschichte, 3 (2007).

Klaus Gietinger, November 1918 – Der verpasste Frühling des 20. Jahrhunderts, Hamburg 1918.

Klaus Gietinger, Winfried Wolf, Der Seelentröster – Wie Christopher Clark die Deutschen vor der Schuld am I. Weltkrieg bewahrt, Stuttgart 2017.

Oskar Maria Graf, Wir sind Gefangene. Ein Bekenntnis, 1982, zuerst: 1922.

Wilhelm Groener, Lebenserinnerungen, hrsg. von Friedrich Hiller von Gaertingen, Göttingen 1957.

Emil Julius Gumbel, Vier Jahre politischer Mord und Denkschrift des Reichsjustizministers zu »Vier Jahre politischer Mord«, Heidelberg 1980 (zuerst: 1922 bzw. 1924).

Ekkehart P. Guth, Der Loyalitätskonflikt des deutschen Offizierskorps in der deutschen Revolution 1918-20, Frankfurt/Main 1983.

Sebastian Haffner/Stephan Hermlin/Kurt Tucholsky u.a. (Hrsg.), Zwecklegenden. Die SPD und das Scheitern der Arbeiterbewegung, Berlin 1996.

Haffner, Der Verrat, Deutschland 1918/1919, Berlin 1993 (Zuerst: Hamburg 1969)

Heinrich Hannover/Elisabeth Hannover-Drück, Politische Justiz. 1918-1933, Bornheim-Merten 1987.

Ernst Heilmann, Die Noskegarde, Berlin 1920.

Kurt Heinig, Hohenzollern - Wilhelm II. und sein Haus. Der Kampf um den Kronbesitz, , Berlin 1921.

Holger H. Herwig, Das Elitekorps des Kaisers, Hamburg 1977.

Friedrich Hitzer, Der Mord im Hofbräuhaus, Unbekanntes und Vergessenes aus der Baierischen Räterepublik, Frankfurt/Main 1981.

Ralf Hoffrogge, Richard Müller, Der Mann hinter der Novemberrevolution, Berlin 2008.

John Horne und Alan Kramer, Deutsche Kriegsgreuel 1914 – Die umstrittene Wahrheit, Hamburg 2004.

Günter Hortzschansky u.a., Illustrierte Geschichte der deutschen Novemberrevolution 1918/1919, Berlin 1978.

Ernst-Rudolf Huber, Deutsche Verfassungsgeschichte seit 1789. Weltkrieg, Revolution und Reichserneuerung. 1914-1919, Bd. 5, Stuttgart 1992.

Heinz Hürten, Der Kapp-Putsch als Wende. Über Rahmenbedingungen der Weimarer Republik seit dem Frühjahr 1920, Opladen 1989.

Illustrierte Geschichte der deutschen Revolution, Frankfurt 1970 (zuerst: Berlin 1929).

Ernst Jäckh, Der goldene Pflug – Lebensernte eines Weltbürgers, Stuttgart 1954.

Mark Jones, Am Anfang war Gewalt, Berlin 2017.

Ernst Jünger (Hrsg.), Der Kampf um das Reich, Essen 1929.

Otmar Jung, »Da gelten Paragra¬phen nichts, sondern da gilt lediglich der Erfolg...«. Noskes Erschießungsbefehl während des Märzaufstandes in Berlin. Rechtshistorisch betrachtet, in: Militärgeschichtliche Mitteilungen, 1 (1989).

Doris Kachulle, Waldemar Pabst und die Gegenrevolution, Edition Organon, H 5, Berlin 2007.

Joachim Käppner, 1918 – Aufstand Für die Freiheit. Revolution der Besonnenen, München 2017.

Paul Kässner, Zur Geschichte der Deckoffizierbewegung des Deckoffizierbundes und des Bundes der Deckoffiziere, Altona o. J. [1932].

Hans von Kessel, Hand¬granaten und rote Fahnen. Ein Tatsachenbericht aus dem Kampf gegen das rote Berlin 1918 - 1920, Berlin 1933.

Sonja Kinzler/Doris Tillmann [Hrsg.], Die Stunde der Matrosen. Kiel und deutsche Revolution 1918, Darmstadt 2018.

Ulrich Kluge, Die deutsche Revolution 1918, 1919. Staat, Politik und Gesellschaft zwischen Weltkrieg und Kapp-Putsch, Frankfurt/Main 1985.

Ulrich Kluge, Soldatenräte und Revolution. Studien zur Militärpolitik in Deutschland 1918-1919, Göttingen 1975.

Jürgen Kocka, Klassengesellschaft im Krieg. Deutsche Sozialgeschichte 1914-18.

Rudolf König, Hartmut Soell und Hermann Weber (Hrsg.), Friedrich Ebert und seine Zeit, München 1990.

Erwin Könnemann, Der Truppeneinmarsch am 10.12.1918 in Berlin. Neue Dokumente zur Novemberrevolution, in: ZfG, Bd.12 (1968).

Erwin Könnemann, Die Einschätzung der politischen Lage durch die OHL nach den Märzkämpfen 1919, in: Zeitschrift für Militärgeschichte, H. 11, 1972.

Eberhard Kolb, Die Arbeiterräte in der deutschen Innenpolitik. 1918-1919, Frankfurt/Main 1978.

Bogdan Krieger, Das Berliner Schloß in den Revolutionstagen, Leipzig 1922.

Claus Kristen, Ein Leben für die Manneszucht – Von Kolonien und Novemberrevolution. »Städtebezwinger« Georg Maercker, Stuttgart 2018.

Gerd Krumeich, Juli 1914. Eine Bilanz, Paderborn 2014.

Peter Kuckuk, Bremer Linksradikale bzw. Kommunisten von der Militärrevolte 1918 bis zum Kapp-Putsch im März. Ihre Politik in der Hansestadt und in den Richtungskämpfen innerhalb der KPD 1920, Hamburg 1970.

Peter Kuckuk, Bremen in der Deutschen Revolution 1918-1919. Revolution, Räterepublik, Restauration, Bremen 1986.

Dietmar Lange, Massenstreik und Schießbefehl, Generalstreik und Märzkämpfe in Berlin 1919, Münster 2012.

Annelies Laschitza, Im Lebensrausch trotz alledem. Rosa Luxemburg: Eine Biografie, Berlin 1996.

Annelies Laschitza, Die Liebknechts. Karl und Sophie - Politik und Familie, Berlin 2007.

Annelies Laschitza/Günter Radczun [Hrsg.] Rosa Luxemburg, Gesammelte Briefe, Bd. 5.

Jörn Leonhard, Die Büchse der Pandora, Geschichte des Ersten Weltkriegs, München 2014.

Karl Liebknecht, Gesammelte Reden und Schriften, Bd.1: September 1900 bis Februar 1907, Berlin (Ost) 1958.

Marcel van der Linden/Gottfried Mergner (Hrsg.), Kriegsbegeisterung und mentale Kriegsvorbereitung. Interdisziplinäre Studien, Berlin 1991.

Karsten Linne / Thomas Wohlleben (Hrsg.), Patient Geschichte, Frankfurt/Main 1993.

Erhard Lucas, Märzrevolution 1920, Frankfurt/Main 1974 (zuerst: 1970), Bd. 1.

Ottokar Luban, Luxemburgs Demokratiekonzept, Leipzig 2008.

Ottokar Luban, Die Novemberrevolution 1918 in Berlin, http://www.rosa-luxemburg-forschung.de/html/publikationen.html [Februar 2019]

Ottokar Luban, Demokratische Sozialistin oder »blutige Rosa«? Rosa Luxemburg und die KPD- Führung im Berliner Januaraufstand 1919, in: Internationale wissenschaftliche Korrespondenz zur Geschichte der deutschen Arbeiterbewegung (IWK), 2 (1999).

Ottokar Luban, Rosa Luxemburg – demokratische Sozialistin oder Bolschewistin, in: Weber/Jahn/Bayerlein, Jahrbuch Kommunismusforschung 2000/2001.

Walther von Lüttwitz: Im Kampf gegen die Novemberrevolution, Berlin 1934.

Rosa Luxemburg, Gesammelte Werke (GW), 4 Bde., Berlin (Ost) 1974.

Lothar Machtan, Kaisersturz - Vom Scheitern im Herzen der Macht 1918, Stuttgart 2018.

Georg Maercker, Vom Kaiserheer zur Reichswehr. Ein Beitrag zur Geschichte der deutschen Revolution, Leipzig 1921.

Wolfgang Michalka (Hrsg. im Auftrag des Militärgeschichtlichen Forschungsamtes), Der Erste Weltkrieg. Wirkung. Wahrnehmung. Analyse, Weyarn 1997.

Susanne Miller, Burgfrieden und Klassenkampf. Die deutsche Sozialdemokratie im Ersten Weltkrieg, Düsseldorf 1974.

Susanne Miller, Die Bürde der Macht, Die deutsche Sozialdemokratie 1918 – 1920, Düsseldorf 1978.

Wolfgang J. Mommsen, Imperialismus. Seine geistigen, politischen und wirtschaftlichen Grundlagen, Hamburg 1977

Moszkowski, Lustige Blätter 1907, wiederabgedruckt in: Das System Noske. Eine politische und satirische Abrechnung. www.deutsche-revolution.de

Walter Mühlhausen, Friedrich Ebert 1871-1925. Reichspräsident der Weimarer Republik, Berlin 2006.

Walter Mühlhausen, Friedrich Ebert, Heidelberg 1999.

Hermann Müller-Franken, Die Novemberrevolution, Berlin 1928.

Hermann Müller (Hrsg.), Zehn Jahre deutsche Geschichte 1918-1928, Berlin 1928.

Richard Müller, Eine Geschichte der Novemberrevolution (Jochen Gerster, Ralf Hoffrogge, Rainer Knirsch, Hrsg.), Berlin 2011 (Neue Gesamtausgabe).

Heinrich Neu, Die revolutionäre Bewegung auf der deutschen Flotte 1917 - 1918, Stuttgart 1930.

Franz Neuland, Die Matrosen von Frankfurt - Ein Kapitel Novemberrevolution 1918/19, Frankfurt 1991.

Der 9. November. Fünf Essays zur deutschen Geschichte, München 1994.

Wolfgang Niess, Die Revolution von 1918/19, Der wahre Beginn unsrer Demokratie, München 2017.

Gustav Noske, Von Kiel bis Kapp, Berlin 1920.

Gustav Noske, Erlebtes aus Aufstieg und Niedergang einer Demokratie Offenbach/M. 1947.

Gustav Noske/Adolph Koester, Kriegsfahrten durch Belgien und Nordfrankreich 1914, Berlin o. J. [1915].

Karl Nuss, Militär und Wiederaufrüstung in der Weimarer Republik – Zur politischen Rolle der Reichswehr, Berlin (Ost) 1977,

Walter Oehme, Damals in der Reichskanzlei. Erinnerungen aus den Jahren 1918/19, Berlin (Ost) 1958.

Heinz Oeckel, Die revolutionäre Volkswehr 1918/19 - Die deutsche Arbeiterklasse im Kampf um die revolutionäre Volkswehr (November 1918 bis Mai 1919), Berlin (Ost) 1968.

Friedrich W. von Oertzen, Die deutschen Freikorps 1918-1923, München 1936.

Peter von Oertzen, Betriebsräte in der Novemberrevolution. Eine politikwissenschaftliche Untersuchung über Ideengehalt und Struktur der betrieblichen und wirtschaftlichen Arbeiterräte in der deutschen Revolution 1918/19, Berlin (West) 1976

Waldemar Pabst, »Spartakus«, in: Kurt Hotzel [Hrsg.], Deutscher Aufstand, Stuttgart 1934.

Günter Paulus, Die soziale Struktur der Freikorps in der Novemberrevolution, in, ZfG, 3 (1955).

Richard G. Plaschka, Matrosen Offiziere Rebellen – Krisenkonfrontation zur See 1900 - 1918, 2 Bde., Wien 1984.

Lothar Popp/Karl Artelt: Ursprung und Entwicklung der November-Revolution 1918. Wie die deutsche Republik entstand. Behrens, Kiel 1919.

Ulla Plener [Hrsg.], Die Novemberrevolution 1918/19 in Deutschland, Beiträge zum 90. Jahrestag der Revolution, Berlin 2009.

Wolfram Pyta, Hindenburg. Herrschaft zwischen Hohenzollern und Hitler, München 2007.

Werner Raase, Zur Geschichte der deutschen Gewerkschaftsbewegung 1914-1917 und 1917-1919, Berlin (Ost) o. J. [1969]

Frank Raberg, Eugen Bolz. Zwischen Pflicht und Widerstand, Karlsruhe 2009.

Martin Rackwitz, Kiel 1918: Revolution – Aufbruch zu Demokratie und Republik, Kiel 2018.

Gerhard W. Rakenius, Wilhelm Groener als erster Generalquartiermeister. Die Politik der Obersten Heeresleitung 1918/19, Boppard am Rhein 1977.

Heiner Rasmus, Die Januarkämpfe in Berlin, Berlin (Ost), 1956, S. 39f.

Bernhard Rausch, Am Springquell der Revolution, Die Kieler Matrosenerhebung, Kiel 1918.

Christoph Regulski, »Lieber für die Ideale erschossen werden, als für die sogenannte Ehre fallen.« Albin Köbis, Max Reichpietsch und die deutsche Matrosenbewegung 1917, Wiesbaden 2014.

Wilhelm Reinhard, 1918/19. Die Wehen der Republik, Berlin 1933.

Karl Retzlaw, Spartakus. Aufstieg und Niedergang, Frankfurt/Main, 1985.

Jürgen Reulecke (Hrsg.), Arbeiterbewegung an Rhein und Ruhr, Wuppertal, 1974.

Karlludwig Rintelen, Ein undemokratischer Demokrat, Gustav Bauer. Gewerkschaftsführer – Freund Friedrich Eberts – Reichskanzler. Eine politische Biografie, Frankfurt1993.

Diethard Kerbs [Hrsg.] Revolution und Fotografie. Berlin 1918/19, Berlin (West) 1989.

Hans Roden (Hrsg.), Deutsche Soldaten – Vom Frontheer und Freikorps über die Reichswehr zur neuen Wehrmacht, Leipzig 1935.

Robert Rosentreter, Blaujacken im Novembersturm. Rote Matrosen 1918/1919, Berlin 1988.

Robert Rosentreter/Horst Westphal, Rebellion in der Hölle, Berlin 1979.

John C. G. Röhl, Wilhelm II. – Der Weg in den Abgrund 1900 – 1941, München 2008.

Colin Ross, Die ersten Tage der Revolution, in: Das Tagebuch, 1, Jg, 1920.

Sabine Roß, Politische Partizipation und nationaler Räteparlamentarismus, Köln 1999.

Guenther Roth/John C. G. Röhl (Hrsg.), Aus dem großen Hauptquartier, Kurt Riezlers Briefe an Käthe Liebermann, 1914—1915, Wiesbaden 2016.

Rudolf Rotheit, Das Berliner Schloß im Zeichen der Novemberrevolution, Berlin 1932.

Rürup [Hrsg.], Arbeiter- und Soldatenräte im rheinich-westfälischen Industriegebiet, Studien zur Geschichte der Revolution 1918/1919, Wuppertal 1975

Heiner Karuscheit / Bernhard Sauer / Klaus Wernecke, Vom »Kriegssozialismus« zur Novemberrevolution, Hamburg 2018.

Bodo Scheurig, Henning von Tresckow. Ein Preuße gegen Hitler, Frankfurt/Main 1997 (zuerst: 1987).

Manfred Scharrer, Arbeiterbewegung im Obrigkeitsstaat. SPD und Gewerkschaft nach dem Sozialistengesetz, Berlin (West) 1976.

Scheidemann, Memoiren eines Sozialdemokraten, 2 Bde., Dresden 1928.

Philipp Scheidemann, Der Zusammenbruch, Berlin 1921.

Ernst-Heinrich Schmidt, Heimatheer und Revolution 1918. Die militärischen Gewalten im Heimatgebiet zwischen Oktoberreform und Novemberrevolution, Stuttgart 1981.

Ernst-Heinrich Schmidt/Heinz Hürten, Die Entstehung des Kabinetts der Volksbeauftragten, in Hist. Jahrbuch, Jg. 99, 1979.

Günter Schmidt, Als in Johannisthal der Motorflug begann, Berlin, Treptower Historische Hefte, Berlin 1980.

Otto-Ernst Schüddekopf, Radek in Berlin. Ein Kapitel deutsch-russischer Beziehungen im Jahre 1919, Hannover 1962.

Hagen Schulze, Freikorps und Republik, Boppard am Rhein 1969.

Bernd F. Schulte, Die deutsche Armee 1900 – 1914. Zwischen Beharren und Verändern, Düsseldorf 1977.

Karl-Dietrich Schwarz, Weltkrieg und Revolution in Nürnberg, Stuttgart 1971.

Walter Schwengler, Völkerrecht, Versailler Vertrag und Auslieferungsfrage - Beiträge zur Militär- und Kriegsgeschichte, Band 24, Stuttgart 1982.

Carl Severing, 1919/1920 im Wetter und Watterwinkel. Aufzeichnungen und Erinnerungen, Bielefeld 1927.

Robert Sigel, Die Lensch-Cunow-Haenisch-Gruppe. Eine Studie zum rechten Flügel der SPD im 1. WK, Berlin (West) 1976.

Bernd Sösemann (Hrsg.), Theodor Wolff, Tagebücher, 1914 – 1919, Boppard am Rhein 1984.

Friedrich Stampfer, Die ersten 14 Jahre der Republik, Offenbach 1947.

Michael Stöcker, Augusterlebnis 1914 in Darmstadt. Legende und Wirklichkeit, Darmstadt 1994.

Christian Streit, Die Wehrmacht und die sowjetischen Kriegsgefangenen 1941–1945, Bonn 1991

Heinrich Ströbel, Die deutsche Revolution – ihr Unglück und ihre Rettung, Berlin 1922.

Tagebuch des Matrosen Stumpf, in: Die Ursachen des Deutschen Zusammenbruchs im Jahre 1918, 4. Reihe, 10/II, Berlin 1928, (WUA).

Die Ursachen des Deutschen Zusammenbruchs im Jahre 1918, 4. Reihe, 9/I und 10/I, Berlin 1928, (WUA).

Albrecht von Thaer, Generalstabsdienst an der Front in der OHL. Aus Briefen und Tagebuchaufzeichnungen. 1915-1919, hrsg. von Siegfried A. Kaehler, Göttingen 1958,

Kurt Tucholsky, Gesammelte Werke (GW), Bd. 4 u. 5, Hamburg 1995 (zuerst: 1960).

Volker Ullrich, Die Hamburger Arbeiterbewegung am Vorabend des ersten Weltkrieges bis zur Revolution 1918/19, 2 Teile, Hamburg 1976.

Volker Ullrich, Der ruhelose Rebell. Karl Plättner 1893 – 1945, München 2000.

Volker Ullrich, Ex Oriente Lux. Die Hamburger Linksradikalen im Ersten Weltkrieg, in, Karsten Linne / Thomas Wohlleben (Hrsg.), Patient Geschichte, Frankfurt/Main 1993

Volker Ullrich, Vom Augusterlebnis zur Novemberrevolution. Beiträge zur Sozialgeschichte Hamburgs und Norddeutschlands im Ersten Weltkrieg 1914-1918, Bremen 1999.

Vierteljahreshefte für Zeitgeschichte (VjHZ), H 4, 1957.

E. O. Volkmann, Revolution über Deutschland, Oldenburg 1930.

Vorwärts und nicht vergessen. Erlebnisberichte aktiver Teilnehmer der Novemberrevolution 1918/1919, Berlin (Ost) 1958.

Max Weber, Der Nationalstaat, in Mommsen/Aldenhoff (Hrsg.): Max-Weber-Gesamtausgabe, Band I/4.

Hans Ulrich Wehler, Deutsche Gesellschaftsgeschichte, Bd. 3, Vom Beginn des Ersten Weltkriegs bis zur Gründung der beiden deutschen Staaten. 1914 – 1949, München 2003.

Richard Wiegand, »Wer hat uns verraten…« Die Sozialdemokratie in der Novemberrevolution, Freiburg 1999.

Axel Weipert, Die Zweite Revolution. Rätebewegung in Berlin 1919/1920, Berlin 2015.

Wolfram Wette, Gustav Noske. Eine politische Biographie, Düsseldorf 1987.

Wolfram Wette, Die Wehrmacht. Feindbilder, Vernichtungskrieg, Legenden, Frankfurt/Main 2005

Wolfram Wette, Militarismus in Deutschland. Geschichte einer kriegerischen Kultur, Frankfurt 2011.

Wolfram Wette [Hrsg.], Pazifistische Offiziere in Deutschland, 1871 - 1933, Bremen 1999.

Wolfram Wette [Hrsg.], Ernst van den Bergh – Aus den Geburtsstunden der Weimarer Republik, Düsseldorf 1991.

Florian Wilde, Ernst Meyer (1887-1930) – Vergessene Führungsfigur des deutschen Kommunismus. Eine politische Biographie, Hamburg 2013, http://ediss.sub.uni-hamburg.de/volltexte/2013/6009/pdf/Dissertation.pdf (17.8.2017)

Erwin Winkler: Die Bewegung der revolutionären Obleute im Ersten Weltkrieg, Berlin (Ost) 1964.

Heinrich August Winkler, Von der Revolution zur Stabilisierung. Arbeiter und Arbeiterbewegung in der Weimarer Republik 1918 bis 1924, Berlin/Bonn 1985.

Winkler, Geschichte des Westens, Die Zeit der Weltkriege 1914 – 1945, München 2011.

Peter Winzen, Reichskanzler Bernhard von Bülow. Mit Weltmachtphantasien in den Ersten Weltkrieg. Eine politische Biographie, Regensburg 2013.

Peter-Christian Witt, Friedrich Ebert. Parteiführer, Reichskanzler, Volksbeauftragter, Reichspräsident, Berlin (West) 1987.

Friedrich Wolf, Die Matrosen von Cattaro, Leipzig 1988.

Wolfgang: Krieg und nationale Integration. Einem Neuinterpretation des sozialdemokratischen Burgfriedensschlusses 1914-15, Essen 1993.

Kurt Wrobel, Die Volksmarinedivision, Berlin (Ost) 1957.

Kurt Wrobel, Der Sieg der Arbeiter und Matrosen im Dezember 1918 in Berlin. Berliner Arbeiterveteranen berichten über ihren Kampf in der Novemberrevolution, Berlin (Ost) 1958.

Kurt Zeisler, Aufstand in der deutschen Flotte – Gewehre in Arbeiterhand, Berlin (Ost) 1956.

Fritz Zikelsky, Das Gewehr in meiner Hand - Erinnerungen eines Arbeiterveteranen, Berlin (Ost) 1958.

## Filme

»Augenzeugen berichten über die Marineunruhen 1917/18« von Wolfgang Semmelroth und Claus-Ferdinand Siegfried, Dok-Film, WDR 1986.

Matrosen in Berlin von Günter Jordan, Dok-Film, DEFA/DDR 1968.

Die Marinemeuterei 1917, von Hermann Kugelstadt, Buch: Michael Mansfeld, ZDF 1969.

Das Lied der Matrosen, von Kurt Maetzig, Spielfilm DEFA/DDR 1957

Die Matrosen von Cattaro, Fernsehfilm der DDR, von Fritzz Bornemann, nach dem Theaterstück von Friedrich Wolf, Co-Produktion DDR-Fernsehen/Jugoslawien, 1979.

Das Spinnennetz, Spielfilm von Bernhard Wicki, Deutschland 1989.

Der Gewaltfrieden – Die Legende vom Dolchstoß und der Vertrag von Versailles, I u. II, Dokumentarspiel von Bernd Fischerauer und Klaus Gietinger, BR-Alpha, 2010.

1918 Aufstand der Matrosen, Dokudrama von Jens Becker, NDR/Arte 2018.

# Abkürzungsverzeichnis

| | |
|---|---|
| ASR I – III | Groß-Berliner Arbeiter und Soldatenräte in der Revolution 1918/19 (Bd. 1-3) |
| BArch | Bundesarchiv Koblenz |
| BArch – MA | Bundesarchiv – Militärarchiv Freiburg |
| BRD | Bundesrepublik Deutschland |
| BStU | Der Beauftragte für die Unterlagen des Staatssicherheitsdienstes der ehemaligen Deutschen Demokratischen Republik |
| DDP | Deutsche Demokratische Partei |
| DDR | Deutsche Demokratische Republik |
| DNVP | Deutschnationale Volkspartei |
| FDGB | Freier Deutscher Gewerkschaftsbund |
| GKSD | Garde-Kavallerie-Schützendivision |
| IWK | Internationale Wissenschaftliche Korrespondenz zur Geschichte der deutschen Arbeiterbewegung |
| KPD | Kommunistische Partei Deutschlands |
| LAB | Landesarchiv Berlin |
| OHL | Oberste Heeresleitung |
| RDVB | Regierung der Volksbeauftragten |
| SAP | Sozialistische Arbeiter Partei Deutschlands (1931) |
| SAPMO-BArch | Stiftung Archiv der Parteien und Massenorganisationen der DDR im Bundesarchiv |
| SED | Sozialistische Einheitspartei Deutschlands |
| SPD | Sozialdemokratische Partei Deutschlands |
| USPD | Unabhängige Sozialdemokratische Partei Deutschlands |
| VKPD | Vereinigte Kommunistische Partei Deutschlands |
| VMD | Volksmarinedivision |
| VV | Vollversammlung |
| WUA | Werk des Untersuchungsausschusses 1919 - 1928 |
| ZfG | Zeitschrift für Geschichtswissenschaft |

Ein Register und der Bildnachweis finden sich online unter:
www.gietinger.de und
www.unrast-verlag.de/neuerscheinungen/blaue-jungs-mit-roten-fahnen-detail

| | | |
|---|---|---|
| *Bernd Langer* | *Simon Schaupp* | *Dania Alasti* |

# Die Flamme der Revolution

## Der kurze Frühling der Räterepublik

## Frauen der Novemberrevolution

**Deutschland 1918/19**

**Ein Tagebuch der bayerischen Revolution**

**Kontinuitäten des Vergessens**

444 Seiten | 24,80 €
ISBN 978-3-89771-234-8

304 Seiten | 19,80 €
ISBN 978-3-89771-248-5

132 Seiten | 12.80 €
ISBN 978-3-89771-321-5

### Novemberrevolution 1918

### Die Bayerische Revolution 1919

### Feministische Spurensuche

Mit Beginn des Ersten Weltkriegs 1914 radikalisieren sich die sozialen Verhältnisse. Weil die SPD den Kriegskurs des Kaiserreiches mitträgt, spaltet sich die Partei und es entsteht die Unabhängige Sozialdemokratie. Auftrieb erhält die Antikriegsstimmung durch die Revolution in Russland 1917. Doch erst mit der militärischen Niederlage bricht das Kaiserreich 1918 zusammen, und ein Matrosenaufstand in Kiel wird zum Auslöser der Novemberrevolution.

Der zunächst friedliche Verlauf ist bald von blutigen Konfrontationen überschattet. Während die radikalen Kräfte die Sozialisierung der Industrie und die Räte-Republik wollen, verteidigen die SPD und andere bürgerliche Parteien die kapitalistischen Besitzverhältnisse mit Hilfe von Freikorps.

Detailreich und lebendig wird in diesem Buch die Geschichte jener Tage erzählt, die eine grundlegende politische Weichenstellung bedeuteten.

Vor hundert Jahren gelang einem behäbigen Völkchen am Rande der Alpen eine der wenigen erfolgreichen Revolutionen Deutschlands. Das *Tagebuch der Bayerischen Räterepublik* rekonstruiert das Geschehen anhand der Erlebnisse dreier revolutionärer Persönlichkeiten: Dem Anarchisten Erich Mühsam (Revolutionärer Arbeiterrat), der Kommunistin Hilde Kramer (KPD) und dem radikalen Sozialisten Ernst Toller (USPD).

»Vom ersten Satz an ist man gefesselt, Leser und Leserinnen werden förmlich hineingezogen in die Geschichte der Revolution in Bayern vor 100 Jahren.«

*Christopher Wimmer, nd*

»So wird Geschichte packend dargestellt ... Ein Buch, das in dieser Form nur zu empfehlen ist.«

*Falko Krause, ekz.*

Frauen protestierten vor hundert Jahren in Massen gegen den Ersten Weltkrieg und das deutsche Kaiserreich. Ihre Streiks, Demonstrationen und Ausschreitungen leisteten einen wesentlichen Beitrag zur Vorbereitung der Novemberrevolution. Doch während der Auseinandersetzungen um die Richtung der Revolution tauchten Frauen als Massenerscheinung nicht mehr auf.

Dania Alasti begibt sich auf die Suche nach den Spuren, die uns von den Frauen der Novemberrevolution, ihren Kämpfen und Forderungen geblieben sind. Dabei arbeitet sie heraus, wie die Proteste der Frauen abgewertet wurden.

Anhand der Proteste der Frauen der Novemberrevolution und den vielfältigen reaktionären Antworten zeigt die Autorin auf, welche grundlegenden gesellschaftlichen Konflikte bis heute dringend feministischer Kämpfe bedürfen.

UNRAST Verlag | www.unrast-verlag.de | info@unrast-verlag.de

 UNRAST